"新课程教材教法丛书" 编委会

编委会主任： 罗海鸥

编委会委员： 罗海鸥　李　方　张旭东　程可拉　李尚武
　　　　　　　　林文良　王林发　邱淑慧　吴小绮　李晶晶
　　　　　　　　梁碧湘　姚冬琳

新课程教材教法丛书

总主编 李 方

banji guanli yu
banzhuren gongzuo jineng

班级管理与
班主任工作技能

邱淑慧 编著

暨南大学出版社
JINAN UNIVERSITY PRESS
中国·广州

图书在版编目（CIP）数据

班级管理与班主任工作技能/邱淑慧编著 . —广州：暨南大学出版社，2011. 3（2025. 8 重印）

（新课程教材教法丛书）
ISBN 978 – 7 – 81135 – 732 – 5

Ⅰ. ①班…　　Ⅱ. ①邱…　　Ⅲ. ①中小学—班级—学校管理 ②中小学—班主任—工作 Ⅳ. ①G632. 421 ②G635. 16

中国版本图书馆 CIP 数据核字(2010)第 010281 号

班级管理与班主任工作技能
BANJI GUANLI YU BANZHUREN GONGZUO JINENG
编著者：邱淑慧

出 版 人：阳　翼
责任编辑：张仲玲　　张剑峰
责任校对：武艳飞　　胡艳晴
责任印制：周一丹　　郑玉婷

出版发行：暨南大学出版社（511434）
电　　话：总编室（8620）31105261
　　　　　营销部（8620）37331682　37331689
传　　真：(8620) 31105289（办公室）　37331684（营销部）
网　　址：http：//www. jnupress. com
排　　版：广州市新晨文化发展有限公司
印　　刷：广州市友盛彩印有限公司
开　　本：787mm×960mm　1/16
印　　张：16. 75
字　　数：357 千
版　　次：2011 年 3 月第 1 版
印　　次：2025 年 8 月第 14 次
定　　价：43. 00 元

（暨大版图书如有印装质量问题，请与出版社总编室联系调换）

总　序

教师教学研究的新视域①

李　方②

自 2001 年以来，我国实施基础教育新课程，推进素质教育，开创了课程教学革新和班级管理改革的新时代。本丛书应运而生。

本丛书是我国基础教育新课程教师教育（或培训）的系列教材，共四部：①《新课程语文教材教法》；②《新课程数学教材教法》；③《新课程英语教材教法》；④《班级管理与班主任工作技能》。前三部著作是应我国中小学三大基础课程——语文、数学、英语的变革而撰，目标是让教师在新课程的备课、上课、学习指导、作业布置与改评、学业成绩评定、班级管理等教学环节有所获益，并在应对当前各种统考和高考上得到启发。第四部著作基于当前教育部及各级领导特别重视班主任工作，以及新课程对班级管理理念和方法提出的新要求而撰。班级是学生学习的共同体，因而班级管理与班主任工作是提高课程教学质量的基本保障。所以，每一位教师都应研究班级管理问题或从事班主任工作，开展课程教学与班级管理的行动研究。事实上，我国基础课程的教师一般也兼任班主任，没有不上课的班主任。

本丛书的主要读者对象是高师院校师范生和新课程教师，它反映了教师教学研究的成果，引发教师的教学反思与共鸣，指导教师开展新课标与教材的研究，做好备课、上课、学习指导、教学测评、班级管理、应对中考和高考等教学工作。

在课程教学改革的新时代，教师和班主任面临着新课标、新教材、新教法、新管理、新测评的挑战，教学研究的新视域得到了拓展。

一、关注新课标与教学大纲的差异

国家课程标准是国家对基础教育课程设置及其教学的基本要求，是国家对课程教学规范的指导性文件。20 世纪 90 年代，美国制定了统一的核心课程标准，美国的课程标准大致包括课程内容设置的标准和对学生学习课程内容的测评标准这两部分内容。③ 在我

---

① "新课程教材教法丛书"是李方教授主持的广东省教育科研"十一五"规划重点课题"广东省教师教育发展战略研究"（课题批准号：06TJZ002）的部分研究成果。

② 李方：华南师范大学教育系原主任，现为湛江师范学院特聘教授，广东省扶持学科"课程与教学论"带头人、广东省课程与教学论专业委员会副理事长。

③ 李方. 课程与教学基本理论 [M]. 广州：广东高等教育出版社，2002：476.

国，"课程标准"一词可溯源至清末。早在 1912 年，南京临时政府教育部就制定了《普通教育暂行课程标准》，从此，"课程标准"一词沿用至 1952 年。1952 年以后，受苏联教育学的影响，把"课程标准"改为"教学大纲"。1992 年，国家教委颁布了《九年义务教育全日制小学、初中课程计划（试行）》，此文件将我国沿用了几十年的"教学大纲"改称为"课程计划"。受此影响，2001 年，我国启动基础教育新课程改革，又提出了"课程标准"一词。

在管理上，我国新课程的"课程标准"是全国统一使用的，每门中小学课程都制定了一个全国统一的课程标准，要求在全国统一的课程标准下，编写多种版本的在理论上"同质"的教科书供各地学校选用，即所谓"一标多本"。这与 2001 年以前的"一纲一本"（即全国统一于一个教学大纲和一本教科书）有很大区别。

在结构上，我国新课程标准主要由"前言""课程目标""内容标准""实施建议""术语解释"等部分组成。以往的"教学大纲"主要由"说明""本文""教学要求"等部分组成。"课程标准"中的"前言"和"实施建议"相当于"教学大纲"中的"说明"和"教学要求"。两者的主要区别在于"课程标准"中的"课程目标""内容标准"两部分与"教学大纲"中的"本文"差异较大。例如，教学大纲中的"本文"规定了教学的基本内容要点（即教科书的内容框架）和课时安排等，凸显教师如何传授教科书的知识点和安排教学活动的"教"的过程；而新课标规定了该门课程的学习要达到的目标和标准，其中的内容标准包括行为目标，通过课程的"目标""标准"体现学习的任务和内容，更加强调学生"学"的过程，而不是教师"教"的过程。

在内容上，新课标要求学生学习的知识技能超越文本（教科书），既要掌握文本上规定的知识技能，还要在社会实践活动中创生知识经验、学习社会知识、培养分析问题和解决问题的能力，而不像教学大纲那样，规定学生的学习内容局限于全国统一使用的教科书。

显然，课程标准是对教学大纲的超越与创新。

教师研究新课标，完整、准确地把握新课标的内涵和要求，是开展教学活动、确保教学质量的前提。但目前就广大师范生和中小学教师而言，教师的教学活动如何完整而准确地体现新课标的内涵，有效地实现新课标规定的目标、任务与要求，仍是教学研究的一个重点与难点，值得深入研究。

二、关注教材的形态与意义

课就是学生学习的科目，不同的学习科目被称为不同的课。学习科目的基本内容选编在教材中，供学生循序渐进地学习，所以说，课程就是学生循序渐进地学习教材知识的过程。这是传统的课程观。

教科书是知识的载体，是学生学习的基本图文材料，也是教师开展教学活动的主要文字材料，是教育的主要内容，所以，传统上"教学内容""教科书"与"教材"几乎是同等的概念。狭义的教材即教科书。广义的教材包括教学大纲、教科书和教学参考书，以教科书为中心，教学大纲和参考书是教师钻研教科书的主要依据。

20 世纪五六十年代，我国受苏联凯洛夫教育学的影响，广大教师将教材与教科书画上等号，教师钻研教科书就是研究教材。而后，我国教育学将"教材"的内涵拓展为"教科书＋教学大纲＋教学参考书"。这一理解一直延续至2001年新课程改革启动。在我国新课程背景下，我们将"教材"的内涵进一步拓展为：

在形态上，指一切教学材料，以教科书为主，包括课程标准、教学参考书等与课程教学密切相关的纸质文本，以及相关的电子文本、网络资源、学习素材、设备器材。这些都是实物教材。

在意义上，教材的内涵有两种理解：①既包括显性的、实物性的教学内容，也包含隐性、精神性的教学内容，如纸质的教材和电子教材，教学氛围、教学环境、教学共同体的人际关系等隐性教材。②既包括预设的、规定的、书本上的教学内容，又包含创生性的、经验性的课程内容，如师生在教学互动中的创生性内容，学生在实践活动和日常观察中的感悟性内容。隐性精神教材是对显性实物教材的补充，经验感悟教材是对预设文本教材的补充。

隐性精神教材和经验感悟教材统称为意义教材，意义教材是对实物教材内涵的超越。

长期以来，我国教师研究备课、上课的关注点是"吃"透两头：一头是教材（即教科书），另一头是学生。"吃"透教材就是要求教师对教科书的全部知识点和问题的理解非常透彻，达到"熟""透""化"，以便讲课时成竹在胸、深入浅出。"吃"透学生是要求教师深入了解学生的知识结构、知识水平、学习能力、学习方法、学习习惯、兴趣爱好、专长等情况，以便因材施教。现在看来，这种教学观点至少有四点不足：首先，只关注纸质教材，忽视电子教材，把钻研教材理解为仅研究教科书，忽视新课程所倡导的网络资源，这必然导致课堂教学的照本宣科，教师视野狭窄，缺乏创新思维。其次，这种备课只关注预设性文本教材，而忽视学生的附学习，忽视研究创生课程的内容和学生的经验，使教学上理论脱离实际并导致学生的学习缺乏体验性和生命活力。再次，只钻研教科书、教学大纲和参考书等显性教材，而忽略了学习气氛的营造，不重视教室环境和校园环境中隐性教材的发掘，导致教学缺失陶冶与感化功能，影响学生的发现性、感悟性学习。我们知道，在一定条件下，学生感悟隐性教材比教师单纯阐释显性教材（如纸质教材和电子教材）的教学效果会更好。忽视隐性教材研究的备课，课堂教学必然缺乏启发性、旁通性、催化性和共鸣性。最后，"吃"透学生这一头，一般只关注学生原有的知识结构和心理现状，忽视研究学生的主体能动性和"主体间性"[①]的功能。必须强调，"吃"透学生不应只研究学生的"自我"，还应"吃"透学生的"他我"，"吃"透主体间的共在、共生的学习情境，"吃"透学生之间的交往、沟通、对话和"主体间"的生活世界。这是教师教学研究的一个非常重要的领域。

教材是教师备课、上课、布置作业、考试命题的主要依据，但教师不能为讲授教材而钻研教材，教师讲授教材的知识点不是教学过程的根本任务，因为理解和掌握教材内容不是学生学习的最终目标。教材是学生知识建构和能力发展的媒介和催化剂。教师教学的主要任务是：通过阐释教材并以教材为中介和支撑点引导学生智力的卷入、沉思和

---

① "主体间性"的概念参见：李臣之，等. 综合实践活动课程教学论［M］. 广州：广东高等教育出版社，2007：31.

开发；或启发学生主动学习、自觉修养，使其成为德、智、体、美、劳全面发展和健康快乐的人。

根据以上分析，当前，教师要深入研究教材的知识结构，努力扩充教学信息量，探索教材多重意义的创生；研究创生的课程内容，包括学生的附学习和体验性内容；研究隐性教材，并发掘隐性教材的学习意义；探索教材知识点对学生素质发展的中介或催化作用。

三、关注适应学习方式转换的新教法与模式

教师研究新的学习方式和教学方法是为了达到最优的教学效果。我们知道，学法与教法的运用不是教学的目的，而是教师完成教学任务实现教学目标——学生全面发展的手段。手段是达到目的的中介和桥梁。毛泽东同志说得好，"方法"就好比是过河的"桥"和"船"。过河是我们的任务，只有解决了"桥"和"船"等过河的"手段"，才能完成任务、达到目的。原始人打猎，手中抓住一段"木棒"；农民耕作，手中抓住"锄头"；工人工作，手中抓住"铁锤"；军人打仗，手中抓住"枪"；学生学习，手中抓住"笔"；古代教师教学，手中抓住"教鞭"：这些"手段"就是工具，是达到目的的中介。研究"手段"的式样不是目的，研究运用怎样的"手段"才能取得最好的教学效果才是真正的目的。所以说，教学方法是手段，研究教与学的方法是为了实现学生知识建构和能力发展的有效性和最优化。

新课程的实施要求学生转变传统上以学习书本知识点为主，按教师要求去听课与练习、记忆与理解、归纳与总结的学习方式，要求学生注重学习方法、培养学习能力、树立终身学习的理念。所以，如何指导学生学习、转换教学模式、改革教学方法和手段是教师教学研究的新课题。

教育部颁布的《基础教育课程改革纲要（试行）》（2001 年）指出，教师要"改革课程过于注重知识传授的倾向，强调形成积极主动的学习态度，使获得基础知识与基本技能的过程同时成为学会学习和形成正确价值观的过程"；要改变过于强调接受学习、死记硬背、机械训练的现状，倡导学生主动参与、乐于探索、勤于动手，培养学生收集和处理信息的能力、获取新知识的能力、分析和解决问题的能力及交流合作的能力；要求教师"大力推进信息技术在教学过程中的普遍应用，促进信息技术与学科课程的整合，逐步实现教学内容的呈现方式、学生的学习方式、教师的教学方式和师生的互动方式的变革，充分发挥信息技术的优势，为学生的学习和发展提供丰富多彩的教育环境和有力的学习工具"；要求"加强信息技术教育，培养学生利用信息技术的意识和能力"。据此，教师要重视如下几方面的教学研究：①如何培养学生自主学习的能力，树立终身学习的理念，"关注学生的学习兴趣和经验，精选终身学习必备的基础知识和技能"。②如何引导学生转变学习方式，实现开放式学习、建构式学习、审议式学习和创造性综合学习。③如何使学生适应以自主探究、互助合作、体验感悟为特点的新的教学方法。④如何指导学生掌握一般学习方法和学科课程学习方法、传统的学习方法和崭新的学习方法、思辨性学习方法和行动性学习方法。⑤如何推进信息技术与学科内容的有机整合，追寻大信息量的高效的优质课堂教学效果。

新课程倡导的新的教学方法，可以从义务教育和普通高中的课程标准中找到：倡导探究教学法的新课程有数学、生物、语文、艺术、音乐、美术、物理、体育、化学、科学；倡导合作教学法的有音乐、美术、体育、思想政治、历史与社会、语文、数学、英语；倡导情境体验法的有品德与社会、思想政治、音乐；倡导"玩、演、视、听教学法"的有音乐、艺术；倡导个性化学习教学法的有化学、英语、艺术；倡导开放性教学法的有思想政治、美术、地理与社会、历史与社会、思想道德；倡导活动教学法的有历史与社会、品德与社会、思想品德、科学；倡导快乐教学法的有历史与社会、物理；倡导对话教学法的有语文、英语；倡导任务型教学法的有英语；倡导环境影响教学法的有音乐、美术、艺术。倡导探究教学法和合作教学法的新课程最多，分别为 10 门和 8 门，反映了新课程以学生为本的教学要求。[①] 在教学方法的研究上，当前教师要关注以下问题：①如何把新课程所倡导的新方法与传统上有效的教学方法结合起来运用。②如何根据教学任务的需要、学科教材内容的特点、学生的认知结构与水平、学生的交往活动状况与环境，以及本校教学条件恰当地选用新方法。③如何界定新课程所倡导的这些新教学方法的内涵并作出操作性定义。

新课程实施以来，人们倡导并实施反思教学法和叙事教学法。本研究从怀特海的"浪漫—精确—综合利用"三重节奏教学法中得到启发，探索猎奇教学法和创造性综合学习教学法。这些新的教学方法具有开放性、不确定性、启发性、感悟性、兴趣性等特征，符合我国新课程的教学理念，值得倡导。

新的学习方式和教学方法要求教师转变传统的课堂教学模式。传统的课堂教学模式以讲台为舞台，以教师为中心，由老师一言堂、满堂灌，教师是演员，学生是观众。教师高高在上，控制学生的学习过程，学生在教师的教导下被动地学习。笔者认为，新课程的上课模式应以学生为演员、教师为导演，教师应设法让学生积极主动地参与到整个教学过程中，并启发学生主动、快乐地学习。教师以"平等中的首席"身份参与到教学过程中，以合作者的角色，对学生的学习进行积极的引导。此外，教师若只使用粉笔加黑板，仅具备语言、模象、实物等直观教学能力，已不适应新课程对课堂教学的要求。新课程要求教师具备对媒体各种信息的选择能力、理解能力、评价能力、创生能力和质疑能力。具体而言，教师要能认识、选择和接触媒体，解读、甄别、取舍、判断和质疑媒体信息，具备亲自制作、发布媒介产品的能力。诚然，旧的课堂教学模式也会运用计算机进行辅助教学，倡导多媒体优化组合教学，借助现代化教学手段提高课程教学的水平。但新课程提倡的是"整合"，是一个比"结合"具有更高要求的新概念。它不仅要求教师要善于借助现代化教育技术以提高课堂教学质量，而且要求教师能有效利用信息技术以便开发适应学生学习需要的课程资源，将课程内容与现代教育技术融为一体，将课程内容和信息技术看作教学对话、反思、研讨的媒体和手段，并实现教学时空开放性、课程资源网络化、资源形态超文本。[②] 目前，教师转换课堂教学模式的难度很大。在新教学模式的运用上，关于有效学习策略的指导，新课标、教材、教法与现代教育技术的优

① 李方. 论教师专业能力的建构. 湛江：湛江师范学院教育科学研究中心，2008.
② 李方. 论教师专业能力的建构. 湛江：湛江师范学院教育科学研究中心，2008.

化整合，网络资源在教与学中的选择和运用，旧法与新法、新法与学法、学法与教法，以及教学内容、方法与手段等如何优化整合，要做深入的研究。新教学模式的条件和效果，也值得教师在教学实践中进一步探索。

四、关注学习共同体和学习环境

"共同体"是一个社会学概念，德国的腾尼斯把共同体分为三类：地域共同体、血缘共同体和精神共同体。"共同体"是马克思主义哲学的重要理论。马克思认为，人的本质不是个体的抽象物，而是一切社会关系的总和。这里的"一切社会关系的总和"，可理解为"社会共同体"。学生的本质及其成长，取决于其所在的社会共同体的影响及实践。马克思区分了人类社会的三种共同体：①血缘的共同体；②虚幻的共同体；③真实的共同体。① 笔者认为，就学生而言，其学习共同体和实践共同体，就是马克思所说的"真实的共同体"。而"真实的共同体"本质上就是"和谐共同体"。②

20世纪初，杜威提出了"民主共同体"的理论。③ 此外，还有学者提出"学习共同体"和"实践共同体"等概念。笔者认为，"和谐共同体"与"民主共同体"的理论是探索"学习共同体"的依据。

这里所说的学生的"学习共同体"，是指由学生及教师群体组成的共同体。在学习共同体中，每一位学生都是活动的主体，教师也是一个主体。主体间性理论认为，在学习共同体中，每一个成员都是主体，各个主体之间是开放的、联系的和互动的。传统的主体理论认为，学习共同体中的每一位成员都把自己看作主体，而把周围的其他成员看作客体，并用封闭的、孤立的、割裂的眼光看待每一成员，这是错误的。事实上，每一成员都在学习共同体中平等地、开放地交往、对话、学习、合作、共在、共享与共生。具体地说，学生与学生、学生与教师平等地交往、对话、学习、合作、共在、共享、共生，学生与学习共同体、教师与学习共同体亦共在、共生。学生的学习共同体又可分为课堂学习共同体和社会实践学习共同体。

课堂学习共同体凸显课堂中学生与文本（教材）、教师与文本（教材）、学生与学生、教师与学生的沟通对话，以文本（教材）为媒介的生生、生师之间的交往、互动。学习共同体的主体有多个，主体间性对个体学习有巨大的促进作用。在教学中，要重视对学习共同体的研究，应重点关注六种关系：①对传统文化知识的批判继承与创新拓展的关系；②学科兴趣与博雅学习的关系；③个人本位学习目标（或价值观）与社会本位学习目标（或价值观）的关系；④自主学习与教师指导的关系；⑤竞争性学习与和谐合作、互补学习的关系；⑥多元活动与统一安排、自由与纪律的关系。

国外学者温格将"实践共同体"界定为："这样一群人，他们共同关心他们所做的事情，对他们所从事的工作有着共同的激情，并通过定期的互动来共同学习如何才能做得

---

① 欧阳康，王晓磊．在个性自由与集体合作之间保持张力：论马克思"共同体"思想的价值维度及其启示[J]．求索，2008（5）：81-83．

② 王有炜．马克思哲学的共同体问题及其意义［J］．安徽科技学院学报，2006（3）：73-75．

③ 黄小晏，张全新．马克思主义哲学是杜威"民主共同体"的理论来源［J］．山东师范大学学报（人文社会科学版），2009（1）：10-14．

更好。""学习是社会实践中不可分割的一部分，学习存在于人与其活动背景之间的互动和关系中。"因此，"参与社会实践是我们学习的基本过程"①。学习存在于社会实践共同体中。学生实践共同体的中心是学生个体，组成人员除学生外，还有教师（班主任）、社会实践中的其他人员，以及实践对象——客观实在的事物或人。在实践共同体中，学生与教师、学生与实践工作者开放地交往、对话、合作、共存、共享与共生；学生与自然、学生与环境、学生与实践共同体也是共在、共生的。

社会实践学习共同体强调以教材为依据的学生主体的社会实践学习，它凸显学生主体与其外界客观环境（包括事物和人）的交往作用与实践的过程。实践共同体中的主体是学生，其他组成因素包括外界客观环境、社会历史文化传统和背景、工作在一线岗位的劳动者等，是促进学生主体认知建构和意义创生的重要客观条件。在教学活动中，对实践共同体研究的主要问题是，如何开发学生实践基地并创设有利于学生实践锻炼成长的优质实践共同体。另外，还要处理好实践过程中的几种关系：①理性与感性的关系；②教师、实践工作者的指导与学生自主的实践的关系；③学生自我中心与容他的关系；④学生个人自由与社会责任的关系；⑤人与自然的和谐关系。

新课程的教学新理念要求教师面向全体学生，关注每位学生的个性发展，突出学生的主体性、合作学习、师生互动，正确认识学生是学习的建构者，以及班集体的影响在学生发展中的作用，让课堂充满生命活力，并强调学生的生活世界和社会实践能力，注重培养综合实践能力和社会责任感。因此，在新课程背景下，教师的教学研究不仅要深入研究新课标、新教材和新教法，还要更新班级管理理念，加强对学习共同体和实践共同体的研究，做好课堂教学管理和日常的班级管理工作，并抓好学生的社会实践活动，实现由封闭型班级管理向开放型班级管理的转变。

当前，如何运用系统论观点，优化学习共同体的互动结构及其环境是教师教学研究的一个新视点。笔者注意到，校园环境、家庭环境、社会环境和网络环境是影响学生学习的主要环境。校园环境影响包括校园内的学习条件、设备、学风、氛围等对学生学习的影响；家庭环境影响主要是家庭成员的影响、传媒的影响，以及学习资料、学习时间和空间等条件对学生学习的影响；社会环境影响指学生所处的社区环境的熏陶、诱惑，亲戚朋友和同伴在交往上的影响，其他社会活动和见闻的影响等；网络环境影响指计算机互联网上的信息，以及以计算机为媒介所开展的社会交往对学生学习的影响。教师应运用系统论、信息论和控制论的原理，探索"1（学校）＋1（家庭）＋1（社会）＋1（网络）＞4"的教育整合功能。教师要结合学校、家庭、社会和学生的实际情况，研究出切实、可行、有效的协调和指导方法，努力为学生创设最优化的学习和实践的环境。

五、关注过程性测评、形成性测评和发展性测评的综合运用

新课程的实施对教学测评与高考改革提出了新的要求，从而拓宽了教师教学研究的视域。

旧课程常用诊断性测评和终结性测评。诊断性测评是学习活动开始阶段的测评，是

---

① 林淑文．课堂学习研究模式构建实践共同体的个案分析［D］．广州：华南师范大学，2009：19，40.

通过测验学生已有的基础知识，以"诊断"其原有知识与技能储备的水平，为帮助学生设计新的学习内容提供依据。终结性测评是学习活动结束阶段的测评，是课程学习的某一阶段结束或全部结束时的总结性评定等级测评，如地区性统考、中段考、期末考等。这两种测评均以测量教材的知识点和规定的技能目标为主，多采用纸笔测试的方法。

新课程要建立评价主体多元、评价内容全面、评价方式多样的能"促进学生全面发展的评价体系"[①]。在测评方式上，倡导过程性测评、形成性测评和发展性测评。过程性测评主要了解学生学习过程与方法、学生在学习的某一阶段（过程）中所取得的成果，以及智力水平、非智力因素、"附学习"、环境等情况，常采用建立成长记录袋、课堂观察、课后访谈、作业、操作、实践活动记录、杰出表现记录、活动产品分析、评定量表、评议、问卷调查等方式。形成性测评主要测试学生的知识、技能的掌握及价值观的形成等情况。发展性测评主要考查学生之间的进步情况、学生个体内发展的差异情况，重点考查学生的智能发展水平。

目前，国际 PISA（Programme for International Student Assessment）测验是集过程性测评、形成性测评和发展性测评于一体的测评方法。国际 PISA 测验始于 2000 年，每三年进行一次。2006 年有 56 个国家和地区参加，2009 年有 66 个国家和地区参加。测验的对象是 15 岁的学生（相当于初中毕业生）。测验的科目是阅读素养、数学素养和科学素养。每次 PISA 测验重点测评一个学科内容，2000 年测评的重点科目是阅读素养，内容有提取信息的能力、解释说明的能力、反思与评估的能力、数学素养和科学素养等五个维度；2003 年测评的重点科目是数学素养，内容有变化与关系、数量、空间与形状、不确定性、解决问题、阅读素养和科学素养等七个维度；2006 年测评的重点科目是科学素养，内容有识别科学问题、科学地解释现象、使用科学证据、科学兴趣、支持科学探究、阅读素养和数学素养等七个维度。[②] 2009 年测评的重点科目又轮回到阅读素养。

PISA 测评的所有试题均由成员国教育专家研制，经过成员国测验中心试测，经效度与信度检验，并经严格筛选，然后收入国际 PISA 测验题库。试题不但测评学生的学科知识、技能和素养的形成和发展的情况，还强调学科之间的交叉渗透和跨学科的综合性知识、技能和素养，重点测评学生综合分析问题和解决问题的过程、方法和能力，创造性综合学习过程、方法和能力，以及解决现实生活中可能遇到的真实问题的过程、方法和能力。

在测评方法上，除使用普通的纸笔测试进行形成性测试和发展性测试外，还使用问卷调查法进行过程性测评。问卷调查包括学生调查和学校调查两项，主要了解学生学习的素质、条件、态度和方法，以及家庭、学校、社会环境等相关影响因素，所收集的资料包括影响学生的社会、文化、经济和教育等因素的背景资料，以便研究这些因素与学生学科素养形成、发展之间的关系；还搜集了学生关于学习的动机、态度、信心、方法等资料，以及教师、学校、家长和学生自己对学生素质及能力的综合评价的资料。问卷调查的目的是全方位地评价学生的学习全过程，判断学生是否掌握有关学科的基本知识

---

① 中华人民共和国教育部. 基础教育课程改革纲要（试行）[S]. 2001.
② 王蕾. PISA 在中国：教育评价新探索 [J]. 比较教育研究，2008（2）：7 – 11.

与技能，是否具备终身学习所必需的基本能力和素质，是否能创造性地综合运用有关知识和技能去妥善地解决社会现实问题。

国际 PISA 测评的教学导向与我国新课标的要求是一致的。PISA 测评也是过程性测评、形成性测评和发展性测评综合运用的一个范例，是教师教学研究的一个重要领域，其考试科目、考试内容、命题方法、测评过程等许多方面都值得我们借鉴。

近年来，随着我国新课程的实施，高考命题与招生方法进行了相应的改革：①从以往的以测评教科书知识、解决书本问题为中心，向以测评学生分析社会现实问题的能力为中心转变；②从以往的以测评学生的认知领域为主，向测评学生的知识与动作技能水平、学习的过程与方法、态度情感与价值观的三维目标转变；③从以往的以注重诊断性、终结性测评，向注重过程性测评、形成性测评和发展性测评转变。

从国际 PISA 测评和我国目前基于新课程的高考改革中教师对过程性、形成性、发展性测评的研究，至少可获得如下启发：

（1）过程性测评研究的关键是"过程"这一相对性概念：就某一新学科课程教学而言，"过程"可理解为学生对学科课程学习的全过程，包括学生的课前预习、听课学习、做作业与练习的过程，实践活动的过程，自习、自修的过程，协作学习的过程，读书思考的过程，复习总结的过程，学习方法运用的过程，分析问题与解决问题的路向（思路）、过程，应对各种测评的过程等。此外，还有课堂上的学习过程、课余活动的过程、在学校学习期间这一过程，家庭学习、社会实践活动的过程。过程性测评常用的方式有实践活动过程观测法、作业作品成果分析法、个人成长历程分析法、档案袋评价法、平时多次测验成绩加权综合法等。值得注意的是，对于这些方法的运用，怎样才能确保其信度和效度。在新课程背景下，高考已十分重视运用过程性测评与终结性测评相结合的方法去评定学生的成绩，试图改革过去那种一考定终身的做法。然而，这两种测评方法应如何科学地结合运用有待于作进一步研究。

（2）形成性测评在考查基本知识技能掌握的同时，应重点测评学生创造性综合学习的知识与技能，以及愉快健康的、积极向上的情感态度价值观的养成。创造性综合学习是怀特海过程教育所倡导的，无论是国际 PISA 测评的试题还是我国高考的试题，都十分重视对学生的创造性综合学习能力的测试。但运用形成性测评去评定学生的创造性综合学习能力是相当复杂的，有无有效的方法。在运用形成性测评时，如何测评我国学生的社会主义情感态度价值观的养成（我国新课程"三维教学目标"之一）。这些问题都有待于进一步研究。

（3）发展性测评研究的焦点是：①如何从总体上测评学生知识技能的新进展和创新能力。②如何测评学生个体发展的差异性，包括学生之间在不同领域发展的水平和速度的差异性、学生个体内不同方面发展水平和速度的差异性。难点是如何确保这种测评的科学性、客观性和准确性，其具体、可操作的测评方法值得进一步探索。

（4）过程性测评、形成性测评和发展性测评如何综合运用。我们认为，应深入研究国际 PISA 测评，并结合中国基础教育和学生的实际，探索三者综合运用的可行性。

2011 年 1 月

目　录

第一章　新课程的实施与班主任理念的更新

随着 2001 年《基础教育课程改革纲要（试行）》（以下简称《纲要》）的颁布，新中国成立以来的第八次基础教育课程改革已经推进到全国中小学的每一个角落里，广大的教育工作者正以极大的热情投入这场改革之中。在新课程带来的一系列变化中，教师们感受最深的是课程标准、教材、教学方式方法的变化，这些有形的变化也正悄悄地影响着教师的教育教学理念。同时，新课程得以实施又是以教育理念的更新为前提条件的。要使课程改革落到实处，改革远远不限于课程本身，而是教育全方位的改变，同样波及班主任工作。班主任作为学校中全面负责学生班级工作的教师，对学生的教育影响是全方位的。因此，班主任必须了解新课程下的教育理念，以适应课程改革和社会发展的要求。

一、让每个学生都能发展的学生观

学生观是关于学生的基本观点和看法，它关系到怎么看待学生，把学生看成什么样的人，对学生采取什么样的态度等重要问题。有什么样的学生观，便会有什么样的教育。传统的学生观把学生看成是知识的容器，是"小大人"，对学生的要求整齐划一，忽视学生的个性发展，这已经不能适应时代的要求。新课程的核心理念是"为了每一位学生的发展"。《纲要》明确提出："注重培养学生的独立性和自主性，引导学生质疑、调查、探究，在实践中学习，促进学生在教师指导下主动地、富有个性地学习。教师应尊重学生的人格，关注个体差异，满足不同学生的学习需要，创设能引导学生主动参与的教育环境，激发学生的学习积极性，培养学生掌握和运用知识的态度和能力，使每个学生都能得到充分的发展。"[①] 从《纲要》中我们明显可以看出新课程强调的是使每个学生都能发展的学生观。

中国新课程改革提出的每个学生都能发展的学生观，有着丰富的理论支撑。尤其是在苏联著名教育家、心理学家赞可夫"教学与发展"教学理论和美国心理学家、教育学家布卢姆（Benjamin Bloom）的"掌握学习"理论中都有论述。赞可夫结合多年的实验教学经验概括出五条教学原则，其中一条是"使全班学生（包括差生）都得到发展的原则"，他认为：对于差生更加需要花大力气在他们的发展上不断地下功夫。下了这样的功夫，就能使差生在一般发展上得以进步。真正的社会主义人道主义的崇高理想，要求无论在教养还是在发展方面，都能使所有人，而不是挑选出来的一部分人得到最大限度的

---

① 中华人民共和国教育部. 基础教育课程改革纲要（试行）[S]. 2001.

发展。① 布卢姆提出的掌握学习理论的目的是让差生得到同样的发展，他与他的助手进行了长期的研究后得出结论：除了 1%～2% 的超常儿童和 2%～3% 的低常儿童之外，95%以上的学生在学习能力、学习速率和学习动机等方面并无大的差异。只要有适合学生特点的学习条件，世界上大部分的东西，几乎所有的人都能学会。所以，他要求教师面向全体学生，相信所有学生都能得到发展。他认为只要给予学生足够的学习时间，并且找到适合帮助每个学生的方法，那么，至少在理论上说，所有的学生都能掌握。② 这两位学者都强调要使全班的每个学生都得到发展，而且他们都特别提到促进差生的发展。这是多么精辟的见解，因为在教育实践中，差生往往是被抛弃的对象，很多时候，我们的教育只是针对部分学生的精英教育，根本谈不上教育公平与平等。好在教育家和教育工作者已经意识到此问题的严重性。新课程改革提出的"使每个学生都能得到充分的发展"的理念真是高瞻远瞩，顺应了时代的要求。但同时也对广大的教育者，尤其是班主任提出了新的要求，即树立每一位学生都能发展的学生观，并在教育实践中要有创造性。

（一）每个学生都是独特的个体

1. 每个学生都是独立的个体

学生作为单个的人，他是独立的、能动的，他有自己的身体、自己的思维、自己的思想、自己的感情、自己的需要愿望、自己的尊严、自己的人格，他通过自身的实践活动能动地与外界接触，主动地发展。学生作为独立的个体，他不仅与其他生物一样能够通过吸取外界的营养使自身的机体得以生存，更重要的是，他能主动地创造机会满足自己的精神需要，促进自身心理的发展。每个学生在受教育过程中不是被动的、任人摆布的物体，而是有意识地主动参与的个体。作为班主任，要相信每一个学生的能动性，不能任意捏塑学生，不能想让学生怎样就要求学生怎样，甚至把自己的意志强加给学生，而是要更多地关注学生的思想、情绪、情感，根据每个学生的独特条件，创设学生能接受的教育环境或方式、方法，让学生在不知不觉中受到教育。

2. 每个学生都有自身的独特性

由于每个人的遗传素质、社会环境、家庭条件和生活经历的不同，因而形成了个人独特的"心理世界"，他们在兴趣、爱好、动机、需要、气质、性格、智能和特长等方面是各不相同、各有侧重的，"人心不同，各如其面"，独特性是个性的本质特征。尊重学生的独特性和培养具有独特个性的人，应成为我们对待学生的基本态度。独特性也意味着差异性，不仅要认识学生的差异，而且要尊重学生的差异。差异不仅是教育的基础，也是学生发展的前提，应视为一种财富而加以珍惜、开发，使每个学生在原有的基础上都得到完全、自由的发展。

班主任要把每个学生都看成独立的个体，了解他们各自不同于他人的特性，尊重他们的个性和需要，对他们进行有针对性的教育。一般来说，班主任都喜欢乖巧、听话的学生，但是我们要培养的不是听话的、任人操纵的机器或木偶；而班主任对调皮的学生却是又恨又爱，因为他们聪明、有个性，但又总是闯祸或不服从管教。其实调皮的学生

---

① 顾明远，孟繁华. 国际教育新理念 [M]. 修订版. 海口：海南出版社，2003.
② 顾明远，孟繁华. 国际教育新理念 [M]. 修订版. 海口：海南出版社，2003.

是最具有独特性的个体，或者说被冠以"差生"称号的学生其独立性都较强，只要班主任看到他们的优点，采用适当的方式、方法进行教育指导，他们将会更有出息。

【案例1】"不是失望，是心痛"潘××①

孙飞（化名）是我们班的体育委员，在接这个班之前，我就已经对他很熟悉了：自由散漫，经常和外校的学生混在一起。接班之后，在我的细心调教下，孙飞进步不小，他与生俱来的领导才能也得以体现出来。全班的体育成绩在他的带领下有了很大进步。可是今天孙飞出事了，被带到教导处，这到底是怎么了？

一进教导处，就见孙飞和教导处的老师剑拔弩张，气氛十分紧张。"怎么了？""你问他自己！"此时，我把目光立即转向孙飞："孙飞，你过来，眼睛看着我，把今天你来这里的原因和我说说。"他抬起头望着我，眼里闪着一丝慌张，不过，言语中仍然表现出一种无所谓："也没什么，只不过是和以前的朋友玩玩而已。""什么玩玩？我想听的不是这样的描述。"看着我严肃的面容，他终于把事情的经过完整地说了出来。原来，他放学时遇到以前的几个朋友，说是受了欺负，请他帮忙去打架。出于兄弟义气，他随着这些朋友一起来到学校附近的小区，他们刚动起手来，就被周围的居民带到了学校。最后他拼命地加上一句："老师，我没动手，真的没有。"听他一说，我心里的火直往上冲，但我强压住怒火，只说了一句："你怎么就这么不听话？"我一直很冷静地面对他，他的眼神也在我的冷静中逐渐失去了原来的顽固。我想，现在最重要的是给他一个足够反思和冷静的空间和时间。"这样吧，老师现在也有事，放学后再谈好吗？"他答应了。

放学后，他来到我的办公室。我让他做作业，我则在一旁批改作业。中途，他几次停下来，欲言又止。一直到天快黑了，我才站起来说："整理好书包，我们走走。"他站起来，背起书包，跟着我向外走。他以为我会和他说话，可是他的如意算盘落空了。我面无表情地走着，到了楼下，我推起车，他才明白我要送他回家。他当时就慌了："老师，不要家访吧，我爸会打死我的！上次皮带打的地方到现在还疼。"说完，他撩起衣袖，手臂上一道道伤痕触目惊心。此时，我心都酸了，可怜的孩子啊。可是我还是告诉他，你只要告诉我你家的位置，其他都是我的事。"老师，我以后再也不这样了，我保证，您不要去了，我真的怕我爸呀！"我忍住将要流出来的泪水，只顾往前走，他见我不回答，也不说话了。这一路上，我们没再说话，但双方心里都在激烈地活动着。终于到他家了，他停了下来，露出一点不在乎的神情："老师，我们进去吧，就是502室。"我知道，他现在一定在想反正是躲不过，不如坦然一点，那我就给他一个意外。"我说过要去你家家访吗？""那您……""我只是觉得时间太晚了，你一个人回家不安全，老师送你回家而已。""哦！"我看他长出了一口气。"可是你明白老师今天的心情吗？""老师，我知道您对我很失望。"他低声说。"不，不是失望，是心痛，一个我欣赏、器重的孩子，竟然这样做。不过，我给你一个晚上的时间思考，明天下午我要外出听课，明天早上你要是有话就和老师说吧！""哦！""好了，时间不早了，赶快回家吃晚饭吧，记住早点休息！"他转身走的时候，脚步明显轻松了。我也轻松了许多，同时，我也明白，教育才刚

---

① 李岩. 中小学优秀班主任经典案例评析［M］. 北京：中国人事出版社，2007.

刚开始……

第二天一大早，他就在班级门口等我，用真挚的眼神看着我，"老师，您放心，我真的明白我错了，我一定不会再犯。请您相信我，我以后一定尽我最大的努力把班级带好。"我明白，我的目的达到了。我满意地点点头，"那好，那就看你的了！"

以后的几天，好多任课教师都向我反映，孙飞真的变了，孙飞真是个不错的孩子……

案例分析：在案例中，班主任潘老师没把自己的思想感情强加给学生，而是把学生看作一个独立的个体，充分考虑到学生的感情，如害怕挨爸爸打，并且能根据学生的意愿选择适合学生的教育方法，相信学生都有一颗向善和向上的心。同时潘老师故意创造一定的带有压迫性的时间和空间，让学生通过自己的心理斗争，自觉地认识到自己的过错，再加上潘老师的美好期望，最后使学生主动地向潘老师希望的方向发展。这里体现了班主任真正把学生看作了一个独特的个体。

（二）每个学生都有自身的发展潜能

1. 每个学生都是正在发展中的个体

学生作为正在发展中的个体，他们有自身的身心发展规律和特点，不同于成人，不能把学生看成是"小大人"，不能用成人的标准来要求和规范他们。发展中的个体意味着他们是不成熟的、正在成长的。即在生活上，学生需要成人和社会的照顾和关爱；在学习上，需要教育者根据其身心发展的特点给予指导和关怀。应该关怀和照顾每个学生，不能只偏爱优秀的学生，应使每个学生都能得以健康成长。

2. 每个学生都是具有发展潜能的个体

对于正在发展中的学生来说，他们的身心都处于发展变化中，其可塑性很强。这意味着他们会有不成熟的言行举止，就算是犯错误也是常有的事。对待学生的错误要宽容，要容许学生犯错误，并给予其改正的机会。班主任应该相信学生有着巨大的发展潜能，尤其应该相信"差生"。其实"差生"并不像有的人认为的那样差，多数"差生"仅是在某一方面落后。"差"不是其本质。十几岁的孩子，正处在长身体的时期，可塑性很强，班主任应当从各方面去关心他们，发现他们的闪光点，使其树立进取的信心和勇气。班主任应坚信每个学生都是可以积极成长的，是有培养前途的，是追求进步和完善的，是可以获得成功的，因而对教育好每一位学生应充满信心。

3. 每个学生都是一个完整的、有发展优势的个体

长期以来，我们过多地关注学生的学习成绩，忽略了学生作为一个完整意义的个体也有着丰富的精神世界和形形色色的个性。学生并不是单纯、抽象的学习者，而是有着丰富个性、完整的个体。学生作为个体，他既是一个自然存在，也是一个社会存在和精神存在，他是三者有机、完整的统一体。对一个完整的个体来说，一个人的自尊自爱，一个人的道德素质，同样是他生存的一个重要层面。他需要得到全面、和谐的发展。

班主任要把学生作为完整的个体来对待，还学生一个完整的生活世界，丰富学生的精神生活，给予学生全面展现个性力量的时间和空间。把学生按成绩的高低分为优生、中等生和差生就是割裂个体的完整性的做法，这是没有看到学生其他层面的优点。有经

验的班主任常常能发现：成绩差的学生往往在其他方面有特长，或运动好，或艺术能力强，或人际关系融洽……班主任要善于发现每个学生的优势，长善救失，给其发展的机会和时间、空间，使其完整地发展。

（三）班主任应尊重每个学生，使每个学生都能发展

相互尊重是现代人交往的首要原则。学生作为独立的、完整的个体，在各种人际交往中（包括教育教学中的交往），他应该受到尊重。可以说尊敬师长是我国的传统美德，但从现代人平等的角度看，尊重应该是相互的。现阶段的新课程改革也强调教育教学过程的"对话"，强调师生之间关系的平等。班主任要想得到学生的尊敬，首先就要尊重学生。尊重学生作为教育过程中的一条规律早已宣传多年，但一直以来，这条规律在教育实践中却屡遭践踏。不要说是对学生的责骂、人格的侮辱，就是危及学生生命安全的事情，也时常出现。或许每个教师或班主任这样做都有"良好"的动机："我这是为学生好，为学生将来的发展着想。"从表面上看，班主任的愿望是美好的；但从深层次看，班主任的思想观念中却并没有把学生当人看，没意识到学生是发展中的独立个体。

许多班主任在写总结的时候或优秀班主任做报告时都会提到尊重学生，说明大部分班主任是知道应该尊重学生的，可是有一部分班主任知道是知道，但内心深处受到"师道尊严"等传统观念的影响，甚至认为尊重学生就是放任或听从学生，丧失教师的尊严。首先，尊重学生并非放任或听从学生；其次，听从学生的良好意愿或建议并不是丧失教师的尊严，反而能引来学生的尊重；最后，只有尊重学生才能促使学生达到最佳的发展状态。因此，尊重学生是使每个学生都能发展的前提。

有的研究者认为班主任应从以下六个方面尊重学生：一是尊重学生的人格和自尊；二是尊重学生的情感；三是尊重学生的自主性；四是尊重学生的个性差异；五是尊重学生的自我管理和参与管理的权利；六是尊重学生的发展。[①] 这就要求班主任不能责骂学生，批评学生要就事论事，不能侮辱学生人格，如"你笨得像猪""你们是一群傻瓜""你真是无药可救""你将来的下场就是收破烂的"，这样的责骂不仅侮辱学生的人格，而且伤害学生的情感。班主任要了解每一位学生的特点，尊重每一位学生的权利和不同的发展潜能，与学生一起设计其发展方案，使每个学生都能发展。

【案例2】

一个乱班换上新班主任后，学生的状态大变。学生们回忆说：李老师从来不在大庭广众下批评人。你犯了天大的错误，她也不点名。她习惯的动作是走到你的座位旁，用手指在桌上敲三下，提醒你。下课时，她会说谁到办公室找她一下，她有点事找谁。她批评你的时候都是在讲道理，从来不会骂你、侮辱你。李老师从不先入为主，而是一视同仁。郭老师就不这样，如只要没有完成作业，我们几个就会被赶出去，换成成绩好的就是"下回注意"。李老师对我们好，可如果不完成作业，一样要补齐。不过，她从不占用上课的时间，你可以在课间的时候补作业。她不会把你赶出教室，更不会罚你。以前，郭老师让我们在楼道里补作业，我们只能蹲着、坐着或跪在地上。冬天的时候，楼道里

---

① 陈自良. 班主任工作的六个尊重 [J]. 班主任之友，2003（7）：19.

特别冷，可郭老师就是不让我们进教室。①

案例分析：李老师能把一个乱班变好，其中一个重要因素就是尊重学生和维护学生的尊严。同一个班的两任班主任因为对学生的态度不同，有着不同的学生观，就决定着一个班的不同性质和命运。这是在提醒我们广大的教育工作者：尊重学生是我们必须树立的学生观，是促进每个学生都能发展的前提条件，我们必须时刻谨记，把尊重学生的观念融入我们的血肉之中。

二、以生为本，为学生服务的教育观

教育是培养人的社会活动，人是教育的主体。"以人为本"是近现代教育的新理念，从卢梭主张教育要符合儿童自然的"内在发展"顺序和培养个性得到自由发展的自然教育，到杜威的"儿童中心主义"教育，再到罗杰斯的人本主义教育，无一不突出"以人为本"，尤其是"以生为本"的教育理念。

正在实施的基础教育课程改革正体现了"以生为本"的教育理念，从基础教育课程改革的具体目标就可以体现：在课程功能上强调学生"形成积极主动的学习态度""学会学习"；在课程结构上设置适应"学生发展的需求"的课程；在课程内容上加强"与学生生活以及现代社会和科技发展的联系，关注学生的学习兴趣和经验"；在学习方式上"倡导学生主动参与、乐于探究、勤于动手，培养学生搜集和处理信息的能力、获取新知识的能力、分析和解决问题的能力以及交流与合作的能力"；在课程评价上强调"发挥评价促进学生发展"的功能；在课程管理上"增强课程对地方、学校及学生的适应性"。② 这些都体现了：学生是教育的主体，学生是班主任的服务对象，班主任应关注每个学生的个性差异，树立因材施教的教育观。

（一）学生是教育的主体

学生在教育中的作用已被日益重视，联合国教科文组织的教育报告《学会生存》中就指出："学生自己，这个受教育的个人在他自己的教育中日益起着积极主动的作用"，"可以帮助一个人以一切可能的形式去实现他自己，使他成为发展和变化的主体、民主主义的促进者、世界的公民、实现他自己潜能的主人"。③

学生是教育的主体是指在教育活动过程中，学生是能动地参与的个人，是积极活动的主体，不断发展的主体。教师的主导作用在于根据学生的特点和能力，为学生提供机会和条件促进其积极主动地发展。

班主任工作复杂烦琐，劳心劳神，是一份苦差事，以至于部分教师不愿意当班主任。导致这种结果的原因之一是班主任在观念上认为学生是教育的客体，低估了学生的能动性。要做一位优秀的、幸福的班主任就需要转变观念，充分意识到：学生是教育的主体。从班主任的角度看，学生是教育的主体包含以下两方面的含义：

① 刘德华. 让教育焕发生命的价值：审视教育中的"罪"与"罚"［M］. 桂林：广西师范大学出版社，2003.
② 中华人民共和国教育部. 基础教育课程改革纲要（试行）［S］. 2001.
③ 联合国教科文组织国际教育发展委员会. 学会生存：教育世界的今天和明天［M］. 华南师范大学比较教育研究所，译. 北京：教育科学出版社，1996.

1. 学生是班级管理的主人

毫无疑问，班主任是班级的管理者和组织者，但由此认为学生就是被管理者则是不完全正确的。在班级管理中，每个学生既是被管理者又是管理者。要充分发挥学生在班级中的主体作用，就要大胆地把班级工作的运作、策划、执行权交给学生，让他们担负起班级管理工作的重担，使其真正成为班级管理的主人。就如魏书生所说："坚信每位学生的心灵深处都有你的助手，你也是每位学生的助手。"[①]

班主任从观念到行动上应把学生看作班级管理的主人，这就要让每个学生参与到班级管理的过程中，从班级目标、班级计划及班级规章制度的制定和执行，到班级日常事务的管理，到各项班级活动的组织和开展，使每个学生都有机会成为管理者和参与者。在班级管理中，每个学生都有机会和权利对班级中的各种事务提出自己的看法和建议，这既能发挥学生的主动性，又可锻炼学生的能力，是一举两得的好事。可能有人会说什么事都让学生管理和执行，那要班主任做什么呢？班主任的作用就在于协调和指导，教给学生管理班级的方法，处理学生处理不了的矛盾和问题，把握好正确的方向，使班级气氛和谐、向上，使每个学生健康发展。当班主任真正把学生作为教育的主体后，不仅教育效果显著，而且班主任会有更多时间和精力思考班级的发展、个别问题学生（主要指学习困难、道德行为存在问题的学生）的教育等较为棘手的问题。

【案例3】两分半钟收好书费[②]

又一届新生入学了，学生们领了新书：数学、语文、英语、地理、历史、美术、音乐、劳动技术教育、青春期教育和公民，十来种课本再加上数学用表、地理填充图、语文补充教材、书法用品，以及有关部门要求必订的辅导读物、学习指导等，每位学生领到了 25 本各种各样的书。面对这么多书，他们感到又兴奋又惊讶，同时又害怕学不好，但更多的还是有一种自豪感：自己长大了，成熟了。

第三天便是交书费的日子。新上任的学习委员得知学校要收书费，便让我收。我说："我从开始教书到今天，从来没有自己收过费。这件事，学生完全可以做，老师若做了学生能做、应做的工作，那就使学生减少了一个锻炼自己的机会。你说呢？"学生笑了。

自习课，学习委员到同学们的座位上去收书费，显然他想一个人一个人全由自己收。这样做，学习委员的出发点肯定是好的，他不惜牺牲自己的时间，热心为大家服务。但在一个人一个人的收费过程中，要说话，要打扰前后左右的人自习。再者，学生刚入学，注意力不集中，不时有几个人在说话、在走动，还可能影响班级大部分同学上自习。

我便和学习委员说："以前我们班的班干部收书费、学费或班费时，我看主管同学站在前面一下就收完了。"

"站在前边怎么收？"学生问。

"用手表收。"

"用手表怎么能收书费？"

① 魏书生. 魏书生班主任工作艺术［M］. 南京：河海大学出版社，2005.
② 魏书生. 魏书生班主任工作艺术［M］. 南京：河海大学出版社，2005.

"那就要靠你自己想了。"

学习委员是位很聪明的同学，一点就通。"啊！我明白了。"他说。

说完，他走上讲台："同学们请注意！各组组长请注意，没有组长的便由你们组第一座右侧同学代替，下面我们开展收书费比赛。昨天讲了本学期书费30元，请大家准备好。各组组长站在前面，我说预备，大家便进入竞赛状态，我说开始，组长便开始收。收完以后，组长要将你们组的钱数一遍，共计多少人、多少钱，写在一张纸条上，用绳子把钱扎好，送到我这儿来，看哪个小组速度最快。"

一听说比赛，群情激昂，大家很快便做好了准备。有的组四个人还把钱放在一起，以争取加快速度。

学习委员站在前面，看着表，喊："各就各位！预备——开始！"

小组长立即进入工作状态。为加快速度，各组同学都积极参与，帮自己的组长数钱、找钱、记名单。

第三组最快，每人30元，16人共计480元，交到学习委员手里时，只用了1分15秒的时间。最慢的一组，交上来也只用了2分20秒。

全班72名同学，入学后第一次收书费，共2 160元，仅用两分半钟时间，全班同学都为这样高的效率感到自豪。学习委员边从组长那里边接钱边验收，验收完毕，立即上交给教导处。全班同学两分半钟后便开始上自习了。

案例分析：魏老师的方法值得所有的班主任借鉴。熟知魏老师的人都知道魏老师的班主任工作小到收书费，大到学校的班主任会议都是由学生完成的，魏老师只是在学生需要的时候提出建议或教给方法。许多班主任对班级的任何事情总喜欢亲力亲为，总不相信学生能把事情做好。这样的班主任往往吃力不讨好，而且从本质上可以看出班主任的教育观念还很传统。这样的班主任得不到好评。班主任要学会放手，让学生真正成为班级管理的主人。

2. 学生具有一定的自我教育能力

自我教育是指作为教育主体的学生，将自己作为教育的对象，开展自己教育自己的活动。自我教育建立在自我意识的基础上。自我教育的主要环节有：①明确意识到家庭、学校和社会对自己的要求，相信其正确性，具有实现的信心和经过努力达到要求的愿望；②了解自己的长处和短处；③给自己规定培养、发展某些良好品德，克服某些不良品德的要求和步骤；④注意行为锻炼，执行自己的规定。[①] 自我教育能力是在自我教育活动过程中形成和发展的，它具体包括自我认识、自我约束、自我控制、自我评价和自我开发等能力。

自我教育是真正把学生作为教育主体的教育，而且自我教育也是青少年学生成长为一个真正的人所必要的条件。就如苏联教育家苏霍姆林斯基所说，"一个少年，只有当他学会了不仅仔细地研究周围世界，而且仔细地研究自己本身的时候；只有当他不仅努力认识周围的事物和现象，而且努力认识自己的内心世界的时候；只有当他的精神力量用

---

① 教育大辞典编纂委员会. 教育大辞典：第1卷 [Z]. 上海：上海教育出版社，1990.

来使自己变得更好、更完善的时候，他才能成为一个真正的人。这里说的就是学生在精神生活的一切领域里的自我教育"，"只有能激发学生去进行自我教育，才是真正的教育"。① 1972 年，联合国教科文组织的教育报告《学会生存》中也指出："未来的学校必须把教育的对象变成自己教育自己的主体。受教育的人必须成为教育他自己的人；别人的教育必须成为这个人自己的教育。"② 作为班主任应重视学生的自我教育。

从儿童身心发展的规律看，中小学学生都具备一定的自我教育能力，而且随着年龄的增长和教育的深入而不断地提高。也就是说，学生的自我教育能力正处于发展之中，是不完善的，如在认识和评价自己方面：有的学生因看不到自己的缺点而自高自大；有的学生由于看不到自己的优点而自卑。班主任既要相信学生的自我教育能力，又要意识到学生的自我教育是在教师的指导下的教育，其有责任培养学生进行自我教育的能力。在这方面许多优秀的班主任都有一套好方法，如魏老师的帮助后进生找优点、让犯错误的学生写说明书或心理病历（包括疾病名称、发病时间、发病原因、治疗方法和几个疗程等)③ 等方法。

（二）学生是班主任的服务对象

在传统的教育中，学生是教育的对象，教师是教育的主体，教师对学生的教育有着不可违背的权威，学生处于被动的地位。在相当长的时期内，甚至到现在，仍有相当一部分班主任认为"乖巧听话的学生才是好学生"。这远远适应不了新课程改革提出的培养适应终身学习的、具有创新精神的人的要求。为了适应新课程改革的要求，班主任必须更新自己的教育理念，树立为学生服务的意识，让学生成为班主任服务的对象。只有当班主任把学生看成是自己的服务对象时，学生的主体性才能得以真正体现。

随着社会的发展变化，教育被看成特殊的服务行业。在市场经济的服务行业中，"顾客就是上帝"。如将这个理念推广到教育中，那"学生及其家长就是上帝"，学校及其教师，尤其是与学生接触最多的班主任就必须满足学生的各种需要。但教育毕竟不同于一般的服务行业，作为被服务的学生，他们是正在发展中的主体，其需求可能是不合理的；家长由于不完全了解教育规律，其教育要求也不一定合理。那对于不合理的教育要求，难道班主任也应满足其需求吗？在现实中，我们已发现不少这样的现象，如班主任为减负而联合科任教师减少学生的家庭作业，结果遭到部分家长的反对，要求班主任增加作业的数量，否则就要求学校更换班主任。那什么才是合理的教育需要呢？合理的教育需要就是能促进每个学生健康成长的、对其发展有益的需要。班主任把学生作为服务对象，这是要求班主任增强自己的服务意识，满足学生和家长的合理教育需要，促进学生健康全面地发展。不是要求班主任满足学生任何要求，让学生为所欲为，而是善于站在学生的立场想问题，以平等、民主、真诚的态度帮助和促进学生的发展。

班主任把学生作为自己的服务对象，是为了使班主任不以管理者自居而对学生施威，而是以平等的身份，努力成为学生的朋友和知己，尊重学生，了解学生的需要和问题而

---

① ［苏］瓦·阿．苏霍姆林斯基. 给教师的建议［M］. 杜殿坤，编译. 北京：教育科学出版社，1984.

② 联合国教科文组织国际教育发展委员会. 学会生存：教育世界的今天和明天［M］. 华南师范大学比较教育研究所，译. 北京：教育科学出版社，1996.

③ 魏书生. 魏书生班主任工作艺术［M］. 南京：河海大学出版社，2005.

随时帮助他们，挖掘学生的潜能而促进其个性化发展，为学生创造良好的教育环境。在这个环境中，学生将处于积极的自由开放状态，其能动性和创造精神将会得到最大的发展，其主体性也能得以正面体现。

（三）班主任应关注学生个体差异，因材施教

既然学生是独特的、有自身发展潜能的个体，那么班主任就应该关注每个学生的个体差异，做到因材施教。这也是以生为本的教育观的主要体现。因材施教的提出者可追溯到孔子，可谓是历史悠久了，可这也是我国目前的教育最难实现的问题。

许多班主任都知道应关注学生的个性差异，因材施教，但实施起来却困难重重，其中最大的问题是我国的班级大部分是 50 个学生以上的大班。面对这么多学生，班主任很难关注到每个学生的发展，所以，在班主任工作中常常是把学生分为优生、中等生、后进生或差生进行"抓两头，促中间"的个别教育。许多班主任在个别教育中都有不少的经验，尤其是在后进生的教育中取得较好的成绩，并为此花费了全部心血。但是，这种个别教育也存在种种问题：一是根据什么标准把学生分为优、中、差呢？全面评价学生素质的标准还没有一个被公认的指标，而且有些指标也较难量化。在实际操作中，班主任往往以学生的考试成绩作为衡量标准，虽然班主任知道分数并不代表学生的全部，但分数既是客观的，又是片面的。二是把学生分为优、中、差三级，这显然带有等级色彩，不符合教育公平。三是学生的发展是动态的，优、中、差不是一成不变的。四是这种个别教育并不是真正的个别教育，只是把全部学生分为三个级别来区别对待而已。就是在优生中每个学生的个性能力也是各有差异，更别说是后进生了，那按照一样的要求、固定的教育模式和方法教育同是优秀（中等、差）的学生，其效果可想而知。既然这种个别教育不好，那还有没有更好的因材施教的方法呢？我们认为应对学生进行个性化的教育，这个问题将在第十章论述。

虽然在我国实施因材施教困难重重，但班主任能做到的是关注每个学生，了解每个学生的个性和能力，不要轻易放弃任何一个学生。如果班主任能够真正把学生作为教育的主体，充分发挥学生的自主性和能动性，那么班主任就有精力和时间对每个学生进行因材施教，使每个学生都能发展，真正做到以生为本了。

三、发展性的多元评价观

在新课程改革中，把课程评价的改革作为六大课程目标之一，其目标是"改变课程评价过分强调甄别与选拔的功能，发挥评价促进学生发展、教师提高和改进教学实践的功能。"[1] 强调发展性的评价观。同时，《纲要》还明确提出："建立促进学生全面发展的评价体系。评价不但要关注学生的学业成绩，而且要发现和发展学生多方面的潜能，了解学生发展中的需求，帮助学生认识自我、建立自信。发挥评价的教育功能，促进学生在原有水平上的发展"；"建立以教师自评为主，校长、教师、学生、家长共同参与的评价制度，使教师从多种渠道获得信息，不断提高教学水平"。体现评价内容、要求和评价主体等多元化的要求。其中评价的多元化也是为了促进学生的发展。因此，应树立发展

---

[1] 中华人民共和国教育部. 基础教育课程改革纲要（试行）[S]. 2001.

性的多元评价观，其具体包含以下内容：

（一）评价内容全面，以发展学生多方面的潜能为目的

在我国，原有的基础教育的课程功能是以传授知识为主，由此其评价内容也过多地注重学科知识，特别是教科书里的知识，而忽视了实践能力、创新精神、心理素质及情绪、态度和习惯等综合素质的评价，而且评价标准统一，忽视了学生的个性差异和个性化发展。新课程改革为了改变这种现象，要求建立全面发展的评价体系，以促进学生多方面潜能的发展。

1. 了解和完善评价内容

新课程改革后，我们发现评价学生的内容更全面了，而且突出能力与个性，包括道德品质、公民素养、学习态度与能力、交流与合作、运动与健康、审美与表现、个性与情感等方面，囊括了知识与技能、过程与方法、情感态度与价值观三大教育目标，而且指标一般也有二到三级，使得指标具体化，而且能突出和体现学生的不同个性，给人耳目一新的感觉。从各个学校的学生综合素质评价手册中可以看到，各学校的评价体系不完全一样，体现出评价内容和评价指标的多元化，这是一个好的现象。班主任要做的是：首先，要了解本学校的评价内容和评价指标的变化；其次，根据评价内容和本班学生的特点，找出每个学生的潜能；再次，在了解每个学生特点的基础上，完善评价内容，使每个学生在评价中都能显示出其特长和潜能。全面的评价内容能使"差生"在评价中看到自己的优点，使中等生看到自己的优、缺点，使优等生看到自己的缺点。评价内容的全面多样是发展学生潜能的前提。

2. 树立以发展学生多方面潜能为目的的评价观

评价内容指标全面了，学生的潜能是否就能得以发展呢？在现实中，这两者并不一定是对等的。因为评价内容和评价指标是有形的、可见的，同时也是表面的，而发展学生的潜能是评价的实质；评价内容是手段，促进学生潜能的发展是目的。班主任作为评价学生的直接操作者与组织者，必须清晰地认识到，评价学生的目的是发展学生多方面的潜能。否则就会出现为评价而评价，再全面的评价内容也会失去作用。直到现在，我们仍可看到这样的现象：每学期的最后一天，当学生手册发到学生手中时，有的高兴，有的则悲伤，有的毫无表情；有的学生只是看看成绩，有的学生甚至看都不看，因为不看也知道教师的评价，而看了只有伤心。我们期盼着所有的学生看到班主任及其科任教师对自己的评价时都是微笑的。当这个时候来临时，我们才能说评价发挥了它真正的作用，评价要使每个学生都能看到自己的潜能和特长。这就需要班主任在评价学生时：不仅关注学生的分数，也关注学生各个方面的表现，发现学生的潜能；不只重视学生考试的结果，也重视学生在学习、活动过程中的努力程度和所获得的体验，从而了解学生的需要，帮助学生发展。

（二）评价主体多元化，重视自评和互评

评价主体的多元化是指评价的过程由学生、教师、家长、学校管理者、社区和专家等多个主体共同参与、交互作用，以多渠道的反馈信息促进被评价者的发展。评价主体的多元化使评价从单向转为多向，增强评价主体间的互动，强调被评价者——学生成为评价主体中的一员。这符合新课程以生为本和促进每个学生发展的理念。具体表现为：

（1）学生自评突出了学生是教育的主体。学生既是被评价者，又是评价的主体，促进了学生的主人翁意识。一方面，学生作为评价主体，有权利对评价内容和评价结果提出自己的看法和建议，提高学生的参与意识；另一方面，学生自评有利于提高学生的自我评价、自我发展能力，提高学生自我教育能力。

（2）学生间的互评有利于学生间的互相学习，共同发展。一方面，同学的评价更易被接受；另一方面，同学间的互评既能增强同学间的了解，又能学习同学的优点，增强与他人合作的精神和技巧。通过比较，学生能更全面地了解自己的进步、潜能、长处及不足。同时有利于同学间的互相监督，共同发展。

（3）家长、学校管理者、社区和专家评价使评价信息的来源更为丰富，从而使评价结果更加全面、真实。特别是家长的评价充分发挥了家长的作用，不仅有利于家长了解学校和学生的教育现状，也使家长能参与学校教育，监督学生的学习，增强家长教育子女的义务和责任感。同时，家长的评价侧重于评价学生的道德品质和生活常识以及技能，使学生从另一个角度认识自己，从中发现自己生活和为人处世的潜能，增强信心，促进学生的多方面发展。

（4）班主任在评价中的作用是组织和指导。一方面，班主任作为评价活动的组织者要重视每个学生的自评和互评，为学生提供参与评价的机会，为学生评价活动创造民主和平等的气氛，激发学生参与评价的积极性和主动性。另一方面，班主任作为评价的主体，其主要作用是指导，一是教给学生评价的方法；二是对学生的评价给予评价；最后才是给予学生真切、客观的评价。

（三）评价方法多样化，注重量化评价与质性评价的结合

量化评价方法就是力图把复杂的教育现象简化为数量，进而从数量的分析与比较中推断某一评价对象的成效。量化评价方法如果使用恰当，确实能揭示教育现象和教育问题，提供具有说服力的证据。质性评价方法就是力图通过自然的调查，全面充分地揭示和描述评价对象的各种特质，以彰显其中的意义，促进理解。质性评价方法主张评价应全面反映教育现象的真实情况，为改进教育实践提供真实可靠的依据。[①] 传统的评价方法是以纸笔考试为主要手段的量化评价。量化评价由于简化了复杂的教育现象和僵化、形式化了学生丰富的个性而受到现代教育的质疑，而质性评价则以其全面、深入、真实地再现评价对象的特点和发展趋势的优点受到欢迎，成为近30年来世界各国课程改革所倡导的评价方法。我国的新课程改革也提倡以质性评价为主，将量化评价方法与质性评价方法相结合，采取多样的评价方法。

1. 考试内容和方法多样化，呈现开放性

量化评价方法（如考试等）虽然有缺陷，但其评价较客观、科学，只要使用恰当，也是一种好的评价方法。《纲要》明确要求继续改革和完善考试制度："实行小学毕业生免试就近入学的办法。鼓励各地中小学自行组织毕业考试。完善初中升高中的考试管理制度，考试内容应加强与社会实际和学生生活经验的联系，重视考查学生分析问题、解决问题的能力，部分学科可实行开卷考试。高等学校招生考试制度改革，应与基础教育

---

① 张华. 课程与教学论 [M]. 上海：上海教育出版社，2000.

课程改革相衔接。要按照有助于高等学校选拔人才；有助于中学实施素质教育；有助于扩大高等学校办学自主权的原则，加强对学生能力和素质的考查，改革高等学校招生考试内容，探索提供多次机会，双向选择，综合评价的考试、选拔方式。"① 这只是对升学考试的要求，从中可以看出考试的内容更全面，而且更注重学生能力的考核；考试方法更开放。

新课程考试制度的改革和完善对班主任的启示：一是组织和协同各科任教师设计多样化的考试内容，全面考查学生的知识和能力，发现学生的潜能；二是平时多组织开放性的考试，如口试、演讲、实验和制作、表演、运动竞赛等，发现和发展学生多方面的潜能；三是对学生的考试结果，不得公布学生的考试成绩并按考试成绩排列名次，体现人性化关怀；四是对每位学生的考试情况做出具体的分析指导，与学生共同制定改进方案，并经常督促学生实施。真正体现以生为本，从而促进学生发展。

2. 重视质性评价方法

新课程实施以来，出现了各种质性评价方法，如成长记录袋、表现性评价、学习日记、情景测验和行为观察等。质性评价方法是以描述的方式记录学生的各种行为表现：从学生的兴趣、习惯，到各种技能和能力的强弱，到情绪的变化、思想感情形成，是一种能充分、真实地展现学生的成长过程和经历，突出学生的个性特征和潜能的评价方法。

质性评价方法在实验区广泛存在，但其推广不容乐观，甚至至今仍有校长和班主任不知道什么是质性评价，什么是成长记录袋。出现这种现象有几方面的原因：一是质性评价方法自身的原因：质性评价方法是通过描述性的材料来对学生进行评价的，这就导致评价费时费力、管理难度大、对教师要求高、评价结论的一致性相对较差等缺点。而且质性评价方法作为新兴的一种评价方法，没有具体的实施模式可依，需要班主任的创造。笔者认为这是主要的原因。二是有的校长和班主任并不了解质性评价方法，更别说具体实施操作了。

要改变这种现状，班主任必须要做到：一是重视质性评价方法；二是主动学习与质性评价方法相关的理论和他人的实践经验；三是要充分发挥学生的主体地位，让每个学生都主动参与评价的全过程。这样既能减轻班主任的工作量，又能激发学生的积极性和潜能。

四、多元智能观

多元智能理论是我国新课程改革的重要理论基础之一，了解其理论，对我国新课程改革的实施有着重要的借鉴作用，因此，班主任也应该清楚多元智能理论的教育理念。

多元智能理论是由美国哈佛大学的教授、当代世界著名的心理学家和教育家霍华德·加德纳提出的。其最重大的贡献是提出每个人或多或少都具有九种智能：即语言智能、音乐智能、逻辑—数学智能、空间智能、身体动觉智能、自我认识智能、人际关系智能、自然智能、存在智能（后两种智能是在1997年新提出的）。这种对智能的全新的解释也对现代的教育理念产生了巨大的影响。

---

① 中华人民共和国教育部. 基础教育课程改革纲要（试行）[S]. 2001.

（一）每个学生都具有不同的智能组合和优势智能领域

加德纳提出："智能就是在人类所有个体上发现的一种能力，虽然程度不同，但普遍存在"，"人与人的差别在于人与人所具有的不同智能组合"。① 可见加德纳的多元智能理论强调每个个体都具有多种智能，个体的差异使得各种智能的程度不同，智能的组合也不同。而且加德纳强调："七种智能同等重要。"② 传统的教育重视培养和发展学生的语言和数理逻辑智能，强调语文和数理化等学科的教学，而忽视对学生其他能力方面的开发和培养。如果学生的这两种智能不强，他们在其他方面的智能就会被埋没。按照多元智能理论，每个学生都有自己的优势智能领域，都具有自己的智能特点，而且其智能是能展现的，就如加德纳所说："既然这些差别确实存在，每个人的独特智能组合一定会在他生命中的发展轨迹和所获得的成就中表现出来。"③ 学生智能的高低，教育起着至关重要的作用，因为"只要大脑没有受伤，如果有机会接触利于培养某一种智能的环境和条件，几乎每个人都能在那一智能的发展上取得非常显著的效果"。④

根据加德纳的多元智能理论，班主任对每个学生都应该抱着积极乐观的态度，每个学生都具有在某一方面或几方面的发展潜力，只要为他们提供合适的教育，每个学生都可以得到发展，从而成为有用之才。班主任要以发展的眼光看待学生的进步。学生之所以被称为"差生"，是因为我们还没发现他们的优势智能，或我们没有为他们提供发挥或展现其优势智能的环境和条件。那么班主任就要为学生创造多种多样的展现各种智能的环境和活动，给每个学生以多样化的选择，使其扬长避短，从而激发每个学生潜在的智能，充分发展每个人的个性。

（二）开发学生的多种智能

加德纳认为，"学校教育的宗旨应该是开发多种智能并帮助学生发现适合其智能特点的职业和业余爱好"，提倡"以个人为中心的学校"，"这种学校对每个学生的认知特点都能给予充分的理解并使之得到最好的发展"，"这种学校不但寻求和各个学生相匹配的课程安排，也寻求与这些课程相适应的教学方法"。⑤ 因为"人类个体不但在自己的智能强项和弱项上存在着极大的差异，在认知方式上也不同"。⑥ 所以，学校和教师"应认真对待每个学生的特质、兴趣和目标，尽最大的可能帮助他们体会到自己的潜能"，使"越来越多的学生发现自己的专长，增强自信心，成为各自社区和团体的有用之才"⑦，由此，可以看出加德纳强调教育的目的是发现和发展学生的潜能，进而对其进行因材施教。

根据多元智能理论，班主任应"承认学生的智能强弱项是存在差异的，从而承担在每个儿童的教育中激发他们强项的责任"⑧。承认差异意味着承认每个学生的教育目标、教育内容、教育方法手段、教育形式不同，这在传统的统一规划的学校是很难做到的。

---

① ［美］霍华德·加德纳. 多元智能［M］. 沈致隆，译. 北京：新华出版社，1999.
② ［美］霍华德·加德纳. 多元智能［M］. 沈致隆，译. 北京：新华出版社，1999.
③ ［美］霍华德·加德纳. 多元智能［M］. 沈致隆，译. 北京：新华出版社，1999.
④ ［美］霍华德·加德纳. 多元智能［M］. 沈致隆，译. 北京：新华出版社，1999.
⑤ ［美］霍华德·加德纳. 多元智能［M］. 沈致隆，译. 北京：新华出版社，1999.
⑥ ［美］霍华德·加德纳. 多元智能［M］. 沈致隆，译. 北京：新华出版社，1999.
⑦ ［美］霍华德·加德纳. 多元智能［M］. 沈致隆，译. 北京：新华出版社，1999.
⑧ ［美］霍华德·加德纳. 多元智能［M］. 沈致隆，译. 北京：新华出版社，1999.

班主任在这里只能尽自己所能，了解每个学生的差异，发现每个学生的智能强项和弱项，创设条件激发每个学生的强项，增强学生的自信心，成就学生的发展。这应该是教育和所有教育者的愿望。

（三）以情景化评估方法发展学生的多元智能

多元智能理论非常重视评价在发展学生智能中的作用，并提出发展学生潜能的评价标准和目的。加德纳认为：以个人为中心的学校的第一个角色是评估专家。其任务是对儿童在学校所表现出来的特别才能、倾向和弱点，定期提供最新的评估。他认为任何新的评估方法，都必须符合三个标准：第一，必须是"智能展示"的评估方法；第二，必须具有发展的眼光；第三，必须和儿童推荐的活动相关联。[①] 加德纳提出："评估的主要目的应该是帮助学生，评估人员有责任为学生提供有益的反馈。如识别他们的强项领域，提出他们应该继续学习或投身于有关领域的建议，提出哪些习惯是有创造性的以及未来评估可以预期的是什么，等等。"[②]

多元智能理论对现行的标准化考试提出了严厉的批判，主张以情景化评估替代标准化考试。加德纳认为：以标准化考试作为唯一的评估方式存在许多问题，应该为学生创造出使评价自然真实的环境，即设计课程的实体，如领域专题、过程作品集等，以便在学生从事学习或创作活动的情景下进行评估。这种情景化评估应该是自然的学习环境中的一部分，而不是在一年学习时间的剩余部分中强制"外加"的内容。评估应在个体参与学习的情景中"轻松"地进行。好的评估方法是一种有趣的学习体验，是在学生自然地投入于完成那些十分吸引他们的习题、专题和作品的背景下进行的评估。[③]

多元智能理论为我们展现了评价过程中理想的、美好的情景。在这种评价中，学生不再担心自己某方面的知识和能力没有掌握，不再痛苦和焦虑，而是轻松、充满自信的。这也是所有班主任们所希望的。那班主任能做到的就是：重视过程评价，根据学生日常学习和各项活动来评价学生；发现学生的智能强项和弱项，帮助学生充分认识自己；根据学生不同智能的强弱设计促进学生发展的方案；对学生考试的结果不分类、不排名。

多元智能理论的教育理念倡导促进学生智能的多元发展，这与我国的新课程改革"为了每一位学生的发展"的教育理念是一致的，深入地了解多元智能理论能更好地帮助班主任实施新课程。

思考与训练

1. 举例说明班主任应该具有怎样的学生观。

2. 你认为课程改革后班主任的教育观有无更新，还存在哪些问题？

3. 班主任实施发展性的多元评价观的重、难点在哪里，你有何建议？

4. 多元智能理论对班主任有何启示？

---

① ［美］霍华德·加德纳. 多元智能［M］. 沈致隆，译. 北京：新华出版社，1999.

② ［美］霍华德·加德纳. 多元智能［M］. 沈致隆，译. 北京：新华出版社，1999.

③ ［美］霍华德·加德纳. 多元智能［M］. 沈致隆，译. 北京：新华出版社，1999.

第二章　班主任的岗位职责

"班主任"这一岗位名称在解放区的绥德专署教育科于 1942 年编制的《小学训导纲要》中首次被提到。1952 年，中华人民共和国教育部颁布的《小学暂行规程（草案）》和《中学暂行规程（草案）》，明确规定了班主任的合法地位，自此以后，班主任工作在中小学教育中普遍施行。1988 年，国家教委相继颁布了《小学班主任工作暂行规定》和《中学班主任工作暂行规定》，明确了班主任的地位、作用、任务、职责、方法、任免的条件、待遇与奖励、管理等内容。2006 年，教育部颁布的《关于进一步加强中小学班主任工作的意见》进一步健全完善了班主任工作制度。2009 年 8 月 12 日，教育部颁发了《中小学班主任工作规定》进一步明确了班主任的概念、地位、配备与选聘、职责与任务、待遇与权利、培养与培训、考核与奖惩。以上文件都分别对中小学的班主任职责作出了明确规定。

根据相关的文件，中小学班主任的岗位职责主要包括教育职责、管理职责、组织班级活动职责和协调其他教育者职责四个方面，后三个方面的职责是班主任特有的职责，也是完成教育职责的最佳手段。

一、教育班级学生的职责

1. 进行思想道德教育，培养学生良好的道德行为习惯和思想品质

班主任是德育工作的主要实施者。班主任要了解中小学德育目标，进行有针对性的思想道德教育。《小学德育纲要》中规定了小学德育的培养目标是：培养学生初步具有爱祖国、爱人民、爱劳动、爱科学、爱社会主义的思想感情和良好品德；遵守社会公德的意识和文明行为习惯；良好的意志、品格和活泼开朗的性格；自己管理自己、帮助他人、为集体服务和辨别是非的能力，为使他们成为德智体全面发展的社会主义事业的建设者和接班人，打下初步的、良好的思想品德基础。《中学德育大纲》中规定初中阶段的德育目标是：热爱祖国，具有民族自尊心、自信心、自豪感，立志为祖国的社会主义现代化努力学习；初步树立公民的国家观念、道德观念和法制观念；具有良好的道德品质、劳动习惯和文明行为习惯；遵纪守法，懂得用法律保护自己；讲科学、不迷信；具有自尊自爱、诚实正直、积极进取、不怕困难等心理品质和一定的分辨是非、抵制不良影响的能力。高中阶段的德育目标是：热爱祖国，具有报效祖国的精神，拥护党在社会主义初级阶段的基本路线；初步树立为建设有中国特色的社会主义现代化事业奋斗的理想志向和正确的人生观，具有公民的社会责任感；自觉遵守社会公德和宪法、法律；养成良好的劳动习惯、健康文明的生活方式和科学的思想方法，具有自尊自爱、自立自强、开拓进取、坚毅勇敢等心理品质和一定的道德评价能力和自我教育能力。

小学班主任的岗位职责侧重于培养学生的道德行为习惯。小学阶段是学生发展的基础阶段，是学生道德行为习惯形成的关键时期和最佳时期。良好道德品质形成的标志在于良好道德行为习惯的养成。班主任可以根据小学生道德品质发展的特点，通过具体、生动、形象的语言和事例，树立学生正确的道德观念，形成正确的班级舆论；通过小学生喜欢的活动和游戏训练学生的意志品德，形成良好的行为习惯。另外，班主任要时刻关注学生的言行举止，了解学生道德发展的状况和存在的问题，及时帮助学生提高认识，强化正确的行为习惯，纠正不良行为。

中学班主任的岗位职责侧重于培养中学生形成良好的思想品质。中学阶段是学生思想品质形成的关键时期。班主任在培养学生良好行为习惯的基础上，要关注学生的思想动态，利用各种条件，通过讲座、讨论、情景或角色扮演、社会实践活动等学生乐于接受的形式和方法，树立学生正确的人生观、世界观和价值观，在活动中磨炼学生的意志品质。

2. 激发和保持学生的学习兴趣，使其养成良好的学习习惯、掌握科学的学习方法

学习是所有学生的主要任务，指导学生学习是每个教师的职责，班主任的职责还在于协调、统筹规划全体学生的全方位的学习：一是帮助学生明确学习目的，端正学习态度；二是调节和平衡学生的课业负担量，减轻学生的负担和压力，使学生乐于学习；三是严格学习纪律，形成学生严格要求自己、认真、实事求是等良好的学习风气；四是要经常与各科任教师沟通联系，了解每个学生各方面的学习情况；五是通过组织课内外各项班级学习活动，如学习经验交流会、掌握学习方法的讲座等，指导学生掌握科学的学习方法。

小学班主任的职责在于激发小学生的学习兴趣，使他们形成良好的学习习惯。小学生的好奇心强，求知欲旺盛，学习兴趣不稳定且容易受他人的影响，尤其是受科任教师的影响。班主任要联系科任教师，注意保护学生的好奇心，为每个学生提供成功的机会和体验，激发和保持学生的学习兴趣。小学生的学习习惯正处于形成期，开始掌握一定的学习方法，自我监督能力较差。班主任要有意识地利用课内外的活动使学生养成良好的学习习惯。

中学班主任的职责侧重于指导学生掌握科学的学习方法，教育学生努力完成学习任务。中学阶段，学生的课业负担明显加重。班主任要教会学生合理安排好各学科的学习时间，掌握各学科的学习方法；指导学生根据各自的学习特点和各学科的强弱程度制订各自的学习计划或方案，提高学生学习的独立性、积极性和自主性；同时，班主任要经常监督学生的学习计划，使学生按时完成学习任务，体验到学业成功的喜悦。

3. 关心学生的身体健康

班主任必须重视学生的身体健康。2006 年 12 月，教育部、国家体育总局、共青团中央发出《关于开展全国亿万学生阳光体育运动的通知》，提出通过阳光体育运动，力争用 3 至 5 年的时间，使 85% 以上的学校能全面实施《学生体质健康标准》，85% 以上的学生能做到每天锻炼一小时，达到《学生体质健康标准》及格等级以上，掌握至少两项日常锻炼的体育技能，形成良好的体育锻炼习惯，体质健康水平切实得到提高。此外，这三个部门还要求，开展"阳光体育运动"要以全面实施《学生体质健康标准》为基础，建

立和完善标准的测试结果记录体系，并作为毕业升学的重要依据，还要与体育课教学和课外体育活动相结合，确保开足、上好体育课，保证学生每天一小时的锻炼时间。大力推行课间体育活动，不断丰富学生课外体育活动的形式和内容。要通过宣传，使"健康第一""达标争优、强健体魄""每天锻炼一小时，健康工作五十年，幸福生活一辈子"的口号家喻户晓，深入人心。①

班主任的职责是关心中小学生的身体健康，教育和督促学生做好课间操和眼保健操，协调体育教师组织学生开展课外体育活动，保证和鼓励学生每天一小时的体育锻炼，使学生养成每天坚持锻炼的习惯。

小学班主任的职责侧重于让学生养成良好的生活卫生习惯和体育锻炼习惯。健康的身体得益于良好的生活卫生习惯。小学生的生活卫生习惯正处于形成期。班主任要教育小学生爱清洁、爱卫生，养成保护个人身体整洁和安全的好习惯；对学生进行生活健康教育，督促学生养成良好饮食和睡眠习惯等，指导学生有规律地生活。在小学，体育锻炼往往得不到应有的重视，甚至课间操由于场地等原因都无法正常开展，学生普遍没有养成体育锻炼的习惯。班主任要利用宝贵的课间操、课间活动、课外活动和班会课时间，为学生提供体育锻炼的机会和条件，组织学生开展各种体育活动，使学生都有自己喜爱或擅长的体育活动，养成每天锻炼的习惯。

中学班主任在培养学生养成良好生活、卫生和体育锻炼习惯的基础上，要组织丰富多彩的体育活动，提高学生的体质，锻炼学生勇敢、合作、坚强、拼搏等品质。

4. 指导学生参加劳动实践

除劳动技术课（部分学校形同虚设）外，中小学生的劳动大部分都是在课外活动和家庭中完成的。劳动教育的职责主要由班主任来完成。

小学班主任的职责在于帮助学生树立正确的劳动观念、形成劳动的意识和习惯。小学生的劳动带有自我服务性、学习性和娱乐性。自我服务性是指小学生的劳动主要以照料自己的生活、参加日常家务劳动以及值日等为班集体服务的活动为主。在此类劳动中，班主任要教会学生简单的劳动技能，通过比赛、评奖等活动让学生在为自己、为班集体服务中体会到劳动的意义和乐趣，养成劳动的习惯；学习性是指小学生通过参观活动了解社会各行各业人员的生产劳动，通过自身的操作和实践体验劳动过程的艰辛和收获的喜悦，从中树立勤劳的观念；娱乐性是由小学生的身心特点决定的，小学生经常是在"做中玩"，如手工制作、科学小制作等是小学生最喜欢的活动之一。班主任可以定期开展各种制作和劳动技能比赛，既能达到劳动教育的目的，又丰富了学生的课余生活。

中学班主任的职责侧重于配合劳动技术教育；使学生了解和掌握简单的劳动技能，形成正确的劳动观念，并注重对学生进行职业生涯教育。职业生涯教育一直不被中学所重视，班主任可以利用班会、课外活动培养学生的职业兴趣，使中学生对自己的未来有责任感，以形成一个理性的职业认识和规划。

5. 关注每个学生的发展，做好个别教育工作

各科任教师一般只关注学生本学科的学习，而班主任的职责则是关注全班每个学生

---

① 中华人民共和国教育部，国家体育总局，共青团中央. 关于开展全国亿万学生阳光体育运动的通知［S］. 2006.

的各方面的发展，全方位地做好个别教育工作。首先，班主任要了解和熟悉每一位学生的特点，善于分析和把握每一位学生的思想、学习、身体和心理的发展状况，科学、综合地看待学生的发展；其次，班主任要善于发现和发展学生的优点或潜能，与每个学生共同设计其发展规划或方案；再次，班主任要为每个学生提供发展的机会，让每个学生都能体验到成功的喜悦；最后，班主任要及时发现并妥善处理可能出现不良后果的问题。另外，班主任要善于倾听学生的心声，关注学生的烦恼，满足学生的合理需求，有针对性地进行教育和引导，为每一位学生的全面发展创造公平的发展机会。

6. 进行心理健康教育

目前，中小学生的心理健康问题日益增多，心理健康教育业已成为班主任责无旁贷的职责，主要包括以下几个方面：一是掌握心理健康知识，了解学生心理发展的特点和本班学生的心理健康状况；二是创设良好的班级心理环境，使学生保持良好的心态；三是通过各种集体活动，如心理健康讲座、团体心理咨询和心理游戏等，使学生形成良好的心理健康状态；四是配合学校心理健康教育教师或专职的心理辅导教师完成心理健康教育工作计划的落实。

7. 进行安全教育和管理

班主任对学生在校和集体外出活动的人身安全负有直接的责任。安全教育是班主任的重要岗位职责之一，主要包括以下六个方面：一是重视学生的安全教育，以预防为主；二是经常性地进行安全知识讲座和竞赛；三是有针对性地进行各种突发事件的安全演练，提高学生的安全意识和养成安全的行为习惯；四是严格执行学校的安全制度，如考勤和请假制度；五是建立学生督促小组，让学生参与安全管理，提高学生自我防范意识和能力；六是与家长合作共同对学生进行安全教育。

二、管理班级的职责

班主任是班集体的组织者和管理者，管理班级是班主任无法推卸的重要职责，班主任要高度重视班级的管理工作。由于中小学生的管理能力、自我控制能力正处于发展中，班主任的管理工作要求也因此更为具体、细致；同时，应注重培养学生的自我管理能力，放手让学生参与班级管理。

1. 做好日常管理工作

班主任要管理好学生在校的日常生活和学习，从升旗仪式、早操、晨会、早读、上课、课间操、课间活动、眼保健操、值日、班会课、课外活动到晚自习，使学生的生活和学习有序、协调、丰富多彩地进行。

2. 建立班级规章制度，对学生进行常规训练

班主任可根据《小（中）学生守则》《小（中）学生日常行为规范》、本校的校规和本班学生的特点建立班级规章制度。要求中小学生遵守的规章制度一定要具体、要具有可操作性，可以从每天的生活和学习的各个环节着手，再到各种行为习惯的养成。尤其是小学一年级和初一的新生对学校的规章制度是陌生的，甚至是无法适应的，班主任要根据学生的特点，采用活动、游戏、讨论和讲座等形式对学生进行常规训练，使学生逐渐形成习惯。班主任要让学生参与规章制度的制订，并建立班级监督小组严格执行，由

学生自我管理，班主任协助协调矛盾。

3. 让每个学生参与班级管理，培养学生干部

班主任要相信学生的能力。能力是在实践锻炼中发展的，班主任要学会放手，让学生在参与班级管理活动中发展能力。班主任可以根据学生的特长和班级管理的需要设置各种岗位，让每个学生都有参与班级管理的机会，从而激发学生的自主性。在提供机会的同时，班主任要教会学生管理的具体方法，当学生遇到问题时，要为学生提供帮助和建议，发展和培养一批小干部，使他们成为自己的得力助手。

4. 做好班级工作计划和总结

在新的学期开始时，班主任要根据教育的要求和本班的现状，制订和撰写本学期班级工作计划，其中包括本学期班级的奋斗目标、班级活动的安排等。做好计划后，班主任要认真执行计划，落实班级目标。在学期结束时，班主任要根据班级计划实施的状况总结本班学生和班主任自身工作的成绩以及存在的问题，并为下一阶段的工作提出建议和设想。

5. 做好学生的综合素质评价工作和班级评优奖惩工作

对学生的综合素质评价既是班主任的权利，更是班主任的职责。班主任切忌利用这个权利，而伤害学生的权利，忽视了综合素质评价的目的是促进学生的发展。对于综合素质评价，班主任要在了解学生的基础上，真实、全面、客观地反映学生的优、缺点，突出学生的个性。公正、公平地对待学生的评优工作，通过评优促进学生主动健康地成长。毕业班的班主任要做好毕业鉴定和升学指导工作。

评优和奖惩是激励和教育学生的重要手段。班主任要以奖励和表扬为主，惩罚和批评为辅。在日常工作中，班主任要注意了解每个学生的优势和特长，随时激励学生，让更多的学生有成功的体验。在期末，班主任要组织学生参与本班的"三好"学生、优秀班干部以及各类模范学生等各项评比活动，做到公开、公正、公平，通过评优促进学生主动健康地成长。

6. 预防和处理班级中的偶发事件

偶发事件往往是恶性事件，应以预防为主，这就要求班主任经常对学生进行安全教育和行为规范的训练。当偶发事件发生时，班主任要及时、冷静、妥善地处理，使活动和本班秩序迅速恢复，将对学生的伤害降低到最小。

7. 做好学籍管理工作

班主任的学籍管理工作主要有：做好每学期开学时的学生注册工作，熟知学生变更的情况，尤其是插班生的情况；做好学生的学籍变更工作，学生中途的休、留、转、借、退等情况要及时上报并协助家长办理相关手续；记录好学生在校的表现和成绩，撰写学生的操行评语，并妥善保存；做好毕业班学生的整档、填报志愿等工作，做好毕业考试及升学考试工作。

三、组织班级集体活动的职责

1. 组织班会活动

班会活动主要包括每周一次的班会课和每天早上的晨会，策划组织班会活动是班主

任的岗位职责之一。

2. 组织课外活动，发展学生的兴趣爱好和特长

关心学生的课余生活，组织丰富多彩的课外活动，发展学生的兴趣爱好和特长是班主任的职责。课外活动的内容主要包括：课外的学科活动、科技活动、社会实践活动、文学艺术活动、文娱体育活动和劳动技术活动等。

3. 指导团队活动

共青团和少年先锋队是青少年自己的组织，它既是学校教育不可缺少的有机部分，又是学校教育同社会实践密切联系的重要纽带，班级里的许多工作都要通过团队组织贯彻下去。班主任需要借助团队组织的力量，推动班级工作的有效开展。指导团队开展活动是班主任的岗位职责。班主任指导团队工作主要包括以下内容：一是指导班级团队组织制订工作活动计划；二是组织学生学习团队章程，做好团队组织建设和发展工作；三是做好团员、队员的思想工作；四是指导团队组织的各项活动；五是培养团队干部，指导干部处理和协调好各方面的关系，发挥班干部的积极性和带头作用；六是指导团队成员对团支部和队委会工作的监督。

四、协调其他教育者的职责

1. 与科任教师的协调，促进学生学习

班主任要密切关注学生各学科的学习情况，主动与科任教师协商学生学习中的问题，激发学生的学习兴趣，促进学生学习。处理好学生与科任教师之间的矛盾。

2. 与家长的协调，形成教育合力

班主任可以通过家访、家长会、信件、电话、短信和网络等形式与家长保持联系，互通情况，认真听取家长的意见和要求，商讨教育学生的各种问题，指导家长正确教育子女，取得家长对学校和班级工作的支持和配合，形成教育合力。

3. 与社会各种力量的协调

在这个开放的社会里，学生受社会的影响日益增多。班主任要充分利用社会的各种资源，通过"引进来"和"走出去"的方式，开阔学生的视野，使学生深入了解社会，成为社会需要的人才。

思考与训练

1. 熟知班主任的岗位职责后，你有何想法？

2. 观察某一班主任一天的工作，你认为他履行或忽视了哪些职责，为什么会出现这种现象？

第三章　班主任专业化

班主任工作是一项复杂的专业劳动，班主任是专业人员，这正逐渐成为人们的共识。班主任专业化既有利于班主任地位和工作水平的提高，又有利于学生的健康发展，是一种双赢的事业。

一、班主任专业化的内涵
（一）班主任专业化与教师专业化

班主任专业化源于教师专业化的提出和发展。1955 年召开的世界教师专业组织会议率先研讨了教师专业化问题；1966 年，国际劳工组织和联合国教科文组织颁发的《关于教师地位的建议》中首次以官方文件形式对教师专业化作出说明："应把教师工作视为一种专门职业，它要求教师具备经过严格且持续不断的研究才能获得并维持专业知识与专业技能的公共业务；它要求教师对所辖学生的教育和福利拥有个人的及共同的责任感。"①从此，教师专业化的研究日益完善，各国政府相继出台了各种相关政策和法规，以提高教师质量。

我国教育部师范教育司在其编辑的《教师专业化的理论与实践》一书中明确指出："教师专业化是指教师专业具有自己独特的职业条件和培养体制，有相应的管理制度和措施。教师专业化的基本含义：第一，教师专业既包括学科专业性，也包括教育专业性，国家对教师任职既有规定的学历标准，也有必要的教育知识、教育能力和职业道德的要求；第二，国家有教师教育的专门机构、专门教育内容和措施；第三，国家有对教师资格和教师教育机构的认定制度和管理制度；第四，教师专业发展是一个持续不断的过程，教师专业化也是一个发展的概念，既是一种状态，又是一个不断深化的过程。包括国家规定的学历标准，必要的教育知识、教育能力和职业道德，教师资格的管理制度等。"②

班主任专业化的含义与教师专业化的含义相似，是一种特殊类型的教师专业化。有的学者提出：班主任专业化既是一个目标，也是一种追求，它需要建立和健全相关的保障制度以促进班主任形成专业意识、提升专业情感，也需要班主任在教育教学实践中去体会和感悟，更需要班主任个体的素质构建、内涵提升、自主发展和自我超越。班主任专业化是一个辩证的发展过程，是一个持续的努力过程。班主任专业化蕴涵着"五个统一"，即班主任专业是学科专业化与教育专业化的统一、群体专业化与个体专业化发展的统一、制度保障与自主发展的统一、职前培养与职后培训的统一、学习研究与实践反思

---

① 顾明远，孟繁华. 国际教育新理念［M］. 修订版. 海口：海南出版社，2003.
② 教育部师范教育司. 教师专业化的理论与实践［M］. 北京：人民教育出版社，2003.

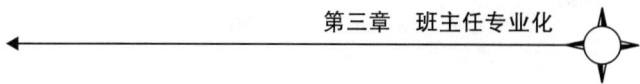

的统一。①

有的学者把班主任专业化的标准归纳为以下八个方面：①达到国家规定的学历标准；②能在学习与实践中更新观念，逐步树立以素质教育观为核心的现代教育观念；③深刻理解并掌握教师的职业道德规范，负起班主任应该负起的班主任职责。具有崇高的人格，把职业道德规范真正变成自觉的行动；④树立终身学习的观念，坚持经常性的在职进修，具有合理的知识结构，具有深厚的专业知识和专业技能，能广泛地吸纳班主任工作的最新理论，并运用到实践中；⑤能够坚持以实践为基础，以先进的德育理论和班级管理理论为指导，对班集体的功能、运行机制等班集体建设中的诸多问题进行理论联系实际的研究，逐步成为发展教育文化的生力军；⑥具有较强的专业能力，这不仅包括课堂教学能力，还包括学习能力、获取信息能力、研究学生家庭和社会的能力、交往能力、班集体的组织管理能力、组织班集体活动的能力和教育科研能力，等等；⑦使自己的专业具有较强的自主性和较大的权威性；⑧学术地位和社会地位不断提高。②

（二）班主任专业化的提出和进程

我国的教师专业化建设步伐不断加快，班主任工作作为学校教育工作的一个重要组成部分，有自己的工作对象，有特定的工作性质、任务和工作特点，有自身的系统知识和理论体系，有专门人员从事这方面的理论研究，有自己的专门刊物，有专门的领导机构。班主任专业化也开始受到重视。

"班主任专业化"，是于 2002 年 10 月由中国教育学会德育专业委员会在天津大港举办的全国第十一届班集体建设理论研讨会上提出，当时柳州市教育局的代表提出对班集体建设和班主任成长之间的关系进行研究。针对这一问题，首都师范大学的王海燕教授提出：整个世界都在搞教师专业化，我国虽然起步比较晚，但发展很快，能不能在教师专业化的基础上，提出一个班主任专业化的问题？她的提议得到全体与会代表的一致赞同。

2003 年 1 月，柳州市中小学班主任专业化培训指导中心成立，并创建了"全国首批班主任专业化实验学校"20 所。2003 年 11 月，在柳州市举行的全国第十二届班集体建设理论研讨会的主题就被确定为"现代班集体建设与班主任专业化发展的研究"。柳州市教育局以它良好的实践基础承担了课题实验的重要任务。同时，柳州市教育局编著的《班主任专业化的理论与实践》一书的出版，为班主任专业化的研究提供了丰富的理论基础。尔后，柳州市教育局在班主任专业化试点工作的基础上，形成了班主任专业化培训体系，创新了一系列班主任专业化的机制。柳江县教育局（原）率先在全国开展了"柳江县班主任专业化资格等级评审"研究工作，实现了对班主任专业的资格等级评审，政府认可等级待遇并作出了明确规定。

2004 年，《人民教育》刊登了班主任专业化的系列专题文章，其中，南京师范大学的班华教授指出："班主任专业化不是一般教师的专业化问题，而是一种特殊的教师专业化问题，班主任专业化有一定的目标、要求和内容，也是班主任持续发展的过程。""班主

---

① 黄正平. 关于班主任专业化的思考 [J]. 中国教育学刊, 2008 (2)：41-44.
② 杨连山. 班主任专业化刍议 [J]. 天津教育, 2003 (12)：32-34.

任专业化的特殊性是指：班主任的职责及其教育劳动具有特殊性，班主任专业化是特殊类型的教师专业化，精神关怀是班主任专业劳动的核心内容。"① 学会精神关怀、学会班级建设和遵守教育信条是当前班主任专业化的主要内容。同时，有的学者还强调通过各种培训促进班主任专业化。

2005 年，原教育部部长周济曾在记者招待会上指出，要把班主任由教书的"副业"变为育人的"主业"。他认为，实现班主任从"副业"转变为"主业"的必由之路，就是班主任专业化。②

2005 年 1 月，南京师范大学教育科学学院举办了第一期班主任专业化培训班，开创了全国班主任专业化培训的先河。

2005 年 7 月，全国第一个以班主任研究为主题的"班主任研究资料中心"在江苏省江阴市华士实验学校国际部正式挂牌成立，这个研究中心收集了目前所能见到的各类研究班主任工作的书籍以及大量的图片资料。

2006 年 6 月 4 日，教育部颁布了《教育部关于进一步加强中小学班主任工作的意见》（以下简称《意见》）。《意见》高度评价了班主任的作用，"中小学班主任是中小学教师队伍的重要组成部分，是班级工作的组织者、班集体建设的指导者、中小学生健康成长的引导者，是中小学思想道德教育的骨干，是沟通家长和社区的桥梁，是实施素质教育的重要力量""做班主任和授课一样都是中小学的主业，班主任队伍建设与任课教师队伍建设同等重要"。而且，首次明确了"班主任岗位是具有较高素质和人格要求的重要专业性岗位，应由取得教师资格、思想道德素质好、业务水平高、身心健康、乐于奉献的教师担任"。《意见》明确提出班主任工作是具有高度专业性的工作，不是任何教师都能够胜任的，应选聘有较高专业道德、专业知识和能力的教师担任班主任。《意见》的颁布，认可了班主任的专业化地位，为班主任工作提供了政策上的保障，对加强班主任队伍的专业化建设具有十分重要的意义。

2006 年 8 月 31 日，教育部颁发了《全国中小学班主任培训计划》（以下简称《计划》）。《计划》对培训目标、原则、内容、管理、组织和经费等提出了明确的规定。由此，全国各级相关部门和机构开展了大规模的中小学班主任培训，激发了班主任的工作热情和对班主任工作研究的兴趣，全面提高了班主任的专业素养。《计划》的颁布和实施为全面推进班主任专业化提供了坚实的保证。

2009 年 8 月 12 日，教育部颁布了《中小学班主任工作规定》，其中明确提出：班主任是中小学的重要岗位，从事班主任工作是中小学教师的重要职责。教师担任班主任期间应将班主任工作作为主业。并明确规定班主任的待遇与权利、培养与培训、考核与奖惩，进一步为班主任专业化提供政策法规的保障。

---

① 班华. 专业化：班主任持续发展的过程 [J]. 人民教育，2004（15～16）：9－14.
② 德育报，2005－04－25.

【资料1】教育部解读《中小学班主任工作规定》称有4大亮点[①]

中新网8月23日电　据教育部网站消息，近日，教育部印发了《中小学班主任工作规定》（以下简称《规定》）。教育部基础教育一司有关负责人在解读该《规定》时表示，该《规定》有四个亮点：

一是明确了班主任的工作量，使班主任有更多时间来做班主任工作。一直以来，班主任教师既要承担与其他学科教师一样的教学任务，还要负责繁重的班主任工作，使得班主任教师工作负担过重。《规定》要求："班主任工作量按当地教师标准课时工作量的一半计入教师基本工作量。各地要合理安排班主任的课时工作量，确保班主任做好班级管理工作。"明确了班主任教师应当把授课和做班主任工作都作为主业，要拿出一半的时间来做班主任工作，来关心每一个学生的思想道德状况、身心健康状况以及其他各方面的发展状况。

二是提高了班主任的经济待遇，使班主任有更多热情来做班主任工作。长期以来，广大中小学班主任教师辛勤工作在育人第一线，而享受的班主任津贴一直是按照1979年教育部、财政部和国家劳动总局颁布的《关于普通中学和小学班主任津贴试行办法》（教计字〔1979〕489号）规定的标准。津贴标准低，已经远不适应现代经济社会发展的要求。自2009年起，国家实施义务教育学校绩效工资制度。根据国务院办公厅转发的《人力资源社会保障部　财政部　教育部关于义务教育学校实施绩效工资的指导意见》，这次出台的《规定》第十五条要求将"班主任津贴纳入绩效工资管理。在绩效工资分配中要向班主任倾斜。对于班主任承担超课时工作量的，以超课时补贴发放班主任津贴"。

三是保证了班主任教育学生的权利，使班主任有更多空间来做班主任工作。在强调尊重学生、维护学生权利的今天，一些地方和学校也出现了教师，特别是班主任教师不敢管学生、不敢批评教育学生、放任学生的现象。新出台的《规定》第十六条明确规定："班主任在日常教育教学管理中，有采取适当方式对学生进行批评教育的权利。"这保证和维护了班主任教育学生的合法权利，使班主任在教育学生的过程中，在坚持正面教育为主的同时，不再缩手缩脚，而是可以采取适当批评等方式教育和管理学生。

四是强调了班主任在学校中的重要地位，使班主任有更多信心来做班主任工作。《规定》从班主任的职业发展、职务晋升、参与学校管理、待遇保障和表彰奖励等多个方面强调了班主任在学校教育中的重要地位，充分体现了对班主任工作的尊重和认可，对广大班主任教师来说，是一个极大的鼓舞和激励。强调班主任在学校教育中的重要地位，对于稳定班主任队伍，促进班主任专业成长，鼓励广大班主任长期、深入、细致地开展班主任工作有着积极的意义。

二、班主任专业化的基本内容

班主任工作既然能够作为一种专业，那么，班主任必须具有其独特的专业素质。班主任的专业素质主要包括专业情意、专业知识和专业能力。其中，专业情意是前提和动力，是班主任专业化的核心内容；专业知识是基础；专业能力是关键，三者缺一不可，

[①]　https://www.chinanews.com.cn/edu/news/2009/08-23/1830619.shtml.

共同促进班主任专业化发展。

（一）班主任的专业情意

1. 班主任的专业情感

班主任的专业情感可以用一个字来表达，那就是"爱"。"爱"是班主任专业化的前提条件，这包含两个方面的内容：一是热爱教育事业和班主任工作，表现为爱岗敬业和乐业；二是爱学生，在新课程中的理念就是对学生的精神关怀。

（1）爱岗敬业、乐业。

爱岗敬业是班主任专业化的首要条件。爱岗就是热爱班主任工作，中小学班主任工作任务重、压力大、工作烦琐，以至于部分教师或班主任本身不愿意当班主任，这不仅做不好工作，而且会使班主任身心疲惫。敬业就是对班主任工作具有高度的责任感，使班主任在其岗位上任劳任怨、不辞辛苦、满腔热情地为学生服务。班主任不只是爱岗敬业，更要乐业。班主任不仅是付出，而是在付出中享受快乐、获得幸福。乐业是所有班主任的愿望和追求。

全国优秀班主任魏书生在《班主任工作漫谈》自序中的一段话体现了他爱岗敬业和乐业的情感，值得我们细细品味：

我属于愿意当班主任的那类教师。我总觉得，做教师而不当班主任，那真是失去了增长能力的机会，吃了大亏。"人生七十古来稀"，这是古人的看法，现在咱们中国人的平均寿命已经到了70岁。咱们国家正在普及九年义务教育，一个人读1年学前班，再念完9年书，即使不上高中、大学，也有10年光阴是在班级中度过的。10年，占了一般人生命的1/7。这是人生筋骨血肉成长最快的10年，是人生喜、怒、哀、乐感情最丰富的10年，是人生意志品质形成的10年，是人生智力才能发展最快的10年，是人生千变万化的10年，是决定一个人今后命运的10年。班集体，人们生于斯，长于斯，变化于斯。在其中时，关心她，爱护她，为她吃苦，为她的荣誉奋斗；离开她后，留恋她，想念她，回忆她，魂牵梦绕着她……这怀念的感情经过滚滚滔滔的时间长河的冲刷，非但没有消失，反倒经年累月越积越深。许多人越到老年、晚年，对其思之越切，念之越深。班级和人生维系得这么紧密，班主任这一职业便具有了一定的诱惑力。班级像一座长长的桥，通过它，人们可以跨向理想的彼岸；班级像一条挺长的船，乘着它，人们越过江、河、湖、海，奔向可以施展自己才能的高山、平原、乡村、城镇；班级像一个大家庭，同学们如兄弟姐妹般互相关心着，帮助着，互相鼓舞着，照顾着。一起长大了，成熟了，便离开了这个家庭，走向了社会。①

（2）精神关怀学生。

精神关怀主要是关怀学生的心理生活、道德情操和审美情趣等方面及其成长与发展，即关怀他们的精神生活质量和精神成长；关怀学生当下的精神生活状况和未来的精神发展。班主任最根本的教育理念、最重要的教育品质就是对学生的精神关怀。精神关怀的

---

① 魏书生. 班主任工作漫谈［M］. 桂林：漓江出版社，2005.

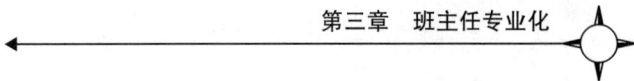

内容是很广泛的，关心、理解、尊重和信任是关怀情感的基本表现，也是学生基本的精神需求，因而也是班主任专业劳动的基本内容；学会关心、理解、尊重、信任学生，是对班主任专业化的必然要求。关心、理解、尊重、信任是相互联系的，既是对人的认识和态度，又是教育的基础，教育的力量。[1]

关心。几乎所有的班主任都是关心学生的，但关心应是全方位的，不仅仅是关心学生的成绩和学习，更要关心学生的情感生活、个性心理、成长的背景和经历等。班主任对学生的关心是充满人性和人情的，是学生能够接受和体会到的。经常在听到班主任讲自己怎样爱学生的同时，也听到学生在抱怨班主任对自己的忽视或摧残。这说明班主任关心的内容和方式不对，班主任的过度操心、过度保护、包办代替、过多限制的关心，不是学生所需要的关心，学生也就难以体会到班主任的关心或一片苦心。学生需要的是班主任鼓励式、激励式、宽容式的关心。

【案例1】爱，不要犹豫——秦××[2]

在教室的最后一排，坐着一个眉清目秀的小女孩。她聪明机灵、声音悦耳，前几天在我的优质课上，还以优美的朗诵打动了许多人。她叫舒郁（化名），现在是我们班的副班长。

你一定不会想到，二年级的时候，她还是一个蛮横无理，学习拖拉，成绩处于中下游的学生，那时的她并不起眼，是一件事引起了我对她的关注。记得二年级上学期开学没几天，舒郁得了皮炎，鼻子周围经常抹着白色的膏药。有一天，她对我说她要去看病、输液，需要请假，我毫不犹豫地答应了。接着几天她都没有来学校上课，我以为她在家中养病。直到那天，她姨妈来学校给她送书，而她当然不在了，我们这才知道：这孩子逃学了！从她的姨妈嘴中得知，她仍和平常一样，每天早早起床，吃完饭就背起书包出门，放学时还按时回家吃饭、休息，像没事一样！这孩子去哪了呢？她为什么要这样做呢？

最后，大家在学校附近的小花园中找到了正在玩耍的她。原来，由于她的鼻子上涂抹了膏药，看上去很像玩杂耍的小丑，班里有些调皮的男生就叫她"小白鼻子"，而她是很爱美的孩子，听了这样的称呼又羞、又气、又恼，一急之下就选择了逃学。

后来在和她姨妈聊天时，我才知道她是个很要强的孩子。小时候有一次家人让她去银行换钱，而零钱正好没有了，她却不依不饶，站在银行里面和工作人员吵了起来，弄得工作人员哭笑不得。

舒郁的这些小故事让我震惊！我总认为学生们还都是懵懂无知的小孩子，殊不知，不知不觉中，他们已经长大，已经成为自尊心很强、有了独立见解的孩子了。瞧，我是多么粗心呐！

从那以后，我开始有意识地注意她、研究她，尽我的努力去呵护她。上课回答问题，我会对她大加赞扬，夸她聪明，夸她勇敢；朗读课文后，我赞美她动听的声音、真挚的

① 班华. 专业化：班主任持续发展的过程［J］. 人民教育，2004（15～16）：9–14.
② 屈红霞，毛春铧. 可以这样做班主任［M］. 上海：华东师范大学出版社，2008.

感情；字写端正了，我立刻夸张地说："你的字真漂亮，都能和××相提并论了！""加油，看来你快超过××了！"渐渐地，我发现她发生了一些细微的变化。上课时，她的小手总是举得高高的，抢着回答问题；听课时，她一双闪亮的眼睛瞪得大大的，专心地听老师的讲解；下课时，她活泼开朗，和同学们打成一片……

有一次，我在她的日记上批了这样一句话："最近老师发现你上课时总是坐得那样端正，你是不是要和慧心（一个乖巧好学的女孩）比赛呀？"第二天，她在日记里写道："我一定要超过慧心，我相信我可以的。老师，你对我有信心吗？"我的回答当然是肯定的。

从此，我们成了好朋友。有时她会告诉我她的一些小秘密，有时会和我谈谈她对一些人或事的看法。慢慢地，我发现，尽管她的个性强，但她是一个细心、善良的孩子。我把我发现的这些优点都告诉了她，并不断地鼓励她。我想，她一定感受到了我对她的爱，因为她正在变得越来越可爱……

案例分析：任何学生都需要班主任的关心。班主任对学生的关心就体现在学生日常的生活和学习的点点滴滴之中。学生在享受班主任的关爱中看到希望，逐渐成长和进步，班主任在学生的成长中感受着教育的幸福。

理解。学生是正在发展中的人，其思想、情感与成人有很大的差异；同时，每个学生又受到各种不同因素的影响，其个性特点等也存在较大的差异。这就要求班主任学会将心比心，学会换位思考，从学生的角度体会学生的言行举止和内心世界，走进学生的心灵。理解学生说起来容易，但做起来难。班主任要学会根据社会的变化发展和时代的要求认真审视当代的学生，不要用自己成长时期的年代标准来看待和评价当代的学生，要看到时代的发展对青少年的巨大影响。如现在的学生思维灵活、更具独立个性、更有创造精神和能力、压力更大等。班主任要用发展的眼光来体会现在的学生，通过观察和语言沟通来了解、理解学生。

【案例2】雕像也怕冷——王×[①]

隆冬的一天，天空簌簌地飘着雪花，我到一所小学看朋友。一进校门，我惊奇地看到，校园中央那尊雕像不知被谁披上了一件棉大衣，还戴了一顶帽子，在风雪中对着我微笑致意。我不禁哑然失笑，虽然看起来有点滑稽，却让人从心底里油然生出一丝暖意。

一看到朋友，我便忍不住问他："雕像也要穿衣服，你们这是演的哪出戏啊？"朋友笑了，给我讲起一件事。

前几天，有个一年级的小学生跑来，急急地问班主任："这么冷的雪天，怎么不给雕像添件衣服呢？"班主任当时没在意，随便搪塞了过去。谁知第二天，又有个小学生来问："雕像不怕冷吗？"班主任这才意识到：学生们不是开玩笑，他们是在说一件很重要的事情。经过认真考虑，她决定举行一次"为雕像添衣送暖"的活动。在一个雪花飘飘的清晨，师生们一同来到雕像前。学生在班主任的协助下，仔细地为雕像穿上棉衣、戴

---

① 人民教育编辑部. 新世纪班主任必读［M］. 北京：高等教育出版社，2005.

上棉帽。看着穿戴整齐的雕像，小学生们欢呼雀跃，就像完成了一项重大使命似的……

案例分析：在案例中，学生的思想和行为在成人看来是幼稚可笑的，但是，班主任却能从学生的角度去理解学生，和学生一起"为雕像添衣送暖"，保护了学生对周围世界关爱的崇高情感。

尊重。尊重是对人的一种态度，是在实践上承认人的尊严。尊重是人际交往中最重要的原则，师生关系也是建立在此原则之上的。尊重是相互的，班主任只有尊重学生才能从学生那里得到尊重。学会尊重，就是要尊重学生的生命，尊重学生的人格、个性、自尊心、情感、兴趣爱好、受教育和参与管理的权利，充分肯定学生的价值，以平等的心态、平常的心情、平静的心境、真挚的情感对待学生，反对以讥笑、讽刺、挖苦、侮辱、谩骂和体罚等方式手段伤害学生的人格尊严。不仅要尊重表现优秀的学生，更要尊重表现一般和较差的学生，给他们赞美和鼓励。

【案例3】

刚刚范读完课文，我发现后排的女生尹洋在偷偷地写着什么。我不动声色地走过去，原来是一张小纸条！展开一看，只见上面赫然写着班上一个男生的名字，还有几句稚气的话……我忍不住笑了，这些中学生，真是人小鬼大！我这一笑不打紧，全班学生的好奇心都被激起来了，特别是几个调皮的男生，大声喊着："老师，念出来！"我瞟了一眼尹洋。这是一个很秀丽可人的女孩，学习成绩也不错。只见她埋着头，脸涨得通红，多半已准备接受即将到来的难堪了。我转过头望着全班同学，他们都安静下来齐刷刷地望着我，十四五岁，真是好奇的年龄，尤其是传纸条这样敏感的话题。我吐了一口气，再追问一句："你们真的想知道吗？"学生们一致地点头，"其实是两句再普通不过的话"，我缓缓打开纸条，大声念道："听毛主席的话，做一个好学生！"轰的一片笑声！当然也有不怎么相信的，但谁都没有再追问。这堂课很顺利地上完了，只有尹洋显得不太专心，先是不停地摆弄那支刚刚用来写纸条的钢笔，后来又在写写画画，但我没有打扰她。下课后，尹洋追了出来，塞给我一个小纸条，什么也没说就跑开了。展开纸条后，几行端端正正的字出现在眼前——"黄老师：你是我所见过的最聪明、最美丽的老师，我一定会记住你对我的希望：听毛主席的话，做一个好学生！学生：尹洋。"①

案例分析：案例中教师很好地保护了学生的感情和隐私，体现了对学生的高度尊重。学生在受到尊重的同时，也学会了自重，并向教师期望的方向发展，收到了意想不到的教育效果。

信任。信任是建立在关心、理解和尊重之上的。每个学生都渴望得到班主任的信任，班主任的信任是教育学生的源泉，是激发学生向上进取的巨大精神力量，有助于他们克服缺点，进行自我教育。信任学生，就是相信每个学生的内心世界都有光明的、积极的一面；相信每个学生都有积极进取的愿望；相信每个学生都有一颗诚实的心灵；相信每

---

① 傅道春. 情境教育学 [M]. 哈尔滨：黑龙江教育出版社，1996.

个学生干部都有能力做好班集体的工作；相信每个学生都有能力把自己和班级的事情做好；相信每个学生都有他的优点、长处；相信每一个学生都能成才。尤其是要相信那些所谓的"双差生"，要相信他们即使是违反校规、校纪都是无心之过，并非有意与教师为难，一旦犯了过错，他们也有积极改正的良好愿望。对学生的志趣、权利、个性以及存在问题予以充分的信任，可以使他们保持欢快的、进取的精神状态，产生高度负责的责任心理。

以下是一位班主任在班级管理中所表现出来的对学生的信任：

对于一个班主任来说，要管理好整个班集体，让学生感受到被信任，那是一切工作的基础。作为班主任，不但要信任所有的学生，更要信任班干部，相信他们的能力。以往的早读我总是早早地来到教室当监工，感觉学生读书的氛围很压抑。现在，每天早上都会由学习委员领着大家进行早读，还有当天的值日生巡查纪律。学习委员不仅提前在家把早读的课文读熟，而且还把当天要读的内容安排得井井有条。值日生更是铁面无私，同学们一个也不敢偷懒。这样，不仅教师解放了，而且还锻炼了学习委员的朗读能力，值日生的管理能力，同时由小老师来教，学生个个情绪高昂。午睡也是一个例子，一年级的时候，对学生都不太放心，也不太相信他们可以自觉。每天中午都拿一把躺椅睡在教室里，即使这样也总有一两个特殊分子睡不着。现在，有了学生值日，我只需在午睡前巡视一次，就可以在办公室里睡安稳觉了。站队放学就更简单了，体育委员组织站好队以后，接着进行一分钟的静心训练，教师只需一个手势，同学们就可以排着整齐的队伍，安静有序地离开校园。如果是以往，没有教师，能把队整得鸦雀无声是不可能的事。虽说只是二年级，我班的同学已经会办黑板报了，并且一次比一次办得好。当一个学生跟我说："老师，这一期的黑板报让我来负责好了，一定不会让你失望的，相信我吗？"我点头，并给予最会心的微笑表示我对他的信任。尽管我对他的能力很了解，并且也知道有比他能力更强的学生在，但我这么做能激励他，锻炼他这方面的能力。给学生以信任对学生的个体素质发展是非常有利的。记得一次运动会前关于集体项目的选拔和训练，照例应该是班主任带头，全盘组织，但是我选择了让几个班干部自己组织整个班级的选拔和训练。我给了他们信任的眼光，更给了激励他们的力量，只是简单和他们交代了几点要求和注意事项。据事后的观察和反映，证明他们确实做得很漂亮！假如我自行组织，效果未必一定就好，但我选择放手让班干部去做，让他们自己在活动安排、组织、同学交往等方面得到锻炼，我想这对他们个人的发展应该也是不无裨益的。①

2. 班主任的专业精神

（1）奉献精神。

班主任虽有许多别称，如春蚕、蜡烛、园丁、人梯等，但它们都有个共同的内涵就是奉献，这样的别称给班主任带上了悲剧色彩，让教师对担任班主任望而却步。许多班主任都不喜欢这些称呼，但不管你喜欢或愿意与否，只要在班主任的岗位上，你就不得

---

① 简邦敏. 信任学生，大胆放手：班主任工作之我见［EB/OL］. http：//www.ycylsx.com/view.asp?id=1124.

不奉献。因为班主任工作是非常琐碎、繁杂和艰巨的，其工作时间往往超过在校时间，学生的个别辅导和教育、家访、开家长会、组织学生课外活动等几乎都是在休息时间进行的；其工作性质既是体力劳动，更是脑力劳动，既劳其筋骨又劳心伤神。班主任的劳动强度是用任何量化手段都无法准确计算出来的，这就必然要求班主任具有奉献精神。许多班主任几十年如一日，不计较个人得失，奉献着自己的时间、知识、智慧和爱心，把自己的一生奉献给其深爱着的教育事业和一代代的学生。事实上，班主任在奉献的同时，他又是最大的收获者。因为当班主任付出真心和真爱时，他同时收获了几十份学生的回报和爱，这是所有班主任最为得意、也最为津津乐道的精神享受。反过来，学生的爱又是班主任无怨无悔地奉献的精神动力，由此形成一个完整的良性循环。如果班主任在奉献的同时，带着情绪和抱怨，带着个人利益得失，那学生的回报也会带着功利，虽然那样也能有所收获，但收获不了爱，收获不了快乐和幸福。希望所有的班主任既能奉献又能感受到快乐和幸福。

以下是两位老班主任在奉献中的幸福体会：

"我是幸福的，18 年老班的日子，很辛苦，但总在感受那不经意间就四处弥漫的幸福；我是快乐的，岁月无情，将我带入中年的行列，然而纯真的孩子，使我和以往一样激情四溢、青春焕发；我是平凡的，然而 18 年的老班生活，让我领悟到一种特有的平凡——有重量的平凡。这是一种细致入微的平凡，一种挑战自我、超越自我的平凡，一种蕴藏着幸福的平凡，一种不平凡的平凡。"——朱雅芳[1]

"班主任，累并幸福着。……我甘为人梯、园丁，乐做春蚕、蜡烛，因为我是平凡的教师。黎明不会因鸡鸣而到来，鲜花不是因赞美而盛开。无人喝彩，我依然昂扬向前，我一样虔诚歌唱，只因为我是光荣的人师。"——陆雯英[2]

（2）勤学进取精神。

从终身教育的理念来看，班主任既是教育者，又是学习者。社会的发展，知识技术和教育观念也随之更新，新时期下学生的认知和个性等心理特点也随着发生变化。教育内容和教育对象的不断变化要求班主任只有勤学进取，才能适应社会的要求，才能成为"诲人不倦"的"活水源"。学识渊博、教学艺术高超的班主任能以其勤学进取的精神对班级的学风产生积极的影响，良好的学风使班级的每一个成员终身受益。勤学进取是每一位班主任历练本领、谋求发展的基石；是每一位班主任成就事业、赢得成功的法宝。班主任应多读书、好读书，用丰厚的知识武装自己，用厚实的功底培植自己。班主任的勤学进取精神既能促进班主任的自我完善，又是学生学习的最好榜样。

以下是一些优秀班主任的学习心得，从中可以看出学习、读书是班主任走出困惑、解决教育问题、完善自己的有效方法。

① 张万祥. 班主任专业成长的途径：40 位优秀班主任的案例［M］. 上海：华东师范大学出版社，2008.
② 张万祥. 班主任专业成长的途径：40 位优秀班主任的案例［M］. 上海：华东师范大学出版社，2008.

以书籍为友。为了摆脱德育困境，提高德育水平，我从 2006 年开始大量阅读教育著作，两年来读了朱永新老师的《我的教育理想》，肖川博士的《教育理想与信念》，李镇西老师的《走进心灵》《民主与教育》，苏霍姆林斯基的《给教师的建议》，张万祥老师的《教师专业成长的途径》《班主任工作创新艺术 100 招》，李希贵的《为了自由呼吸的教育》，万玮的《班主任兵法》等 50 多部著作。这些书开阔了我的视野，重新定位了我对德育的理解，那就是德育绝不能简单等同于班级管理，更不能是对学生的管制，而是要"培育理想，塑造人格，丰富情感，启迪智慧"，从而培育一个真正的人。——杨兵①

我的阅读视野中出现了这样的书籍：《帕夫雷什中学》《夏山学校》《窗边的小豆豆》《科学与教育》《斯宾塞教育论著选》《教育的智慧从哪里来》《给我一个班，我就心满意足》《西方心理咨询经典案例集》《马卡连柯教育文集》《福泽谕吉教育论著选》……我像一个饥渴的人，急切地在这些书中寻找对自己有用的知识，并在自己的教育实践中一点一点地实验。——毛春铧②

这一年，我给自己买了一个书架，上面摆放着我喜欢看的书，大部分是教育著作，有张万祥老师的《教师专业成长的途径》《给年轻班主任的建议》，有《陶行知教育文集》，有王晓春老师的《问题生诊疗手册》《做一个专业的班主任》《做一个聪明的教师》，万玮的《班主任兵法》，李镇西的《爱心与教育》，魏书生的《班主任工作漫谈》等，我看得痴迷，适合我使用的管理方法被我一一变着法拿来用。一年下来，边看边学，边学边总结，反复如此，使我的班主任工作技能上了一个新的台阶，如果说一年以前我的班主任工作得到肯定的话，那也是因为年轻蛮干的结果，但现在不一样了，站在大师的肩膀上，让我看得更远，变得更有智慧……③

（3）创新精神。

学生的复杂性和教育情景的多变性决定了班主任必须具有创新精神。每个时期的学生都有不同的特征，而且每个学生都有各自的成长背景和个性特点，相同的教育方法用在不同的学生身上，就会产生不同的教育效果，甚至有截然不同的后果。而且教育情景千变万化，这些都需要班主任在教育学生或管理班级时，根据具体的情况和学生的特点创造性地应用合适的方式、方法和手段。班主任的班级管理和教育学生工作靠机械重复和简单模仿是不可能有效完成的，而是需要班主任的创新精神，把每个教育行为和教育环节都看成是对自己的挑战，勇于开拓，积极探索，创造性地管理班级和解决问题，并逐步形成自己独特的教育风格。

以下是陈晓华老师创新精神的体验和收获：

几年来，不知不觉已经积累了几十万字的书稿……不时地在与大师对话，主要是阅

---

① 张万祥. 班主任专业成长的途径：40 位优秀班主任的案例 [M]. 上海：华东师范大学出版社，2008.
② 张万祥. 班主任专业成长的途径：40 位优秀班主任的案例 [M]. 上海：华东师范大学出版社，2008.
③ http：//sq. k12. com. cn/discus/thread－364370－1－1. html.

读教育类的书。读书要有自己的思想，要进行思考、比较、借鉴、提升，使之成为自己的经验。教育永远没有进入化境的时候，只有不断地思考、与时俱进，只有触类旁通、举一反三地灵活运用，才有可能成为自己的思想，才有可能和别人的经验比较，规避别人的教训，缩短经验积累的时间，借鉴别人的成功，驾轻就熟地为我所用。[①] 创新就是在学习和借鉴中寻找适合自己的、适合本班学生的、适合本教育情境的方式、方法。

（二）班主任的专业知识

班主任作为一位教师，他首先应精通所教学科的专业知识，除此以外，作为班主任的专业知识主要包括以下三个方面：

1. 班主任学科知识

班主任学科知识是班主任岗位职责中所蕴含的知识体系，具体是指：了解研究和教育学生的内容和方法、班集体建设与管理的内容和方法、班级活动的设计与组织、协调科任教师和家长的形式方法等。它们是班主任专业化的基本知识，也是最直接、最具体的知识。掌握这些知识有利于班主任了解其工作内容和方法，为其顺利有效地完成班主任工作打好基础。班主任学科知识是以教育科学理论知识为基础的。

2. 教育科学理论知识

理想的教育状态是班主任都是"教育家"，或者说这是所有班主任的追求。这就要求班主任必须先掌握教育科学理论知识。掌握教育科学理论知识可以增强班主任工作的科学性、预见性，减少盲目性。教育科学理论知识包括教育学、心理学、教育管理学、教育社会学、德育学和伦理学等。这些知识使班主任能系统地掌握教育的基本规律和方法，了解学生心理发展规律与特征，了解新时期学生的心理健康问题与对策，掌握班级管理与组织领导的科学规律等问题，了解新时期德育的原则、内容和方法等。掌握教育科学理论知识能有效地帮助班主任更有针对性地教育好学生，使每个学生都能健康快乐地成长。

3. 广博的科学文化知识

在当今这个知识爆炸的时代，学生所掌握的信息量越来越大，而且他们的感知、记忆和思维正处于高速发展时期。这就要求与学生接触最多的班主任必须具备广博的科学文化知识，才能成为学生的指导者。班主任的科学文化知识包括人文科学知识（社会学、政治学、经济学、文学、哲学、历史、艺术和法律知识等）、自然科学知识（数理化基本知识、人体科学、医药卫生保健知识和环境保护等）和工具学科知识（外语、计算机和网络信息知识等），形成一定规模的知识网络。

知识在不断地更新和完善，班主任也要不断地充实和完善自身的专业知识结构。几乎所有优秀班主任的成长经历都反复证明了：善于学习理论，不断充实和完善自身的专业知识，是提高班主任工作专业化水平的最基本、最有效的方法之一。

---

① 张万祥. 班主任专业成长的途径：40 位优秀班主任的案例 [M]. 上海：华东师范大学出版社，2008.

（三）班主任的专业能力

1. 了解与研究学生的能力

班主任做好工作的前提是了解与研究学生，了解与研究学生最基本的素质就是观察能力、与学生谈话沟通能力以及综合分析能力。一个有敏锐观察力的班主任，能从学生的细微表现中捕捉到学生思想感情的起伏变化，科学地预测问题的趋势，把问题解决在萌芽状态之中。观察得到的信息往往是学生表面的、外部的信息，要想深入了解学生的思想观念、成长经历、心理和学生外部行为的内在原因，就需要班主任与学生沟通的能力，尤其是掌握谈话的艺术。综合分析能力是指班主任对通过观察和谈话收集到的资料以及学生的书面资料进行综合分析，从中概括出学生德、智、体各方面的发展状况、心理特征、存在的优缺点、兴趣爱好与特长，找出教育学生的方案。了解与研究学生的能力是班主任教育学生和管理班级的基本能力，需要班主任在工作中不断地提高和完善。

2. 组织管理班级的能力

组织管理班级的能力是班主任专业化特有的要求。组织管理班级的能力主要包括：

（1）制定班级奋斗目标和班级计划的能力。

班主任能在了解学生的基础上，调动学生的积极性，与学生共同讨论、制定班级教育总目标。同时，班主任要根据班级教育总目标制定学年目标（远期目标）、学期目标（中期目标）和月目标（近期目标）。目标要有针对性，能促进学生的发展。制定好的班级目标还可以根据学生的具体情况随机灵活地变通，使之更好地成为全班学生奋斗的动力和激励的方向，并根据班级奋斗目标制订本阶段的班级计划。

（2）选拔培养班级干部的能力。

班主任能根据本班的整体发展状况和学生的个性特点及特长，采用适宜的班干部选拔方法，如任命制、民主选举制、自由竞选制和轮换制等，组织建立班委会。并对班干部进行培训，使班干部了解各自的职责要求、工作的内容和方法，培养班干部"严于律己"的优良作风和发挥模范带头作用。相信班干部的能力，大胆放手让班干部自主、积极地工作。同时，当班干部遇到具体的问题和困难时，要适时予以点拨和指导，教会班干部解决问题，使之成为自己的得力助手和教育管理班级的核心力量。

（3）计划、设计和组织班级活动的能力。

班主任能根据本班的教育目标和具体情况计划好每学期的班级活动内容、活动方式方法和活动要求，使每学期的活动安排具有教育性、主体性和趣味性。根据计划组织好每次班会和课外活动，让学生在丰富多彩的活动中认识自我、发展自我和超越自我。

（4）优化班级文化的能力。

班主任要利用各种资源优化班级的物质环境、制度文化和精神文化，使学生在整洁优雅、秩序井然、积极奋进、和谐友爱的环境中潜移默化地受到教育。

（5）评价学生的能力。

班主任要根据不同的情境、不同的学生，运用多种方式（如体态语、语言、物质奖惩和活动奖惩等）评价学生。对学生的操行评语要亲切、中肯，体现学生的个性和优、缺点。班主任的评价能引导、激励、促进学生的发展。

3. 协调能力

在这个开放的社会，教育学生绝不是班主任个人的事情，而是所有教育工作者、家长和社会各方面力量共同的责任。协调各方面的力量共同做好教育工作，是班主任专业化的要求。班主任必须协调科任教师、家长和社会等各种教育力量，充分调动各方面的积极因素，对学生进行协调一致的影响。

4. 应变能力

班级工作中往往会遇到各种新情况和意料之外的问题，班主任要根据变化的情况，因势利导改变教育方法和内容，准确、及时、适度、机智、灵活地处理问题。应变能力又称为"教育机智"，是班主任智慧的体现。

5. 科研能力

由于学生的复杂和教育情境的多变等，班主任在工作中会遇到许多新问题，要解决问题就需要其具有科研意识和科研能力。班主任要把自己遇到的问题作为科研课题来研究，研究问题存在的原因，找出问题的本质，设计问题解决的系列方案，并在实践中实施，寻找最佳的教育方案，不断反思，总结教育的规律。班主任在解决问题的同时，也提升了自己的科研能力，然后又利用自己的科研能力不断解决新问题，从而创造性地完成繁杂的工作。

【案例4】

新学期开学后，徐老师接任初一（1）班的班主任并上语文课。上课第二天她就遇到了这样一件事，当她讲课正起劲时，发现学生小李总是低着头在看什么。她走近一看，小李正在看一本《探索》杂志，她立时火冒三丈，但想到刚接任班主任，还是先压住火气，于是就没收了杂志，继续讲课。

下课后，徐老师把小李叫到办公室。小李垂着头，等待新班主任的批评。

不知出于何种动机，她本想训斥几句的，却变成了一句问话：

"你爱看《探索》？"

"嗯。"

"那你前几期的探索都有吗？"

小李一边点头，一边来了精神，感到这位新班主任并不是很凶的人，设想的结局没有发生，便说："我一直订阅《探索》，里面的内容可好哩。"他瞟了老师一眼，观察老师的表情变化。

徐老师接着批评几句就结束了谈话。她深思着一个问题，学生爱看课外书，是我们老师求之不得的事情，但要指导他们如何看，还要激发他们自觉看，她准备在小李身上做一个实验。

徐老师做的第一步是调查。

据科任教师反映，小李上课常常看课外书，学习成绩是中上等，接受能力较强。但他只要觉得对老师所讲的课不感兴趣就看课外书。家里买的书也不少，知识面广，有时老师讲课有错，小李还能纠正。

同学们反映，小李看书特快，知识特丰富，大家都叫他"小灵通"。

直接询问小李及其家长，了解他的看书特点和家教情况。小李看的书主要是科技类，其次是儿童文艺类和作文选等。看书时间可谓是"争分夺秒"，课上"偷看"，课间看，晚上做完作业后一般还要看，算得上是一个"书迷"。小李的父母都是工人，高中文化，特别关心孩子的教育。上幼儿园时就开始买书，一般是孩子爱看什么就买什么，后来家里还订了几本杂志。在家里，只要小李高兴看，家长一般不干预。只是晚上如果太晚了才会提醒他睡觉。家长认为，只要孩子肯读书，将来一定有出息。

徐老师做的第二步是指导。

这一步主要想解决两个问题：一是指导小李如何看；二是指导全班同学如何看。

徐老师找来小李，问："最近在看什么书？"

"前天，我和爸爸买了一套《科学探索者》，已看了近一半。"

"还在课上看吗？"徐老师又问。

"不了，徐老师，我不会再在课上看了。"

"保证能做到？"徐老师激将式地问。

"保证。"

"你如果真保证做到课上不看课外书，就给你一个光荣的任务。"徐老师刚说完，小李就接着说："徐老师叫我做，我保证做好。"

"任务不难，对你来说很容易，就是做班上的好书推销员。你把看到的好书向全班同学推荐和介绍，让大家都知道书中的知识和道理。具体要求是，每周介绍一本，在班会课上用5至10分钟时间。如果我上语文课有时间，也可挤一点时间让你介绍。只要是你看过的都可以介绍，行吗？"

听完徐老师的话，小李说保证完成任务。

徐老师在班上宣布了小李同学承担的这项工作，并问大家愿不愿意听小李介绍新书内容，大家一致同意。为了配合小李同学，也为了激发其他同学阅读课外书的热情，班级成立了一个课外阅读介绍组，由小李任组长，并在班级黑板报上开辟小专栏——"每周一书"。

为了使课外阅读介绍组顺利开展工作，徐老师要求他们制订工作计划，分工负责，而且每次介绍都要在组内备课试讲。介绍什么书，什么时间开展小组活动，都由组长决定。

几次活动后，学生普遍反映效果很好，要求增加介绍时间和内容，有的同学也要求加入介绍组。徐老师考虑到学生的要求，改为"每天5分钟"介绍，增补了几名"志愿者"。小李同学为组织准备这5分钟活动，忙碌了许多。

经过两个月的实验，学生普遍爱看课外书了，都希望能上台介绍自己感到有趣的知识或故事。

徐老师发现，学生的课外阅读积极性调动起来了，涉的面也很广，而且没有一个学生在课堂上看课外书。但徐老师总觉得有点不满意，是不是应该和学科教学结合起来？为此她亲自召开了一次兴趣小组成员会议，共同探讨这个问题。小组会议上，学生发言极为热烈，一致认为应与学科教学结合起来。于是大家先做分工，分配给有关科任教师，先分语、数、英、科学、政、史六科，任务是根据科任教师的教学内容需要，先行查找与学习有关的内容并作介绍，或教学后补充介绍。

这样，课外阅读介绍组又分成了六个学习小组。这些小组成员无意中成了科任教师的教学助手。科任教师为了配合教学，也主动向同学推荐课外阅读书目，并进行指导。

半学期过去了，课堂上没有发生看课外书的现象。而学生看课外书的积极性却异常高涨。学生本学期接受到的课外阅读知识量，有的同学说超过以前一年的学习知识量。现在学生的书包里一般都有一两本课外书刊。①

案例分析：徐老师课堂没收小李的《探索》和随后的谈话体现了徐老师的应变能力。徐老师的实验、调查和指导，体现了她有较强的科研能力，其中她所进行的调查说明了她具备了了解、研究学生的能力。她的第二步指导工作，体现了她的组织管理班级能力，尤其是选拔培养班干部的能力、设计组织班级活动的能力、优化班级文化的能力，使班级形成了良好的学习风气。同时，徐老师与小李的家长和各科任教师的沟通，体现了她的协调能力。从案例可知，要解决好问题，促进班级和每个学生的健康发展，需要班主任各种专业能力的综合运用。

三、班主任专业化发展的途径

班主任要成为专业人士，需要外辅内修，即班主任的专业化发展既需要相关的政府行政部门和学校的政策制度的支撑，也需要班主任自身的学习、实践和反思。两者缺一不可，前者是班主任专业化发展的保障，后者是班主任专业化发展的关键。

（一）制度建设

中国班主任专业化的相关政策法规和制度正处于不断完善之中。主要的政策文件是：1988 年，原国家教育委员会下发的《小（中）学班主任工作暂行规定》；2006 年，教育部颁布的《关于进一步加强中小学班主任工作的意见》和《全国中小学班主任培训计划》，其中提出了班主任工作的意义、职责、选聘与培训和保障措施等内容，但"班主任的专业地位和特性是依附于教师而全无自身的个性"，② 2009 年 8 月 12 日，教育部颁布的《中小学班主任工作规定》中规定：教师担任班主任期间应将班主任工作作为主业。班主任的专业发展除了需要国家政策法规的引领外，还需要国家和地方统一制定和实施具有可操作性的制度与之相配套。在这方面走在前沿的是柳江县（原）教育局研究和实施的"柳江县班主任专业化资格等级评审工作实施方案"，实现了对班主任专业的资格等级评审。（参见本章后的资料2）

1. 班主任资格证书制度

教师资格证书制度是国内外保证教师专业水平的师资检测手段，是教师上岗的必备条件、教师专业化的基本特征。班主任专业化发展的首要途径也必须是实施班主任资格证书制度。我国还没有全面建立和实施班主任资格证书制度，只是个别地方政府开始制定和实施，如中共天津市委、市政府在《关于进一步加强和改进未成年人思想道德建设的实施意见》中率先提出试行班主任资格证书制度，逐步做到持证上岗。国家应加快推行班主任资格证书制度，严格规定班主任应持证上岗，明确提出班主任申请资格证书的

① 麦志强，潘海燕. 班主任工作培训读本［M］. 北京：中国轻工业出版社，2007.
② 麦志强，潘海燕. 班主任工作培训读本［M］. 北京：中国轻工业出版社，2007.

硬性条件和要求。建立专门的相关机构，如班主任专业化资格等级评审委员会，由他们对班主任人选的学历水平、专业情意、专业知识和专业能力等实施考核，合格者颁发班主任资格证书。

2. 班主任岗位职责制度

在《关于进一步加强中小学班主任工作的意见》和《中小学班主任工作规定》中对中小学的班主任岗位职责都作出了明确的规定。而且在大部分学校都有班主任岗位职责制度。学校要组织新班主任学习，了解班主任的岗位职责，并帮助和监督班主任严格按照职责完成工作，使班主任在了解和执行岗位职责中成长。

3. 班主任职前培养和职后培训制度

（1）职前培养。

职前培养主要包括两个阶段：一是师范教育阶段，对师范生的班主任学科教育，以及开设必修课程"班主任与班级管理"等，并通过见习和实习了解和实践班主任工作。目前，"班主任与班级管理"课程并没有在所有的师范类专业中普遍开设，有的只是在"教育学"课程中的某些章节中出现，而且往往还被师生所忽视。在师范生教育阶段应加强班主任学科教育，提升师范生的班主任专业情意，系统化师范生的专业知识和发展他们的专业能力，为他们日后成为班主任做好准备。二是班主任岗前培训，即对即将成为班主任的教师们的培训。班主任岗前培训的教师应是有一年以上教育经验的教师。由中小学、教育行政部门和师范院校三方共同成立岗前培训中心，并建立系统性、科学性的岗前培训课程体系。通过学习和考核，合格者颁发班主任上岗证书或班主任资格证书（这需要相关制度的完善）。2006年，教育部已启动实施全国中小学班主任培训计划，并对未参加过班主任专题培训的班主任采取多种方式进行补修。

（2）职后培训。

职后培训以专题讲座、经验交流、问题或课题研究为主。地方政府应成立专门的班主任培训中心，有计划地定期（如每周一次）开设班主任系列专题讲座，班主任可以根据自己在班主任工作中存在的主要问题选择相关的专题讲座进行培训，要求每个班主任每学期必须培训2~3次。培训中心或学校定期组织班主任工作经验交流会和理论研讨会，要求班主任把在工作中积累的班级讲话稿、主题班会方案、个别谈话和个案教育等教育资料分门别类收集和整理起来进行交流和研讨，从而把工作经验从零碎转化成系统，从经验转化成理论，不断提升班主任理论水平和解决问题的能力。培训中心可根据班主任工作中存在的问题，组成不同的课题研究小组。小组成员由一名专家和若干对问题感兴趣的班主任组成，共同研究课题存在的问题及其原因，制订方案，并进行不断的实践和反思，完成课题。这有助于提高班主任的科研能力和理论水平。有条件的学校或地方政府可组织班主任轮流外出学习观摩。

4. 班主任评价激励制度

（1）班主任评价体系与机制。

建立班主任评价体系。评价体系主要包括四个指标：专业情意、专业知识、专业能力和专业效果。再根据前文所提到的班主任专业化的具体内容可将其分解为若干个具体的、可测评的指标并合理分配其权重，保证其科学性和可测性。其中专业知识可从班主

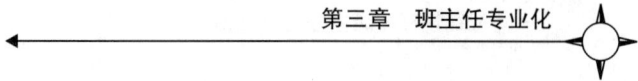

任所读的专业书籍数量以及读书笔记和读后感等来评价。专业效果包括所在班级的状态：班级学风、学生成绩、学生综合素质的发展、班级所获得的各种荣誉和奖励；班主任自身所获得的荣誉、奖励和科研成果等。每学年评价考核一次，考核结果分三个等级：优秀、称职、不称职。被评为不称职的班主任将暂时免去班主任的工作，并对其进行再培训。

对班主任的评价要坚持他评与自评相结合。他评包括领导评、同事评、学生评、家长评。特别是要重视本班学生的评价，因为学生对班主任的专业情意和专业能力是最有发言权的。

（2）班主任职级制度。

班主任专业化职级拟定为五个层次：见习班主任、二级班主任、一级班主任、高级班主任和特级班主任。以上五个职级，按次序评选，原则上不能越级评选。晋级以班主任的工作年限、每年的考核结果和培训情况等为条件。见习班主任期满一年就可申请晋级，其他的则要三年或三年以上。

（3）班主任工资制度。

1979年11月，教育部、财政部和国家劳动总局颁布的《关于普通中学和小学班主任津贴试行办法》，对班主任津贴进行了规定，即"中学每班学生人数在35人以下发5元，36人至50人发6元，51人以上发7元；小学每班学生人数在35人以下发4元，36人至50人发5元，51人以上发6元。"1988年，人事部、国家教委和财政部再次下发了规定："中小学班主任津贴标准提高的幅度和教师超课时酬金的具体数额，均由各省、自治区、直辖市结合实际情况自行确定。"1988年颁布的《小（中）学班主任工作暂行规定》中提到："班主任任职期间，享受班主任津贴。各地可根据实际财力情况，对国家原规定的津贴标准适当提高。民办教师享受与公办教师同等的班主任津贴。"2006年，教育部颁布的《关于进一步加强中小学班主任工作的意见》中提出："各地要根据实际，努力改善班主任的待遇，完善津贴发放办法。"各地方政府和学校也正努力提高班主任的津贴。但班主任的津贴仍然很低，远远与班主任的工作量不相称，严重打击了班主任工作的积极性和班主任专业化的发展。因为"任何一个专业成熟度很高的职业都有相当高的经济回报作支持，只有这样才能吸引更多的优秀人才加入这个行业，也只有这样才能促使从业人员不断地致力于提高专业水准、建立严格的职业伦理规范，从而提高这一职业的权威性和社会地位"[①]，因此，班主任工资制度是班主任不断追求专业发展与实现自我的一种激励制度。

2009年颁布的《中小学班主任工作规定》规定："班主任工作量按当地教师标准课时工作量的一半计入教师基本工作量""班主任津贴纳入绩效工资管理。在绩效工资分配中要向班主任倾斜。对于班主任承担超课时工作量的，以超课时补贴发放班主任津贴。"从中我们看到了曙光，这体现出社会对班主任工作的重视和尊重，开始实施班主任工资制度，明确规定班主任的工资量。同时，笔者认为应该把班主任工资分成两部分：一部分是基本工资，根据班主任职级和工作年限逐级增加工资；另一部分是奖励工资，根据

---

① 黄正平．制度建设：班主任专业化的保障［J］．班主任之友，2006（9）：8－10．

每年评价考核的结果给予不同等级的奖励。班主任工资制度激发了班主任工作的热情，提高了班主任申请晋级的积极性，是提高班主任专业化水平最直接、最有效的途径。

（二）班主任自主学习、实践研究与反思

班主任的专业发展是班主任主动发展、自我建构的过程，是一个"规划—学习—实践—研究—反思—规划学习"反复循环的过程。在这个过程中，班主任不断成长、壮大，成为专家型的班主任。

1. 制订自我发展规划

班主任专业发展既是社会发展和教育的要求，更应是班主任自身发展的需要，是班主任自我建构、自我实现的过程。班主任专业发展强调班主任自身的主动性和积极性，这需要班主任学会自我发展规划。自我发展规划，不仅是对班主任自身发展的引领和督促，也是班主任专业化可持续发展的必要手段。好的发展规划，能准确地反映班主任的人生发展思路、期望和努力方向，也能反映出班主任在教育教学和科研等方面的成长轨迹。① 自我发展规划包括班主任专业化发展的目标、发展的阶段、措施或方式方法等。

制订自我发展规划的程序是：第一，进行自我分析，分析自己对班主任工作专业知识的掌握程度，班主任专业能力的优势和弱点，对班主任工作和学生的热爱程度，自己的兴趣、爱好，班主任工作的方式方法或风格；第二，对所在学校、班级的分析，了解和利用自我发展的外部环境和资源；第三，根据分析设计自我发展目标；第四，根据目标提出具体的措施或方法，以提升自我，促进自己专业化的成长。

以下是一位班主任的自我规划，其中包括给自己定目标、分析自己的不足、根据目标和不足提出详细的实现措施。

班主任自我发展须从自我规划开始②
——董琨

参加工作15年了，也做了近15年的班主任，始终不变的感受就是当老师就要做班主任，因为做班主任虽然累，但快乐着、幸福着。班主任是一个班集体的组织者、领导者和教育者，班主任工作是一份富有挑战性和创造性的工作，班主任必须抛弃因循守旧、循规蹈矩的教育思想，用智慧和爱心经营班级。多年以来，我一直希望自己成为一名智慧爱心型的优秀班主任。教育智慧从哪里来呢？被誉为"中国的苏霍姆林斯基式教师"的李镇西；教育改革家魏书生；为班主任支招的张万祥以及全国十佳班主任之一、积学储宝的王立华老师等为我们提供了答案，那就是要爱孩子，还要追求"专业化水平的自觉提高"，勤于读书，树立终身学习的理念，不断从大师的书籍中汲取营养，内化之后，运用到自己的班级管理实践中。理论学习与实践反思是班主任专业自主发展的双翼，必须并驾齐驱。在阅读《小学班主任工作实务》第三单元后，我更加坚定了做智慧爱心型班主任的目标，明确了成为一名智慧爱心型班主任的主要途径。在专业道德上，要以学

① 谌启标，王晞. 班级管理与班主任工作［M］. 福州：福建教育出版社，2007.

② http：//www. bcedu. com. cn/bcjynews. asp?id＝1590.

生为自己的生命；在专业知识上，提升先进的教育理念，储备教育科学知识；在专业能力上，潜心研究，做教育研究的先行者；在专业文化上，做教育理论的创生者；在专业智慧上，做教育智慧的生发者。

现在，我主要是凭借十几年来积累的管理经验在完成班级管理工作，应对学校提出的任务要求，学生习惯培养和基础道德养成走在了全校的前列，得到了领导、家长和学生的一致认可，但是，却不能创造性地教育学生和管理班级，不能机智地应对和解决班级中突发的特殊问题，班级管理还存在着"高耗低效"的不足。所以，我认为自己在专业成长方面，尚处在分化发展阶段。

现在，我所面临的主要问题是专业化程度低，理论储备不足，用理论指导实践的能力不够，反思提升的能力不强，尤其是不知道如何建构自己的班主任知识能力体系。为解决这些问题，提升自我，特制订以下发展规划。

一、认真进行管理反思，争做教育理论的创生者

为提升自己的管理反思能力，首先，我将搜集名师经典教育反思案例，总结其一般思路写法和先进理念，并进行深刻分析，探究他们深层次成功的原因，并写出收获和反思，以此提高自己的理性认识，更新教育观念，改革教育方法，积累教育经验；其次，针对自己面临的问题，认真写好周反思和月反思，将反思和学习、工作结合起来，通过自己的教育实践与反思增长才干。每年争取至少有一篇教育反思在市级以上刊物上发表。

二、坚持写好教育管理日志，争做研究型班主任

撰写教育管理日志，在生活中寻找到有意义的生活细节，改进重建自己的教育生活，有效反思自己成长的经验得失。首先，我将努力养成天天写教育日志的好习惯，记好自己的教育故事；其次，丰富自己的理论素养，提升自己发现、处理和筛选案例的能力；最后，注重案例交流，将自己的日志及时发到校园网上，实现教育生活经历的共享，运用互动式和比较式学习。每学期争取出一本个人管理日志集。

三、加强吸纳内化，争做学者型班主任

现在的孩子个性鲜明，班主任所面临的新问题、新矛盾更加突出。这就要求班主任要不断更新理念，以新的管理理念为指导，深入研究新时期学生的新特点，以新的管理方式来管理学生，让教育无痕。这就对班主任提出了要求，加强自主学习，而自主学习的最佳途径就是多读好书。李镇西老师认为：第一是读"专业性"书籍，教育名著、教学专著和教育教学报刊等；第二是"人文性"书籍，作为人类精神文明的传承者，除了认真阅读教育教学专业书以外，还要读一些政治的、哲学的、经济的、历史的、文学的等方面的书，徜徉于人类精神文明的长廊。倘若能够兼顾这两类书，就能均衡教师的职业营养。

首先，我将依据需要，本着"取法乎上"的原则，精选教育理论和班主任工作艺术书籍。歌德说："读一本好书，就是和许多高尚的人谈话。"今年我将读完以下书籍：《学校是一段旅程》《窗边的小豆豆》《夏山学校》《赏识你的孩子》《班主任之友》《给教师的一百条建议》《中国著名班主任德育思想录》《班主任创新工作100招》《班主任工作漫谈》等著作和杂志，认真向书本学习；其次，向网络学习，开阔视野，丰富信息，重点浏览张万祥、李镇西等教育专家的博客；最后，向名师学习，我将积极参加教育局组

织的教育专家、名师和知名班主任的讲座，与专家零距离接触，领略教育专家的风范，感受他们的先进教育思想，体会他们的教育方法和策略，学习他们的教育艺术，提高自己的班主任工作素养。

四、潜心科研，争做教育的先行者

在报纸杂志上读到魏书生、李镇西和张万祥等名师的名篇佳作，看到他们无痕的教育，我在羡慕赞叹的同时，总在自问：为什么我就做不到呢？苦苦地思索，我终于找到了自身的不足：我对教育教学工作的认识水平、反思能力和理论素养等专业能力方面还很欠缺，这也是我做了15年班主任依然在凭经验管理班级，总是在一条水平线上徘徊的重要原因。突然顿悟，不禁汗颜！那么，怎样才能提高自己的专业能力呢？除了上述提到的读书学习、实践反思以外，还应该通过教育科研项目来实现。尽管我知道课题研究很难，但我确定：我可以以小课题研究来助推自我，促进自我发展，提升管理班级的能力。在研究过程中，把每一个学生当作研究对象，把每一个难题当作课题，以研究的心态对待每一个学生，要严格按照科学研究规律，紧密结合工作实际，选择研究内容和方法，制定切实可行的研究方案，科学地开展研究活动，从中发现班主任工作规律，创新班主任工作方法，提高自身素质，促进班主任工作。

做个优秀的班主任，是我的发展目标。班主任专业化成长是一个没有止境的过程。而做优秀的智慧爱心型的班主任，是我永远的追求。社会不断前进，教育实践和教育理论不断发展，优秀的班主任需要保持着对教育的激情，永远地学习，不断地反思，在学习反思中提升教育的品质，在实践运用中丰富教育智慧。我坚信：我付出的或许只是一缕春风，但我得到的将会是整个春天！

2. 全方位地学习，建构专业知识体系

勤学进取精神是班主任的主要专业情意，学会学习是班主任专业化的主要途径。班主任的学习是全方位的，即学习内容的专业性和广博性（包括班主任学科知识、教育科学理论知识和广博的科学文化知识），学习手段的多样性。班主任学习的手段主要有：一是参加培训，班主任可以根据自我发展规划设计培训计划，选择适合自我发展需要的培训内容，带着问题和要求参加培训，使培训发挥最大效应。二是读书，多读名家大师关于教育（尤其是班主任工作）的理论书籍。三是听专家讲座，尤其是优秀班主任的讲座，有机会的话会到现场听，没机会去现场的可以在网上看相关的讲座视频。四是经验交流，包括各种级别的班主任经验交流会，也包括日常工作中的同事间的经验交流；既包括面对面的交流，也包括通过互联网的博客交流。特别是年轻的班主任可以经常向有经验的班主任虚心请教，会收到意想不到的效果。五是参观与观摩，参观校内外的优秀班级文化建设，观摩校内外优秀班主任的班会课和班主任技能展示或比赛。在培训和读书中，班主任建构其基本的班主任理论体系；在听专家讲座、经验交流和参观观摩的过程中，班主任获取了优秀班主任的大量实践性知识。在所有的学习过程中，要使学习不流于形式，就要学会做学习笔记和不断反思。班主任应带着批判精神和创新精神进行学习，把对自我专业发展和本班班级管理有利的理论观点和方法一一记录，并运用于实践。在学习中，班主任要学会不断地建构自己的专业知识，形成体系，以提升专业知识水平。

3. 实践与研究，提升专业化水平

班主任专业化既需要班主任在学习中建构专业知识体系，更需要班主任在实践研究中运用知识和丰富知识，在实践锻炼中发展专业能力和不断成长。班级日常管理、班级活动和学生的个别教育是班主任的基本实践活动。在这些教育实践活动中，班主任与学生朝夕相处，学会了对学生的精神关怀；在繁杂有序而又多变的日常管理中，培养专业能力，磨炼意志。理论与实践相结合是最朴实的真理，也是教育中的重、难点。班主任需要把自己所建构的专业知识和本班学生的具体情况、管理现状和自身的专业素质条件结合起来，然后选择合适的方式方法运用于实践。

在实践中，班主任会遇到原有的理论知识无法解决的问题，这就需要班主任进行教育研究。班主任的这种教育研究是在教育实践的过程中研究，在研究的状态下工作，又把研究结果直接运用于实践，属于行动研究。首先，班主任要树立教育科研意识，把班级看成实验室，班级存在的本质问题就是研究课题，本班学生既是研究对象也是课题的参与者，班主任自己就是研究者。其次，班主任根据研究课题收集与课题相关的资料，制定和撰写课题研究方案。这个过程班主任可以与专家、同事和学生共同商讨。再次，实施方案得出结论。在实施方案中，可以根据情况的变化或教育效果修改方案。最后，把研究的结果又反复运用于实践，提炼出最佳方案。在不断实践—研究—实践中，班主任掌握了科学的研究方法，把握了教育规律，丰富了专业知识，锻炼了专业能力，使自己的专业水平不断得到提升。

4. 教育反思，促进专业成长

班主任专业发展还需要个体不断地进行教育反思。班主任的教育反思是班主任以自己的班级管理活动为思考对象，对自己的思想和态度、行为和方法、教育和管理进行审视与分析的过程，是一条通过提高参与者的自我觉察水平来促进能力发展的途径。波斯纳曾提出一个教师成长的简要公式：经验＋反思＝成长，并指出，"没有反思的经验是狭隘的经验，至多只能形成肤浅的知识，如果教师仅仅满足于获得经验而不对经验进行深入的思考，那么他的发展将大受限制"。① 可见，教育反思对于促进班主任的专业成长有重要的意义。

为了促进班主任对教育反思的重视，学校或班主任自己可以建立班主任个人发展档案。

档案内容包括：班主任自我发展规划、班级学期计划和总结、班级教育活动设计、活动反思或小结、点滴心得、德育故事、学生个案教育反思、经验总结、课题研究论文等。其中，教育反思是重要的组成部分。班主任个人发展档案记录了班主任自我发展的成长历程和智慧之花，可以作为评价考核班主任的内容之一。

班主任的教育反思的内容包括：教育实践反思、教育思想理念反思、教育研究反思等。教育反思和学习一样是随时随地进行的，可以在教育活动前、活动过程中以及活动后进行。班主任教育反思的形式是多种多样的，包括教育叙事、教育札记、活动反思或小结等，可以纸质的形式存在，也可以博客（网络日志）的方式记载。其中，博客更有

① 黄正平. 关于班主任专业化的思考［J］. 中国教育学刊，2008（2）：41－44.

利于班主任之间的交流和学习。不管用何种形式，都是班主任在管理班级和教育学生中教育思想理念、行为和效果的具体表现，既包括值得推广的成功案例，这是班主任智慧的结晶；也包括不成功的教育事件，这可以提醒和鞭策班主任。在教育反思中，不管其记载的教育个案或教育事件是否成功，都是班主任成长中不可缺失的一个组成部分。每个优秀的班主任都是在实践与反思中成长的。

以下是一位班主任的教育叙事：他把班级管理中的教育事件完整地叙述出来，然后对事件处理的优、缺点进行冷静的思考，值得班主任借鉴。

"座位"风波 ①

上午上课时，刘某交给我一张字条，上面写着：

"李老师：

暑假上课已经有一个月了，我发现自己并不适合在现在的座位上继续坐下去。也许是因为我不太爱说话，所以和两个'爱说话'的男生做邻居，不免有些矛盾，趁我们之间的冲突尚未引发，请老师给我调一下座位。"

下午，我把这两个男生叫来，告诉他们："你们知道，因为你们爱说话，已经给别人带来很大影响了吗？一个同学为此要求调座位。"

他们都摇一摇头，表示不知道。我又接着说："当然，我等一会儿就要把她叫来，好好批评一下她呢。"

看着他们脸上露出诧异的表情，我接着说："第一，在同学身上出现问题时，她选择逃避而不是帮助；第二，你们俩爱说话，应该是周围的同学都受到影响才是，可单单她不可忍受，这反映了她自己的意志比较薄弱，控制不了自己。所以我等一会儿就要对她提出批评。"

王某说："老师，还是我们自己有问题，就不要批评人家了吧。"

我说："该谁的问题就是谁的，都少不了。不过，因为你们两个的说话，你们说我应该给她调座位吗？要是调了，那可就真的使同学间的矛盾显得太明显了啊。"

"我们一定改！"

"那好，我再等一段时间吧。不过，自己身上的毛病，不是说改就一下子改得了的，要是那样的话，人不就成机器了吗，只要用手一动开关，"我做了一个拧的动作，"就全好了。而人身上的缺点，要改起来肯定比较困难，甚至会有一个反复的过程。你们能改掉吗？"

"肯定能！"

他们回去了。我又把刘某找来。

我开门见山地说："刚才，我已经批评了黄某他们两个，他们已经认识到了自己的错误，表示一定要改。可是，你知道你身上有什么问题吗？"

"第一，在同学遇到问题的时候，你不是去帮助，而是选择了逃避。如果班里有50

---

① http：//www.zzu.edu.cn/2fz/blog/u/lixingkui/archives/2008/394.html.

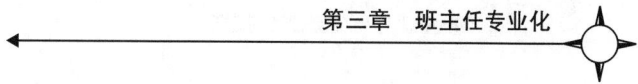

个学生都爱说话，你还能逃到哪儿呢？逃避是一种对同学、对班级都极不负责任的做法。"

看着她不说话，我又接着说："在叫过他们两个之前，我首先问了李某（就是坐在黄某附近的），她说黄某他们俩确实说话比较多，可是她并没有感觉到自己受到了多大影响。这说明什么呢？"

"这就是我要说的第二点，说明你的意志薄弱，在嘈杂的环境中控制不了自己！一个人，他所生活的外部环境是很难因他的需要而改变的，能改的只有他自己，适者生存嘛。"

"……期末考试后，假若你的成绩下滑，而你已经找到了下滑的'原因'，那是同学说话影响了你。顺着这个思路想下去，你永远也不可能提高！因为你根本没找到真正的原因所在。发现问题是解决问题的前提！所以我必须透过放大镜和显微镜来要求你。坐在那儿，是对自己的一个锻炼。"

"座位"风波得到了较圆满的解决，我在处理问题时的出发点——不是就事论事，而是尽量照顾周全，力求科学公正，不主观、不偏袒。但后来又反思了一下教育学生的过程，仍有需要改进的地方，如说学生"逃避""意志薄弱"，并没有考虑到人与人的性格不同，抵抗噪音的能力也不同，此种推论缺乏依据，愚以为最好不要把调座位与考试成绩相挂钩。

【资料2】柳江县班主任专业化资格等级评审工作实施方案（试行）（2004年3月26日）

为了通过班主任专业化建设，培养造就一支具有良好的专业道德、丰富的专业知识、较强专业技能的高素质班主任队伍，以适应新一轮基础教育课程改革和全面推进素质教育的需要，特制定本方案。

一、成立班主任专业化资格等级评审委员会（略）

二、评审条件及办法

（一）等级划分

班主任专业化资格等级划分为四级：初级班主任和二级班主任、一级班主任、高级班主任。

（二）评审办法

班主任专业化资格等级评审采取先实验后推广、积极稳妥、分步实施的办法，用三年时间探索实验、总结完善，然后在全县全面铺开。

（1）2003—2004学年度在县实验高中（国家级班主任专业化建设实验学校）进行探索实验。

（2）2004—2005学年度扩大到五所国家级班主任专业化建设实验学校进行实验推进，进一步总结完善。

（3）2005—2006学年度在市、县级班主任专业化建设实验学校推行实施。

（4）2006年9月起，在全县范围内推行班主任专业化资格等级评审及管理。

（5）在实验阶段，各专业化资格等级由县班主任专业化资格等级评审委员会与实验学校共同评审，初级班主任和二级班主任由学校颁发资格证书及聘书，并报县评审委员会办公室备案。一级班主任和高级班主任由评审委员会颁发资格证书，由县教育局颁发聘书。2006年9月起，初级班主任和二级班主任由各学校组织评审，初级班主任由学校颁发资格证书及聘书，报县评审委员会办公室备案。二级班主任的评审结果报送县评审委员会办公室复核，由县评审委员会颁发资格证书，由县教育局颁发聘书。一级班主任和高级班主任由县评审委员会办公室组织评审，由县评审委员会颁发资格证书，由县教育局颁发聘书。

（三）评审内容

根据班主任专业化素质的要求，主要从班主任的"专业道德、专业知识、专业技能和专业效果"四个方面开展评审。

（四）班主任专业化申报条件

初级班主任的要求：

（1）具备相应的合格学历。

（2）具备基本的专业观念，即具有"育人为本"的教育观、"以人为本"的学生观、师生共同成长的教育发展观，以及勤于学习、善于思考、勇于开拓、敢于超越的教育创新观。

（3）具有良好的专业精神，即具有热爱祖国、信念坚定、依法治教、爱岗敬业、尊重学生、严谨治学、团结协作、尊重家长、廉洁从教、为人师表的精神风范。

二级班主任申报条件：

（1）有两年以上（含两年）初级班主任任职资格和工作经历。

（2）专业道德良好，具备基本的专业观念，有一定的专业知识和专业技能，班主任工作合格。

（3）读好《中小学班集体建设经验全书》《中（小）学班主任》《教师的成长与发展》等3本书，并做好5 000字以上的读书笔记。

（4）有3则比较有特色的班主任工作案例或3篇理论联系实际的文章。

（5）参与一项以上校级立项的科研课题且取得良好效果。

（6）有3篇论文或总结获校级等级奖或发表。

一级班主任申报条件：

（1）有三年以上（含三年）二级班主任任职资格和工作经历。

（2）专业道德良好，有较高的专业知识和专业技能，班主任工作效果良好。

（3）读好《中小学班集体建设经验全书》《中（小）学班主任》《教师的成长与发展》《班主任工作漫谈》《发展性班级教育系统》《班主任专业化的理论与实践》等6本书，并做好10 000字以上的读书笔记。

（5）有6篇较有特色的班主任工作案例或理论联系实际的文章。

（6）参与一项以上县、市级立项的科研课题且结题验收评估合格。

（7）有2篇以上（含2篇）论文或总结获县等级奖，或有1篇以上（含1篇）获市级奖。

（8）所带班级有两次被评为校级或一次被评为县级（含县级）以上级别的先进班集

体（文明班级）。

（9）本人获校级以上（含校级）优秀班主任奖励3次或县级以上（含县级）优秀班主任奖励1次。

高级班主任申报条件：

（1）有三年以上（含三年）一级班主任任职资格和工作经历。

（2）专业道德良好，专业知识、专业技能突出，班主任工作效果优秀。

（3）精读《中小学班集体建设经验全书》《中（小）学班主任》《教师的成长与发展》《班主任工作漫谈》《发展性班级教育系统》《班主任专业化的理论与实践》《班级管理论》《第五项修炼》《班集体建设与学生个性发展》等9本书，并做好20 000字以上的读书笔记。

（4）有8篇较有特色的班主任工作案例或具有一定新意的理论联系实际的文章。

（5）参与一项市级以上立项的科研课题且结题验收评估合格。

（6）有2篇论文或总结在市级以上（含市级），或有1篇在省级以上（含省级）教育部门主办的刊物发表或获奖。

（7）所带班级有4次获校级优秀班集体或2次获县级优秀班集体或1次获市级以上优秀班集体奖。

（8）获市级优秀班主任奖励1次以上（含1次），在本地区有一定影响。

（五）申报需提交的材料

（1）申请书一份（向县评委会提出申请，学校需签署意见并盖章）。

（2）提交第（四）条中有关证明材料。

三、评审制度及资格管理

（一）评审制度

（1）各校都应建立班主任专业化资格等级评审制度，并建立相应的评审工作领导小组，由校长负责，政教处（教导处）负责评审制度的实施。

（2）班主任专业化资格等级每年评审一次，评审时间为当年的7~8月。获得班主任专业化资格等级的，因个人原因一年以上不担任班主任（职务晋升除外）的，需重新申报相应班主任专业化资格等级。

（二）资格管理

1. 资格证书的审核

班主任资格证书由个人持有，实行动态管理。每两年复审验证一次，初级和二级班主任专业资格的复审验证由其所在学校负责，报县评审委员会办公室备案；一级和高级班主任专业资格复审验证由县评审委员会办公室负责。

2. 资格的降级及注销

有班主任专业化资格等级的教师，如有下列行为者则给予降级或注销处理：

（1）资格等级复审不合格者给予降级或注销。

（2）有违反教师职业道德行为或违纪行为而受到学校处分、教育教学满意率<85%的，给予降级处理（初级班主任<70%的则为注销）。

（3）有严重违反教师职业道德行为或严重违纪违法行为而受到教育行政部门和有关

部门处分或追究法律责任的，给予注销资格处理。

（4）改行离开教育系统，其专业化资格等级自然失效。

（5）不服从学校安排，不愿从事班主任工作一年以上的，注销其所获班主任专业化资格等级。

四、等级待遇

（一）班主任工作计入工作量。具有班主任专业资格等级的教师在担任班主任工作期间，其班主任工作按其学科教学满工作量的 1/3 计入工作总量。

（二）职称评聘、评优等优先。在相同条件下，教师职称的评聘、评优等，优先考虑具有班主任专业资格等级证书的教师。

（三）职务晋升。把班主任专业资格等级作为学校提拔领导干部的重要条件。晋升学校中层领导干部职务，原则上应具备二级以上（含二级）班主任专业资格，晋升校级领导职务，原则上应具备一级以上（含一级）班主任专业资格。

（四）津贴。班主任专业资格等级与班主任津贴挂钩。具备不同等级班主任专业资格的教师在担任班主任工作期间按等级给予相应津贴。

（五）在前三年分步实验推进的过程中，有关政策待遇经费来源由实验学校参照本方案并结合本校实际自行研究解决。全县全面推行实施后，有关的政策待遇及经费来源由政府和有关部门以及学校共同研究解决。

思考与训练

1. 举例说明班主任专业化的内容。

2. 你认为现行班主任专业化的重、难点在哪儿，为什么？

3. 作为师范生，你将为成为专业化的班主任做哪些准备？

4. 设计一个问卷，调查我国班主任专业化的现状。

第四章　班主任的法制意识与以法治班

在法治社会的今天，我们仍然时常听到班主任在管理班级时体罚学生的事件，甚至在班级规章制度中就有违背相关法规的条款。为了使每个学生身心健康发展，一位称职的班主任必须加强其法制意识，以法治班。

一、班主任的法制意识

（一）班主任应了解的相关教育法规及其内容

改革开放以来，我国相继颁布了一系列教育法规，如《中华人民共和国教育法》、《中华人民共和国义务教育法》（简称《义务教育法》）、《中华人民共和国教师法》；与班主任直接相关的有《中华人民共和国未成年人保护法》（简称《未成年人保护法》）、《中华人民共和国预防未成年人犯罪法》（简称《预防未成年人犯罪法》）、《学生伤害事故处理办法》，同时，根据社会变化和需要进行了不断地修订。这些教育法规对规范人们在教育方面的行为具有重要的意义，需要全社会和学校，特别是班主任的认真学习和掌握。

1. 学生的合法权利

从法制的角度看，中小学生是独立的社会权利的主体，享有法律规定的各种权利，而且受到社会的特别保护。《未成年人保护法》第三条规定："未成年人享有生存权、发展权、受保护权、参与权等权利，国家根据未成年人身心发展特点给予特殊、优先保护，保障未成年人的合法权益不受侵犯。"

（1）生存的权利。

《未成年人保护法》第十条规定："父母或者其他监护人应当创造良好、和睦的家庭环境，依法履行对未成年人的监护职责和抚养义务。禁止对未成年人实施家庭暴力，禁止虐待、遗弃未成年人，禁止溺婴和其他残害婴儿的行为，不得歧视女性未成年人或者有残疾的未成年人。"

（2）学生具有受教育权。

《义务教育法》第四条规定："凡具有中华人民共和国国籍的适龄儿童、少年，不分性别、民族、种族、家庭财产状况、宗教信仰等，依法享有平等接受义务教育的权利，并履行接受义务教育的义务。"《未成年人保护法》第三条规定："未成年人享有受教育权，国家、社会、学校和家庭尊重和保障未成年人的受教育权。"第十八条规定："学校应当尊重未成年学生受教育的权利，关心、爱护学生，对品行有缺点、学习有困难的学生，应当耐心教育、帮助，不得歧视，不得违反法律和国家规定开除未成年学生。"班主任在教育和管理学生时，如果用各种借口赶学生出教室，不让学生上课，这就侵犯了学生依法享有的受教育权。

（3）受尊重的权利。

《义务教育法》第二十九条规定："教师在教育教学中应当平等对待学生"，"尊重学生的人格，不得歧视学生，不得对学生实施体罚、变相体罚或者其他侮辱人格尊严的行为，不得侵犯学生的合法权益。"

《未成年人保护法》明确规定应尊重未成年人的人格、隐私和成果。第二十一条规定："应当尊重未成年人的人格尊严，不得对未成年人实施体罚、变相体罚或者其他侮辱人格尊严的行为。"第三十九条规定："任何组织或者个人不得披露未成年人的个人隐私"，"对未成年人的信件、日记、电子邮件，任何组织或者个人不得隐匿、毁弃；除因追查犯罪的需要，由公安机关或者人民检察院依法进行检查，或者对无行为能力的未成年人的信件、日记、电子邮件由其父母或者其他监护人代为开拆、查阅外，任何组织或者个人不得开拆、查阅。"第四十六条规定："国家依法保护未成年人的智力成果和荣誉权不受侵犯。"第五十八条规定："对未成年人犯罪案件，新闻报道、影视节目、公开出版物、网络等不得披露该未成年人的姓名、住所、照片、图像以及可能推断出该未成年人的资料。"

（4）安全的权利。

《未成年人保护法》第二十二条规定："学校、幼儿园、托儿所应当建立安全制度，加强对未成年人的安全教育，采取措施保障未成年人的人身安全"，"不得在危及未成年人人身安全、健康的校舍和其他设施、场所中进行教育教学活动"，"安排未成年人参加集会、文化娱乐、社会实践等集体活动，应当有利于未成年人的健康成长，防止发生人身安全事故。"第二十三条规定："教育行政等部门和学校、幼儿园、托儿所应当根据需要，制定应对各种灾害、传染性疾病、食物中毒、意外伤害等突发事件的预案，配备相应设施并进行必要的演练，增强未成年人的自我保护意识和能力。"第二十四条规定："学校对未成年学生在校内或者本校组织的校外活动中发生人身伤害事故的，应当及时救护，妥善处理，并及时向有关主管部门报告。"第四十条规定："学校、幼儿园、托儿所和公共场所发生突发事件时，应当优先救护未成年人。"

2. 学校和班主任应履行的法律责任

《未成年人保护法》第六十三条规定："学校、幼儿园、托儿所侵害未成年人合法权益的，由教育行政部门或者其他有关部门责令改正；情节严重的，对直接负责的主管人员和其他直接责任人员依法给予处分"，"对未成年人实施体罚、变相体罚或者其他侮辱人格行为的，由其所在单位或者上级机关责令改正；情节严重的，依法给予处分。"

《预防未成年人犯罪法》第二十五条规定："对于教唆、胁迫、引诱未成年人实施不良行为或者品行不良，影响恶劣，不适宜在学校工作的教职员工，教育行政部门、学校应当予以解聘或者辞退；构成犯罪的，依法追究刑事责任。"

《学生伤害事故处理办法》明确规定了学生伤害事故学校应当和不应承担相应的责任的情形、事故处理程序、事故损害的赔偿、事故责任者的处理。

3. 学校（班主任）有预防未成年人犯罪的职责

《预防未成年人犯罪法》第七条明确规定学校有"对不同年龄的未成年人进行有针对性的预防犯罪教育"的职责，而且这个职责自然就落到对学生具有直接管理权的班主任身上。第十四至十八条、二十三条指出："学校应当教育未成年人不得有下列不良行为：旷课、夜不归宿；携带管制刀具；打架斗殴、辱骂他人；强行向他人索要财物；偷窃、故意毁坏财物；参与赌博或者变相赌博；观看、收听色情、淫秽的音像制品、读物等；进入法律、法规规定未成年人不适宜进入的营业性歌舞厅等场所；其他严重违背社会公德的不良行为"，对"中小学生旷课的，学校应当及时与其父母或者其他监护人取得联系"，同时应及时制止不良行为，并且"对有不良行为的未成年人应当加强教育、管理，不得歧视"。

《预防未成年人犯罪法》第三十四条至三十六条规定，应当及时制止未成年人的"严重不良行为"，并"采取措施严加管教，也可以送工读学校进行矫治和接受教育"。

（二）班主任应维护学生的法定权利

1. 班主任依法约束自己，尊重学生的权利

班主任在教育和管理学生中最常见的侵犯学生合法权利的行为是讥笑、嘲讽、体罚学生和不让学生上课。有的班主任或许会辩解"我这样是为他们好"，而令人痛心的是学生，甚至是那些受到伤害的学生也认为"班主任是为了自己好"。正因为有了这样冠冕堂皇的理由，再加上班主任和学生及其家长的法制意识淡薄等，在今天的中小学我们仍不时听到学生受伤害的事件。例如，据中国新闻网2008年1月2日报道，黑龙江大庆技师学院的两名女生，因没有及时清理垃圾，被班主任当着全班同学的面喝令脱去外衣，遭到老师的当众体罚；据河北新闻网刊登的燕赵都市报2008年12月23日报道，15岁的李伟（化名）因为上课迟到，没有及时按老师的安排通知父母，遭到班主任的体罚，造成左耳鼓膜穿孔。事发后，李伟父母多次寻求说法无果，无奈之下诉诸法律。记者从学校得知，该教师已受到警告处分；据北方新闻网2008年12月25日报道，内蒙古农业大学附属小学（以下简称农大附小）的一位学生家长向报社反映："12月15日，农大附小三年级（10）班大部分学生因为没有完成作业，被班主任吴老师扣留在教室内不让回家吃饭。"……从中可以看出班主任常因为学生犯一些小错误而体罚学生，严重侵犯了学生的合法权利。这种行为必将受到惩处。那么班主任应怎样既管理好班级和学生，又使自己不侵犯学生的权利呢？

（1）了解和把握管理教育活动中可为和不可为的言行举止。如讥笑、讽刺等侮辱学生人格的语言以及体罚等伤害学生身心的行为都是不可为的，情节严重者将要受到法律的制裁。说服、合理的惩罚、联系家长等是可为的，尤其是对有不良行为的学生，班主任要深入了解学生产生不良行为的真正动机和原因，掌握他们的生理和心理状态，采取启发诱导等方式、方法对其进行耐心教育。

（2）提高自身素质，学会控制自己的情绪情感，理智处理各种事情。做到这点需要班主任精神关怀学生和专业能力的提高（前章已论述，这里不再赘言）。

【案例1】永远的警醒——牛瑞锋①

这是我从教以来最难堪的一次。

① 屈红霞，毛春桦. 可以这样做班主任 [M]. 上海：华东师范大学出版社，2008.

那是在登上讲台的第二年。我用了四节课讲完《六国论》，每次课后我都会提醒同学们，课文一定要背会。第五天利用晨读的时间我去检查学生背诵的情况。我先让全体同学齐背一遍，在背诵的过程中，我发现有几个同学滥竽充数。当全体同学背完后，我开始单独找那几个"钉子户"来背诵，也想同时教训教训这几个"钉子户"。

我先找张雨来背诵，他只磕磕巴巴地背下了第一段，其余的就不会了。接着又找李墨来背，我让他接着张雨背诵的部分背诵，他看了看我说："不会。"听到李墨的回答，我十分生气地说："都是饭桶，四五天了都背不会一篇课文，你们每天都在干什么？"教室里静悄悄的，几乎可以听到每个人的呼吸声。

一转身我看见陈昕，他正悄悄地看着我，他看我的视线转向他，立即正襟危坐，眼睛盯着桌子一言不发。我一看他桌子上竟然没有语文书，不由得怒火中烧，大声叫道："陈昕，你把课文背一遍！"陈昕噌地一下，从座位上站了起来，看了看我，红着脸就把头低下不吱声了。此时的我有点失去理智地对他大吼道："你上课连书都不带，你能背会吗？"陈昕小声地说道："老师，我真的背了，就是背不会，昨天晚上和今天早晨我都背了，但你一叫我，我就什么都不会了。我不是故意不带书，是早晨背完走得着急忘了带了，不信你可以问我妈。"我继续大喊道："哄鬼去吧，上课没书等于上战场没枪，死路一条。就这种态度你能把语文学好，简直是天方夜谭。明天你背不会，休想上我的语文课。"陈昕又小声说道："真背不会。"我根本没有理会他的辩解，接着说："背不会现在就出去。""我就不出去，我交学费了，老师你太过分了，古文我真的背不会，每天都让我们背，有什么用呢？更何况这些古文你都会背吗？"他的反驳让我的脑袋"嗡"的一声大了许多，教室里刹那间像凝固了一般，只听见我的心在嘭嘭地跳个不停，汗珠从我的额角上滑了下来。因为我不能确定我能不能熟练地将课文背下来，我从来没有试过。刹那间我不知该如何应付，背吧，如果背不好呢？不背吧，陈昕的诘问我如何处理。正在进退两难的时候晨读下课铃响了，班长走到我身边轻声地说："老师，别介意，他就这样，明天我一定让他把课文背会。"我不知怎样走出了教室，也不知怎样走到了办公室里。

中午我没吃饭，直接回到教师宿舍，躺在床上将晨读的事情又从头到尾想了一遍。整整一个下午我终于想好了处理这件事情的办法。

这天的自习正好是我的课，我神情严肃地走进了教室里，全班同学都目不转睛地盯着我，陈昕也两眼茫然地看着我，我走上讲台后，高声地喊道："上课。"全体同学起立后，高喊："老师好！"声音比以前任何时候都响亮。我说："同学们好，请坐。"然后我转身在黑板上写了两句话："学高为师，身正为范""敬人者，人恒敬之"。接着我说道："今天早晨发生了一件貌似不愉快的事情，但又是一件令我终生难忘的事情，因为通过这件事情，我再一次明白了，一个什么样的人才能做老师。今天早晨的事情首先是我错了，我犯了三个错。"

"第一个错，作为老师，我没能以平等的态度对待自己的学生，而是高高在上，脱离实际；第二个错是我不尊重大家，说了损害大家尊严的话，一个人最重要的是什么？那就是尊严，当我损害了大家的尊严时，你们并没有起来反驳我，因为你们把我当作了你们的老师，从这个角度看，你们比老师要有涵养，在此我向大家赔礼了，希望大家能够原谅我，今后我一定会努力，成为你们心目中最优秀的老师。"说着我向全体同学鞠了一躬，寂静片刻后，教室里掌声雷动，等掌声停了下来，我看见前面一些女同学的眼里都闪着泪光。紧接着我又说："我犯的第三个错误，就是对陈昕同学的污蔑，事后我曾做了个假设，当有人那样说我时，我会怎样？我想我肯定会和他打架，但陈昕同学只作了轻微的反驳，我想原因是出于他对老师的尊重。他能够将我对他的不信任与污蔑，压缩在自己能够控制的范围内，他是一个很懂得自我克制的同学，陈昕同学，老师对不起你！"我边说边向陈昕走去，走到陈昕旁边，我深深地向陈昕鞠了躬，并且说："陈昕，老师对不起你，希望你能原谅老师的无知。"看着我给他鞠躬，他站起来着急地说道："老师，您别这样，其实先错的是我，我要是背会了也不至于……"话没说完他已泣不成声了。

这时班里有些女同学都开始啜泣起来。我双手将陈昕按在椅子上，重新回到了讲台，此时的我也很激动，泪水在眼眶里打转，我没想到，我的忏悔在他们当中能够引起如此强烈的反应。

我强忍着泪水说道："作为一个老师应该是口的巨人，行的高标，人们常说：'学高为师，身正为范'，今天老师没有做到，但从今以后老师一定要努力做，即使我不一定能做到最好，但我一定会努力向最好迈进，希望同学们监督我。同时我宣布一条纪律，从今以后凡是要求同学们背诵的东西，我先作示范，在我没有背会之前，坚决不能找同学们背，在我背会两天之后，不管是谁都必须背会。如果背不会，该如何处置？陈昕，这个决定由你来做。"

陈昕站起来，啜泣着对大家说："事情由我而起，从今以后，我再背不会课文，我就马上背着书包回家，同时我想只要我能背会，大家就一定能背会。我代表全班同学向老师保证：一定背会您要求背的每一篇文章，大家说有问题吗？"全体同学大喊道："没问题！"整个晚自习教室出现了从未有过的安静。

很庆幸一个困境终于解决了，但这个教训却深深地印在了我的脑海中。

案例分析：班主任牛老师课堂上的表现是许多老师经常会犯的错误，他侵犯了学生受尊重的权利和受教育的权利。好在牛老师没有进一步的过激行为，通过反思，牛老师不仅认识到自己的错误，而且也想好了处理方法：在自习课上认错。这既维护了学生的权利，又感动了学生，达到了意想不到的教育效果。在教育过程中，尊重学生的权利就是最好的教育原则和规律。从案例中可以看出，现在的学生也知道维护自己的权利了。

2. 班主任对学生及其家长的法制教育和安全教育，维护每个学生的权利

（1）宣传教育法规，增强学生及其家长的法制观念。

班主任可利用多种形式的班级活动，如座谈会、演讲比赛、案例分析、模拟法庭、报告会、展览会和报刊图片展览等，经常性地对学生进行法制和安全教育，提高学生自身的法制观念，使学生知法、懂法；教会学生处理问题的方式和方法，以不伤害他人（同学、老师）为前提；增强学生辨别是非和自我保护的能力，自觉抵制各种不良行为及违法犯罪行为的引诱和侵害。通过法规教育使学生遵纪守法，并学会用法律保护自己。

通过家访、家长会等方式经常性地提醒家长尊重和维护学生的合法权利，使学生健康成长。

（2）进行安全教育，提高学生的安全意识和自我保护能力。

经常听到学生意外受伤的事故，事故给学生和家长带来深深地创伤，给学校、班主任带来巨大的压力。安全教育是避免事故发生的最佳方法。因此，安全教育一直是学校和班主任的工作重点，许多学校都与班主任签订了《安全责任书》。安全问题成了班主任月月讲、天天讲的教育管理学生内容，也成了班主任的心头之痛，甚至为了学生的安全，学生课间只能在圈定的范围内进行低风险的活动，学校班级不再有春游等外出活动。但是防不胜防，几乎每个班级都出现过学生意外受伤事件。限制或禁止只是消极地预防，经常性地进行安全教育才能有效、积极地预防。班主任可以通过主题班会、墙报宣传、建立合理健全的班规等多种方式对学生进行安全教育，增强学生的安全意识，教给学生自护自救的生活安全常识，提醒学生远离危险，以提高学生的自我保护能力。

（3）对违反教育法规的行为，及时进行抵制与处理。

班主任要经常深入到学生当中，了解学生生活和学习的环境、思想动态，关注学生的细微变化，及时发现存在的问题，如同学间的矛盾、学生生活环境的变化或恶化（如因父母离异而被忽视甚至抛弃或受到社会不良分子和团体的威胁等）。发现问题后要了解问题产生的原因，以便"对症下药"，有针对性地帮助学生解决问题，避免学生受到伤害或侵犯。对于班级突发的破坏性事件，班主任要在最短的时间内到达现场，及时判断事情的性质，同时采取有效的方法制止事态的扩展与蔓延。如果涉及暴力或社会人员，还要及时向社会执法部门求助；如造成伤害，要迅速抢救伤员，向有关职能部门汇报（在校内，应首先向校长报告）并通知家长。接着，班主任要做好善后工作：一是要了解和澄清事实真相；二是对相关学生或事物的治疗、矫正与修护；三是对全班同学及相关的人员公布事件的前因后果，加强预防和教育，减少类似事件的发生；四是班主任自己总结经验教训，检讨得失，以改进工作。

【资料1】课间休息学生发生意外伤害事故①

【事故经过】

原告：某某某，男，7岁，西安市莲湖区某小学一年级学生。

被告：西安市莲湖区某小学。

原告某某某家长诉称，2003 年 12 月 24 日上学期间，原告在无人管理的情况下，在学校操场的体育器械上玩耍时不慎摔下，造成原告左大腿骨的 1/3 处骨折，后原告母亲将其送往红会医院治疗，住院 17 天，2004 年 4 月 26 日，再次住院 18 天，出院后一直由其母亲照顾，其母为此停止工作。因这次伤害事故是在校园内发生的，学校未能履行对学生的管理保护义务，对此有过错，且未对低龄学生建立相应的管理保护制度，应承担赔偿责任。故起诉要求被告赔偿原告医疗费 7 582 元，赔偿原告监护人误工费 5 000 元，赔偿护理费 4 500 元及营养费 1 000 元。

被告莲湖区某小学辩称，原告所述与事实不符。原告受伤是在下课后的自由活动时间内，在滑梯底层支架上攀爬，由于自己不慎摔下，并非在教师指导的教学活动中受伤，

---

① https：//www.zsedu.cn/info/20287.jspx.

另外，校方也及时将原告送往附近医院治疗，最大限度地履行了管理和保护的职责。且学校在教育教学和学生日常活动中，始终把学生安全放在首位，不仅制定了学生安全方面的管理制度，还设有学校安全机构和学生安全监督岗，教室有安全公约，活动器具有警示标志，体育器械无安全隐患，总之，在此次伤害事件中学校无过错，工作无失误，故不同意原告的诉讼请求。另原告通过被告在保险公司已获赔大部分医疗费，原告实际支出不足千元。

经审理查明，原告某某某于2003年12月24日下午第一节课后，课间休息时间，在学校操场上的滑梯上玩耍，骑跨在滑梯支架的最底层时不慎摔下，当时无法行动，该校教师随即将其送往某医院门诊部治疗，并及时通知其监护人，初诊为左股骨中上1/3处骨折，建议转红会医院处理。后原告母亲赶到，并随同教师将其送往红会医院住院治疗，先后两次住院，合计医疗费11 231元，保险公司先后赔付9 925元。此后，双方对此次事故责任及赔偿问题协商未果，原告提起诉讼。

案例分析：未成年学生的父母、祖父母等家长是未成年学生的法定监护人，学校与未成年人之间为教育、管理和保护的关系，在未成年人进入学校后，学校应履行保护未成年学生人身安全的义务。本案原告于课后自由活动时间内，在有警示标志而无安全隐患的体育器械上以不合规范的方式进行玩耍而不慎摔落致伤，对此后果学校不能预见和避免，且被告方在日常对学生的教育和管理过程中，通过各种形式对学生进行安全教育，并设有安全机构和监督岗以防止意外发生，故原告的损害后果与学校的管理行为之间无因果关系。原告方亦无有利证据证明被告对此伤害事件有过错，且在事件发生后被告方及时将原告送往医院救治，避免了损失的扩大，尽到了教育、管理和保护的义务，因此，原告起诉要求赔偿无法律及事实依据，依法不予支持。依照《中华人民共和国民法通则》第一百零七条的规定，法院判决如下：

驳回原告某某某要求被告西安莲湖区某小学赔偿各项损失的诉讼请求。诉讼费733元由原告承担。

案例提示：

（1）事故发生后，学校应确保第一时间启动紧急安全预案，及时救助受伤学生。并做到发生重大事故一小时内、轻微事故二十四小时内上报主管教育行政部门。

（2）事故发生后，学校应按《学生伤害事故处理办法》的相关规定，明确学校有无责任。

（3）学校应与家长就事故的处理进行协商，并将结果上报主管教育行政部门。

二、以法治班

俗话说："国有国法，家有家规"，"没有规矩，不成方圆"，管理班级和治国一样，都需要法治。班级管理的"法"就是以教育法律法规为准绳的班规。班规是班主任和学生为了本班奋斗目标共同制定的、全体成员必须遵守的行为准则。班规一般以文字的形式表达一定的行为规范，用于约束和规范班级成员的言行，让学生形成良好的行为习惯，使班级管理工作有条不紊。

（一）制定班规的依据

1. 国家和教育行政部门制定的相关法律法规

除了《宪法》《刑法》及前文所提到的教育法规外，与班级管理最直接相关的法规是《中小学生守则》《小学生日常行为规范》《中学生日常行为规范》。班规的内容不容许与之相违背。在还没有班规的班级初建期，可以暂时以《中（小）学生日常行为规范》为学生的行为标准，并引导学生学习和遵守。

2. 教育科学理论依据

制定班规要遵循教育学、管理学和心理学等教育科学理论的客观规律，避免主观性和盲目性。要求根据学生心理发展水平来制定班规的具体内容，多肯定、少惩罚，要有利于学生的健康成长。制定班规的根本目的是促使学生养成良好的生活习惯、学习习惯和道德行为规范。

3. 校规校纪

校规、校纪是学校根据教育法规及上级颁布的方针、政策、规定条例和本校的具体情况所制定的各种规章制度，如岗位责任制度和奖惩制度等。班规是校规的具体化和细目化。

4. 本班的实际情况

在遵循以上制度的基础上，班规的制定必须根据本班的具体情况，如学生已经养成的行为习惯、存在的问题等，使之具有针对性和可操作性。如本班学生爱吃零食，由此带来了卫生问题、攀比问题、课堂秩序问题，由此可以制定"在校内禁止吃零食"的班规。

（二）班规内容的类别

班规所包含的内容主要可以分为三个类别：

1. 岗位职责制度

岗位职责制度是对班级管理人员职责的具体规定，使全体人员尤其是本岗位的人员明确地知道本岗位应该做什么、怎样做。班级的岗位职责主要有：班主任的岗位职责；班长、副班长的岗位职责；团支书、中队长的岗位职责；学习委员、劳动委员、文娱委员、体育委员、生活委员、宣传委员和组织委员等的岗位职责；小组长、科代表和值日生的岗位职责；班级各事物管理员的岗位职责，如图书管理员等。

如魏书生所带班级的常务班长的职责是：①

（1）全面负责班级同学德、智、体、美、劳各项活动的开展，在为同学的服务中提高自己的管理水平。

（2）及时传达学校及班主任对班级活动的要求，并组织同学将要求落到实处。

（3）班主任老师在校时，及时听取班主任对班级管理的意见，班主任不在校时，代行老师的责权。

---

① 魏书生. 魏书生班主任工作艺术［M］. 南京：河海大学出版社，2005. 魏书生的班规主要分为两部分：第一部分是岗位责任制，其原则是班级的事，事事有人做；班级的人，人人有事做。第二部分是各种常规，包括一日常规、一周常规、每月常规、学期常规和学年常规，其原则是时时有事做，事事有时做。

（4）负责领导指挥班委会成员开展工作。凡通过竞选产生的班长，有权根据工作的需要任免班委会成员。

（5）负责指挥值周班长、值日班长积极主动地开展工作。

（6）通过竞选产生的常务班长，当任期已满时，负责组织并主持下一任班长的选举。

2. 各种常规

常规是学生日常生活和学习的规范。常规有多种类别，从时间上看，有一日常规、一周常规、每月常规、学期常规、学年常规等；从学生活动的空间看，有课堂常规和实验室常规、课间常规、寝室常规和食堂常规等；从内容上看，有学习（作业）常规、纪律制度、劳动卫生制度、文明礼貌制度和作息制度等。

【资料2】 某班的班规①

一、纪律方面（由值日班长负责）

（1）准时到班上课、自修或参加各项集体活动，不迟到、不早退。违者每项扣2分。无故旷课者扣10分。迟到三次以上以旷课一节计算。

（2）上课、自修期间进出教室必须走前门，并喊报告，得到教师允许后方可进出。自由出入，影响他人正常学习者扣2分。

（3）严格执行请假、出门制度，有事必须向班主任请假，到班主任处开出门证。违者每项扣8分，并记过一次。

（4）认真做好眼保健操和课间操。违者每项扣2分，无故不出操者扣4分。

（5）不携带MP3、游戏机等娱乐工具，手机等通信工具进入学校。违者扣3分。

二、学习方面（由学习委员负责）

（1）上课（晚自修）认真学习、思考，做好笔记。不准睡觉、说话、倒水、吃东西、听MP3、玩手机、做小动作、随处走动、看课外书、不认真听讲。违者每项扣2分。

（2）按时、独立完成作业，上交作业。迟交者扣1分，不交者扣2分。

（3）不准抄袭他人作业，不准借作业给他人抄袭。违者每项扣3分，若在他人不知晓的情况下抄袭他人作业者扣4分。

（4）学习明显进步者，班级每进步十名加5分。班级前五名加6～10分。年级前五名者学期末总分直接加10分，前十名者直接加5分，前十五名直接加3分。

（5）上课积极发言。一周都没有发过言者，罚其在班会课上表演小节目。

三、卫生方面（由生活委员负责）

（1）爱护公共卫生。不乱扔垃圾、不随地吐痰、不脏化墙面，保持自己桌椅周围干净无垃圾。违者每项扣2分。

（2）及时、积极地完成教室值周工作。未达到卫生要求者扣2分。一天不值周，则继续担任值周工作一周，以此类推。

（3）宿舍每月日常评比总分名列前三名的宿舍每人加6分，前五名每人加3分；后五名每人扣3分，后三名每人扣6分。

_____

① https：//wenku.baidu.com/view/7a347d913186bceb18e8bb3c.html.

（4）不留长指甲，不穿拖鞋，男生不留长发。违者每项扣 2 分。

（5）不准毁坏公物。违者扣 2 分，并照价赔偿。

四、文明方面（由团支书负责）

（1）尊敬师长，礼待同学。不准顶撞老师，打骂同学。违者每项扣 5 分。

（2）班委、团委不准公报私仇。同学反映经老师确认后，违者每项扣 5 分。

（3）文明休息，注意安全。下课不在教室追逐、打闹。违者每项扣 2 分。

（4）未经允许不拿同学东西、体育用品。违者每项扣 2 分。

（5）着装朴素、大方、得体，不穿奇装异服，不佩戴首饰、项链、耳环等。违者每项扣 2 分。

（6）不准进入营业性网吧、音乐吧、酒吧及其他娱乐场所，不准打扑克。违者每项扣 5 分。

五、其他方面

（1）为班级赢得荣誉者，校级一等奖加 8 分，二等奖加 6 分，三等奖加 4 分。上一级以两倍加分计算。无名次荣誉奖按一级别二等奖计分。虽未取得荣誉，但积极作出贡献者酌情加 1~3 分。

（2）文明寝室加分按校级二等奖计算。

（3）班委、团委工作每人加 10 分，由全班民主评议。

六、综合方面

（1）班级实行值日班长制度。以上班级规章制度由值日班长、班长、团支书和生活委员负责考核。

（2）在学习和纪律方面，四人中有两人认定某同学违规，则该同学为违规，其他方面由相应班委确定违规即为违规。

（3）违规情况统一由值日班长登记在《班级日志》上，当晚自修结束后交班长保管，并于晚自修结束前发放给第二天的值日班长。每周一的班会课上公布。

（4）班级实行百分制，期末后十名者不得参与任何优秀评比。

注：凡给我们的集体抹黑者须向全班作检讨。

奖励制度：每月分数最高者获"班级之星"称号，还可得到一定的奖励。年终学校各项先进评比按最终量化表得分高低评定。

惩罚制度：

（1）每周扣分满 15 分者，负责教室保洁一周。

（2）对于一周内扣分超过 8 分者，将其情况如实向家长汇报，同时在全班同学面前公开点名批评，并作检讨。

3. 考核奖惩制度

考核奖惩制度是与岗位职责制度、常规相配套的制度，具体规定考核与奖惩的标准、方式方法、结果等。一般以加分、扣分或对某行为进行奖励与惩罚为内容，如前文所提到的某班的班规。对学生的考核与奖惩是必要的，但一定要注意方式、方法。应以表扬、奖励为主，以批评、惩罚为辅，多给学生肯定，体现人性化管理。班规中的批评、惩罚要合法，要以不伤害学生为原则。如对违反班规的给予以下惩罚：辱骂学生、不准学生上课而是去跑步等惩罚是违法的。而以下惩罚却是合理的，如对违纪的学生扣分或纪律处分、对没做好的事情让其重做、让其为班级或同学做一件好事、剥夺当天参与其喜欢的活动等。

（三）制定班规的方法及其程序

制定班规过程是在班主任指导下，全班学生共同参与的过程。在班集体的不同阶段，班规制定的方法及其程序有所不同。一般在班集体初建期，还没有班规时，用模拟样本法；在班集体发展成熟期，对已有班规进行修订时，用问题商讨法。

1. 模拟样本法

模拟样本法是在班级还没有班规的初建期，在班规的制定过程中，班主任为班规的内容和布局提供样本，全班学生对样本中的内容进行一一讨论、修改通过，最后形成班规的方法。模拟样本法的一般程序是：

（1）提供样本。如今，我们可以找出各式各样的，甚至是千奇百怪的班规，班主任所提供的班规样本应该规范、严谨、概括、全面、合法，可以《中（小）学生日常行为规范》为标准。

（2）讨论样本的具体条文。对样本的具体条文进行一一讨论：其表达的准确性、内容的合理性、可操作性及对本班是否具有针对性。班主任可采用分组讨论的方式，让每个学生都参与其中，讨论的过程也是学习的过程。每组记录并发表讨论内容和结果，对有异议的内容在全班讨论，提出不合理的理由和修改建议。

（3）表决通过、成文。可先对每条具体的条文一一表决，再对整个班规进行表决。一般而言，一半以上的学生赞成就可以通过。一致通过后，以条文的形式固定下来，张贴在教室里。

2. 问题商讨法

问题商讨法是在班规不断健全的班集体发展阶段，班主任根据班级普遍存在的问题，和全班学生共同商讨和通过解决问题的方案，并把解决方案以条文的形式写进班规，以规范全班学生行为的方法。

（1）发现学生或班级管理中普遍存在的问题。班主任深入到学生当中，了解班级管理的具体情况、学生的思想状况和行为习惯，善于透过各种行为现象发现存在的问题，并能预见问题发展的趋势或影响程度，要有问题意识。个别问题个别解决，但个别值得借鉴的问题和普遍存在的问题就应上升到班级制度管理中。发现问题是制定班规的开始。

（2）认识问题的严重性。发现问题后，班主任可利用班会，通过各种形式让学生认识到本班或自己存在的问题。如某班主任发现本班自修课经常很吵闹或纪律差，他就别出心裁地把学生上自修课的声音录下来。然后在班会课播放两段录音：一是优美的音乐；二是在自修课所录到的噪音，使学生自然而然地意识到了存在的问题。知道存在的问题后，班主任可通过说服、具体事例、讨论等让学生意识到问题的严重后果，自觉地产生改正的愿望。

（3）讨论解决问题的各种方案。分组讨论问题解决的方案，然后罗列所有的解决方案，最后全班共同商讨出一个最佳方案。

（4）表决通过方案，写进班规。表决通过的方案可先进行 1～2 周的试行期，在不断地尝试中检验方案的有效性。如果效果显著就直接成文，写进班规；如果效果不佳，讨论找出不合理的部分，修改方案，直到产生效果为止。

【资料3】魏书生制定班规的过程：如何控制学生吃零食①

新年快到了，学生们忙着排练节目，买节日用品，大家喜洋洋、乐陶陶。

生活委员说："这几天教室地面不干净了，不仅有纸屑，还有瓜子壳，怎么办？大家讨论一下吧！"

脏东西主要来源于吃零食，零食该不该吃，全班同学们都发表了自己的意见。

首先肯定零食的范畴：非吃饭时间内吃的一切食物，统称零食（病号需要除外），特别需指出的是瓜子、冰棍、糖葫芦，这些带壳、带棍的食物在校内吃饭时也不准吃，在校外则另当别论。

吃零食有没有利？当然有，但总体而言，弊大于利，表决结果，大家通过了在校内，特别是在教室内不吃零食的决定。

按班规班法，有了一项较重要的规定，便要确定一位同学来具体负责。

谁负责提醒大家不要吃零食呢？刚一问，班内便有数十人竞争，高高举着手，抢着做这项工作。大家都抢，究竟谁干呢？争执了一会儿，不知谁冒出一句："平时谁最爱吃零食就选谁！"

"好！"同学们齐声拥护这个建议。最后选的是卢×。

卢×站起来问大家："如果发现别人吃零食怎么办？"

"发现一次罚写 1 000 字的说明书。"

"对吃瓜子的还应该罚得重一点！"

"重到什么程度？"

"谁扔到地上一粒瓜子壳，就罚写 1 000 字的说明书。"

"瓜子带到学校来也不行，卢×有权力搜查吃零食同学的衣袋，在衣服口袋若发现一粒瓜子，就写 100 字的说明书。"

"如果有 100 粒呢？还要写 1 万字不成吗？"

"就该写 1 万字，谁让他装那么多瓜子在身上呢！"

"法规定得严些是为了不让人触犯。你如果规定吃一粒写 100 字，衣袋里有一粒写 10 个字，那别人不害怕，也就制止不住吃零食。"

我说："停止争论，现在表决。同意吃零食一次写 100 字说明书的同学请举手。"

只有两名同学赞成。

"同意扔地上一粒瓜子壳就写 1 000 字的请举手。"

班内很多同学举起手，以压倒性多数通过了严罚吃零食者的规定。

第二天，卢×同学上任了，为了获得说服别人的权力，他先从自己做起，用毅力控制自己爱吃零食的习惯。

---

① 魏书生. 魏书生班主任工作艺术［M］. 南京：河海大学出版社，2005.

他控制住了，别人也开始控制自己。通过决定后的 5 天内，大家都忍住了，尽管卢×注意观察，也没能发现应该挨罚的人。

第六天中午，一位平时极爱吃零食的同学忘乎所以，以为班级放松了对这件事的管理，终于控制不住，剥开一粒瓜子吃，并下意识地将瓜子壳扔到了地上。

上任 6 天的卢×正在为自己没能发现惩罚目标而着急，见状立即上前，当场让那位同学捡起来，并问："还记得班规吗?""忘了。""那好，找法律顾问吧!"

找到管理班规、班法的同学，打开班规、班法，查到卫生部分吃瓜子的细目，明白了："要写 1 000 字的说明书，还要看衣袋里有没有，若有，每粒再加 100 字的说明书。"

卢×从那位同学衣袋里又翻出 16 粒瓜子，两者相加，便是 2 600 字的说明书。

"好了，马上开始写吧! 放学后交给我。"

二十几年来，我任教的各个班的学生，吃零食的都是最少的，大部分同学和我一样，不会吃零食。我总觉得社会再向前发展一万年，人均收入再增长 1 000 倍，整个人类都达到极其富裕的地步了，到那时，我想仍然要提倡不吃零食，那绝不是出于经济上节俭的考虑，更多的，还是考虑到一个有志者的个人形象，考虑到每个人的身体健康，考虑到公共场所的卫生，考虑到人们更有规律地饮食起居，考虑到人们该养成学习、工作时就全身心学习、工作的习惯。

一届又一届最爱吃零食的同学跟我说："刚开始，不吃瓜子，不吃羊肉串、糖葫芦什么的不习惯，见了就馋，吃起来，耽误事。有时上课、学习时还惦记上哪儿买，怎么吃，班级管得紧，过了几个月，也就习惯了，现在感到确定是利大于弊，不仅节约了钱，更重要的是心静，节省了精力，节省了时间。"

控制吃零食不意味着一律禁止，旅游时、过年开联欢会时，还是提倡大家吃的。

班规的制定不是一劳永逸的，而是在反复实践中得以完善的，班主任要根据班规实施的效果定期进行修改，使其发挥最佳作用。当绝大部分学生都能遵守班规时，就要进一步完善班规，提高要求以提高学生的水平；当大部分学生都不能执行班规时，要寻找原因，如果是班规中可能存在不合理的、违背人性的因素，就必须及时修改班规。另外，经常修改班规会使学生无所适从，班规也会失去其所固有的权威性和管理作用。一般而言，每学期修改一次班规，如果有特殊需要可以在期中时再修改某些条文，但不要全面变更班规。

【资料4】美国中学制定班规的四个方法:[①]

在美国，教育专家认为，建立班规的关键是尽量使这些规定少而精。不过，关键是要事先规定好违反者会受到什么样的处罚。当然，违反班规的处罚和规定本身同样重要，每个教师必须建立适当地处罚措施。

建立契约

在开学的最初几天，得克萨斯州的特拉维斯中学的喀布尔老师让她的学生参与建立

---

① https://www.jinchutou.com/p-161683126.html.

班规。制定规则的过程从喀布尔提出的四个问题开始：

——你们希望我怎么对待你们？

——你们希望如何相互对待？

——你们认为我希望如何被对待？

——如果有了冲突，我们应该如何相互对待？

接下来，学生分小组讨论了这些问题，并把回答写到一张有表格的大纸上张贴出来。喀布尔说："对于学生的建议，我通常会问他们这个规定'看起来怎么样'，如果他们认为'挺好的'，那么他们就要告诉我这条规定是什么意思。这是了解学生想法的好办法。"

班规的制定会花费一些时日，每天学生们都会决定是否应该添加或删除一些条目。班规制定好后，每个学生都会把它贴在笔记本上。当有新同学来的时候，学生也会告诉他。

喀布尔班上的许多规则都与尊敬有关。她搞这个活动已经有几年了，现在她的班里很少出现纪律问题，"这种做法，比把我制定的规则强加于他们要管用得多"。

探讨规则

喀布尔的一位同事则引用名人的言行来建立班规。例如，在乔治·华盛顿的一生中，最重要的事件之一就是他16岁的时候在笔记本上抄下了110条礼貌规则。在华盛顿时期，这些规则被广泛推广和运用。

于是，喀布尔的这位同事就和学生分享这些规则，让学生把旧词换成新词，并讨论每条规则的含义，以及为什么他们需要这些规则和要达到什么目的。他对学生说："我们还需要110条规则吗？"然后，他请学生分享他们关于班级应该具备什么规则的想法。一旦确定了规则，就让学生把它们抄写在笔记本的第一页上。

分享问题

喀布尔的另一位同事安妮则安排学生分成小组，给每个小组10~15分钟，让他们总结出好学生的特征列表，然后把各组的列表综合起来建立好学生的主要特征列表，用这些特征作为建立班规的材料。

在学生到来之前，安妮在每个学生的书桌下面都放好了一张卡片，上面写了好多问题。到了该讨论班规和程序的时候，老师让学生检查书桌下面。

学生们发现了这张卡片，然后老师叫拿1号卡片的学生大声朗读卡片上的问题。例如，"安妮女士，我什么时候能够削铅笔？"老师兴奋地回答："哦，约翰，这是个多么明智的问题！"或者"哦，翠茜，我很高兴你能想到这样的问题！"

之后老师和学生一起分享所提问题的答案，这样进行下去，直到所有的问题都被问到并得出答案。

描述理想

有的教师还让学生写一段话，描述他们心中的理想班级。

这种做法是把学生分成四组，让每组学生把有关理想班级的一篇文章里"最重要的词或短语"找出来。之后，让他们把文章交给小组中坐在他右边的同学。学生们继续传递文章并找出重要词语，直到最初的作者拿回了他的文章。然后，学生将和小组一起分享他写出的一些重要词语，小组记录员将记录最能描述理想班级的词语或短语。小组成员会回顾这个列表，并选出最有代表性的 5 个词语或短语在班上分享。班级讨论完毕，学生将用一些词语和词组完成"班级声明"，然后贴在墙上。这样，一部简单明了的班规就出来了。

从美国中学制定班规的方法可以看出：学生是班级管理的主人，教师充分尊重学生的权利，体现了依法治班的民主性和平等性，值得我们学习和借鉴。

（四）班规的实施

制定好的班规要坚持不懈地实施才能发挥其管理效能，做到有"法"必依，违"法"必究。

1. 学习与训练，内化班规

班规制定的过程也是学生学习和提高认识的过程，但要使班规成为学生自觉遵守的行为习惯，需要班主任开展各种形式的活动，对学生进行反复地宣传学习和训练，使班规这种外在的行为约束转化为学生的内在需要。学习与训练班规的方式、方法主要有：

（1）主题班会。

以班规中的某一条内容为主题，如"诚信""学习态度""学习方法""文明礼貌""尊敬师长"和"感恩教育"等。在主题班会中通过说理、讨论和案例分析让学生认识到各条班规的存在意义，使班规从外在的制度内化为学生内心的需要；通过示范、情景演练让学生掌握遵守班规的具体方法。如某班主任对小学生"尊敬师长"中的训练：她请出一位学生，并对学生说："请你示范一下，碰到老师该怎么办？"学生对老师说："老师好！"其他同学笑成一片。老师问到："同学们为什么笑？"学生说："因为我问好时没有看着老师。"老师又问："那该怎样做？"学生重新向老师走去，同学们又是一阵哄堂大笑。老师又问："这次大家又为什么笑？"学生又说："我太没有表情，问好时应该面带微笑。"

（2）班规知识竞赛。

让每个学生参与竞赛，使班规熟记于心，知道什么事情可做、什么事情必须做，什么事情不该做。竞赛的形式可以多样化：如背诵班规、以某一班规为主题进行演讲、情景表演等。

2. 班主任与班干部以身作则，为学生提供榜样

班主任是学生的榜样，榜样作用是无穷的，班主任的道德品质、言行举止直接影响学生的成长。要求学生做到的，班主任首先要做到。正如万世师表孔子所说："'子师以正，孰敢不正'，'其身正，不令而行；其身不正，虽令不从'。"（《论语·子路》）班主任是班级的重要成员，班规一经公布实施，班主任就必须带头遵守其中的各项内容。很难想象，迟到的班主任能培养不迟到的学生，不学习的班主任能培养出会学习的学生。想要学生养成良好的习惯，班主任自己首先要有良好的行为习惯。耳濡目染、潜移默化对学生产生的影响是巨大而深刻的。

【案例2】我罚自己值日一天——吴寿锦[①]

平平是我担任班主任以来，最为顽固而又顽皮的学生，每次值日，劳动委员总告诉我："平平又溜走了。"看着他扫地，他也只不过磨蹭着，等我一转身他又无影无踪了。多次找他谈话，他嬉笑着，摆出一副漫不经心的架势，做个稍息的动作，嘴巴咧向一边傻笑不停，我发怒时，他立即逃之夭夭。我又一次和风细雨地问他："为何跑？"他说："四年级时，老师发怒甩我耳光，我的耳朵都快被打碎了，我还是跑了好，免得让老师出医药费。"是的，四年级的老师因甩了平平两巴掌而造成他轻微的耳朵失聪，家长闹到学校，老师赔了不少医药费。我赞扬他能体谅老师的难处时，他惊讶着……最后吹着口哨离开了。

"平平又不擦黑板，地也不扫就跑回家了。"劳动委员又一次报告，我火冒三丈，可还是平静下来同劳动委员一起扫完了教室。劳动委员见我和学生一起搞卫生，十分感动地告诉我，应该到平平家去家访一趟，我同意了。通过劳动委员的带路，我来到平平贫寒的家，平平躲着不见我，他的父亲告诉我，平平妈妈采茶摔成瘫痪后，苦了孩子，平平又得做一日三餐的饭菜，又得照顾妈妈。平平的爸爸每天要到离家较远的木制品厂给人锯板，起早贪黑，中午饭还得在厂里吃，家庭经济十分拮据。平平懂事，有时还在外面捡些破烂卖钱给妈妈治病……听到这里我脑子好似炸开了似的，多好的孩子，我还因他迟到一节课罚他值日，我是多么残忍的班主任，学生心灵已经有了创伤，我还撒了把盐……

翌日，我在班级自责地将平平的不幸编成故事讲给同学们听，孩子们都伤感地落下泪来。最后我说："这个苦命的孩子就是平平，我真不该这样对他。现在我决定，我罚自己值日一天以表示我改正以前处罚同学的错误。"班内一片寂静，孩子们惊愕之余，用掌声表示我对学生的理解，平平那"顽固"的头也低下了，用手不停地擦着眼睛。

当天，我每节课都到教室擦黑板，放学后拿起扫把扫地兑现自己的诺言，平平和许多学生要帮忙，我强行让他们回家，这一天我特意将课桌擦得一尘不染……

没想到我的这一行动带来了极大的教育效应，每天教室的地板和桌椅都被同学争着打扫和擦洗，一连几个星期，我们五（3）班都保持着"卫生流动红旗"，村中的南街居委会还送来感谢信，感谢班里6名同学在"双休日"里为街道清理卫生、疏通自来水管道……

身教胜于言教，只要教师"蹲下来看学生"，走进学生心灵，一定就能更多地理解教育的奥妙。

案例分析：班主任对自己所犯"错误"的认识和自我惩罚，也是对学生的一次好的教育。体现了师生平等的理念。

同学中的典范也是学生最好的榜样，更容易被学生认同、学习。在班规的实施过程中，班主任要对班干部严格要求，使之起到带头作用。定期评选出班规的最佳执行者，并推荐选举其为班干部，使之成为学生学习的榜样。

---

① 张文质. 轻风掠过心灵：99个感人的教育故事［M］. 上海：华东师范大学出版社，2006.

3. 观察与交流，了解学生对班规的态度认识与遵守情况，做到人性化管理

班规的制定和实施不是为了对学生严加管理，约束学生的个性发展，而是使学生养成终身受益的良好习惯。因此，在班规的实施过程中，班主任应注重学生的思想教育。班主任要做个有心人，通过仔细观察学生的言行举止，分析学生的思想动态，了解班规的遵守情况；通过交流沟通，了解学生行为背后的心理、情感，做到晓之以理，动之以情。在观察和交流中，使硬性的班规具有人性化的色彩。如果班规通过学习训练、观察沟通等方式仍不被大多数学生接受或遵守，那是因为班规存在一定的问题，要对此班规进行修改，以尊重学生的意愿，体现学生的需求。

【案例3】以下是一位六年级学生写给其班主任——武汉市常码头小学顾兢老师的一段话：

有一段时间，班上有一个男生故意把头后面的一片头发留得较长，好像想告诉大家：我长大了！您那段时间见到他只是笑眯眯的，什么也不说。有一天，这男孩终于在家长的逼迫下剪掉了长发，很伤心地上学来了。您走过去亲热地摸摸他的头，似乎很随意地说："你们瞧，多可爱的小男孩！"男孩幽怨的眼神里有了惊喜，问我们："真的可爱？我还帅吗？"我们由衷地异口同声地说："帅呆了！"一段时间，满大街的女孩们流行剪碎发。一天，我们班的几个小女孩顶着一头长长的碎发来上学了，脸上写满了自得。可是写作业时长长的刘海遮住了眼睛，只看见她们不停地抚弄刘海的手；体育课因为头发扎不到一堆而任汗水流……在一节班会课上，您微笑着看着我们，模仿着朱自清先生的口吻问我们："燕子去了，有再来的时候；杨柳枯了，有再青的时候；桃花谢了，有再开的时候。但是，聪明的你们能告诉我，我们的童年为什么一去不复返了呢？"我们睁大眼睛看着您，您接着说："真美慕你们的童年，有童谣、橡皮筋、花裙子、小辫子、快乐的六一……"有同学坏坏地问："老师，是我们的花裙子、小辫子漂亮，还是你的长发飘飘漂亮？""都漂亮，可是如果换过来的话……飘飘长发可得要花多少时间打理哦。那是属于我的；小辫子、童头花顶在你们可爱的小脸上，轻松活泼，那是属于你们的。我倒是想抢来顶在我头上，可那样会笑死你们的，你们的爸爸妈妈要我赔他们的宝贝呀。你们也别慌着抢我的了，以后有的是机会。"那几个小女生挤眉弄眼地笑了。在您这如春雨般的滋润下同学们一个个朝气活泼、健康可爱，我们的教室永远是那么干净明亮、温馨宜人，我们的作业永远是那么整整齐齐、干干净净……①

案例分析：《中学生日常行为规范》中明确提到"不烫发，不染发，不化妆，不佩戴首饰，男生不留长发，女生不穿高跟鞋"。许多学校的校规和班规都有相应的规定，并且经常会听到被强制理发学生的抱怨。顾老师对学生的这种违规行为并没有一味地指责和强制，而是观察留意和宽容等待，让学生有自己的体会；然后抓住有利的时机进行不留痕迹的引导，不是空洞的说教，而是从学生的角度思考问题，与学生交流自己的人生体验，体现人性化的管理，使学生心服口服地遵守班规，形成良好的行为习惯。

---

① 麦志强，潘海燕. 班主任工作培训读本［M］. 北京：中国轻工业出版社，2007.

4. 坚持监督考核，使学生养成良好的行为习惯

学生从对班规的接受和认同到养成自觉遵守的行为习惯也是需要一个漫长的过程的。在这个过程中，学生由于容易受到外界不良的诱惑以及自身的控制能力较差等因素的干扰，对班规不能做到持之以恒，这就需要班主任在实施班规的过程中建立相应的监督和考核机制，帮助学生养成良好的行为习惯。

（1）成立班规监督执行组。监督执行组成员由学生共同选出，最好是每个小组选出一名同学担任，成员的主要任务是提醒、记录全班同学遵守班规的情况，包括良好的表现和违纪现象，并且定期向全班同学公布情况。对于有违纪记录的同学，监督执行小组及时通知本人和上报教师，并由教师或小组成员及时给予对应的教育和惩罚。对于经常违纪的同学，小组成员有义务事先提醒该同学，尽量帮助其克服困难，以免再次违纪。如在放学后提醒经常忘记做作业的同学记住作业的内容。

（2）定期开展民主生活会议。班主任可以每周或每两周召开民主生活会议，开展批评与自我批评、找出本周自己的闪光点或有进步的各个方面。这有利于学生发现自己的不足和优势，提高学生自我教育的能力。同时，组织学生交流讨论本班规在实施中存在的问题，并提出建议，完善班规。

（3）定期开展考核评比。班主任可以每周或每月进行一次考核评比。根据监督执行小组的记录和班规的奖惩制度，计算出每个同学的分数。同时，由全班同学评选出"最佳……奖"（可包括学习、纪律、劳动和生活等各个方面）和"进步奖"等，并发给奖状或奖品以表示鼓励。

思考与训练
1. 阅读班主任应了解的相关教育法规，并谈谈你的感受（或写读后感）。
2. 举例说明班主任应如何维护学生的法定权利。
3. 为某一班级制定一部合情合理的班规。
4. 举例说明如何教育管理一名违反班规的学生。

第五章　学生自治与班干部的选拔培养

现代班级管理的新理念提出学生是管理班级的主人，强调学生的自我教育和自我管理，实现学生自治。陶行知认为学生自治有三个要点：第一，学生指全校的同学，有团体的意思；第二，自治指自己管理自己，有自己立法、执法、司法的意思；第三，学生自治与别的自治稍有不同，因为学生还处于求学时代，也就有了一种练习自治的意思。将这三点结合起来，我们就可以下一个定义："学生自治就是学生结起团体，大家学习自己管理自己的手续。"从学校这方面说，就是"为学生预备种种机会，使学生能够组织起来，培养他们自己管理自己的能力"。学生自治，不是自由行动，乃是共同治理；不是打消规则，乃是大家立法、守法；不是放任，不是和学校宣布独立，乃是练习自治的道理。[①] 学生自治就是学生自己管理自己，自己管理班级。实现学生自治可以从选拔与培养班干部入手。

一、班干部是学生自治的主要力量

班干部是班主任的得力助手，是班级管理的直接参与者。从学生自治的角度看，每个学生都应该有机会成为班干部，参与班级的管理。每个学生既是管理者，又是被管理者。就如魏书生所说："坚信每位学生的心灵深处都有你的助手，你也是每位学生的助手，"使"班级的事，事事有人做；班级的人，人人有事做"。[②]

1. 班干部是班级管理的直接参与者

班干部是班级的骨干，是班集体的核心力量。班干部参与班级管理的整个过程，包括班级目标制定和实践，班级活动的规划、设计、组织，班规的制定、执行、监督检查和总结等，都是学生自治的过程。在这个过程中，班干部既接受班主任的指导，更是其自身的思想和工作思路、方法的体现。班干部是班级所有活动的组织者、领导者和执行者，离开班干部，班主任几乎无法做好班级管理工作。离开班干部的参与管理，根本就无法实现学生自治。

2. 班干部是学生自治的协调者

在学生自治过程中，或多或少会存在各方面关系的矛盾，主要有学生与教师、班主任之间的矛盾，学生之间的矛盾。现在的学生自治意识较浓厚，自主的要求强烈，但其自治的能力不一定强，容易与教师、班主任和其他同学产生矛盾。相对班主任而言，班干部了解同学会更全面、更深入、更仔细；相对于一般学生而言，班干部由于工作的需

---

① 陶行知. 学生自治问题之研究 [J]. 新教育, 1919, 2 (2).

② 魏书生. 魏书生班主任工作艺术 [M]. 南京：河海大学出版社, 2005.

要，与教师和班主任接触更多，更了解教师或班主任的意图和工作方式、方法。班干部对多方面的了解使其成为矛盾的最佳协调者。对于学生与教师之间的矛盾、学生之间的矛盾，班主任最好放手让班干部去协调解决，只是在班干部需要时再教给他解决问题的方法。在这个过程中需要班干部的客观公正以及班主任的信任。

3. 班干部是学生自我教育、自我管理的榜样

一般而言，大多数班干部在班级中是各个方面较为优秀的学生，再加上受岗位职责的约束，班干部基本能自觉遵守纪律，积极参加各项活动，乐于奉献，时时处处以身作则，是学生群体的领头羊。而且，班干部与同学朝夕相处，一言一行更为其他同学所关注，其积极纯正的思想、优异的学习成绩、良好的行为习惯、突出的工作能力都可能成为全班同学的学习榜样。学习榜样的过程也就是学生自我教育、自我管理的过程。

二、设置各种类型的岗位使每个学生都参与班级管理

让每个学生都参与班级管理，成为班干部，最理想的状态是每个学生都承担着适当的岗位，而且各个岗位职责分明，每个岗位都有相对应的权利和义务。我国中小学班级的岗位设置是多种多样的，为学生参与班级管理提供机会，能满足学生自治的需要。

1. 根据管理需要设置的岗位及其职责

我国中小学班级的组织机构一般分为三类：第一类是班委会，包括班长、副班长、学习委员、劳动委员、体育委员、文娱委员、纪律委员、生活委员、各科代表和各小组组长。第二类是少先队队委会或团支部，小学是建立队委会，包括中队长、副中队长和各小队长；中学是建立班级团支部，包括团支书、组织委员和宣传委员等。第三类是物品管理员，如图书管理员、窗帘管理员、花卉管理员、饮用水管理员等，根据班级现有的物品而设置。一般而言，这总共就有了三十几个岗位，能满足大部分学生参与班级管理的需要。

法治是自治的前提条件。岗位职责制度有利于提高学生的自治能力。机构臃肿会造成责任不清、人浮于事、相互扯皮，这就要给每个岗位制定相应的职责，建立岗位职责制度，并且以班规的形式固定下来。各个岗位职责没有统一、固定的模式，可以根据校规、班规、各班的具体情况灵活制定，但必须遵守的一个原则是：每个岗位有其管理的权利，也有其应履行的义务，以达到学生自我教育、自我管理的水平。以下分别是某小学和中学各一个班的岗位职责表，仅供参考。

【资料1】某小学五（8）班岗位职责一览表①

班长

（1）协助班主任做好班级日常管理工作。

（2）督促其他班干部做好本职工作。

（3）召集并主持班干部会议，宣布组织班中的各项活动。

（4）正班长上、下课喊口令。

---

① http：//www.zhshxx.com/classweb/Class/ArticleShow.aspx？ArticleID＝1160&ClassID＝21.

（5）处理班内纠纷，负责班级的日常工作。

学习委员

（1）督促同学们严格遵守《小学生日常学习规范》和《小学生守则》。

（2）帮助学习差的同学搞好学习。

（3）记录每节课的乐学分数，并在每周五下午放学后把记分册送交值班室。

（4）及时向教师反映同学们对教学中的意见和要求。

体育委员

（1）负责出操，带领同学们认真做好两操。

（2）体育课和其他活动时整队，协助体育老师上好体育课。

文艺委员

（1）做好班中的领唱工作，组织大家收看红领巾电视台，音乐课整队。

（2）组织督促同学开展课外文艺工作，协助教师编排文娱节目。

卫生委员

（1）督促值日生做好值日工作。

（2）负责班级卫生场所的保洁工作，检查卫生，卫生工具是否摆放整齐，组织大家开展大扫除等工作。

宣传委员

（1）组织板报组同学办好班级墙报。

（2）协助教师设计队角、布置教室。

（3）每星期一到队室去领报纸。

红旗手

（1）留心观察班级同学的闪光点，结合本周之星选出两个同学当护旗手。

（2）每周一时带两个同学领取中队旗参加升旗仪式。

路队长

（1）每天放学后，及时提醒同学走出教室排好路队。

（2）组织同学有秩序地回家，按时在规定地点解散。

图书管理员

（1）定期向学校图书馆借阅同学喜爱的图书，丰富同学课余生活。

（2）管理好班级图书，及时整理图书角。及时把报刊送到同学手中，组织同学参加有意义的读书活动。

多媒体管理员

（1）登记教师使用多媒体的情况。

（2）协助教师做好多媒体使用后的关闭情况。

【资料2】某中学七（9）班岗位职责一览表①

班长

（1）上课时喊起立、坐下。

（2）负责班级全面工作，团结全体班干部，团结同学，严于律己，在班干部和同学中起表率作用。着重抓好班上的纪律和学习等方面的工作。

（3）调配其他班干部的工作。考核本班班委干部的服务工作。

（4）把班级中出现的问题和成绩及时汇报给班主任。

（5）处理各种偶发事件，并采取相应措施，把处理意见汇报给班主任，或请班主任指导解决。

副班长

（1）督促各组长分片管理好课堂纪律，协助班长工作，当班长不在时接替其工作。

（2）检查记录本班同学执行校规校纪情况，促进班级优良风气的形成。

（3）协助班长做好总结工作，并统计每周的扣分和加分情况，负责管理班级日志。

学习委员

（1）在科代表生病时，接替科代表的工作。

（2）负责每日统计班级的作业收交情况，以及抄袭作业现象。

（3）每学期组织两次表彰会。

（4）负责对各科代表的管理和考核，并评定他们的工作表现。

（5）及时和科代表一起沟通学生和教师之间的教与学情况。抓好同学的学习成绩。

（6）提高自身素质，掌握良好的学习方法并做好推广工作，主动帮助同学，在班级中建立良好的学习风气。

卫生委员

（1）及时督促值日生每天放学后清洁教室。

（2）负责管理分配星期五大扫除工作和检查各小组的大扫除情况，不得造成扣分。

A. 合理安排人员，亲自监督并加入大扫除。

B. 大扫除完毕要全方位检查，要求无漏洞。

C. 对大扫除中不负责的同学进行批评教育。

（3）负责每天教室的清洁、整理工作。

（4）每次检查必须做到及时询问和登记。

（5）每天留意评分板，如有教室清洁被扣分，要落实到各项，并要求第二天的值日生加强注意。

（6）做好公物的保管工作和公物损坏的赔偿工作。

宣传委员

（1）负责班级黑板报工作，保证黑板报质量。

（2）建立通讯组，向校内网、广播站和校运动会宣传组送稿。

① http://eblog.cersp.com/userlog10/105738/archives/2007/526041.shtml.

（3）负责教室的布置和美化。

（4）负责班级中的各宣传告示，主题班会的主题书写。

（5）按时参加学校召开的宣传委员工作会议，完成有关任务。

（6）整理好班级的名人名言并及时公布。

文娱委员

（1）组织好每周二晚修前的教唱活动。

（2）每学期至少搞一次文娱性的活动。

（3）负责学校下达的各种文娱比赛。

体育委员

（1）组织同学们参加体育活动。

（2）组织同学们积极做好两操。

A. 必须准时集合好本班队伍并提前到活动场地。

B. 跑步时，必须使全班保持好一定速度，口号响亮，与前后班保持一定距离，队伍步伐整齐划一。

C. 做操时，监督同学们认真做操，把每一个动作做到位。

（3）配合体育老师准时上好体育课。

A. 在教师到场前，把队伍整理好，清点好人数，并记录不穿运动鞋的同学。

B. 带领同学做好各项准备动作。

C. 协助教师做好各项训练，遇特殊情况要及时报告。

D. 课后，带领同学收拾好材料。

（4）积极带领同学参加课外活动。

（5）负责活动课的器具管理，不得造成器具丢失，一旦丢失，必须及时上报班主任，并在当天补上。

（6）负责管理两操，尤其是课间操的集队和做操的质量，必须使其不扣分。

（7）运动会期间负责进行集训。

（8）学校组织各大型活动，体育委员必须积极配合，组织全班人员积极参加。

纪检委员

（1）课前预备铃响后，督促大家做好课前准备工作，维持课前纪律，静候教师。

（2）上课时，随时注意周围的同学，有与本课不协调的行为应立即加以制止。

（3）下课后，提醒值日生擦干净黑板，每节课下课后应检查班级卫生的保洁工作，对乱丢、乱扔现象加以制止，并督促该同学进行卫生打扫。

（4）做操时，不允许有同学动作、行为严重不协调，造成班级不必要的扣分。

（5）晚修时，维持纪律，做好记录。

（6）放学配合值日生，离开教室前关好灯和门窗。

（7）详细记录一天当中发生的事情，做到公正、公平。

（8）如果有集合、出操等大型活动，应配合班长做好组织工作，提醒大家做到静、齐、快，进场时绝对不能讲话。

各科代表

（1）负责各科作业本的收集、发放，晚修前将本子交各任课教师，做好作业情况记录并及时将情况向学习委员和教师汇报。

（2）对于没有及时交作业的同学一定要负责催交。

（3）在上该科的课前及时联系教师，帮助教师拿好教学用品，并检查同学的课前准备。

（4）辅导该科差生，对不能按时完成作业者要通知任课教师，制止作业抄袭现象。

（5）如该门课需去其他地方上，负责通知同学到指定教室。

（6）每周一下午放学后，收集《新课程学习指导》，检查完成情况，并认真做好记录。

各组组长

（1）负责及时收发本子包括及时督促订正，并做好统计及时向科代表汇报。

（2）分配本组值日生工作，督促同学及时打扫卫生。

A. 每节课下课后要有值日生擦黑板，要求干净且不占用上课时间。

B. 每天值日分工必须安排扫地、擦讲台、擦黑板、倒垃圾等。

C. 做值日时，组长要督促值日生清洁，要求各值日生认真对待。

D. 注意包干区的清洁工作，每周一安排好同学进行大扫除。

以下是日本某小学的班干部岗位的设置，值得我们借鉴。

【资料3】儿子在日本上小学之二——人人都是班干部① （择摘）

每当学期开始，班级里要开一个大家都很关心的班会——分配每个人的职责。班上需要做的事情很多、很琐碎，所以职责会分得很细，这样也保证了班上三十多个同学每人都有事情做。儿子在小学四年多的时间里，就曾经做过"鞋箱清扫员""宅急便员"（负责给教师传递东西）、"体育员""门窗、电视、电灯员"（负责开关门窗、电视及电灯）、"保健员""计划员"（班里有活动时，组织讨论）、"动物、生物员""失物管理员""小先生员"等。这些小"员"的产生，并非教师指定，而是大家毛遂自荐。当教师在黑板上写下各个"职位"后，同学们便争先恐后地投报自己想要当的"职务"。有的岗位报名的人数超标，有的则可能还有缺位。这时候，教师就会用一种最公平的方法解决这一矛盾——"包剪锤"猜拳。赢了的同学自然庆幸无比，输了的人只能怨自己运气不好，再去找还有空缺的位子。儿子为了当上"保健员"，一直争取了两三个学期才如愿以偿。"保健员"的工作是负责每天早上全班点名，同时询问每个人当天的健康状况；平时如有同学头疼脑热或磕着碰着什么的，保健员就要陪着他一起去保健室。这有一种当小教师的感觉，儿子很认真、很满足地干了一个学期。

每到一个新学期，就要重新选择一次岗位。所以，每个同学都有机会担当不同的工作，在兴趣、能力得到开发和提高的同时，责任意识也会以一种"润物细无声"的形式在孩子们的心中生下根来。

---

① 陆浣. 儿子在日本上小学之二：人人都是班干部［J］. 教学与管理，2007（20）：63 - 64.

2. 根据学生个性特长设置的岗位，为各类特殊学生提供自治机会

以上的岗位可能还不足以使每个学生都有相应的岗位，特别是成绩一般或不好的学生。这就需要根据学生的个性爱好和特长来设置岗位，最常见的是各种兴趣小组组长。各兴趣小组包括：学科类（课本剧、课外阅读、口才与演讲、数学思维训练、生物标本制作等）、科技类（航模、船模、车模、科学小发明、小制作等）、艺术类（舞蹈、合唱、各乐器、书法、美术等）、体育文娱类（各球类，各民间运动如跳绳、踢毽子，各种棋类娱乐如象棋等）。各班不需要设置所有的兴趣小组，而是根据本班每个学生的爱好、特长设置相对应的兴趣小组，可以随着班主任对学生的深入了解而不断地设置新的兴趣小组。组长由特长突出者而非班干部来担任，可以是学困生、调皮捣蛋者、默默无闻者等各类学生。设置兴趣小组的目的是通过学生自己规划和设计的一系列兴趣活动，激发学生的潜能，发挥自我教育功能，在自我教育过程中自己管理自己，提高每个学生的自治能力和水平。

【案例1】两种方法，两样结果①

小李升上中学的第一天，就让班主任十分恼火。

教室里静悄悄的，同学们在认真地上第一节课。忽然，从一个学生的书包里窜出一只青蛙，"呱，呱"地叫着蹦向讲台。全班顿时乱了，班主任一查，是小李干的。一气之下，狠狠地批评了他一顿。可是，第二天，教室里又带进了一只小猫，接着小狗、老鼠、麻雀……天哪，有一次他竟把一条蚯蚓放到了讲台上。从此，小李在班主任心目中便成了不可救药的"调皮大王"。为了监督他，班主任专门安排了一个班干部，注意小李的行动。但是批评、监视、处罚等都没能使小李转变。好不容易过了一年，他升上初二，班主任长长松了口气，包袱终于送出去了。新班主任接了这个班。新班主任没有对他采取什么"下马威"，而是仔细观察他，不久就发现有一门动物课小李不但上课认真听，下课还要追着教师问这问那。但小李仍然是那么调皮捣蛋。

班主任把小李找来，小李惴惴不安地走进办公室，准备承受暴风雨般的批评。可是出乎意料，班主任没有批评他，而是问他："你喜欢动物？"他点点头。"那很好，我们班成立一个动物兴趣小组，你来当组长好吗？"他惊愕了，当组长？从小学到中学，从来都是挨批评的对象，从没想到还有人叫他当班干部。

动物小组开展了观察昆虫活动。小李在课余和同学们一起捕捉昆虫，制作标本。各种各样的昆虫，有许多种他都认识，可这蝴蝶、蝗虫……各种各样的名字怎么写？碰到了难题，他问动物课老师，并且认真学习查字典。

半年过去了，小李在班主任的引导下，从观察昆虫活动中懂得了各门功课的重要性，对学习产生了浓厚的兴趣，也逐渐改掉了散漫的坏习惯，认真学习，取得了很大的进步，在全市昆虫考察比赛中，动物组制作的标本获得了鼓励奖，他还写了科学小论文：《蚯蚓对农业生产的作用》。

---

① 郭景扬. 两种方法，两样结果 [J]. 人民教育，1985 (2)：36－37.

案例分析：班主任根据小李的兴趣特意为其设置了动物兴趣小组，并任命他为组长，小李从被管理者转为管理者，成为班级管理的主人，由此他发生了质的转变：对学习感兴趣了，坏习惯改掉了，还获奖了。不容忽视，自我教育和自我管理的作用是巨大的。

各种类型的岗位，让每个学生都参与了班级管理，那如何让每个学生都得到锻炼，学会自治呢？这就需要在选拔和培养班干部时，面向全班学生，为每个学生提供机会，使每个学生都能在某个阶段担任班干部，表现自我，得到锻炼和发展，学会自治。

三、班干部的选拔
（一）选拔班干部的要求
1. 服务意识

班干部作为班级的管理人员，不是专门"管"同学的"官"，而是为学生、教师和班集体服务的公仆。班干部要淡化"干部"意识，强化"仆人"意识，尽可能细心地在各方面关心帮助同学，让同学们觉得他们是最值得尊敬与依赖的人。班干部是纯粹地为大家服务的，而不是监督、管理和束缚，同学们就不会有被监管的感觉，班干部也不会有官僚习气，在整个班级体内部形成一种自治与互助的良好氛围。在选拔班干部前要向全班学生强调班干部的服务意识，使普通同学和班干部都认识到：班干部是为同学、教师、班级做事的人员，为大家服务是班干部分内的事；班干部应以为大家服务为荣，班干部应受到学生的喜爱和尊重。应以愿意为同学、班级服务为选择班干部的首要条件。

2. 责任心

责任心是指对人和事敢于负责、主动负责的态度。班级中人和事的管理都离不开班干部的责任心，有责任心的班干部才能做好班级中的每件事情，才能被同学信任和认可，让班主任放心。在选拔班干部前，可以从以下三个方面来判断该同学是否有责任心，是否可以成为班干部：一是对自己负责，对自己的学业和身体负责，能管理好自己，简单到能认真完成作业、认真听讲、爱护自己的身体等。二是对他人负责，对同学态度热情，愿意帮助他人；对父母心存感激，体谅父母等。三是对所做的事情负责，做事认真负责，踏踏实实，尽心尽力，实事求是，不弄虚作假，能按质按量地完成任务。学生具备其中一方面，就可认为该同学有责任心，具备选为班干部的条件。

3. 某种能力

具备某些能力能使学生顺利、快速地完成任务和处理问题，为他成为班干部打好基础。这些能力包括组织能力、管理能力、沟通能力、协调能力、学习能力、表达能力、创造能力和控制能力等。另外，一些特殊的才能也可以使学生成为同学们信服的对象，增加其威信，如运动能力、绘画能力和科学制作能力等。

（二）班干部选拔的方法
1. 任命制

任命制是由班主任推荐和任命班干部的选拔方法。任命制在两种情况下较多见：一是在班级刚刚组建时，如小学一年级、初一、高一；二是对一些特殊岗位的班干部采用任命制，如根据个别学生的兴趣爱好而设置的兴趣小组。另外，在实际工作中，部分班主任习惯用任命制。因为任命制有其自身的优势。

任命制的优势：①操作简便易行，只需要班主任直接任命即可。②任命的班干部能在一定程度上体现班主任的意图，最合班主任的心意。③由班主任任命的班干部较能保证班委的质量，整体水平较高。④班级干部较能够协助班主任开展工作，有利于贯彻班主任的工作思路。

任命制发挥其优势的条件是班主任必须充分了解全班每个学生，否则任命的班干部可能就不尽如人意了。而且任命制本身也存在许多不足：①难以体现教育民主的思想，学生的思想和意图得不到认可。②学生的自治意识和能力较差，班干部和学生往往只是被动地服从命令，较难激发学生的主动性。③由于学生干部的威望是外加的，缺乏学生的认同与信赖，容易造成班干部与普通学生之间的矛盾。④容易受外部环境的干扰。如一些家长希望自己的孩子能够担任班干部，得到锻炼。就通过各种渠道，找关系、递条子，极力推荐自己的孩子担任班干部，使班主任左右为难，压力大。

2. 民主选举制

民主选举制是由学生自荐或推荐候选人和投票选举产生班干部的一种方法，其前提条件是学生之间有了一定程度的了解，并清楚班干部的岗位职责和素质要求。

民主选举制的优势：①能充分体现教育民主化的要求和学生的主体意识，激发全班同学参与班级管理的愿望和积极性。②由这种方式产生的班干部是众望所归，有较高的威信，与大多数学生的关系比较融洽，有利于班干部开展工作。

民主选举制的不足：①选举出来的班干部不一定是班主任希望的人选，容易与班主任产生矛盾，不听从班主任的指导。②班委的整体素质可能不高，班委之间的关系不一定和谐。③在选举过程中容易滋生一些不良现象，如请客、送礼拉票、威胁、讨好等现象。④可能多次选举的结果都是那几个同学，会伤害一部分学生的积极性。

民主选举制的基本程序：①做好选举前的动员工作：让全班学生都了解班干部的职责和担任班干部的条件，尤其是要强调班干部的服务意识；要求学生严肃、认真、客观、公平、公正，如发现有不良的拉票现象立即取消其候选人资格。②由学生自荐和推荐各个岗位候选人，并要求说出其优点和如何为同学和班集体服务。班主任可事先动员一下优秀的学生进行自荐，以保证候选人的质量。③根据本班情况确定候选人名单，如有五人推荐者可入选名单，而且候选人一定要自己愿意，名单应是所有班干部岗位数的两倍或以上。④学生投票、唱票、监票。⑤当场宣布当选的新一届班干部，班主任予以祝贺和期望。⑥当选班干部演讲当选感言和以后的工作设想。

3. 自由竞争制

自由竞争制是指在自由平等的气氛中，每一个学生都参与班干部的竞争，由得票多者当选班干部的一种选拔方法。它与民主选举制不同的是：不必推荐候选人，每个学生都是候选人；这就更能调动学生参与班级管理的积极性；更能培养学生的竞争意识和民主意识。其优、缺点与民主选举制基本相似。自由竞选制还有个优点就是让学生更全面地认识自己和其他同学。它可以在班级组建的任何时期采用。

自由竞争制的基本程序是：①班主任公布班干部的所有岗位及职责、要求和竞选的程序。动员全班学生参与竞选。②班主任指导学生根据自己的特点确定竞选的岗位，写好竞选演讲稿。竞选演讲稿的内容包括：介绍自己的优势和特点、所选的岗位、任职后管理班级的方法、措施。③召开竞选班会，每个学生进行 1~3 分钟的竞选演讲。④要求学生严肃、客观、公正地投票，进行不记名投票。⑤唱票、计票、监票、点票。⑥公布竞选结果。⑦当选班干部发表就职演讲。

【案例2】班干部·竞选·演讲①

由于是新接的这个班，所以起初对学生情况不了解，刚开学在成立班委时就沿用了传统的选举方法——全班每一位同学都是选举人和候选人，由大家共同投票选举，谁的票数多谁就当选。在这些被当选的同学中，多数人学习成绩好、人缘关系好，但是不能或不愿做班集体的"领头羊"，他们的集体主义观念淡薄，主人翁意识不强，不能主动带领全班同学把班集体的各项工作搞好。但是，这是全班同学民主选举的结果，作为班主任，也不想破坏同学们对"民主"的感情。结果，半学期过来班里的情况毫无起色——同学之间不团结，劳动卫生没人抓，学习气氛不浓厚，纪律一片混乱，就连课前一支歌也唱不起来，就更不用说搞其他的文体活动了。一开始总认为是刚接新班，可能这个班就是所谓的"差班"吧——班风不正，学风不浓；上课像绵羊，下课像群狼；不知天高地厚，不愿遵规守纪。有时候实在拿他们没办法，就自我安慰道："这是孩子们的天性，可能等他们长大就好了！"

是呀，演讲竞选！这是一种多好的选举方法，对任何一个群体、任何一个组织都适用，大到联合国，小到一个居委会、一所学校、一个班集体，甚至一个小组，只要愿意主动为我们的群体利益做一些事，并且还能做得比较出色，我们为何不选这样的人做我们的"头儿"呢？细想我们四（2）班，不正是因为没有积极主动的"领头羊"而造成集体涣散，凝聚力不强的结果吗？我为何不也采用"竞选"的方式来选举班干部呢？

会后的一周班会课上我给同学们召开了"班干部竞选动员会"。我首先给同学们宣布了竞选办法：①公开演讲竞选。②演讲必须表明自己的能力和态度，并且还要表明自己的工作目标。③给大家说明如果干不好怎么办。④班干部定期（两个月）换届，换届时，原任班干部如果干得好的也可以继续参与竞选。接下来，我主要给他们讲了班干部竞选的好处：不仅可以为班集体选出有一定工作能力的、责任心强的、能够认真负责的、大家一致拥护的班干部，还能给大家提供一个展示自我的机会，能够锻炼大家的演讲能力，如果能够竞选成功，就更能给自己创造一个锻炼能力的好机会，能使自己各个方面的能力得到锻炼。我的意见得到了同学们的一致认可，并且热情高涨，当时就有好多同学积极报名参与竞选。

然后，我又从怎样树立自信、怎样鼓起勇气、怎样写演讲稿、怎样演讲以及怎样赢得同学们的支持等方面给同学们讲了许多，同学们听得特别认真，好多同学还都做了笔记。班会课后我还通过校信通给家长发了短信，和家长交流了竞选班干部的想法及竞选班干部能给班集体和学生个人带来哪些好处等内容，并希望他们积极鼓励和支持自己的孩子积极准备并参与竞选，这得到了家长们的大力支持。

---

① http://train. teacherclub. com. cn/dts/publichomework/publichomework！public_homework_show. action？id=660582&trainingid=117.

接下来的几天，我除了认真做好竞选的准备工作外，还不断地给他们修改演讲稿并给他们鼓气加油。

很快就到了又一周的班会课，班干部竞选演讲活动如期进行。首先，竞选的是"班长"这一职务。竞选班长的候选人共有6名同学，按照报名的先后顺序，每个同学都做了精彩的演讲，赢得了同学们的阵阵掌声。其中，张同学激情澎湃地讲道："对于竞选班长，我有足够的勇气和信心，因为，我本人不仅在班里团结同学，关心集体，乐于积极主动地为班集体作贡献，而且，我以前曾经做过班长，我有做好班长的经验，如果这次我能够被大家选上，我一定处处给大家起到模范带头作用，并带领全班同学把我们班的各项工作开展得有声有色，使我们四（2）班成为一个班风正、学风浓、同学们团结友爱、活泼向上的班集体，使大家能在积极、友爱、和谐、愉悦的氛围中快乐地成长，我相信我一定能干好，决不辜负老师和同学们的期望，请大家相信我、支持我！"最终，张同学以48票的绝对优势成功当选为四（2）班本届班委会的班长。

孙同学在竞选文艺委员时竟是脱稿演讲，她说："我竞选文娱委员，因为我很喜欢唱歌、跳舞，我还参加了学校的舞蹈队，多次参加各种文娱活动并获奖，另外，我还能够团结同学，并具有一定的组织能力，善于组织同学们举行一些活动，如果我能够成功当选，我首先从咱们的课前一支歌抓起，积极带领大家搞好各项活动，使咱们班的文娱活动再创佳绩……"

竞选非常激烈，孙同学由于成功当选为学习委员和文艺委员两个职务而激动得流泪，段同学由于没能成功竞选上劳动委员而难过地哭了……

新一届班委会成立刚刚一周时间，可是，就在这短短的一周里班里的各项工作却发生了惊人的变化：

早读课上，教师还没来，教室里早已是书声琅琅，原来是学习委员在领着大家读书。

自习课上，不用教师在场，同学们都能自觉地阅读、练习……原来这是纪律委员给大家营造的安静的学习环境。

每天三次打扫卫生，不管是教室还是卫生区，几乎都不用教师操心，同学们都能在两位劳动委员的指导下迅速又彻底地打扫好卫生——自从她们竞选上劳动委员后，每天总是来得最早，走得最晚。

每次预备铃响过之后，四（2）班的同学总是把最整齐、最嘹亮的歌声传遍校园……

听同学们说，这一周来，班长每天下午放学都要组织班委成员召开班委会——总结今天的工作，布置明天的工作……

看到此情此景，我的心里既高兴又激动……

——通过竞选，选出了这样的班干部，还需担心我们的班级工作搞不好吗？

其实，在班级工作中，我们要充分相信学生的能力，有些事可以完全放手给学生，给他们足够的空间，让他们自己去做，这样，既做好了班级工作，又锻炼了学生的能力，难道这不是一件好事吗？

物竞天择，适者生存——这是自然界的规律，但它同样适用于我们的教育工作。在教育过程中，适当给学生渗透一些竞争意识，激励学生在竞争中发展，在发展中创新，在创新中进步，既磨炼了学生的意志，又提高了学生的素质，难道这种教育方法不可取吗？

案例分析：在同一班级、同一班主任采用同样的自由竞选，但由于操作程序的不同，其效果也截然不同。对于自由竞选的各个程序都应该给予充分的重视和认真实施。第二次竞选，班主任召开了"班干部竞选动员会"，使学生认识到竞选班干部的意义，掌握竞选班干部的方法和学会写竞选演讲稿，激发了学生的积极性。在充分的准备下，学生的竞选演讲非常成功，新一届班干部在感人的气氛中顺利产生。更重要的是班级的管理工作发生了翻天覆地的变化，取得了意想不到的效果。可见要发挥本方法的优点，关键在于班主任在采用本方法时的教育指导。

4. 轮流制

轮流制是每个学生轮流担任班干部的一种选拔方法。轮流制一般有三种方式：①全体班干部定期轮换，每届班干部都是全新的，直到每个学生都轮到为止。可以每个小组成立一个班委会，小组内组阁，每小组定期轮流担任班干部，任期可以定为一周到一个月。每个班委会中的岗位可以固定，也可以在组内轮流。②部分班干部轮流，班长、学习委员等主要班干部定期（一般为一学期）不变，小组长等其他岗位每个学生轮流担任。③双轨制，设置常务班委和轮流班委，常务班委定期不变，轮流班委每个学生轮流担任，任期可以是一天到一周。如设置常务班长和值日班长。

轮流制的优点是：①每个学生都有机会成为班干部，参与班级管理，成为班级的真正主人，有利于学生自治。②每个学生都有机会得到锻炼和全面发展，有助于增强学生的自信心、服务意识和各方面的能力，使学生各自的聪明才智和个性得以发挥。③每个学生能体会到管理者和被管理者两种不同的心态，有助于其主动地配合工作。④学生之间的人际关系较为和谐。

以下是一位学生在日记中记录自己担任值日班长的经历和感受：

我是一个不引人注意的小男孩，我不会说谎，也不调皮，同学们都说我是一个大头娃娃。今天我成了我们班的值日班长，开始的时候我的心就像揣了一只小兔子，"怦怦怦"地乱跳，好紧张啊。最近我们班的纪律好了，可还有一些小毛病，所以，今天我把我的全部精力都用上了。中午的时候，我跟我们班的小淘气谈了谈。我对他说，我们到学校里是来念书，不是来玩的。现在经济都发达了，每个同学都想有个安静、美丽、快乐的校园。但是，如果我们班的同学都像野孩子一样的话，不学习科学文化知识，不就变成一群大傻瓜了吗？我还客气地和他讲了，上课怎样才能听得好，怎样才能学习好，怎样做数学题等。总之我把我的学习方法都教给了他。还告诉他上自修课时不应该跟别的同学讲话。我费了半天劲，这家伙却说，看在你是值日班长的份上，今天我听你的。真是气人。可是他还是改变了许多，上课时说话比昨天少了。一天的值日班长做下来，又是纪律，又是卫生，又是眼保健操什么的，可真累啊。我想，老师一天下来也会这样累。今天在最后总结的时候，我已经没有早晨那样害怕了，不再害怕在同学面前说话了。[1]

---

① 周达章，金莹. 21 世纪班主任工作案例精粹：小学版 [M]. 宁波：宁波出版社，2005.

从中我们可以充分感受到轮流制的优点。

轮流制的不足：①学生的能力参差不齐致使班级管理较为混乱。②不利于班主任的管理和指导，增加了班主任的工作量。每天更换班干部使班主任有时都不知道今天的班干部是谁。③短时间的轮岗，学生的能力不一定能得到发展，个人的管理绩效不明显。④轮流制容易使学生把担任班干部视为儿戏，不严肃认真对待自己所担任的岗位，责任感不强，只是随便混混。⑤某些同学对所担任的岗位不感兴趣，影响工作的积极性。

轮流制选拔班干部的条件是制定岗位职责制度，对全班学生进行岗位培训，使每个学生都能适应和担任适合自己的各个岗位。

5. 混合制

每种班干部选拔的方法都有其优势和不足，没有最佳的方法，除非是把这几种方法综合运用，取长补短，以满足班主任和学生的需求。可以有以下四种不同的组合，都能达到较好的效果。①任命制＋民主选举制或自由竞选制＋轮流制，即主要班干部如班长和兴趣小组组长由班主任任命，其他委员和科代表采用民主选举制或自由竞选制，小组长在组内轮流。②民主选举制或自由竞选制＋轮流制，即班委和科代表采用民主选举制或自由竞选制，小组长采用轮流制，或双轨制中的常务班委如常务班长采用民主选举制或自由竞选制，轮流班委如值日班长采用轮流制。③任命制＋轮流制，即主要班干部采用任命制，其他班干部采用轮流制。④任命制＋自由竞选制，主要班干部采用任命制，其他班干部采取自由竞选制。班主任可以根据本班的情况和自己的需要进行不同的组合和调整。民主选举制、自由竞选制和轮流制有利于学生的自治，较符合现代的教育理念，建议常用。

【案例3】民主选举制"比拼"轮流制——杨浦小学五（B）班辩论班干部选举方式[①]

同学甲：

我觉得民主选举好，我自己也是一个班干部，所以深有体会。有些同学会说，如果班干部是轮流制，可以使那些胆小的同学、不是班干部的同学也胆大一回，锻炼自己的管理能力。但是我要问："假如是轮流制，你们每天只当一回班干部就能锻炼自己的能力了吗？就能胆子大了吗？"

假如班干部都是轮流制，那就不需要什么领导了，我们的校长也可以天天换了。少先队队章规定：为了把班队的工作和活动搞好，应该选举能积极为大家服务、有组织能力、有创造精神，并且有某方面特长或爱好的同学来担任班干部，从而起到一个榜样的作用。如果今天轮到的同学既不能积极为大家服务，又没有组织能力和创造精神，并且没有某方面的特长或爱好，是否也让他当班干部呢？而且做班级工作，首先需要班干部

---

① http：//old. jfdaily. com/gb/node2/node142/node147/userobject1ai720151. html.

有愿意为班级工作的思想，只有"我要做"，才能做好。如果是轮流制，就是"要我做"，他的责任性就会差一些。

同学乙：

民主选举，主要要求竞选人有工作能力、管理能力、特长以及学习好。我想，如果你这几点都能很好地做到了的话，你一定是一位优秀的班干部。

当然，轮流制也有它的优点，它可以使我们找到新的管理人才。但是，如果你真正是一个人才，即使同学与老师不知道，你自己也一定"自知靓丽"。所以，你完全可以在民主选举中脱颖而出。也许，你会说他只是学习不好。但是，你别忘了，在竞选要求中，前三位是能力，第四位才是学习。如果一个城市的市长一年换一次的话，这个城市又怎么能搞好呢？市民刚接受这位市长的管理方式，又得换一位市长，这岂不是太荒唐了吗？同样的道理，如果我们以一个月为单位轮流，大家还没来得及适应，就又换人了。更何况以一天为单位呢？

同学丙：

我觉得班干部轮流制好，因为：第一，学校是培养同学综合能力的地方，采用班干部轮流制，可使每位同学都有机会提高自己的综合能力。第二，每个同学均有他们各自的优点，轮流制可以发挥他们各自的才能，使我们的班级更活跃。第三，通过轮流制，可使一些默默无闻的同学也有机会展示他们的才华，可使一些平时沉默寡言的同学，通过做班干部扩大与其他同学的交流，提高自己的口头表达能力。第四，对一些平时在班级里表现不是很好的同学，通过当班干部，可以约束他们的不良习惯，使他们懂得一个班级荣誉的获得，是靠每个同学的共同努力得来的。第五，通过班干部轮流制，可使同学之间始终处于平等的状态。

同学丁：

轮流制能给没有做过班干部的同学一个锻炼的机会，让同学之间没有贵贱之分。如果小学生民主选举的话，容易产生拉选票的现象，造成每次都是同一个人当选的现象。班干部们会对其他同学不尊重却心安理得，对待学习、工作也不那么认真。落选的同学则因为自己的失败，使自信心受到影响。如果采取轮流制，新班干部在一年的短暂任期中会给自己加油鼓劲，使自己的成绩稳步上升，组织能力随之加强。

妈妈曾告诉过我，她以前班上有一个同学，他成绩很差、很不听话，是一个有名的"皮大王"。一次，同学们嘲笑他，不怀好意地推选他为班干部，没想到他竟然当得像模像样，成绩也越来越好了。我们同在一个太阳下，每一个人都有权享受阳光的温暖、老师的赞扬、同学的关爱和成功的喜悦。让我们都有机会做一次"小主人"，让我们的集体中再没有"丑小鸭"，相信我们会蜕变成美丽的"白天鹅"。

同学戊：

当"官"心切的L君平时成绩不错，但唯独在老师面前吃不开。这次为了得到"少代会"候选人的名额，他耍了一套"三管齐下"的把戏。

第一招，洗心革面。在同学面前摆出一副正人君子的模样，对我们也是有求必应，承诺要是让他当了大队干部，将会如何为大家谋福利。

第二招，频频出入办公室。"老师，有什么需要我帮忙的吗？""老师，下节语文课我帮您拿小黑板吧！"名单公布前几天，L君隔一节课就去一次办公室，老师被他"伺候"得都有些不自在了。

第三招，父母"上阵"。"双保险"令L君心里还是不踏实，于是便使出了"杀手锏"。那天放学后，L君的父亲来到学校，看着他手里拎着的"虫草王"胶囊，令我不得不对L君如此煞费苦心而叫绝。但L君的父亲出来后，礼品依旧拎在手里。

没几天，"少代会"的候选人名单出来了，L君榜上无名。但回头想想，他没有被提名，倒也是情理之中的事。

同学己：

"是在选美吗？"

刚进初中没多长时间，我就碰上了"少代会"。这几天，学校里贴满了候选人的简介和照片，橱窗前人头攒动，好不热闹。为了了解候选人如果当选后，是否具有"群龙之首"的发展潜力，我也挤进了人堆。

"你看，这个人长得这么丑，眼睛那么小，不选他了。"

"你看这个怎么样？好像比前面那个帅一点，就选他吧！"

"不行，不行！他的朝天鼻子简直可以当笔筒。"

"那么那个女孩呢？听说她的学习成绩可是'一级棒'呢。"

"你瞧她那身打扮，不要太'土'噢！不选，不选。"

…………

不仅仅是几个女生在小声议论，好多人都这样"鸡蛋里挑骨头"。但他们谈论的范畴与候选人的办事能力、协作精神、领头作用等大队干部应具备的素质完全沾不着边。瞧着他们那副起劲的样子，我不禁目瞪口呆。

案例分析：对于班干部选拔方法的优、缺点，学生自己也是深有体会并能准确判断的。班主任要多听取学生的意见，综合运用好班干部选拔的方法。不管用哪种方法，班主任都应该能预料到可能出现的不良现象，及早做好准备，选拔前重视对全体学生的教育动员工作，以减少不良效应。

四、班干部的培养
（一）定期进行岗位培训
1. 面向全班学生的岗前培训

每个学生都是班集体中不可缺少的一员，班级的事也是每个学生的事，每个学生都是班级的主人，都应参与班级管理。特别是现代提倡采用自由竞选制和轮流制选拔班干部，每个学生都是班干部，班主任对班干部的培养也应该面向全班学生。班主任可以利用班会让全班学生认识到班干部的作用、要求以及每个岗位的职责，使每个学生在上岗之前就有一定的了解。这方面的工作一般在开学初和选拔班干部之前开展。

（1）思想观念教育。

班干部培养的关键是思想观念的培养。班干部的思想观念培养应是面向全班学生的。思想观念教育的主要内容：①每个学生都是班级的一分子，自己的言行举止会对全班同学产生影响。每个学生应积极主动地配合班干部的工作。②激发全班学生当班干部的愿望和热情，让学生认识到当班干部既能服务于集体，又能促进自己的发展。③班干部具备服务意识和责任心，是同学的榜样，帮助同学、管理班级是班干部分内的事情。④班干部与同学的关系是平等的，班干部没有特权，有的只是责任与义务。

（2）岗位职责教育。

岗位职责制度是学生自治的重要条件，每个学生都应该接受岗位职责教育。岗位职责教育的目的非常明确，就是让全班学生清楚地掌握每个岗位的作用和职责。当学生轮流到或当选某个岗位时，能清晰地知道自己应该做什么、怎样做，快速而顺利地承担起某岗位的职责。同时，让每个学生了解所有的岗位及其职责有利于学生对班干部的监督和配合，使班级管理有条不紊。

2. 定期召开班干部会议，学习自治

不是谁天生就具有管理才能的，学生自治需要班主任的指导。定期召开班干部会议是班主任与全体班干部进行面对面交流和直接指导的较为简便易行的方法。在会议上师生们交流管理中存在的问题以及解决问题的方法，总结各自的经验，互相学习，共同发展。一般班干部会议每周一到两次，可以由班长或某一班干部主持，参与会议的人员是本周内所有担任过班干部的学生。好的经验和方法可以通过会议向全班学生推广，让全班学生都逐渐学会自治。

（1）学习讨论管理班级的方法。

班主任把班集体建设的内容和方法归纳出若干个主题，让班干部在会议上学习和讨论。如班集体目标的确定与实施、班级活动的动员与组织、开展形成正确舆论的方法、良好学风的形成、与同学的关系处理、与同学的沟通、各个岗位本职工作的顺利完成（如小组长如何收齐作业等）等。每次会议可以根据学生的需要和班级存在的问题讨论一个主题，在学习和讨论中，班主任给予具体的指导和帮助，让学生干部掌握各种管理班级的方法。

（2）总结反思，提高学生的自治能力。

总结与反思是班干部成长的重要途径。经常进行总结与反思，学生干部才能从实践管理活动中不断获得经验教训与方法，提高自治能力。总结反思是每周班干部会议的第二个重要内容。每个班干部必须在会议上发言，交流自己的总结或反思。在广泛的交流中，学生干部可以吸收许多宝贵的经验，进一步提升自己。班干部每周应写一份一周工作总结或反思，值日班长就写一天工作总结或反思。内容可包括：一周或一天所做的事情有哪些，是怎样做的，自己的感受与体会，在工作中存在哪些问题和建议，或是写工作中印象最深的一件事情。

（二）大胆使用、严格要求，培养学生的自治能力

学生的自治能力是在实践中不断提高和发展的。信任班干部、放手让班干部独自开展工作是培养班干部自治能力的最好方法。

1. 充分信任、大胆使用

（1）充分信任。

班干部尤其是新干部、轮值的干部由于缺乏管理经验，同学甚至班干部自己都不太相信能做好，这时班主任一定要相信他们。班主任可以在选拔出新一届班干部的会议上向全班学生给新一届班干部鼓气，同时要求全班同学的配合和体谅。正如魏书生对他的每一届学生所讲的："老师要培养同学们的工作能力，不管谁承担哪一份工作，刚开始做都没经验，都可能出现失误。失误以后不要害怕，责任不在大家，在于老师，大家尽管大胆地开展工作。特别是当老师不在学校时，更要班干部大胆工作。班干部的指挥可能失误，即使失误了大家也先要无条件地服从。等老师回来，再研究以后纠正错误的方法。只有这样坚决地给班干部做后盾，班干部才没有后顾之忧，才敢于放开手脚大胆工作。"①班主任要相信班干部的能力，相信班干部能处理好问题、能有自己的看法和开展工作的新思维。

（2）大胆使用。

只有放手大胆地使用班干部，发挥他们的主体作用，才能培养出精干的班干部队伍和自治的学生。对于新干部，可以从小事做起，布置给他们的任务从易到难，逐步提高他们的自治能力。如让学习委员带领同学们早读、组织学习竞赛，如演讲比赛、根据本班同学的情况设计学习计划并组织实施等。放手让班干部独自管理不等于班主任不管，当班干部遇到问题时，班主任要为他们排忧解难，给他们提出建议和指导工作的方法，成为班干部坚实的后盾。

【案例4】放手让学生自己做②

刚当班主任的时候，我事无巨细，凡班里的大小事都要亲自抓。为的是把班级工作搞好，不辜负学校领导的信任。可谁知在一些学校组织的集体活动中，班级并没有像我所希望的那样取得好成绩。恨铁不成钢的心理使我怨声载道，责怪学生不争气。

有一次，学校组织集体舞比赛。我担心班里的实力，对此并未抱什么希望。我找来文艺委员，草草布置了事，并吩咐让她自己去组织。在这个过程中，我除了偶尔过问一下外，几乎没有操什么心。比赛这天，我正巧有事没到场。第二天，好几位班主任向我祝贺，说我们班在队形编排、服装设计等方面赢得了评委和观众的一致好评。文艺委员兴冲冲地跑来告诉我，班级获得了第三名，同学们也兴高采烈的。这是我担任班主任以来班级取得的最好成绩。事后我了解到，为了这次比赛，几乎所有同学都拿出了自己的最佳方案。

这件事给了我很多启示。学生自身的潜力不可忽视，充分发挥学生自我教育、自我管理的潜能，使他们在这个过程中得到主动发展，是素质教育必不可少的内容。班主任如果事事不放心，事必躬亲，反而会给学生的主动发挥造成种种限制。从此以后，我在班级管理中逐步建立起一个新的理念：该放手时就放手。

案例分析：班主任无意中放手让班干部独立组织比赛，结果却收到了意想不到的效果，从此改变管理理念，放手让学生自治。班主任的不放手源于不放心、不相信和追求

---

①　魏书生. 魏书生班主任工作艺术［M］. 南京：河海大学出版社，2005.

②　迟绍光. 放手让学生自己做［J］. 人民教育，2000（2）：37.

完美的心态。敢于放手、敢于创新的班主任才能从琐碎的班级管理中脱身，而把精力放在统筹规划和教育指导上，使每个学生得以发展。

2. 严格要求，充分发展

严格要求。班主任对班干部要严格要求，也要教育班干部自己对自己严格要求。班干部应该是学生的榜样，要求同学做到的，班干部首先要做到、做好。班干部不可能在各方面都是最好的，但应该在各方面是最努力的，应该在各方面都对自己提出严格要求，因为班干部自身的表率或模范作用是他们开展工作的基础。有部分班干部由于学习成绩优秀、各个方面表现突出，受到老师的宠爱，容易产生骄傲自大的心理。班主任对这些班干部更是要高标准要求他们，给他们布置较为困难的任务，有意识地创造条件，培养他们的抗挫折能力和自控能力，使他们在有效的管理中素质得以全面发展。

正确对待班干部工作中的错误。班干部也是学生，在工作中难免也会有不足或失误。班主任对他们既不能偏袒，也不能过分苛求、指责，而是要让他们认识到自己的错误及其原因、教给他们开展工作的方法、提供改正错误的机会，帮助他们增强信心，重新树立威信，提高他们的管理水平。

【案例5】班干部的培养：学生自治的首要条件①

记得有位叫肖×的纪律委员，有几次家庭作业没有完成，怕扣分，便找组长开后门；又要同桌帮忙写过几次课堂作业。某同学向我举报。我当着全班同学的面严厉批评了她，并按班规扣了她24分（班干部加倍扣分），还停了她的职。事后她很后悔，狠狠地哭过几次，其他班干部也为她求情。我不为所动，只告诉她唯一的补救措施便是多加分。她很争气，到半学期的时候便加了四次分。

她其实是位很优秀的班干部，她的停职是班级的一大损失。我便授意某班干部，由她出面，在班上搞一个民意调查。结果全班只有11位同学反对她复职。于是，我就顺水推舟，在班上开了一个简短的班会，既批评她所犯的错误，又肯定她作出的贡献和成绩，也给其他班干部上了一堂课，并把全班同学的意见书交给她作纪念，好好保存。

在以后的工作中，她从严要求自己，再没犯过错误。只是那次扣分太多，快期末的时候，她的"操行分"还是负分，预计不能评为"A"等。按规定，操行评定没达到"A"等，下学期就不能担任班干部。她很着急，我就给她想了一些点子。如由科任教师出面，进行作业大检查，表扬一批写得好的同学；由学习委员出面，举行一次书法比赛，选出优胜者；由劳动委员出面，评出两次"周文明之星"。在这几次活动中，她都榜上有名，按班规都可以加分。到期末考评的时候，她终于如愿以偿地评为了"A"等。她也明白了老师的一番苦心，向我鞠躬并再三保证今后不再犯错。这样培养出来的班干部，要她不尽力办事都很难。

案例分析：该班主任对犯错误的纪律委员的惩罚可谓严厉，但同时也给了她改错的机会。如通过民意调查为她复职，组织一些活动为她提供加分的机会等，使她通过自己

① 涂彧. 班干部的培养：学生自治的首要条件 [J]. 校本教研，2008 (11)：34-35.

的努力和能力弥补了由于犯错给她带来的损失。在这整个过程中，无疑锻炼了她各方面的素质，提高了学生的自治水平。

（三）建立班干部监督和奖惩机制

班干部既有为大家服务的义务和职责，也有管理大家的权利。要使班干部的职责和权利落实到管理班级和为同学服务上，就要建立有效的班干部监督机制和奖惩机制。没有监督，权利就会被滥用；没有监督，班干部就会放松对自己的要求。全班同学都具有对班干部的监督权和评价权。

1. 设立班干部监督箱

全班同学可以把自己对班干部及其管理工作上的意见和看法通过信件和便条的方式投入班干部监督箱，对班干部实施随时随地地监督。监督箱由班主任管理，定期（每天放学后或每周周末下午）开启，及时处理。对于学生的信件，班主任必须重视并及时处理，否则班干部监督箱就失去其意义。设立监督箱时，必须向全班学生申明监督箱的意义，要求学生严肃对待，强调所提的事情必须实事求是、客观。信件可以记名，也可以不记名。对记名的信件，班主任直接向写信人和知情人了解情况；对不记名的信件可以向相关人员了解情况。了解情况是为了确定事情的真伪和缘由，寻找解决办法。处理的结果可以公开，也可以是私下告知，根据事情涉及的广度而定。

2. 制定班干部奖惩制度

可以专门制定班干部奖惩制度，也可以在全班奖惩制度基础上，增加关于班干部的奖惩条例，体现对班干部的严格要求。然后与其他制度一起执行和记录，并根据制度对班干部实施奖惩。

3. 定期对班干部进行评议

对班干部的评价可以根据班干部奖惩制度开展，一般与班级的评价活动一起进行，时间是每周、每月、每学期定期举行。可以评选"每周（月、学期）最佳班干部""最佳组织者""最佳领导者"等，根据本班班干部的特色和特长设置评选称号。另外，班主任可以发动全班同学向班干部写致谢信，[①] 让班干部体会到自己辛勤工作的回报：同学的尊重和认可。

以下是一些班主任培养班干部的资料，供大家学习与参考。

【资料4】培养班干部三法[②]

一、自我锻炼

班干部的管理能力不是与生俱来的。刚当班干部的时候，他们常常不知所措，无从下手。什么事都喜欢找老师帮忙，依赖性特别强。这个时候，班主任要引导、鞭策他们勇敢地面对问题，到实践中去锻炼、去摸索，培养自己解决问题的能力。

记得我刚接手现在这个班时，学习委员每天只收作业，交给老师，然后就万事大吉了，后来作业越收越少。我问她怎么回事，"我尽力了，"她委屈地说。"尽力？尽力应该

① 李镇西. 做最好的老师［M］. 桂林：漓江出版社，2006.
② 李永芬. 培养班干部三法［J］. 广东教育，2003（11）：18.

是一方面自己努力去做了，另一方面是碰到困难尽量想办法去解决，一个办法行不通，再想另一个办法，争取把事情做到最好。你真的尽力了吗？"我问她，她低下头不说话。最后我对她说："回去好好想想，你应该会找到收齐作业本的方法的。"她若有所思地回到了座位上。第二天，她把收上来的作业交给我时，还给了我一个登记本，上面写着缺交作业的同学名单和缺交的科目。我看了看登记情况，又把登记本还给了她，说："这个问题你不能交给老师，这应该由你自己解决。"她想了想，然后拿着登记本一个个找缺交作业的同学，催他们交作业。随后她拿着几个本子交给我，无奈地说："没带作业的同学怎么办？""想想老师平时是怎么做的。"我提醒她，她眼睛一亮，赶紧下去叫没带作业的同学拿作业本或临时作业本把作业补做上。这一次她把全班的作业都收齐了。我问她："怎么样？很有成就感吧。"她笑着点了点头。我接着说："只要多动脑筋、多观察，虚心好问，很多问题是可以自己解决的。现在你是一个合格的学习委员了。如果要做一个优秀的学习委员，你还可以做些什么？""可以辅导学习有困难的同学；可以帮助老师整理讲台。"她急切地说。"那你就朝着当一名优秀的学习委员努力吧。"我鼓励她。

二、自我调整

这个学期我班新当选的班长是个女孩。她做事负责，学习认真，就是太娇气，爱掉眼泪。有一天，班长哭哭啼啼来找我，说同桌无故骂她，还拍了一下她的头。我听后并没有安慰她，而是严肃地对她说："先擦干眼泪，一班之长，这么点小事就哭哭啼啼，没出息。"她止住了啼哭。我继续说："一个调皮的同学你都对付不了，怎么管理全班同学？拿出点班长的威严来，拿出点泼辣劲来，想办法镇住他。"有一次，我看见她同桌又找她胡闹了，只见她双手叉腰，双眼圆睁，怒视对方，高声喊道："×××，你讲不讲理，别总以为我好欺负。"一副凛然不可侵犯的样子，其他同学听她这么一喊，几十双眼睛齐刷刷地盯着她的同桌。她同桌可能被同学们盯得不好意思了，也可能被她的气势唬住了，灰头灰脑地走开了。本来我可以在班长告状时，把那小男孩叫到跟前，狠狠地批评他一顿，吓一吓他。但这样只能生效一时，那男孩长期养成的坏习惯一下子肯定改不了，难免以后我不在身边的时候，还会出现这种情况。"落后就挨打，懦弱惹人欺"。我让班长进行自我心理和行动的调整，从而树立起了威信。

三、自我反省

我班的宣传委员是一个勤奋守纪，工作负责，深受老师和同学喜爱的好学生。上学期，英语老师很信任她，安排她和同桌结成"一帮一"的对子，让她有时间帮帮成绩差的同桌学英语。可有几次我发现她一下课就只顾着自己玩，撇开苦思冥想的同桌不闻不问。老师叫她，她才不情愿地坐到同桌旁边，说起话来恶声恶气。有一天课间，我坐在讲台旁，许多同学围在我身边，宣传委员也在其中，我抓住时机对大家说："我班有几个同学成绩老上不来，既影响他们自己的前途，也影响班集体的进步，怎么办呢？"同学们齐声说："大家一起来帮他们。""那谁愿意帮他们呢？"同学们纷纷表示愿意，有一个女同学还点到要帮宣传委员的同桌。我不失时机地说："××同学不是跟宣传委员结成了对子吗？你想帮她，那要问宣传委员同不同意。"我转过身问宣传委员："你愿意把你的同桌让给她帮吗？"显然，宣传委员受了大家的感染，她毫不犹豫地说："还是让我来吧。我对她的情况比较了解，而且我跟她同桌，帮起来也比较方便些。"从那以后，宣传委员帮助同学再没皱过眉头，她把帮助同学当成了一种责任而不是负担。

【资料5】班主任的"四步走"战略①

为了使班干部更好地开展班级管理工作，得到班内同学的支持，更有利于班级民主管理，班主任应当"放手而不撒手"，即放手去做，而不是撒手不管，具体而言，可采取以下"四步走"的战略。

1. 牵着走

当新的班级组合起来后，如果没有领导能力突出的人才，就先让学生自由放松一段时间，使之在学习生活中互相接触了解，达到互相较熟悉的时候，选出班干部名单，再根据这些班干部本身的气质和特点，分配具体的工作，然后召开班委会，根据此班的实际情况，提出每个班干部工作的目标，让他们做好工作的第一次准备。第一次工作的成败，对他们将来工作的威信树立至关重要，因此，对于他们的工作开端，班主任都要一个一个地进行指点和补充，他们第一次工作后，自我满足的样子流露出来了，从而可以看出他们已经感受到了第一次工作的喜悦。

具体方法，可以通过办班干部培训班的方式进行。

一般情况下一周培训一次，让班干部边培训边实践，达到最佳效果，此项培训争取在一个月内完成。

培训内容提纲如下：①让学生明确自己在班级中的地位。②班干部应具备的素质。③班干部的基本职责。④班干部工作的基本方法。⑤班干部必须处理好的几种关系。⑥当班干部与学习之间的关系。⑦如何对待挫折。⑧怎样搞好大型活动。

2. 扶着走

这一关过后，接着是送一程的办法，适度地加担子，实行半扶半放，让班干部对今后的工作提出设想，然后由班主任审查。

审查中的原则是：第一，每份计划都要带有本班特色，还要符合学校特色。第二，要有联系性，将班干部工作、班主任工作和学校各项工作联系起来。第三，当班干部还没有估计其计划能达到什么样的效果时，班主任可以和他们一起切磋。

可行的方法：如在班级中采取"班干部轮流制""值日班长"等办法促进学生之间的竞争意识，从而使他们互相学习，取长补短，这样做的目的是让班干部在头脑中先形成自我管理的意识；要让同学做到的，班干部首先必须做到，成为同学们的表率和榜样。同时，班干部还要接受同学的监督与批评，打破班干部"终身制"，杜绝"干好干坏一个样"的现象。此外，还要让班干部身上有压力，心里有动力。通过班干部组织的各项活动，促进他们自我严格要求，更加自觉地参与班级管理工作，成为班级中自我教育的骨干力量。

3. 放开走

计划订好后，就应该有的放矢地实施。班主任应鼓励班干部们要有开创精神，在工作中，要自己拿主意，凡是正确的、符合学校、班级和集体利益的就要坚持，大胆去做，

① http://blog.dzssx.net/user1/tuchenjuan/archives/2009/13093.html.

学生如果有意见，就直接找老师，让学生尊重班干部，服从班干部的领导，使学生认识到尊重班委就是尊重集体、服从集体，给班干部创造顺利开展工作的有利条件。班干部的思想放开了，大胆地发挥着自己的工作能力。于是召开班干部例会，开展批评与自我批评，并让学生民主评议班干部。就此机会，表扬那些敢于管理、能独当一面的班委，要求他们不能用手中的一点权力搞特殊，有了缺点，要主动及时改正，不然，言不正行不端，会影响班集体的发展。

4. 跟着走

班干部虽然是班主任组织、管理教育的对象，但他们身上有许多优点值得班主任学习和借鉴。他们思想进步，反应敏锐，有较强的独立性、自主性和开拓精神。班主任要和他们打成一片，严格要求自己，把自己融于学生之中。做眼保健操时，要归生活委员管；课间操时，体育委员可把班主任当成其中一员，班主任做错了，班干部说对了，班主任也一定要服从。让他们感受到老师的正直。班干部身上的闪光点也就是班主任要学的东西。

思考与训练

1. 你认为班干部在班级管理中扮演着什么角色？
2. 你认为学生和班主任对班干部的要求有区别吗，为什么？
3. 分析各种选拔班干部方法的优、缺点。
4. 举例说明班主任应如何培养和使用班干部。

第六章 组织班会课的技能

我国中小学课程中由班主任承担的课程主要有晨会和班会课。其中晨会每天早上5～20分钟，各个学校有所不同，班会包括班级例会与主题班会，一般每周1课时。

一、晨会

晨会是班级活动的主要形式，是班主任对全班学生进行教育的重要途径。《九年义务教育全日制小学、初级中学课程计划》（试行）中明确规定：每天晨会的时间是10分钟；晨会的基本要求是举行升旗仪式，进行时事政策和日常行为规范教育。教育学生热爱祖国，关心国家大事，遵守学生守则，养成良好的行为习惯。晨会属于活动课程，其短小精炼，活动内容形式丰富多彩，能充分发挥学生的主动性和创造性，使学生在活动中受到政治、思想和道德教育，开阔视野，动手动脑，增长才干，发展志趣和特长，丰富精神生活，增进身心健康。晨会的意义非同寻常，应该受到重视。但是，由于没有教材、固定的内容、统一的评价标准，时间又短，晨会往往被班主任或其他教师占为他用，或成为班主任的训话课。在不少学校和班级的晨会形同虚设，失去其应有的作用。发挥晨会的作用需要学校和班主任的重视以及系统、有计划地开展。

（一）内容和形式

在《九年义务教育全日制小学、初级中学课程计划》（试行）中，规定晨会的内容主要包括三个方面：爱国主义教育、时事政策教育和日常行为规范教育。不同的内容其形式也不同，即使是相同的内容也可以有灵活多样的形式。晨会内容形式的丰富多彩，充分体现了学生的主动性和创造性。晨会的内容形式主要有：

1. 升旗仪式

每周一的晨会是固定的、全校性的升旗仪式，是爱国主义教育的主要方式。中小学升旗都有固定的仪式：出旗、升旗、奏唱国歌、国旗下的讲话等。在这整个仪式中，整齐的队形、高昂的国歌、冉冉升起的国旗都可能激发学生的爱国情感。要使升旗仪式不流于形式，真正发挥其应有的作用，学校和班主任的重视和组织是关键。一是要重视升旗仪式的每个环节，师生态度认真严肃，精神饱满。二是使每个学生都有机会成为升旗仪式的主角，即每个班的每个学生都有机会成为旗手、护旗手、乐队成员、演讲者中的一员。可以由每个班轮流，每个班再选出进步较大或某方面有突出才能的学生，当选的学生下次不再参与，把机会留给其他学生。当每个学生都有机会亲自升起国旗时，那对他的影响会是一生都难忘的。三是国旗下的讲话应是激励人心的，而不是充满训斥和要求的。全校师生都应该有机会在这种场合演讲。但不少学校的升旗仪式，往往成了校长们的演讲或训话。

2. 新闻发布

学生轮流担当新闻发布人。新闻发布人把前一天收集到的国内外时事以及身边的新闻通过精选，像新闻联播一样向全班同学广播。要成为合格的新闻发布人，学生必须养成看报、看新闻、关注身边人与事的习惯，学会判断和选择。由此引发全班学生关注身边的生活、关注自己的家乡、关注国家大事和全球的发展，既能拓宽学生的知识面和提高语言能力，也能激发学生爱亲朋好友、爱家乡、爱祖国的情感。新闻发布可以用说的方式，也可以用写的方式，每天早上由新闻发布人把他精选的新闻写在专门的发布栏中，由学生自由地观看和评论。

3. 时事讨论

班里成立时事讨论组，由关心时事的学生组成。每周由时事讨论组选择一两个本周发生的同学们关心的热点问题，组织同学们讨论。对所选的问题可事先征求班主任的意见。低年级的学生可以讨论身边的时事，如"如何庆祝教师节（母亲节、父亲节等）""你怎样看待抄袭现象""不做值日生行不行"等，问题可由班主任给予提示或建议；高年级和中学生由学生自己提出同学们关注的时事问题，既可以是身边的时事，也可以是国家大事，如奥运场馆的使用、金融危机的影响、环境保护等。学生是讨论的组织者，从问题的提出到讨论的展开全由学生组织。形式可以是分组讨论、全班讨论、分组辩论等。时事讨论有助于提高学生各方面的能力（尤其是组织能力、判断力和语言能力等）和关注周围的情感。

4. 课外阅读交流

课外阅读交流是学生把本周或最近所阅读的好的内容，在晨会上通过各种方式介绍给同学们，使全班学生都受到教育。其内容可以是每周一文、一诗歌、一故事或每周一书，中英文皆可。班主任可经常性地向学生推荐一些优秀的和经典的中小学生读物，有目的地指导学生学会阅读。课外阅读交流的方式有概述、演讲和朗诵。可由全班学生轮流参与和组织，也可成立课外阅读小组，由小组成员组织。另外，可以和各个学科相结合，由科代表组织学生进行关于学科趣味性知识的介绍活动。每周短短的几分钟就可以激发学生课外阅读的兴趣和能力，拓宽学生的知识面。

5. 行为规范训练

行为规范训练是由班主任创设一定的情境，要求学生根据情境做出正确的反应，并演示出来，以规范和训练学生的言行举止。班主任可以根据《中小学生日常行为规范》设置各种情境，如"你不小心碰到同学怎么办""如何在家招待客人""好朋友作弊怎么办"等。学生根据问题情境进行讨论，并以小组为单位进行演练。

6. 学生个性才能展示

每个学生都有自己独特的潜能，班主任的任务是为其提供机会，激发其潜能，使学生正确认识和看待自己，增强自信心。晨会是激发学生潜能和展示学生个性的最好途径，晨会为学生提供了展示自己的时间和空间。晨会中开展展示学生个性才能的活动有说的活动（朗诵、演讲、讲故事等）、演的活动（小品、唱歌、课本剧、相声、舞蹈等）、做的活动（手工制作、"三模"制作、美术、科技制作、修理、家务等）。这些活动也可以比赛的方式进行，重要的是使每个学生都有参与的机会。展示活动按不同的才能分组，由学生根据自己的特长选择所参加的小组。可固定在某一周的晨会中集中开展，也可以在每天的晨会中分散轮流开展。

7. 游戏

大部分学生都喜欢游戏，关键是要选择适合本班学生年龄的、有教育意义的游戏。在中小学晨会中运用的游戏多是智力游戏和体育游戏。在低年级中可以在某天的晨会中集中进行游戏活动，在高年级中游戏一般是作为调节气氛、提高学生参与积极性、发展学生智力和合作能力的某个环节。

8. 一周小结或每周评比

周末的晨会可对学生一周的表现进行小结和评比，评比的内容不一定全面，但要与本周的班级目标和活动相一致。如可评选"最佳新闻发布者""最佳表演者""进步奖""学习勤奋奖"等。先是学生对自己一周的表现进行小结和反省性自评，再由同学们互评。在小结和评比中使学生能全面准确地认识自己、评价自己，达到自我教育的目的。

另外，以上晨会的内容形式还可以借鉴电视等媒体的节目进行变通，如"时事讨论"变为"焦点访谈""实话实说"；"游戏"可变为"幸运52"等。每天的晨会可以由一个内容形式组成，也可由多个内容形式组合而成，做到灵活多变。

（二）组织晨会应注意的问题

1. 重视晨会

晨会由于时间短，没有教材和固定的内容，很容易被占为他用。要把晨会还给学生，需要学校和班主任的重视。一是把晨会列入课程表；二是禁止班主任和其他教师占用晨会的时间，每天指派专人检查；三是监督检查每班晨会的开展情况，检查各班的晨会设计方案和效果，学生设计的方法必须有班主任的签字；四是开展全校性或班级各组晨会比赛和评优活动，激发师生开展晨会的积极性。

2. 有计划地设置每周晨会的主题

学校和班主任要有计划地设计好每天、每周晨会的主题，最好能把周一到周五的晨会主题写入课程表，以保证晨会的实施，做到专时专用。晨会的主题可以根据教育的目标、学校的实际、学生发展的需要和晨会的各种内容形式来灵活设置。每学期的晨会安排可以相对固定，例如，周一：全校性的升旗仪式；周二：新闻发布会；周三：课外阅读——每周一文（一故事、一诗歌、一谜语等）；周四：学生才能展示；周五：一周小结。每学期的晨会主题应有变化，以提高学生的积极性并促使学生全面发展。各班可根据需要增减内容、改变形式，使晨会符合学生的特点和发展需要。如学生个性才能展示，可由朗诵转为讲故事、表演等。

3. 晨会的组织与实施以学生为主体

晨会属于活动课程，强调学生的自主活动，要求充分体现学生的积极性和主动性。因此，晨会应该由学生自己来组织和实施。班主任在晨会中的作用是计划晨会的主题，在学生有需要时给予指导和帮助。晨会组织与实施以学生为主体，具体的要求有：一是由学生分组设计晨会。根据晨会的主题设置不同的小组，如新闻发布组、课外阅读组等，学生根据自己的兴趣和特长自由选择自己喜欢的小组。由小组成员共同商讨晨会的目标、方式、方法和实施过程，最后撰写成方案，并由班主任审批签字通过。低年级晨会方案由班主任设计并组织。二是分工合作，每个小组成员都有各自的工作和角色。每组成员包括小组长、主持人两人、撰写者、收集资料者以及活动材料准备者等。晨会的组织实施应充分发挥学生的合作能力。三是晨会的活动过程全由学生组织和主持，班主任只是旁观者和活动参加者。四是晨会结束后，由组织晨会的小组写效果分析，班主任给予简洁的评价。

【资料1】营造一种开放的课堂气氛：晨会——美国小学三年级晨会对我国晨会活动课程的启示①

最近，笔者在对美国佛罗里达州 Duval 小学三年级班级晨会的了解和研究中，发现他们的班级晨会内容丰富、形式多样，贴近学生的日常生活，符合学生的心理发展特点，集趣味性、知识性和灵活性于一体。晨会活动促进同学之间的彼此了解，使同学们学会关心他人，不仅在班级里创造了一种民主开放的氛围，也使同学们能以一种轻松愉快的状态进行学科学习，提高一天的学习效率和质量。这可以为我国的活动课程的实施提供一些良好的、可借鉴的理论和实践经验。

一、晨会活动的内容

美国佛罗里达州 Duval 小学三年级班级晨会每天持续 30 分钟。晨会一般有三种活动方式：分享、游戏与角色扮演、新闻发布。

（1）分享。每天早上全班同学一起分享一些有趣的故事，分享的内容多是同学们对日常生活的切身体验。如有的同学说："昨天爸爸带我去了博物馆"，"我的小猫昨天被车撞了，但我想它很快就会好起来的"，"我昨天挨妈妈批评了。"全班同学作出反应，通过积极的方式表达他们的想法、感情和评论，并可以提出任何他们感兴趣、最关心的问题。老师给学生充分的机会自由发言。

分享是培养学生表达自己情感、倾听的技能和学会交往的能力。美国心理学博士托马斯·哈奇认为："分享他人情感，是个人和他人和谐交往的基础。"晨会活动让同学讲述自己或身边亲人的故事，并通过讨论，可以建立起一种情感纽带，使学生们能更好地与他人联系在一起。通过分享别人的快乐、幸福、痛苦和烦恼，有利于培养孩子的同情心，学会如何关爱他人和帮助他人。

（2）游戏与角色扮演。儿童喜欢游戏是天然的本性，尤其是低年级儿童学习动机的形成是以需要和兴趣为首要条件的。莎若老师准备了丰富多彩的游戏活动，如模仿、编小故事、拼图、角色扮演和竞赛等，其中同学们最热衷于角色扮演。角色扮演是一种参与性极强的、富有想象力的、生动有趣的活动，扮演的角色多是学生所熟悉的童话故事或是各种真实的社会角色。同学们通过自己对各种故事人物或是"医生""护士""警察""小偷""售货员"等社会角色的不同理解并充分发挥自己的想象力去扮演。莎若老师说，当你必须扮演某一角色时，你就能真的进入这个人的内心，想他所想，去体验角

---

① 邝培. 营造一种开放的课堂气氛：晨会——美国小学三年级晨会对我国晨会活动课程的启示 [J]. 北京教育，2002（10）：41-42.

色的感觉。通过参与者扮演活动的过程，学生从所承担角色的角度和立场去学习、理解和表达。通过"角色扮演"能加深学生对新学知识的理解和强化，更好地激发学生学习的积极性；通过全员的参与，可以产生良好的班级凝聚力，提高学生团体合作和协调一致的能力。

（3）新闻发布。每天由学生发布几条国际、国内最新发生的时事，使学生们积极关注世界各国所发生的社会问题，包括环境污染、动物权利保护等学生们日常生活中都可能遇到的问题。学生们通过各种方式，如阅读报纸、杂志或浏览网页收集整理各种时事新闻，并积极地参与到热烈的讨论中。

学生们之间自由的讨论不仅可以锻炼他们的语言能力，而且通过信息的收集和交流，可以拓宽学生主动获取、收集、加工和处理信息的能力，增强他们的社会竞争力。

二、晨会活动的特点

美国佛罗里达州 Duval 小学三年级班级晨会活动的气氛自由、活跃，活动方式多样，学生的积极参与性高。分享、游戏与角色扮演和新闻发布可以活跃学生的思维，启迪学生的心智，锻炼学生的社会理解和适应能力。由于活动的长期影响，教室有了"家"的感觉，甚至有学生把晨会比喻为"餐桌边的聚会"，在轻松自然的"家庭式"的气氛中达到了学习的目的。这些都充分体现了活动课程中学生主动性、活动趣味性、内容适应性等特点。

（1）学生的主动性。整个晨会活动中，教师只是起到示范、指导作用，而不是越俎代庖，学生根据自己的兴趣、爱好自主决定活动的内容和方式，自始至终都是学生自己的活动。

（2）活动的趣味性。晨会活动主要是以讲故事、做游戏（角色扮演）等方式，达到让学生在愉悦、轻松自由的氛围中认识自己、了解他人，培养一种社会交往的能力，并顺利过渡到学科的学习中。

（3）内容的适应性。晨会活动中的内容大多源自学生的现实生活，是能够触动他们真情实感的事情，这有利于培养学生的社会认知能力。

三、对我国中小学活动课程的启示

我国的活动课程是从最初的课外活动逐渐演变而来的，活动课程的研究和施行只是短短的十年左右，有关活动课的理论研究还在继续，各个学校活动课程的具体实施情况也有待进一步提高和完善。晨会活动、班级活动、少先队活动等长期以来是作为思想品德教育的常规活动，多是一种自上而下的灌输式的教学方式。教师通过宣布学校、班级的规章制度，交代任务，整顿纪律，让学生接受教育，这种方式对小学中、低年级的学生来说往往比较被动，也缺乏真实的情感体验。笔者认为，我国小学的晨会活动课程可以借鉴美国佛罗里达州Duval小学三年级班级晨会活动的形式，按照活动课程主体性、活动性、趣味性的原则，转变现有的晨会活动形式，增加活动内容，进一步扩展晨会的教育功能，具体可以从以下三个方面进行改革：

（1）营造良好的氛围。可以创造一个温暖的、充满爱的"家庭式"氛围，也可以是

"同伴交往式"的集体氛围。现在的学生们由于居住分散，学习任务繁重，时常感到孤独、焦虑，他们更具有归属的需要，希望得到教师和学生的关心和尊重，也愿意帮助和爱护同伴。因此，要让班级充满爱，让教室充满笑，让学生之间像家庭成员一样分享彼此的快乐、倾诉彼此的痛苦和烦恼等，而"同伴交往"的氛围则可以帮助学生在晨会活动中培养一种成员感，让每个学生感到自己是集体中重要的一员，有作为一个班级成员的责任，从而培养学生的团体精神和协作能力。

（2）采用生动活泼、丰富多彩的形式。包括分享、讲故事、诗歌朗诵、智力游戏和各种角色扮演等形式，改变以往集体朝会、校长讲话、班主任训话等单向教育，避免生硬的管理模式，让学生在活动中亲自去体验、去感受、去判断是非过错，寓教于乐，寓教于玩。

（3）组织形式多样化。可以打破以往晨会活动的单一模式，不局限在一个班级里搞活动，晨会活动可以进行小组讨论、小组辩论，甚至不同班级、不同年级一起来组织一些活动。晨会活动举行的地点也可以灵活利用教室、图书馆、操场、科技馆等学校的诸多场所，这样，学生们的视野会更开阔，交往会更广泛，获得的信息也会更丰富，社会适应能力更强。

在进行晨会活动时，不能过于夸大晨会活动的功能，片面认为晨会活动有利，就任意延长活动时间或是打乱学生学习计划。我们应清楚地认识到：晨会活动只是学生一天学习的开始，主要是对学生的心理状态起到缓和调剂的作用，目的还是提高学生的学习效率和学习质量。学校和教师在学生自主组织和设计好晨会活动的内容和形式下，要充分把握控制好晨会活动进行的时间和态势，让晨会有序地进行。

二、班级例会

班级例会是班主任定期对全班学生召开的以常规教育为主的班级会议，主要包括班务会和民主生活会。班务会是研究、讨论和解决班级一些较为重要的班级日常事务的会议；民主生活会是运用批评与自我批评引导学生进行自我教育的会议。

（一）班级例会的作用

班级例会是每周班会课的重要形式，是班主任教育全班学生的主要途径，是全班学生主要的集体活动。班级例会的定期召开有其重要的作用：一是有利于班主任根据班级的问题有针对性地对全体学生实施教育，减少班主任的工作量，提高班级管理的实效；二是有利于全班学生参与班级管理，培养学生的自治意识和自治能力；三是体现教育的民主化，"我的班级我做主"，培养学生的民主意识；四是民主生活会有助于学生正确地认识自己和评价自己，培养学生自我教育的能力；五是丰富学生的在校学习和生活，促进学生的全面发展。

（二）班级例会的内容及其方式

1. 班务会的内容方式

班务会以班级事务管理为主要内容，具体包括《中小学生守则》《中小学生日常行为规范》及其与学生相关的各种规章制度、条例文件的学习和训练；班级奋斗目标和班级计划的研究和讨论；班干部的选拔；班规的制定；班级成员在学习、生活等方面所关心的问题；班级不良问题的批评、纠正与解决；偶发事件的处理；班级各项工作的研究、讨论和总结。

班务会的方法、形式较为单一，多是以语言传递为主的方法，包括讲解、讲座、座谈、讨论和辩论等。相同的内容也可以采用以上多种形式，如班级奋斗目标的制定，班主任先讲解班级目标的作用，分析本班学生的具体情况，然后由学生讨论在各个方面希望达到的目标，最后师生一致通过。或者由班主任直接提出并讲解目标，学生修改讨论后，再表决通过。

2. 民主生活会的内容形式

民主生活会的内容具体包括：学生个人对自己前一阶段在学习、工作和生活上的自我评价、突出成绩和不足；犯错误学生的自我检讨；学生对其他同学的评价，注意要客观公正，突出成绩，慎用批评，尤其是对后进生的评价；评比本阶段的先进人物，评比的项目或奖项可视近期的活动和学生的表现情况灵活设置；班主任表彰先进，批评错误，纠正缺点。

民主生活会主要有两种：一是班干部的民主生活会，根据需要全班同学也可列席参与，促使班干部起模范带头作用和全班同学对班干部的监督作用；二是全班学生的民主生活会。两种民主生活会的方式都包括自评和互评。

（三）组织班级例会要注意的问题

1. 定期举行，控制好时间

班级例会的内容较为繁杂、方式较为单一，容易造成班主任天天开班级例会，甚至为了学生的安全，有事无事时时开会，以致早读、晨会、自习课都变成了班级例会，使师生总处于疲惫和紧张状态。因此，要注意班级例会召开的时间和频率，具体的要求：一是在班会课中开展，一般情况下不占用学生其他的学习和活动时间；二是每次会议的时间控制在一节课之内，不拖堂；三是最好隔周开展一次，并形成习惯。

2. 计划好一学期班级例会的主题内容，把握班级日常事务的重点

有计划才有保障，才能发挥班级例会的作用。首先，班主任要计划好一学期的班级例会的主题内容，可以根据本班学生的特点、状况和学校的要求以及一学期的不同阶段设计班级例会的主题内容，如开学后几周班级例会的主题是班级的奋斗目标、干部的改选、班规的修订等；中间几周的主题应关注学生的学习、思想、健康等方面的问题，并配合学校的要求设置内容，还有期中的总结；期末的主题应是学习、总结和评比等。计划可采用表格形式，把班会简明扼要地安排出来。这种班级例会计划只能是粗线条的，在具体实施前，还应根据情况加以修改和调整。关键是把握好近期班级管理的重点，使班级日常事务有条不紊、顺利完成。

3. 设计和组织每一次班级例会

设计方案是班级例会开展前必须要做的准备。班级例会方案的内容主要包括主题内容、会议目标、准备、会议的程序、小结（班会后）等。班主任是方案设计和撰写的主要人员，根据需要可邀请班干部和相关的学生参与讨论，共同商定方案。设计好方案后，由班主任和班干部共同准备和组织：准备会议需要的内容、材料和设备；主持人的选定和发言，可以是班主任或学生或两者共同主持，根据学生的年龄和需要而定，如高年级

可以由学生干部主持。

4. 学生参与组织、讨论与决策，减少班主任"一言堂"的现象

开展会议时应发挥学生的主体意识，除了让班干部与相关学生参与设计方案外，也可以向全班学生事先通报会议的主要内容，使学生做充分的准备。在设计方案时，要注意增加学生参与的环节和方式、方法，应有学生参与讨论的时间，在重大的班级决策中，每个学生都有决策权。因为班级例会以语言传递的方式为主，应该让学生多说，减少班主任"一言堂"的现象，以提高学生参与的积极性和主动性。

【资料2】班级例会：行为规范的学习

参加人员：全体学生

活动目的：

1. 通过总结上周班级情况，查找不足。

2. 通过再次学习各项常规，规范学生的在校行为，使学生养成良好的行为习惯。

3. 强化学生的集体意识和个人意识，知道自己的行为不仅是对集体负责，更是对自己负责。

活动准备：

《小学生守则》与《小学生日常行为规范》。

活动过程：

一、导入

师：今天，我们来继续学习学校的各项常规要求。首先，对上周的班级情况进行总结。

二、各班干部对上周情况进行总结

班长总结；

纪律委员总结；

卫生委员总结；

作业组长总结；

师小结。

三、继续强化常规

师：我们平时的一日常规主要有哪些方面？我们应该怎样做好这些事情？

小结：平时的一日常规主要有"两操一队"、纪律和卫生等。课间操与路队要做到快、静、齐；眼保健操要做得准确、有效。纪律包括课堂纪律与课后纪律，上课要认真听讲，不做小动作，积极回答教师提出的问题，课后不追逐打闹，不攀爬有危险的地方，进校园和上、下楼梯时靠右行。卫生要根据教师的分组及时打扫，并养成不乱扔废纸的习惯。

四、规范行为（本周活动重点）

（1）学习方面：继续评比。（从上课纪律、回答问题和合作学习方面进行评比）

卫生方面：按每天值日与课间操值日进行评比。

其他方面：分三大组进行评比，主要是家庭作业的完成情况以及平时纪律。

（2）重点做好两操一队工作。

五、强化导行：自由背诵《小学生守则》和《小学生行为规范》。

三、主题班会

主题班会是指在班主任的指导下，全班学生围绕一个教育主题开展活动的班级会议。主题班会的内容集中、针对性强、形式多样，是学生乐于参加的集体活动，是班主任教育学生的主要途径和手段。

（一）主题班会的类型

主题班会的内容是丰富多彩的、形式是多种多样的。根据不同的内容和形式，主题班会的类型是多种多样的。

1. 根据内容不同，主题班会的类型有以下五类

（1）学习类。

包括学生学习兴趣、学习方法、学习习惯和知识拓展等方面的主题。针对学生厌学的现象开展的主题有"寻找学习的乐趣""快乐学习""快乐 A、B、C""趣味……"等。针对学习方法的主题有"学习经验交流会""我会学，我快乐""名人名家学习方法介绍"等。针对拓展学生知识的主题有"××知识竞赛""××知识知多少"等。

（2）思想道德类。

思想道德教育是主题班会的重要内容。这类主题的内容最为丰富，包括行为习惯、文明礼貌、道德规范、纪律、态度、情感、意志品质、集体主义、爱国主义、理想、信念、人生观（生命、诚信、合作、关爱）、世界观、价值观等各个方面。如"珍惜生命，关爱生活""我的理想""感恩的心""诚信伴我行"等。

（3）生活劳动类。

包括劳动教育、健康生活教育等，可设计的主题有"自己的事情自己做""我是妈妈的小帮手""厨艺展示""我运动，我健康""健康生活习惯""有意义的课外活动""健康的娱乐活动""青春花季，拒绝香烟"等。

（4）审美艺术类。

以审美教育为主要内容，教会学生表现美、欣赏美、创造美的能力，有关的主题是学生艺术才能展示，如"我是小画家""快乐地歌唱"等；学会欣赏，如"我喜爱的儿歌""民乐欣赏""名画欣赏"等；展示学生自己外在和内在的美，如"说说我们的服饰美""美丽的我""青春的我，快乐的我"等。

（5）综合类。

这类主题班会融教育性、知识性、审美娱乐性和趣味性于一体，更便于展示班上每个学生的才能和特长。[①] 如"庆祝新中国成立六十周年""快乐'六一'节""毕业歌""二十年后来相会"等。另外，具有综合性质的内容也包括在内，如青春期教育、心理健

---

① 甘霖. 班主任工作技能训练 [M]. 上海：华东师范大学出版社，1995.

康教育和环保教育等。

2. 根据形式不同，主题班会的类型有以下六类

（1）交流讨论式。

交流讨论式主题班会是针对学生普遍关注的问题，如学习问题、人际关系问题、青春期问题和心理健康问题等，通过说服、讲座、座谈、朗诵、演讲、讨论、辩论和咨询等语言交流的形式，促使学生全面了解问题、分清真相、掌握解决问题方法的一种主题班会。如"实话实说——朋友""网络是否应该受管制"等。这类班会的关键是能提出和解决学生感兴趣的、普遍存在的问题。

【资料3】主题班会：失败过≠失败者：考试失败后的心态调整①

我们的考试结束了，对照设定的目标，想想刚入高中时自己信誓旦旦许下的诺言，我们中有人沾沾自喜，有人摇头叹息，甚至有人内心彷徨、越发感到无助和失落。

一、与自我内心的对话

期终考试后我的感受：

（1）终于考出了理想的成绩，可以松口气了……

（2）我讨厌思考这个问题，因为……

（3）对这次考试我挺后悔，因为……

（4）对这次考试我很难过，因为……

（5）其他（注明原因）。

学生作业完成以后，四人为一小组面对面充分交流：

学生1：我讨厌思考这个问题，因为这次考试我考得不理想，我不愿老想那些不愉快的事，那样只会让我越来越消沉。我相信一次考试不能说明一切，忘掉过去，一切从现在开始。

学生2：对于这次考试我很难过，我认为我付出了很多，应该有好的收获，可是结果却不尽如人意，我想我没什么资格再去谈以后进什么好的大学了。

学生3：对于这次考试我挺后悔，考得不好，在班里排不上名次，跟不上，说明自己这一学期以来没有很认真地学习，讨厌自己"三分钟热情"的性格，总是立下誓言又放弃誓言。

学生4：对于这次考试我难过得要命，过去总以为能考一个理想的成绩，考试结束后还沾沾自喜，但成绩公布出来却令我难以置信，感觉对不起父母，一道道不该错的题却做错了，我真是太马虎了，现在，认真是我最需要的。

二、对考试作形象比喻

只要是内心真实的想法，可以不拘泥于形式：考试就像关卡，是通往理想的必经之路。从这个角度思考，考试就是制造遗憾和弥补遗憾的，有了一次次考试，一次次否定与肯定，人生才得以螺旋式地上升。

学生1：考试就像一场球赛，有欢天喜地，也有失败悲哀，教师、父母是球迷，正因

---

① 李海芳. 失败过≠失败者：考试失败后的心态调整［J］. 班主任之友，2005（3）：28–29.

为有他们，考试才会显得有意义。失败不是考试的悲哀，而是它本身的魅力，因有失败，才会有胜利的欢乐，让我们勇敢面对考试，用对待球赛的激情来对待考试。

学生2：考试有时是一杯苦酒，带给我的只是一次次的伤心落泪而不是甜美的幸福。可是考试不是拿来让人感觉到痛苦的，而是拿来让人选择起步的、拿来让人作为实现自己理想的阶梯的。

学生3：考试是一道门，门后是快乐，门外是悲伤，这个门的通行证就是努力。

学生4：考试就像一个秉公执法的法官，一次次地宣读法庭的宣判，一次次慰藉胜诉者的付出，一次次打击败诉者的心灵，只要我们努力，我们肯定能通过高中时代的最后一次审判——高考。

…………

三、分享故事

他曾经是日本最大的零售集团的总裁，他把所有钱都投入集团中。当他72岁时，他苦心经营的集团倒闭了，他从一个国际知名企业家一下子变成一个一文不名的穷光蛋：有人以为他肯定要自杀或者从此愁苦一生。但是他没有，他很快调整了心态，和几个年轻人办起了一家网络咨询方面的小公司。他说，感谢失败，如果不是失败，他就不可能有机会在七十多岁的时候体验到什么叫东山再起，更没有机会和年轻人一起挑战过去从未接触过的IT领域。他叫和田一夫：他为什么能这么快就调整心态，他有秘诀吗？

有的，他有两大秘诀，一个是光明日记；另一个是快乐例会。

他从20岁开始就坚持每天写一篇日记，只记录快乐的事情，相信人生总是朝着好的方向发展的，以此激励自己，战胜挫折和困难。他把这种日记叫作光明日记。

与此同时，他在办企业包括后来重开公司期间，每个月都要召集一次例会，在谈工作前，要求每个与会者用三分钟的时间谈一下自己本月来最快乐的事情，以此调动大家的情绪，使一些情绪低落者都受到感染，从而群情振奋。这种例会，他称之为快乐例会。

我们可以学习这两个秘诀，把我们的周记和随笔写成光明日记，把我们的班会开成快乐的主题班会，让我们在快乐中走出考试失败的阴影，树立信心，相信只要我们努力，我们就能无愧于心，我们就能成功！

四、重新认识考试

学生自由发言，总结共同看法：

（1）考试就像人生，在一次次的突围中品尝着酸甜苦辣。

（2）考试带给我们的将是不断挑战自我和超越自我的痛苦和快乐。

（3）考试的成功与失败，只是一种感觉，在更多的时候它无须旁人认可，更无须他人裁判。关键是我们自己要学会调整，永葆自信，这样我们才有克服困难的勇气，才会对生活充满敬意和热爱。

（4）在人生中，不要把成功的尺度定得太高，也不要把成功看得过于神圣，否则，我们就会对人生失去一份应有的信心，面对困难，我们会望而却步。

五、最后一起朗读

失败意味着什么？

失败并不意味着我们是失败者，它只意味着我们尚未取得成功。

失败并不意味着我们一无所获，它只意味着我们得到了教训。

失败并不意味着我们愚昧，它只意味着我们的智慧还有待提高。

失败并不意味着我们的声誉下降，它只意味着我们面临新的挑战。

失败并不意味着我们无能，它只意味着我们应该注意学习方式。

失败并不意味着我们愚蠢，它只意味着我们还不够完美。

失败并不意味着我们失去一切，它只意味着我们可以重新开始。

失败并不意味着我们应该退却，它只意味着我们要有更顽强的毅力。

失败并不意味着我们达不到目标，它只意味着我们将用更多的时间去实现目标。

（2）模拟式。

模拟式主题班会是指根据社会和班集体在一定时期的教育要求，通过设计、模仿某种具体的生活情境，组织学生扮演生活中的某种角色，让他们身临其境地感受生活的丰富多彩和绚丽多姿，从中受到感染、启迪、教育的班会。[①] 模拟的情境可以是现实社会中的各种情景，如模拟家庭、模拟超市、模拟酒家、模拟交通警察、模拟法庭和模拟游乐场等；也可以是模拟虚幻的情景，如模拟外星人的生活、模拟与动植物的对话、畅想50年后的社会等。模拟式主题班会的关键是创造一个类似真实的情景，使学生如身临其境、积极投入、深刻品味和体验，以丰富学生的社会经验和提高学生解决问题的能力。

【资料4】主题班会：公审垃圾篓[②]

一、选拔"庭审办案人员"

站在讲台上，我宣布自习课改上班会课，同时告诉学生们，今天的班会要换个样子来举行：老班要带大家审问一个被告。既然是审案，自然需要一整套的机构。我先让大家自己报名，愿意参加法庭审案的办案人员，可以自己申请，然后我根据需要来确定人选。报名的学生不少，我挑选了其中的三位，这三位据我平时观察都是制造垃圾的"高手"。被选中的三位很是兴奋，跃跃欲试，他们焦急地问："老师，我们审什么？快点开始吧！"为了让他们不在后面的环节中退缩，我使了激将法："不要着急，你们既然做了法官，那就应该先宣誓，要保证坚决审完此案，还要公正、公平，如果做不到，我现在就换人。"

"这点小事你还不相信我们？保证完成任务！我们宣誓！"三个学生中了我的招了。

"那好，今天的主题班会——公审垃圾篓，现在开始！"我郑重宣布。

全班一片哗然。

"很吃惊吗？老师觉得这两个垃圾篓每天都贪婪地吞噬着我们的金钱和健康，而且胃口越来越大，再不审判，恐怕要鸠占鹊巢，把我们都扫地出门了。"我振振有词地说。

二、调查取证

三位自告奋勇者分工合作，其中两位负责调查取证，一位负责记录。负责调查取证

---

① 涂光辉，雷晓波. 班主任工作技能训练 [M]. 2 版. 长沙：湖南师范大学出版社，2000.
② 赵金凤. 公审垃圾篓 [J]. 班主任之友，2006（1）：34.

的学生把垃圾篓中所有的物品分类清理，记录的学生在黑板上把这些物品分类登记，标注出大概金额（为了保证调查人的身体健康，取证时用塑料袋把手包起来）。

调查结果登记如下：酸奶盒 15 个、花生牛奶盒 3 个、方便面盒 5 个、可乐罐 7 个、炸鸡腿包装盒 6 个、豆奶饮料软包装盒 6 个、3 个一角硬币、4 支肢体不全的圆珠笔、揉成球状的各种废纸、胶带、破书、果皮若干……

三、查找"垃圾贡献者"

所有的物品登记完毕后，我问今天中午是否清理了垃圾。值日生说他彻底清扫过了。那就是说，这些物品，都是学生们一个下午的"贡献"了。我调侃地说："为我们的垃圾篓作出贡献的是哪些同学啊，能不能勇敢点告诉大家?"教室里的目光顿时交织起来，并且慢慢向一些人的身上集中。一个班干部犹犹豫豫地站了起来，说有一个冷饮盒和一个酸奶盒是他的。有人开了头，接下来，那些制造了垃圾的学生也就陆续说出了自己的"贡献"，共计 23 位。其中有一个比较胖的学生引起了全班的哄堂大笑，他一个人吃了一盒冷饮，喝了两罐可乐，还吃了一斤多的荔枝。

我没有批评他们，反过来对他们敢于承认自己所做的事的行为进行了表扬。接着，我带领全班计算黑板上物品的价值。通过初步估算，这些物品累计金额在 150 元左右，也就是说，这 23 个学生一个下午人均花费了近 6 元钱。

四、自己"判案"

提问:

(1) 除了今天调查的这些物品外，同学们平时还喜欢购买些什么?

学生们自由发言，说一说自己的看法以及自己平时的消费方式。负责记录的学生写在黑板上。

(2) 哪些物品不是必需的?

教师不做统一的要求，而让学生自己去评判，然后拿出自己的行动方案来。

(3) 课后查阅资料，了解冷饮、瓶装饮料、油炸鸡腿等食品和人体健康的关系。

(4) 了解自己家庭的月收入，了解一个下岗工人的月收入以及消费情况。

班会反思：班会课以后，几个制造垃圾比较多的学生主动帮助值日生清理了垃圾。此后，两个垃圾篓真正"减肥"了，整日处在"半饥饿"状态中。为什么过去强调无数次的垃圾问题，通过这么一节简单的班会课就解决了呢?过去那些强行的命令，并没有引起学生的注意，而这次他们通过自己审案，发现了自身存在的不足，心灵感到震撼，因而问题也就解决了。从这件事上可以看出，教师在处理班级日常事务时，之所以总在一些老生常谈的事件上花费大量精力，既使自己疲劳，也让学生反感，究其根源还在于我们的工作并没有做到学生的心坎里去。

(3) 竞赛式。

竞赛式主题班会是通过比赛的方式提高学生的竞争意识，激发学生的学习兴趣、巩固其对知识的掌握程度、发展其个性能力的一种班会。以竞赛方式开展的主题内容是丰富多彩的，如"包饺子（等家政）比赛""跳绳（等体育项目）比赛""歌唱（等表演）比赛""科技小制作比赛""古诗（等各类知识）竞赛""手工制作比赛"等。竞赛的项目应是全班学生都有一定了解的知识或相对掌握的技能，以充分发展学生的个性才能。

（4）游戏活动式。

游戏活动式主题班会以学生的游戏和动手操作活动为主要形式，以激发学生的积极性和主体性，锻炼学生某种能力的一种班会。一般与其他类型的班会联合开展。这类主题有游园活动、智力游戏、体育游戏、娱乐游戏等。

【资料5】管理从"游戏"开始[①]

接新班，面对一张张陌生的面孔，如何尽快地打开一扇扇多彩的心灵之窗呢？

在班级管理中，遇到问题，如何解决呢？

我精心设计了以下三个别开生面的游戏活动，效果非常好，现与同行一起分享。

活动一："你"和"我"

活动目的：促进同学相识与交往。营造民主平等、和谐融洽的班级氛围。

活动过程：

（1）分组。

（2）播放杭天棋的《我们是朋友》。在歌声中，教师把写有"赤、橙、黄、绿、青、蓝、紫"字样的纸条随机分发给学生。相同颜色的学生组成一组，每组以 6～10 人为宜。

（3）在组内作自我介绍。小组成员排成一排，依次进行。后者要先重复前面介绍者的情况，然后再作自我介绍，以此类推。

（4）在班内作自我介绍。教师先进行自我介绍，包括介绍自己的优点和缺点，恳请学生接纳、监督与帮助；然后让学生介绍。

（5）谈谈哪位同学在自我介绍中给自己留下了最深刻的印象。

活动情况：

学生参与活动的热情很高，希望他人帮助的恳切态度更让人感动。有的学生在袒露自己缺点时，留下了愧疚的泪水；当有基础较差的学生寻求帮助时，很多学生激动地站起来表示，一定倾尽全力，与其共同成长。

活动拓展：请每位学生填写一张调查表：你喜欢什么样的老师？你有什么长处？你愿意为集体做哪些工作？你有什么缺点？准备怎样克服？……

活动反思：这样的活动，不仅促进了同学之间的交往，拉近了他们之间的距离，而且对后进生来说也是一种希望，对比较优秀的学生来说是一种鞭策，对优秀的学生来说，为新集体承担责任也成为他们的一种愿望。相互了解、相互信任、相互尊重、团结互助、民主平等、心理相容也成为班级永远的财富。

活动二：人生五部曲

活动目的：面对挫折时学会调整自己的心态，增强耐挫能力。

活动过程：

（1）开始时，大家都处在"蛋"的状态，然后，每两人一组，进行猜拳（石头、剪子、布），赢的升为"小鸡"，输的继续处在"蛋"的状态。接着，赢了的队员再两两一

---

① 吴春晴. 管理从"游戏"开始 [J]. 班主任之友，2005（6）：30 – 31.

组，进行猜拳，赢了的升为"小鸟"，输了的再回到"蛋"的状态，和同样处在蛋状态的队员猜拳……以此类推，直到连赢五次，经历从蛋—小鸡—小鸟—猴子—人的"五部曲"，才算胜利。

（2）活动结束后，引导学生谈谈自己在活动过程中的感受。

活动反思：这个游戏内容简洁，规则方法都很简单，但意味深长。如果把人生比作五步的话，我们开始都是平等的"蛋"，但一轮过后，赢的长成"小鸡"，输的仍然是"蛋"。做小鸡的想继续升级，做蛋的想变成小鸡。每个人都在盘算着自己的下一步，竞争无处不在。在游戏中最郁闷的莫过于在"猴变成人"那一关被打回"蛋"。因为只差一步就可成功了，到最后却又得从头再来，真有种前功尽弃的感觉。这时，差别出现了，有的人放弃了，有的人却不甘心，继续"抗战"……

学生1：这个活动正象征着人生的曲折、坎坷。我们正是在不断的挫折中成长和进步的。人生有许多的进进退退，很多时候，当我们付出很多努力，却不得不从头再来时，是否依然还有勇气？

学生2：命运完全掌握在自己手中，抱怨与嫉妒只会让你意志消沉、萎靡不振，信心和勇气才会让你成功。

学生3：人的一生就是不断地寻找、认识、完善自我的过程。每一次挫折，都能帮助我们找到自己独特的位置和价值。

活动三：男生与女生

活动目的：了解异性间的相互吸引是自然的，适度的异性交往是有益的。练习异性交往技巧。学会珍视友情、慎对爱情。

活动过程：

1. 突围与闯关

突围：由一位成员站在团体中央，其他成员手臂相互勾住，形成包围圈。受包围者可任意用钻、跳、推、拉等方式突围。

闯关：全体成员面向四周站立，互相以手臂紧紧勾住，请一位或两位成员站在圈外，设法竭力闯入圈内。

此活动需注意安全，目的是创设轻松愉悦的心理氛围。

2. 小品讨论

表演小品1：教室里，一男一女两位同学正在讨论问题，这时三位同学走了进来，看到此情景，先是窃窃私语，继而议论纷纷，其中一人大声说："呵……你们还蛮亲热的嘛！"听到此话，两人触电般地分开。

表演小品2：文体委员（女）接到班长（男）一张纸条：傍晚6点到城北公园讨论班级活动安排。

针对小品，分组讨论：

（1）异性同学之间该不该交往？应该怎样交往？

（2）小品中同学的行为是否正确，为什么？

（3）在学习、生活中与异性交往时，还存在哪些不妥行为？

3. 教师讲述

教师讲述"异性效应",从正、反两方面事例入手,进一步说明正常的异性交往有助于身心的健康发展。

教师根据学生的讨论,总结异性交往的原则。如培养健康的交往意识,淡化性别,广泛交往;积极参加集体活动,避免"一对一"单独接触;态度亲切友善,举止自然,落落大方,往来适度;男女生要互相尊重,并且自尊、自重、自爱、自强;避免产生误解,如发现误解苗头,要及时澄清。

4. 学习技巧

选一位异性向其讲述一件事情,也可请教一个问题或解答一个问题,练习异性交往的技巧。

（5）表演联欢式。

表演联欢式主题班会是学生通过讲故事、诗歌朗诵、歌舞、相声、小品、笑话、书画摄影、武术体操、魔术等文艺表演的形式来展示自我、娱乐大众的一种班会。这类班会有利于丰富学生的生活,展示学生的才华,培养学生表现美、欣赏美和创造美的能力。对于那些没有文艺表演才能的学生,班主任要为他们安排合适的角色,如道具的准备、场景的布置、活动的组织等,使每个学生都在表演联欢活动中得到锻炼。这类主题的班会有"生日快乐""我们的节日（六一节、青年节等)""××联欢会"等。

（6）综合式。

这类主题班会包括以上各种形式,有问题的讨论、情境的模拟、竞赛、游戏、表演等,体现了主题班会形式多样化的要求。大部分主题班会都具有综合式的特点。

（二）主题班会的设计与组织

1. 活动主题的选定

组织主题班会的第一步是选择合适的活动主题。选择活动主题的依据:①教育目的:社会的要求、国家的人才培养要求,如培养"四有新人"（有理想、有道德、有文化、有纪律)、"创造型人才"等。据此的主题有"我的理想""做一个守纪律的小学生""我创造,我快乐"等。②学校的传统活动和教育活动计划,如各种竞赛活动、传统节日的庆祝活动、纪念活动等。③对学生产生影响的社会热点问题,如作弊问题、安全问题、环境保护问题、网络问题、腐败问题等。④班级的具体情况和学生的需要,根据学生在学习、生活、健康等方面的需要确定主题。

2. 活动方案的设计

主题班会的活动设计方案一般包括以下内容:

（1）活动的标题:给选定好的主题设计一个简洁、形象生动的活动名称。

（2）活动对象:全班学生。

（3）活动时间:一节班会课的时间,小学低年级活动时间可以较短,30分钟也可。

（4）指导思想或活动背景。

（5）活动宗旨或目标:活动目标设计要求符合学生的发展需要,突出发展学生的思想、情感态度和能力。

（6）活动形式：——列出活动采用的所有形式和方法。

（7）活动准备与分工：活动需要的人、财和物，包括活动需要的资料、课件、器材、物品、服饰等；开展活动的人员安排，如主持人、表演者、课件和版头的设计者、手工制作者、教室布置者、器材准备者等。

（8）活动过程：活动整个过程的具体环节和步骤，包括主持人的讲稿和班主任的小结发言。

（9）活动效果分析或反思：包括活动前的预见性分析以及活动后的反思，反思可在活动结束后补充。除了主持人的讲稿可由学生来设计外，其他部分均由班主任来撰写。

3. 活动的准备

主题班会的顺利开展需要做大量的准备工作，不宜每周开展，一般每个月开展一两次为宜。为了激发学生的积极性，减轻班主任的工作量，主题班会的准备应放手让学生来做。主要有以下步骤：①成立一个活动筹备组，一般由班干部组成，也可以由各个小组轮流组成（志在激发学生的主体意识，但不能要求太高）。②由活动筹备组安排准备工作，班主任根据需要给予建议，如根据每个学生的特长安排工作：能说会道者担任主持人；写作能手撰写主持稿；网络高手收集资料、设计课件；美术高手设计版头；能歌善舞者表演节目；手巧者制作活动材料（如制作头饰、卡片等）和布置教室等。③提供学生排练的时间和空间，一般安排在放学后或课外或课间自由活动的时间。根据需要对活动的主持人和表演者给予指导。

4. 活动的开展实施

主题班会的实施由学生全程组织和主持，班主任是活动的嘉宾或应主持人之邀的某些活动参与者和活动后的评价者。在活动过程中，班主任一般不参与活动的组织，只是在学生需要帮助时从嘉宾的角度给予提示，为的是使活动能顺利开展。设计和准备好的主题班会应按期开展，由于特殊原因引起的延误，要向学生说明情况，并商定告知延迟开展的时间。

5. 活动的小结与反思

主题班会结束时，班主任就活动的内容、教育效果、学生的参与等进行小结。小结要突出主题班会的目的，提高和升华学生的认识；对学生的付出和参与给予肯定；对活动中存在的问题给予提示和建议。

主题班会结束后，班主任对主题班会开展的整个过程进行反思：活动的设计是否合理？哪些环节需要改进？学生喜欢哪种形式的活动？学生在活动中有何收获？组织和准备中还有哪些需要改进？在反思中总结如何更好地组织主题班会。

【资料6】"弘扬民族精神　做诚信学生"主题班会设计①

活动时间：第五周下午第三节

活动地点：高二（18）班教室

组织策划：班主任（李××）、班长（付××），主持人：两位班委（一男一女）

---

① http：//www.5156edu.com/page/06－12－07/18396.html.

参加对象：高二（18）班全体同学和班主任

活动内容：弘扬民族精神　做诚信学生

活动目的：通过一些能够激发学生的民族精神、爱国热情的人和事，对学生进行民族传统道德的熏陶，从而进一步培养学生养成诚实守信的良好品德。

活动方式：分小组活动，各小组在课前先找好本小组要进行讨论的典型事迹（图书或网络上查找）后，讨论总结，然后在班级上交流。

教室布置：多媒体上播放出或在教室的黑板上板书"弘扬民族精神　做诚信学生"的字幕，然后加上一些花边。桌椅排成一圈，并准备了横幅（上面写着"我诚信，我美丽"）。

一、班主任开场白

诚实守信，是我们中华民族的优良传统。千百年来，人们讲求诚信，推崇诚信。诚信之风质朴淳厚，历史越悠久，诚信之气越光大华夏，充盈中华。她早已融入我们民族文化的血液中，成为文化基因中不可或缺的重要一环。

然而，近些年来，随着市场经济的冲击、涤荡，人们发现，诚信意识在逐渐消退，"拜金"意识在滋长。"利益"取代了美德，诚信让位于欺诈。在许多人的人生天平上，沉下去的那端是"健康""美貌""机敏""才学""金钱""荣誉"，唯有"诚信"这端高高翘起。诚信，变轻了！

且不必说商场上的尔虞我诈，风谲云诡；也不必说市场内小贩们的缺斤短两，以次充好；更不必说黑心米贩污油兑陈米，自来水掺甲醇；单就是某一天天气晴好，你也心情愉快，一不小心在马路边发现一个鼓囊囊的钱包，你敢捡吗？且住！要是事情发生在××年前，你会乐呵呵地把它交给警察叔叔并赢得人们的称赞，可是在今天，在人流如织的大街上，我客观一点说，只要你手一触到那个钱包，麻烦就惹上身了……

同学们，我们该怎么办？"弘扬民族精神，做诚信个人，创诚信班级。"

二、活动过程

1. 讨论民族精神的内容

主持人甲：请同学们思考，何谓民族精神？它包含哪些内容？

民族精神就是一个民族有别于其他民族的思维、意志、情感、习惯和品格。

没有振奋的精神和高尚的品格，这个民族就不可能自立于世界民族之林。任何一个民族要想屹立于世界民族之林，就必须弘扬民族精神。

民族精神并不是一成不变的，而是不断发展的。她作为民族发展的精神支撑，其具体内涵和表现形式，总是与这一个民族在不同时期的历史任务相联系的，从而在完成这些历史任务的过程中不断得到丰富。

什么是中华民族的民族精神？江泽民同志在十六大报告中强调了四点，即团结统一、爱好和平、勤劳勇敢、自强不息。

"团结统一"，是中华民族的优良传统。早在远古时代，以炎帝和黄帝为代表的两族融合发展，延向四方，后经不断发展，融为一个以中原族体为主体、包括四方民族的多元一体的中华民族大家庭。中华民族的图腾崇拜——龙的形象，就是融合的产物。在中华几千年文明史里，统一是主要特征和内容。中华民族抵抗外来侵略所形成的民族气节和反抗精神有抵御外侮、威武不屈、维护统一。

"爱好和平",中国人崇奉"己所不欲,勿施于人"的哲学,热爱祖国、善待邻邦、扶危济贫,维护正义与人权。

"勤劳勇敢",中华民族以经历千年的聪明智慧,创造了商、周、秦、汉、隋、唐的辉煌文明。近代以来,中国共产党人在长期艰苦卓绝的奋斗历程中,将中华民族的勤劳勇敢、吃苦耐劳的民族精神发扬光大,形成了自力更生、艰苦奋斗的光荣传统和创业精神。

"自强不息",千百年来,中华民族提倡"富贵不能淫,贫贱不能移,威武不能屈"的信条,形成"天行健,君子以自强不息"的民族精神和"周虽旧邦,其命维新"的时代精神。养成排除万难、百折不挠、奋发向上、开拓进取的伟大精神。

主持人乙:诚信——中华民族的传统美德

孔子曰:"言必信,行必果,己诺必诚,不爱其躯,赴士之困,千里诵义者也。"

诚信乃是立国之本、立业之本、立人之本。

一个国家,如果无法取信于民,这个国家必然会走向灭亡,历史上的周幽王烽火戏诸侯就是最典型的例子;其他的改朝换代也都与民众的信任、人心的向背有关。

一个企事业单位,如果没有信誉,谁敢跟它打交道,谁认可它的产品,最后也只好关门大吉,这样的例子屡见不鲜。

一个人老想造假骗人,最后,搬起石头砸自己的脚,是没有好下场的,"狼来了"的故事就是生动的例子。

总之,恪守诚信是建立良性社会的基础,是为人的根本准则。

例如,现存的百年老店如同仁堂、胡庆余堂以及明清时期辉煌几百载的晋商之所以兴盛,是因为它们所奉行的核心价值观就是诚信。其诚信典故之浩然正气时至今日依然荡气回肠,让我们真正认识到了诚信的分量。

2. 诚信小故事

主持人甲:下面请听诚信小故事

第一小组代表:保住诚信

孔子的学生子贡向老师请教治国的办法。孔子说:"一是让老百姓丰衣足食;二是国家拥有强大的军队;三是取得臣民的信任。"子贡问:"如果迫不得已要去掉一条,应该先去掉哪一条呢?"孔子说:"去掉军队。"子贡又问:"如果再去掉一条呢?"孔子答:"去掉衣食,宁可不得足食,也要保住信用。如果得不到臣民的信任,国家迟早要灭亡。"

第二小组代表:邓稼先以诚交友(现代科学家)(略)

第三小组代表、第四小组代表……

3. 诚信小品表演

主持人乙:请欣赏诚信小品表演

第五小组代表:烽火戏诸侯(略)

第六小组代表:曹操断发

现在的人觉得剪头发是件很正常的事。可是,我国古代的人却认为,"身体发肤受之父母",头发是从父母那里继承来的。随便割掉头发是大逆不道的事情,是不孝的表现。

因此，在当时的人看来，曹操当众割头发和割脑袋没什么两样。

第七小组代表、第八小组代表……

4. 讨论思考

主持人甲：刚才我们听了诚信小故事并欣赏了诚信小品表演。

我们一起来思考讨论：诚信品质都包含哪些内容？

"诚信"的核心是实事求是，说老实话，办老实事，做老实人。丁是丁，卯是卯，一是一，二是二。不带故意扭曲客观存在的事实的动机，不带欺诈的动机。

"诚信"，主要靠自律。

"诚信"，主要表现在"付出"上。

"诚信"，是面对社会，面对大众的，而不是面对个别人或小集团的。

讨论区：我们在生活中应如何做个诚信的学生？

推选：我们班的"诚信"学生是"××同学"。

5. 宣誓

班长宣布，全体同学起立，现在我们庄严宣誓，"我宣誓：言必信，行必果。知之为知之，不知为不知。以诚信换取诚信，以诚信收获成功。用诚信开启知识之窗，用诚信鼓起上进之帆。我诚信，我光荣；我诚信，我自尊；我诚信，我成功"。

6. 班主任总结

新世纪，新青年，已经在缓缓展开一面旗帜，我们在旗帜上写道，"我诚信，我美丽"。

青少年时期，是人生的黄金时期，是人生中至真、至美、至纯的时期。而诚信是最不应该又最容易让人忽视的美德。我们有必要把"诚信"之旗高高举起，让人人都能看见，并被她的温暖光芒吸引。

我有一种强烈的预感，在不久的将来，诚信将回归到市场，回归到社会，回归到你我身上。她像一股活水，逐渐浸润，深入人心；她又像一缕清风，吹过田野，吹开人们的心扉。在那里，到那时，诚信取代了伪饰，有序取代了无序，简单取代了复杂，温情取代了冷漠，人们沐浴在诚信的晨晖中，受益匪浅。

那么，行动起来吧，同学们！……

三、会后班委会起草了《班级诚信守则》

①说话、做事要实事求是，言行一致。

②不说假话、谎话，不欺骗教师、家长、同学，不搞假签名，不抄袭作业，考试不作弊。学习要踏实，不能不懂装懂。

③答应别人的事就要尽力做到，没能做到要及时说明原因，表示歉意。

④不要弄虚作假，不说空话、大话，自己无法办到的事不要硬充好汉允诺别人。

⑤未经允许，不随便动用他人的东西，借东西要及时归还。

⑥拾到钱物及时送还失主，找不到失主时要主动交公。

⑦有了错误要勇于承认，做了错事要及时改正，不隐瞒自己和他人的错误，不能为了顾面子而将错就错。

⑧向同学、家人、邻里宣传古今中外、社会上"诚实守信"的人物和典型事例，营

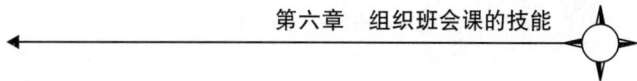

造人人都来说实话、讲信用的道德氛围。

⑨提高自身防骗、自卫的能力，敢于同欺诈行为作斗争。

⑩大力宣传本班、本校同学"诚实守信"的好人好事，严格要求自己，争当"诚信标兵"。

四、从本班实际出发，通过制订"诚信班级"长远规划和短期计划，努力培养诚信学子，努力打造诚信班级。

【资料7】主题班会：亲情教育①

设计理念：

苏联著名教育家苏霍姆林斯基曾经说过："只有爱妈妈，才能爱祖国。"因此，亲情是一切情感的基石。只有爱父母，才会爱学校、爱家乡、爱祖国、爱社会、爱我们生活的这个世界，才能永驻真爱，形成质朴健全的人性。针对本班学生个性中暴露的自私任性、以自我为中心的不良倾向，通过真情体验，感悟亲情，激发学生爱的情感，丰富情感积淀，把亲情回报付诸实践。

设计目的：

(1) 让学生了解亲情，体验亲情的无私和伟大，感受中华民族的传统美德。

(2) 让学生回报亲情，把对父母的爱付诸实际行动。

(3) 丰富学生的生活和情感积累，激发学生从小有爱心，树立心中有他人、心中有祖国的情感。

活动准备：

(1) 准备节目，搜集故事，收集名言，主持人准备串联词。

(2) 制作相关的课件。

(3) 邀请父母参加班会活动。

(4) 场景设计，渲染环境，奠定情感基调。

活动过程：

一、宣布活动开始

甲：亲情，人类永恒的话题。

乙：亲情，人间最美的情感。

合：谭格庄初级中学六年级(3)班"拥抱亲情"主题班会现在开始。

二、回顾篇——走近亲情

1. 我的名字的故事

(1) 甲：我的降临，是父母生命的延续，是家庭未来的曙光。我的名字是父母理想的编制，同学们，你们知道自己名字的含义吗？

(2) 学生交流自己名字中蕴含的意义。

(3) 乙：孩子的名字融入了父母多少的期望！他们为了给孩子取名字花了多少的

---

① https://www.diyifanwen.com/jiaoan/ganenzhutibanhuijiaoan/101115011525929062.htm.

心思。

2. 我成长的足迹

（1）乙：有了泥土，嫩芽才会长大；有了阳光，春芽才会开花；我们的成长离不开您呀——亲爱的爸爸、妈妈。

（2）甲：请听歌曲《父亲》《母亲》（教师操作）。

（3）乙：下面谁能讲一下在我们的成长过程中父母为我们做出牺牲和付出血汗的故事（两个同学为宜）。

（4）甲：孩子的成长过程中凝聚了父母无穷的爱；感人的故事勾起了孩子的美好回忆，让我们把父母的爱永记心中，下面请听诗歌朗诵《母爱》（作者：冰心）。

3. 父母写真

（1）甲：母亲的皱纹，父亲的白发，是父母操劳的见证，是爱的涓涓印痕，是亲情无偿的演绎。你了解自己的父母吗？你关注过父母的变化吗？

（2）乙：请同学们以"爸爸（妈妈）的_____"为题，演讲自己眼中的父母。

三、拥抱篇——体验亲情

1. 亲情赞颂知多少

（1）甲：亲情是一种血脉相通的默契，是一种无法割裂的存在。

乙：因此，酬劳不是她的目的，收获不是她的动机，她是人性闪耀的光辉。

甲：多么质朴的情感啊！古今中外，有多少赞颂父母的歌和词；有多少演绎亲情的故事；有多少歌颂母爱的名言。

乙：让我们尽情地用歌唱、用朗诵、用故事来拥抱亲情吧！

（2）甲：下面请全体同学起立，集体歌唱《父亲》《母亲》。

（3）乙：下面请听诗歌朗诵：《纸船——寄母亲》。

（4）甲：下面请同学们讲述古今中外关爱父母的故事（课件展示关爱父母、孝敬父母的名言警句）。

2. 母子了解知多少

（1）甲：我们的生活，父母总是牢牢牵挂，那我们又对这些关爱自己的长辈了解多少呢？今天我们请到场的几位同学的妈妈和孩子共同上台做个游戏。测试一下对对方的了解有多少。请到场的爸爸做评委（互相猜对方最爱吃的菜、最爱穿的衣服；母子共同写自己的爱好和习惯，检验默契度）。

（2）请孩子做扮演孕妇的游戏，体会妈妈十月怀胎的辛劳。

四、行动篇——回报亲情

1. 确定回报方案

（1）甲：故事让我们感动，榜样为我们引路，名言伴我们同行。父母给了我们那么多的爱，我们已经渐渐长大，我们应该怎样回报父母呢？

（2）乙：请同学们讨论交流，并确定回报父母关爱的最佳方案。

2. 实施回报方案

（1）给父母一份惊喜。

送一份独特的礼物给父母，如自己设计的贺卡或小制作；给父母洗洗脚；最近通过努力取得的最佳成绩或获得的喜报；一封感谢父母的信……

（2）帮父母做家务事。

每天在家给自己设立一个劳动岗位，帮助父母分担家务，向父母表示关爱。

（3）陪父母聊聊天。

每天陪父母聊聊天，说说学校发生的事、同学之间的事，自己听听父母工作的事，在沟通中积累情感。

3. 倾听父母的感受

（1）甲：听了大家的回报方案，我们的家长也十分感动。下面请爸爸、妈妈来谈谈自己的感受。

（2）爸爸、妈妈谈感受。

（3）乙：亲爱的爸爸、妈妈，谢谢你们对我们的肯定，你们放心吧，感谢你们对我们的爱，我们也一定会把爱回报给你们，回报给亲爱的社会，回报给伟大的祖国。

（4）合：最后让我们伴着美妙的旋律把手中的红花献给在座的家长。

（5）播放歌曲《母亲》。

（6）甲：下面请班主任做总结。

（7）班主任总结：积累亲情并不在于轰轰烈烈，回报父母最重要的是要有一种正确的态度，要有一颗孝心；关爱父母要体现在平时的一言一行、点点滴滴中。从现在做起，从小事做起，培养爱心，去爱我们的父母，去爱我们身边的人，去爱我们的祖国。

（8）合：感谢今天在座的各位家长、教师，谢谢你们的光临指导，谭格庄初级中学六年级（3）班"拥抱亲情"主题班会到此结束。

（三）组织主题班会的要求

1. 主题鲜明，内容集中

主题班会的主题鲜明，题目名称简洁明了、突出一个中心问题或教育要求，活动的内容和形式围绕一个主题展开。内容的选择要能集中体现主题的要求和活动目标。如前文的主题班会"弘扬民族精神 做诚信学生"中的主题是"诚信"，其主要内容也围绕"诚信"开展：有关"诚信"作用、名言、历史故事、品质、班级诚信守则等。每次的主题班会只能围绕一个主题开展，主题过多，问题过杂就难以解决问题，难以对学生产生教育影响。

2. 主题目标明确，教育性强

开展主题班会的主要目的是使学生受到教育，不具教育性的主题班会是没有任何价值的。主题班会的教育性既包括对学生的思想品德教育，也包括对学生的身心健康教育等多方面，只要能促进学生健康发展的主题，都具有教育性。主题班会的活动目标围绕主题、教育目的、学生的发展需要而制定。活动目标具体、明确，内容包含学生的情感、态度、价值观、能力、知识的发展，具有很强的教育性。活动内容和形式围绕主题和目标开展，使学生受到教育。

3. 联系实际，具时代性和针对性

联系实际具有两方面的含义，一是联系当代社会实际，主题及其内容与现今的社会发展、国家大事相关联，使之具有时代性，如我国的航天事业、世界和平问题、世界金融危机、环保教育、家乡的变化、科技的发展等都是时代气息浓烈的主题。二是联系学生的实际，即主题及其内容贴近学生的思想情感和生活，从学生的实际出发，能帮助学生解决现实生活中存在的各种问题，满足学生的需要。同时活动的内容和形式设计能充分考虑学生的年龄特征，能引起学生的兴趣和共鸣，以发挥最佳的教育效果。

4. 活动形式新颖、多样

根据学生的特点和主题内容，可采取不同的活动形式。游戏、竞赛、表演是小学生喜欢的形式；中学生喜欢的形式更为多样化，除游戏、竞赛外，辩论、演讲、科学制作等也是其喜欢的形式。活动的形式要根据内容变化而每次都有所不同，同一形式在不同内容的变化下也应有所变化，使之灵活多变，以激发学生的好奇心和积极性。每次主题班会的形式也应灵活多样，单一的形式容易使学生产生疲劳和厌烦情绪，教育效果也将大打折扣。因此，综合式的主题班会是最常见的也是最受欢迎的班会，可根据内容和目标进行组合，使形式有趣、新颖。

5. 全体学生积极参与，充分体现学生主体

主题班会是在班主任指导下学生自己的活动，主题班会的设计、准备与开展都应由学生全程参与。一次主题班会的成功开展关键是看班主任能否调动全班学生参与的积极性。无论什么内容、哪种形式的主题班会，都要使全班学生共同参与，以达到自我教育的目的。根据现代的教育理念，评价一次活动的重要标准之一是学生全部参与活动的程度以及参与的积极性。如果活动中只有少数或部分学生参与，即使活动设计和组织得再好，那也不能算是好的活动，因为活动只使部分学生受到教育。如果在整个活动中学生的积极性都不高，只能说明活动的设计或组织是不成功的。因此，在设计和组织主题班会时一定要考虑学生的参与程度和积极性。

思考与训练

1. 列表设计一个晨会的周计划，包含晨会的时间、主题、形式、组织者和主持人。
2. 为中小学某班级设计一个主题班会，并在本班模拟实施。
3. 设计一份问卷，调查中小学班会（或主题班会）开展的现状。

第七章 组织课外活动的技能

课外活动是指在课程计划和课程标准范围以外，学校有目的、有计划地组织学生自愿参加的各种教育活动。我国课外活动的历史悠久，早在两千年前的《学记》中即提出："大学之教也，时教必有正业，退息必有居学。"即倡导在规定时间内上正课，休息时间从事课外活动。2006 年修订的《中华人民共和国义务教育法》第三十七条也明确规定："学校应当保证学生的课外活动时间，组织开展文化娱乐等课外活动。社会公共文化体育设施应当为学校开展课外活动提供便利。"

班主任是课外活动的主要策划者、组织者和指导者。

一、课外活动的特点

课外活动与课程计划中的学科课程、活动课程相比较，其特点是：

1. 课外活动目标个性化

课外活动目标个性化包含两层含义：一是课外活动的目标主要是促进学生的个性化发展；二是课外活动对学生要达到的目标没有统一的要求，每个学生都可根据自己的知识水平和能力设定不同层次的目标。

2. 课外活动对象的个别自愿化和自主性

（1）个别自愿化。

课内教学活动的对象是全员性的，每个学生必须参加，而课外活动的对象以学生自愿为原则，学生有权选择是否参与活动，体现参与对象的个别化。课外活动的个别化适应了学生不同的特点、兴趣和爱好，满足了学生个性化发展的各种需要。

（2）自主性。

课外活动是学生独立自主的活动。班主任或辅导员要放手让学生自己设计、自己组织活动、自己动手实践、自我评价考核。在活动的整个过程中，学生是活动的主体，班主任处于辅助、指导的地位。

3. 活动内容的广泛性和灵活性

课外活动不受课程计划和课程标准的限制，其内容广泛，无所不包，只要是能拓宽学生视野，扩大其知识面，培养学生某方面的能力，或者只要是有益于学生身心健康的活动都可以开展。可以是各领域的学科知识，也可以是融合多学科的综合知识；既可以锻炼学生的实践动手能力，也可以发展学生的抽象思维；既可以培养学生的情绪情感，也可发展学生的个性品质，等等。活动的内容可以根据学生的需要和愿望而灵活设定，学生可自由选择活动内容。

4. 活动形式的多样性

课外活动规模的大小、活动时间的长短以及活动的形式没有一个固定的模式，也没有固定的活动场所，可以根据学校的具体情况、学生的需要而生动活泼、灵活多样地开展。可以是学生个人的活动，也可以是全校性的活动（如绝大部分学生都喜欢的游园活动）；可以是只有几分钟的活动，也可以是长达一年的活动；可以是校内的活动，也可以是学校组织的校外活动；可以是讲座，也可以是讨论、朗诵、演讲、阅读活动、科技制作、社会实践，等等。

5. 活动过程的实践性

课外活动以学生的活动为主。课外活动过程实质是学生运用知识、锻炼能力、体验情感的实践过程。课外活动强调学生通过自身的活动获得直接经验，为学生提供实践的机会，补充以间接经验为主的课堂教学的不足。

二、课外活动的教育意义

课外活动的特点决定其有着特殊的教育意义。

（一）满足学生的需要，激发学生的兴趣爱好，发展学生的个性特长

1. 满足学生的需要

处于成长期的学生有着各种各样的需要，有发展身体的需要，也有提高科学文化素质的需要；有认知的需要，也有发展情感、能力、性格等个性心理的需要；有学习科学文化知识的需要，也有社交、文娱活动的需要。课外活动的内容广泛、形式多样，能满足学生身心发展的需要。

2. 激发学生的兴趣爱好

课外活动能激发学生的兴趣爱好，使学生享受到学习的乐趣，这种乐趣会泛化到对学校、教师和其他的学习中。课外活动不仅使学生看到自己的能力，还能增强学生的自信心。英国独立学校委员会在对 508 所私立学校进行调研之后，研究人员发现，学校课外活动的多少与该校学生在普通中等教育证书考试（GCSE）中取得 B 等以上成绩的人数有着紧密的关联。报告指出，成绩高的学校其学生课外活动量比成绩低的学校高出 50%。因此，研究认为课外活动是帮助学生提高考试成绩的关键因素。以英国名校哈罗公学为例，该校板球队队员虽然在夏季学期会抽出很多学习时间投入训练，但他们的成绩并未因此受到影响。该校校长巴尼比·列农说："无论是体育锻炼、手工作业还是戏剧娱乐，课外活动都是教育的重要环节。对于学习成绩较低的学生来说，参加课外活动可以激发其自信和对学习的热情，这对于学生提高学习成绩大有好处。不仅如此，课外活动还能培养孩子对音乐和艺术的兴趣，甚至帮他们找到一个让自己受益终身的爱好。"[①]

3. 发展学生的个性特长

课外活动是根据学生的需要和特点而开展的。在各种类型的活动中，学生可以充分地发现和发展自己的兴趣爱好。丰富多彩的课外活动能激发学生潜在的兴趣爱好，当学生了解自己的兴趣爱好时，他就可以根据自己的爱好有目的、有计划地选择课外活动，以进一步发展成为自己的特长。实践还表明，课外活动还可以为班级和学校培养有专长的学生以及为社会培养有用的人才。例如，有的同学爱好篮球，他可以参加学校的篮球

---

① 胡乐乐. 课外活动有助于提高成绩［J］. 小学教学（数学版），2009（11）：7.

兴趣小组，表现优秀可参与学校的篮球队，代表学校参加比赛，通过这些活动使其篮球技术水平得到提高，有可能发展成为专业的篮球运动员。课外活动是学生理想的发源地，课外活动中的经历和收获是许多人选择专业或发展方向的一个重要依据。

课外活动没有统一的课程标准和要求，适应了学生身心发展的差异性。单一的评价标准如学科考试分数，使一部分学生被贴上"差生"的标签，阻碍了其身心健康和全面发展。课外活动使学生的潜力得以不同层次地发现和发展，为他们的不同一般的才能提供表现的机会。再加上班主任教师在活动中给予适当的引导和帮助，不同层次的学生都可以形成符合其个性的特长。

（二）补充课内教学活动的不足，促进学生的全面发展

课外活动是促进学生全面发展的重要途径。苏霍姆林斯基说过："只有当孩子每天按自己的愿望随意使用5～7个小时的空余时间，才有可能培养聪明的、全面发展的人。离开这一点去谈论全面发展，谈论培养素质、爱好和天赋才能，只不过是一些空话而已"。[①]

1. 拓展知识，开阔视野

当今科学技术的迅猛发展，知识快速更新使教材中的间接知识总处于"昔时"的状态。课外活动弥补了课堂教学知识相对陈旧的不足。学生在课外活动中可以不受课程计划和教材的约束，通过传媒、网络等现代信息传播手段吸收大量的新信息，了解社会发展的现状和趋势，跟上时代的发展。课外活动内容的广泛性和综合性，最大限度地拓展了学生的知识面，从天文地理到微生物，从生老病死等生命意识到环境保护、生态平衡，从亲朋好友的和谐相处到社会乃至世界的和平……使学生对自然科学和社会科学的各个领域都有了一定的认识。而且，课外活动的实践性也加深了学生对课内知识的理解和巩固。

2. 培养各种能力

课外活动的实践性，要求学生通过自己的观察、制作、实验、阅读、收集记录、设计、调查、表演等一系列活动来完成。在这个过程中，学生的动手能力和独立思考能力都得到充分的发展。而且学生还会遇到许多预想不到的问题需要其独立解决，这在无形中锻炼了学生解决问题的能力和创造能力。课外活动为学生提供了更多与他人接触的机会，在活动中他们逐渐学会了合作与交际。如在篮球活动中，学会与队友的合作和团队精神；在阅读中，学会换位思考和理解不同的人；在调查中学会与陌生人交流；在文学艺术类课外活动中，培养学生的表现能力、欣赏能力，等等。

3. 形成良好的个性品质

丰富多彩、生动活泼的课外活动可以形成学生活泼、开朗的个性品质。不同类型的课外活动能锻炼学生不同的个性品质。科学制作和科学实验可以培养学生的严谨踏实的作风；艺术表演可以培养学生热情、开朗、大方的个性；社会调查可以让学生学会自制和实事求是；各种体育竞技类比赛可以锻炼学生坚强的意志品质，等等。

---

① ［苏］瓦·阿·苏霍姆林斯基. 帕夫雷什中学［M］. 赵玮，等译. 北京：教育科学出版社，1983.

（三）充实课余生活，合理安排休闲生活

1. 充实课余生活

中小学生精力旺盛、爱好广泛、好奇心强，丰富多彩的课外活动正好满足他们的这些特点，这会让学生在不知不觉中、愉快地渡过自己的课余生活。丰富多彩的课外活动使学生的生活多姿多彩，充实了学生的生活；丰富多彩的课外活动让学生把过剩的精力消磨在健康、有意义的活动中，避免了受社会不良风气和习惯的影响；丰富多彩的课外活动既充实了学生的课余生活，又满足了学生的精神生活，还提升了学生的生活品位。

2. 合理安排休闲生活

繁重的课业负担，被挤掉的课外活动，使现在的学生在闲下来时都不知道该做些什么。开展丰富多彩的课外活动，在培养学生兴趣爱好的同时，使之能够合理地安排休闲时间。当学生习惯于在丰富多彩的课外活动中度过自己的休闲时间时，学生的生活将是快乐的、健康的。在课余的休闲时间中发展自己的兴趣爱好将使学生受益终生。课外活动让学生学会合理的、健康地安排自己的休闲生活。

三、课外活动的内容与方式、方法

（一）课外活动的内容

1. 学科活动

学科活动是对课程计划中的各学科的课外拓展学习和研究的活动，以满足部分学生对某学科深入理解和研究的愿望。学科活动不是对各学科教学的重复，而是拓展和加深，带有研究或实际应用的性质。各学科都可以有课外学科活动，如数学活动、语文活动、英语活动、美术活动、音乐活动、生物活动、物理活动、化学活动等。各学科活动可以根据学科的板块和学生的兴趣再加以细化，如语文活动可分为口语交际、朗诵、写作、经典名著欣赏等。例如，某校开展的生物课外活动内容包括采集制作生物标本、植物生长规律、特征的观察、培养、栽培、解剖、生理实验及杂交实验、自然界生物及其生态观察（主要是对当地自然资源的考察活动）、与生物活动有关（特别是与生物环境有关）的一些调查研究、参与环境保护的公益活动、宣传生物学知识、有关生物学奥赛的辅导与参赛，培养优秀特长生。[①] 学科活动一般以兴趣小组的形式出现，是学校重要的课外活动内容。

2. 科技活动

科技活动是以科学知识和现代科学技术为内容的，以培养学生的科学兴趣、科学能力等科学素养为目的的课外活动。科技活动是学习现代科学技术知识、进行各种科技实践性作业的活动，带有综合性，也包括某些理科学科的课外活动。主要的科技活动有制作科技小模型（航模、车模、船模）、采集标本、动物小观察、小饲养、植物小种植、良种培育、园艺、实验、气象观测、教具制作和科学小发明，以及举办科技知识讲座和科学家故事会、科技表演、竞赛、科学游艺、科技夏令营、访问科学家等。

---

① http：//www.nn14z.net/Jz/ShowArticle.asp？ArticleID=2327.

3. 体育娱乐活动

体育娱乐活动包括体育活动和娱乐活动。体育活动是指所有能增强学生体质、促进学生健康成长的活动，包括球类运动（乒乓球、羽毛球、排球、篮球、足球等）、田径运动（走、跑、跳、投等）、健身操、体操、武术、趣味体育（跳绳、踢毽子、拔河、滑板、溜冰、骑自行车、攀岩、爬山等）。娱乐活动是指能丰富学生生活、陶冶学生性情、愉悦学生身心的棋类（五子棋、飞行棋、跳棋、军棋、象棋等）、游戏和游园等活动。运动和游戏是最符合学生天性特点的活动，深受学生的喜爱。学校和班主任要有针对性地为学生提供专门的时间和活动器材，使每个学生都能按照自己的爱好选择一些活动经常进行锻炼和娱乐。

4. 文学艺术活动

文学艺术活动以发展学生对文学艺术的兴趣爱好、培养审美情趣、提高他们对艺术美的感受、欣赏、表现和创造能力为主要目的的活动，包括课外阅读、文学作品（童话、寓言、神话、小说、诗歌、散文等）朗诵、欣赏与评论、音乐赏析、声乐、合唱、乐器演奏、舞蹈、戏剧、绘画、雕刻、书法、刺绣、摄影、花卉、盆景、文艺晚会等。其中课外阅读活动更应该是每个学校、每个班级必须组织的活动，要定期向不同年龄的学生推荐适合其特点和需要的课外读物，建设和开放阅览室或图书角，提供一定数量的有助于学生成长的书籍和报刊，指导学生阅读的方法，组织学生讨论、辩论和评价，形成浓厚的读书氛围。

5. 社会实践活动

社会实践活动是学生接触社会、了解社会、服务社会，体验社会生活和社会生产实践的活动，主要包括以下活动：一是参观游览，参观社会各工厂企业、农村农场、社区、社会公共设施（特色建筑物、桥梁、公园、纪念馆、博物馆等）、服务性行业（商城、酒店等）等，以了解社会各行各业及其从业人员；二是游览社会名胜古迹和自然风光，激发学生热爱家乡、热爱祖国、热爱大自然的情感；三是社会调查，可与综合社会实践活动课程相结合，选定课题、制订计划、实施调查、收集和处理资料、写出调查报告。四是访问，主要是让学生走出校园，访问社会各界的知名成功人士，了解成功人士的成长道路、奋斗历程和职业规范。五是社会公益服务活动，主要是社会公益劳动和公益宣传，如打扫卫生、整理社区环境、帮助孤寡老人和病残人员、到各企事业单位进行义务劳动、到街道社区宣传环境保护等活动。让学生体会到帮助他人的乐趣，增强学生的社会责任感，为社会作出自己的贡献。学生的社会实践活动需要社会各界的支持以及学校和班主任的重视和指导。

（二）课外活动的组织形式及其方式、方法

课外活动根据学生参与的人数和内容的不同，主要包括集体活动、小组活动和个别活动三种组织形式，各种组织形式又有各自的方法。

1. 集体活动

集体活动是指能吸引全班大部分同学参与的由学校或班主任组织的活动，这类活动主要有：①讲座和报告。讲座主要是普及学生的科学文化知识、满足学生认知和情感需要的各种讲座，如时事教育、航天知识、音乐欣赏常识、青春期生理健康讲座等。报告

117

会主要是英雄、模范人物的先进、感人事迹的报告。主讲人可以是校内的教师、学生、家长、各界人士或英雄模范等。②参观游览。这是学生最喜欢的活动方法，但要求班主任精心组织并注意学生的安全。③集会。包括重大节假日（如庆祝国庆60周年）、学校传统纪念日、重大事件的集会（如"5·12"汶川地震的募捐活动）和各种类型的文艺汇演或晚会。④比赛。组织各种内容和形式的比赛，如体育比赛（校级或班级运动会、拔河比赛等）、学科竞赛（英语口语比赛、演讲比赛、书法比赛、奥数竞赛、歌咏比赛等）、才艺比赛等。通过比赛可以满足学生展示各自爱好和特长的需要，使其获得成功感。⑤电视、电影、戏剧的观看与赏析。学校组织学生到电影院、剧院欣赏有教育意义的电影或戏剧，既了解社会，又陶冶学生情操，培养学生欣赏能力。⑥公益劳动。

2. 小组活动

小组活动是课外活动的主要组织形式。它是根据部分学生的兴趣、爱好和要求以及学校的具体条件，以某一种活动内容组成小组，进行有目的、有计划、经常性的活动。它的种类有学科小组（文学、数学、历史、地理等）、科技小组（车模、航模等）、艺术小组（音乐、绘画、书法、舞蹈、摄影等）、体育小组（体操、球类、武术等）、劳动技术小组（电工、电器维修、刺绣）、社会公益服务小组和课外阅读小组等。小组的成员以自愿为原则，可以跨班、跨年级，人数视内容而定，一般不超过20人。如果人数过多，可多分几组。小组成员可以是同班同学，也可以是跨班、跨年级的同学，共同的爱好、兴趣把不同水平、不同层次的学生聚合在一起，更有利于学生之间的互相学习、互相帮助。小组的指导者可以是班主任，也可以是校内任何教师（根据小组的内容和教师的所任课程和专长而定），还可以聘请校外相应的专业人员。小组活动要制订计划，要有固定的活动时间和特色的活动内容。小组活动的方法灵活多样，包括收集资料、参观、访谈、观察、调查、做实验、设计、制作、欣赏、创作、训练、比赛等。具体方法根据小组的类型而定。

3. 个别活动

个别活动是学生在教师指导下，根据自己的爱好、兴趣在课外独自进行的作业活动。主要的内容和方式有课外阅读报刊书籍、练习创作（写作、绘画、演唱、演奏、书法、摄影、刺绣、剪纸等）、科技小制作、发明创造、体育锻炼等。个别活动有时也与集体活动和小组活动结合进行。个别活动能充分锻炼学生的独立能力，发挥学生的主动性、积极性和创造性，发展学生的爱好特长。学校和班主任要重视学生的个别活动，根据学生的爱好特长有目的地指导和检查，促进学生发展。

四、课外活动的规划与组织

（一）学校和班主任对课外活动的整体规划和具体计划

课外活动的有效开展，离不开学校和班主任的重视和整体规划。学校应根据教育目的、学校的资源和本校各年级学生的特点和水平，制订出本学期的课外活动实施方案（计划），方案的具体内容包括指导思想、组织机构（校级课外活动的领导和组织成员）、课外活动的内容形式、活动的组织（开展的课外活动及其指导老师）、活动要求、活动时间、活动场地、活动的考核等。以下分别是某中学和某小学的课外活动实施方案，仅供参考。

【案例1】 洪沟中学课外活动实施方案[①]

一、指导思想

为了认真贯彻落实泰安高新区关于开展《中小学课外活动工程实施方案》的文件精神，使学生的身心得到健康发展，全面提高学生的综合素质，增强师生间的友谊，办好人民满意的教育，结合学生、学校实际，特制定本方案。

二、组织机构

为确保学生课余文体活动健康有序地深入开展，学校成立课外活动指导小组。（略）

三、活动组织与要求

（1）组织：课外活动分集体和个人两大类，下设六个活动小组，各小组分别为①羽毛球组 ②篮球组 ③跳绳、踢毽子组 ④耐长跑组 ⑤合唱团 ⑥书法、绘画组。

（2）各小组组长（略）

四、活动目的

（1）培养学生的动手、动脑能力，丰富学生的课余生活，调节学生的学习和生活心态。

（2）培养学生健康的审美能力，增长知识，发展智力，让学生在活动中学有所乐，学有所用，学有所得。

五、活动要求

（1）实行班主任负责制，由班主任聘请辅导教师（科任教师）组织，辅导评价，填写活动开展情况记录表。

（2）学生以班为单位报名，力使每位学生都参与活动。

（3）各辅导教师按时到位，班主任按时把学生带到活动场地。

（4）班主任为班级活动的第一责任人，负责班级学生课外文体活动的组织者和实施者的安全保护，辅导教师为班级学生课外活动的协助者。

（5）每位学生必须自觉遵守各种活动的规则要求，听从指挥和安排，并按时参加活动。

（6）活动场地及器材管理由后勤处统一安排，实行器材由小组管理责任制。

（7）活动时间：利用每周一、二、三、四下午第四节课开展45分钟的课外活动。

六、安全管理

（1）每个活动小组认真组织，精心安排，确保安全事故发生率为零。

（2）每个组认真检查活动器材，场所是否符合活动的要求，有生理缺陷的学生不能参加相应的活动。

（3）各活动组制定好意外事故发生的应急处理预案，确保活动中师生的生命安全。

[①] http://blog.163.com/sunan_pan/blog/static/6851058120099121061538/.

七、活动的考核

为了充分调动全体任课教师的积极性，以班为单位，年级实施课外文体活动。对开展的活动每周进行评比（由学校行政负责考评），考核分每周为100分，一期进行总评，此项目作为班级考核的重要材料之一。

附：具体考核办法

（1）组织学生参加活动占20%，按照参与人数进行评分，95%以上参加为优，90%～94%为良，80%～89%为中，84%以下为差，依次记为20、15、10、5分。

（2）按照学校要求进行活动的设计，并完成了总结材料占20%，按好、中、差依次记20、15、10分。

（3）活动内容丰富，准备充分，活动质量占40%，按优、良、中、差依次记40、30、20、10分。

（4）安全管理占20%，无器材损坏，安全事故发生为好；无器材损坏，一般安全事故发生为中；活动中发生安全事故并造成不良影响为差，依次记20、10、0分。

【案例2】宣汉县清溪镇中心小学2009年上期课外活动实施方案①

一、指导思想

为了全面贯彻落实党的教育方针，认真执行《课程设置标准》的规定，我校以第二课堂活动为载体，让学生在紧张的学习之余有一个丰富多彩的课余生活，并促进学生课余活动的逐步规范，全面提高学生的综合素质，引导鼓励学生积极参加形式多样、特色鲜明的文体活动，促进学生的全面协调发展。

二、组织机构（略）

三、实施目标

建立一支以体艺组及专业教师、班主任为主的队伍，具体实施课外文体活动计划，充分发挥校内、外人才资源优势，各尽其用，使我校的课外文体活动形式多样，特色突出。

（1）通过课外活动，让学生有更多的时间参与活动，培养兴趣爱好，促进学生的健康成长。

（2）在课外活动中，让学生有选择地参与、学习、享受，让学生掌握一定的技能，提高学生的综合素质。

（3）通过课外活动，丰富校园文化生活，促进教师与学生、学生与学生之间的和谐关系，增强学生的合作意识、竞争意识以及不怕艰辛、勇于克服困难的坚强意志，达到全面育人的目的。

四、活动形式

（1）校级兴趣小组。学校共成立了篮球组等10个兴趣小组。全校学生根据自身特长和兴趣爱好自愿报名，学校考查确定各兴趣小组成员。各兴趣小组确定专门指导教师，按计划有组织地实施活动。

---

① http：//www.xhqxxx.com/ReadNews.asp？NewsID＝626.

（2）班级课外活动。以班为单位，由班主任负责组织实施，按学期计划，每周确立一个活动主题，开展丰富多彩的活动。

五、活动时间

每周星期二、四下午课外活动时间。

六、人员安排

项目	人数	指导教师	活动场地	项目	人数	指导教师	活动场地
篮球组	26	李维平	篮球场	声乐组	40	陈国玉	多媒体室
足球组	15	陈刚	足球场	舞蹈组	20	覃晓娟	形体训练室
田径组	40	谯雪梅	田径场	信息技术	60	张河一	计算机室
乒乓球组	24	黄利华	乒乓球场	美术组	40	刘伟	美术室
棋类组	40	李存兵	大会议室	书法组	40	邱浩	实验室

七、活动要求

（1）做好学生参加各兴趣小组活动的报名工作，力使每位学生都参与活动。

（2）各活动项目指导教师、班主任为活动的第一责任人，负责各项活动的组织、实施与安全管理。督促好本班学生准时参加活动。

（3）校级兴趣小组活动所需的易耗器材由指导教师根据报名人数统计后报覃老师处，由学校集中为学生采办代购，或由学校负责提供，由指导教师向总务处办理借还手续并负责保管。

（4）每天活动前后均要集合，清点活动人数，不得无故迟到、早退以及不参加活动。各班安排专人领取器材、并负责器材的保管和归还。

（5）每位学生必须按时参加活动，自觉遵守各种活动的规则要求，听从教师的指挥和安排。

八、后勤保障

总务处负责指导教师开展活动所需器材的学期借还管理，并做好各活动场地的设置和开放工作。

九、活动考评

每一阶段结束后，学校将酌情进行比赛或演出。

班主任是学校课外活动实施方案的主要组织者和指导者。除此之外，班主任还可以根据本班学生的特点制定本班本学期的课外活动方案，开设和组织本班学生喜爱的课外活动。另外，班主任对所负责班级的或本班的、每一次的或每种类型的课外活动都要设计具体的计划，然后根据方案实施活动。活动计划的内容主要包括活动对象、活动目标、活动内容安排和活动实施（措施）等。

【案例3】小学五年级课外（阅读）活动计划 ①

《语文课程标准》指出："现代社会要求公民具备良好的人文素养和科学素养，具备创新精神、合作意识和开放的视野。"阅读是搜集处理信息、认识世界、发展思维、获得审美体验，全面提高学生素养的重要途径。为了落实新课标所提出的教学目标，我们不但要上好每一节阅读课，还要不断拓宽学生的阅读渠道，抓好课外阅读活动。现根据本年级学生的实际情况，制订如下课外阅读活动计划。

一、活动目标

（1）培养浓厚的阅读兴趣和良好的阅读习惯，多读书，读好书，好读书。在每一天的生活中，都做到"我读书并快乐着"。

（2）提高品德修养和审美情趣，促进良好个性和健全人格的形成。

（3）开阔视野，丰富知识积累，提高整体素质。

（4）通过学生、教师、家长一同参与读书活动，营造良好的读书氛围，推动书香班级和书香校园的建设。

二、活动要求（安排）

（1）按计划开展课外阅读活动，每天课外阅读（包括做笔记）时间不少于30分钟，阅读量不少于2 000字。

（2）养成"不动笔墨不读书"的好习惯，阅读过程中，应适当对文章中的重点、难点、精彩语句作上记号或批注，并将好句、好段或自己感兴趣的内容摘抄在"课外阅读笔记本"上，进行长期积累，不断丰富知识储备。

（3）读写结合，提高作文能力。每周至少写一篇读后感，或以读某部作品、某篇文章后所想到的事情为内容，写一篇习作。

（4）背诵优秀诗文，每周不少于一篇（首）。

三、活动实施要点

（1）为学生提供充足的课外读物。途径主要有两条：一是利用好学校图书馆，鼓励学生到图书馆借阅自己感兴趣的图书；二是办好班级图书角，图书角里的图书一部分可由学生自愿捐献，一部分由学生带来交换阅读。

（2）加强课外阅读指导。一方面，要指导学生选择适合他们阅读的图书；另一方面，要指导学生掌握阅读的方法，如指导学生利用图书目录，及时找到自己需要的书，训练他们迅速阅览图书，找出自己需要的资料的能力，以及边读边想边记的读书方法等，以便提高阅读的效果。

（3）激发阅读兴趣，营造良好的读书氛围。课外阅读活动要取得成效，关键在于激发学生的阅读兴趣，引导学生持之以恒，坚持阅读。因此，要根据学生的心理和个性特点，开展丰富多彩的课外阅读活动。如举行读书汇报会、速读比赛、美文诵读比赛、讲故事比赛、读书笔记展评、阅读之星评选等。此外，还可以邀请家长到校参加读书活动，增加读书气氛，激发学生的阅读热情。

（4）重视阅读评价，抓好检查落实。教师和家长每周要对学生的阅读情况进行一次检查，对阅读量达到要求，阅读效果好的学生进行表扬鼓励，并让他们在班上介绍自己

---

① 李悦鸣. 小学五年级课外（阅读）活动计划. http：//www. hongxiu. com/diary/view/view. asp？id＝736545.

的读书经验或心得体会。对暂时达不到要求的学生，要热情地给予指导和帮助，使他们端正阅读态度，改进读书方法，落实课外阅读计划。

（二）组织实施课外活动应注意的事项

1. 重视课外活动

（1）学校重视并提供条件。

课外活动是学校工作中不可缺少的部分，学校应该给予高度重视。由于受到应试教育的影响，处于课程标准和考试大纲之外的课外活动往往不能受到应有的重视。大部分学校的课程表上都设有课外活动，而真正按课程表实施的学校却只是少数。学校也只是在形式上提供了课外活动的时间，在活动空间和活动内容上却没有具体的措施。在许多学生看来，课外活动的时间就是放学的时间、上自习的时间、自由活动的时间，课外活动形同虚设。学校对课外活动的重视不应该停留在口头上和文件中，而是实实在在地对课外活动进行整体规划，并为课外活动的实施提供条件。首先，学校应该设置专门的课外活动组织机构，由专人来全面考虑每学年的课外活动计划，及时处理课外活动中出现的问题，检查课外活动的情况，总结课外活动的经验，并做出考核和奖励。使课外活动能持久地开展下去。其次，学校要根据本校的实际情况，充分地利用各种资源，安排课外活动的指导教师、课外活动的空间场地、时间、内容、形式、设备与器材，为课外活动的顺利开展提供尽可能的支持。再次，学校（尤其是一些师资力量薄弱的学校）可以寻求社会支持，聘请有关学者、专家、科技人员和具有专长的家长来校辅导，或走出校园利用社会资源来开展课外活动。

另外，由于受经济利益的驱使，某些学校把课外活动办成收费的兴趣班，并硬性要求每个学生必须参与一个或一个以上的兴趣班，这是有违《义务教育法》的规定的。开展课外活动是学校应尽的义务。

（2）班主任重视并参与组织与指导。

班主任作为课外活动的主要设计者和组织者，要充分认识到课外活动的重要性。班主任对课外活动重视的程度直接影响到课外活动的开展，影响学生参与活动的积极性和活动的效果。在某些班级，由于各种原因导致课外活动时间经常被班主任挪用，使课外活动可望而不可即。班主任对课外活动的重视表现为以下四个方面：一是积极参与课外活动的组织与指导；二是严格按学校的要求和课程表时间开展课外活动，不随意挪用；三是减轻学生的课业负担，为学生设计内容丰富、灵活多样的课外活动作业；四是结合自己的学科或特长设计课外活动内容，编写课外活动教材。

2. 明确课外活动的目的，动员每个学生参与

课外活动是学校教育活动的组成部分，是实现学校教育目的的途径之一。课外活动必须有利于促进学生德、智、体、美、劳的全面发展，补充课内教育教学活动的不足，满足学生不同的兴趣爱好和需要，发展学生的个性特长，丰富学生的生活。对于每学期或每次课外活动的开展，班主任必须明确活动目标，动员学生参与。首先，确定活动的目标，可以根据课外活动的不同类型和学生的能力水平确定活动的目标，并使学生也清楚活动的要求。如拔河比赛是为了锻炼学生的体质，培养学生的合作能力；科学小制作

是加深学生对知识的理解，培养学生的动手能力和创造能力等。明确活动目标可以防止形式主义或放任自由等情况的发生。学生可以根据活动目标选择活动。其次，动员学生根据自己的特点有选择性地参与课外活动。即动员每个学生都参与课外活动，并教会学生根据自己的爱好特长或需要选择课外活动，要求学生参与的课外活动类型在一定时间内保持相对稳定。学生每次课外活动类型都不一样，不利于学生形成特长。

3. 发挥学生的主动性和积极性

课外活动是学生自己的活动，学生是课外活动的主体，应有其自主权。课外活动的设计和组织是学生自己的事情。首先，在制订课外活动计划前，调查学生感兴趣的课外活动，然后根据调查的结果设置课外活动的类型。其次，当学生选定好自己参与课外活动的类型后，由活动小组成员设计整个学期的活动内容，班主任或指导教师提出合理建议，共同确定活动内容和形式。再次，在每次活动之前，由学生自己设计活动计划，班主任签名通过后就可实施。最后，活动的主持和实施由学生独立自主地开展。班主任只是在需要时提供帮助和指导，切忌代替包办。班主任要相信学生，要学会容忍学生的过错和失败，再差的结果或作品也是学生自己的。当活动的整个过程学生都有其自主权时，学生的主动性和积极性将得到最大程度地发挥。

课外活动要发挥其教育意义，这就离不开学校和班主任对课外活动的重视和深入理解，需要全校师生的积极参与和坚持不懈的努力。希望我国中小学的课外活动都能受到应有的重视，内容丰富，形式多样，深受学生的喜爱，使学生在活动中健康、快乐地成长。

【资料】国外孩子怎样过有意义的课余生活？①

暑假来临，让我们可以暂时走出考试、政策、教学、改革的话题，本期我们一同走进一些其他国家学生的课余生活。尽管各国情况不同，同时有些活动也并不一定在暑假进行，仍希望可以为丰富我国学生的暑期生活带来一些启发。

俄罗斯教育科学部提出，"2012 年以前，应为每个学生提供不少于每周 2 小时的免费补充教育；到 2020 年，免费补充教育的时间应达到每人每周 6 小时"。

俄罗斯儿童接受补充教育

会一门艺术很平常

"未开发的岛"儿童创造中心是莫斯科的一所儿童补充教育机构。三年级学生柳芭是这个中心的优秀学员，她每天放学后都来这里学习艺术体操和智力游戏课程。经过两年的培训，柳芭在地区艺术体操竞赛中获得了第三名的好成绩，这更激发了她的学习兴趣。在放假时，柳芭还多次参加由该中心举办的主题参观、旅游和野外探险等活动。

事实上，柳芭不是因为家庭条件优越或拥有特殊才能才去参加这些活动的，她只不过是众多享受补充教育的普通小学生中的一员。在俄罗斯的学校里，每天下午放学后学生往往不着急回家，而是立即分散到各个教室或到校外机构，有的学唱歌，有的学芭蕾舞，有的学画画，有的排练戏剧。对于大多数孩子来说，接受补充教育并不是为了成为专业人才，而是一种近乎自然的课外生活方式。在俄罗斯有成千上万个这样的补充教育

---

① 国外孩子怎样过有意义的课余生活［N］. 中国教育报，2009 – 07 – 28（3）.

机构，丰富着儿童的课余生活。

补充教育在俄罗斯并不是一个全新的教育领域，而是俄罗斯教育体系的优良传统。俄罗斯的现代儿童补充教育体系始于苏联时期。十月革命后，苏联已经形成了包括少年宫在内的完整的补充教育网络，当时称作"校外工作"和"校外教育"。苏联解体后，俄罗斯的补充教育体系一度被弱化甚至摧毁。近年来，俄罗斯社会各界在反思教育改革的过程中，深刻认识并体验到补充教育体系，特别是德育体系、校外工作和青少年休闲组织等被破坏的消极后果。因此，重构补充教育体系成为俄罗斯教育现代化的重要组成部分。

俄罗斯教育科学部在2009年年底出台的《教育与创新经济的发展：2009—2012年推广现代教育模式》方案提出，要扩大补充教育的规模。在2012年之前，每个学生将得到每周2小时的时间来进行课堂外的大纲要求的活动，到2020年要保证每周不少于6小时。俄罗斯设定的补充教育发展目标是将5岁至18岁的学生可以获得免费补充教育的比例由原来的27%提高到40%；将14岁至25岁接受"为天才儿童和青年提供的补充教育服务"的人数比例由原来的12%提高到22%。俄罗斯已将补充教育上升到培养创新人才、提高国家竞争力的战略高度。

收费低廉、门槛不高

苏联时期，校外和课外教育是全部免费的，现在也只是象征性地收取学费。即便是以高消费著称的莫斯科，儿童音乐学校一般每月收费也仅在120卢布左右，约合人民币30多元。随着市场化改革出现的私立音乐教育机构，如音乐俱乐部、音乐小组等，收费基本与国立的儿童音乐学校持平，而且学生来去自由，几乎不设任何门槛。

在俄罗斯，补充教育被视为儿童个性化发展和创造力培养的重要场所。学生一般利用课后的业余时间或假期学习。俄罗斯的补充教育机构多种多样，有青少年宫、儿童创造中心、青年技术站、俱乐部、科学协会及休闲康复基地等。目前，俄罗斯的补充教育机构已达到18 000个，其中教育系统内有8 900个，其余分布在文化领域、体育运动领域以及其他社会组织中。这些机构有的与学校合作，使用学校的教室和设备组织学生活动，有些则拥有自己的场地和设施。

俄罗斯教育科学部有专门的补充教育管理机构，与基础教育、师范教育、民族教育等处于同等重要的地位，政府在活动资金、物质基础和人员上都给予支持。补充教育有正规的师资，大多来源于师范大学的相关专业。补充教育没有统一的标准，教育活动内容呈现出多样化特点，包括艺术、技术、体育、环保等各个方面。俄罗斯还为儿童补充教育提供多样化的支持，为低收入家庭提供优惠，为处境不利的儿童提供心理咨询和心理疏导帮助。

近年来，俄罗斯在改革补充教育管理体制的过程中，积极发展区域儿童补充教育体系，实行跨部门管理策略。跨部门管理机制形成了地方、区域和联邦的儿童补充教育机构互动网络，成立各级教育方法指导中心，为贯彻补充教育发展纲要、师资培训及实验研究提供了制度保障，为挖掘和培养天才儿童、预防青少年犯罪创造了良好的社会条件。

农村城市均可享受

在俄罗斯，补充教育也是要写入教育大纲的，因此，无论是农村还是城市的学生都有权享受。据了解，近年来，俄罗斯出现了很多包括学校和校外机构在内的社会文化综合体，为当地居民和学生提供社会文化服务，常年为农村学生开展保护自然环境、种植经济作物及养殖等科普活动。为了使农村学生真切感受到世界艺术的宝贵价值，他们还组织学生到大城市参观博物馆、观赏名剧，以汲取文化养分，提高审美和鉴赏能力。在暑假期间，城市的学校则组织劳动夏令营，参加农村的收获劳动。

俄罗斯人认为，补充教育是发展儿童个性倾向性、能力和兴趣，明确社会和职业自我定位的决定性因素之一。在创新经济背景下，俄罗斯更将补充教育作为培养创新人才的重要教育形式，与普通教育相提并论。为满足社会对补充教育的广泛需求，俄罗斯在借鉴国际经验和继承民族教育传统的基础上，出台了一系列补充教育政策，包括《2010年前儿童补充教育现代化构想》《2002—2005年儿童补充教育体系发展的跨部门联合纲要》以及《2010年前儿童补充教育体系发展的跨部门联合纲要》等。

俄罗斯描绘的现代化补充教育蓝图包括：国家保障补充教育的平等普及；提高补充教育的质量；提高补充教育师资的职业素质；加强对补充教育体系的管理；为每个儿童自由选择教育方向、活动形式、教育计划和时间，甚至是教师创造条件；满足儿童的各种兴趣、个性倾向和发展需要；激发个体认知和创造、自我实现和自我肯定的动机；能够让儿童看到自身的发展水平，保护儿童的自尊心，采用个体本位策略，为每个儿童创造"成功的情境"。

（作者单位：沈阳师范大学俄罗斯教育研究中心）

德国孩子爱上"儿童大学"

走进古老的大学校园，坐在神圣的知识殿堂，与获得过诺贝尔奖的教授一起探讨天文、地理、哲学，许多德国儿童就是这样度过课外时光的。

课堂还是那个课堂，教授还是那位教授，可是下面的听众变了……讲台下昂起的是一张张稚嫩的小脸，充满求知欲望的眼神分外明亮，他们就是德国"儿童大学"的"小大学生"。

创办儿童大学

目前，德国有120所儿童大学，在儿童大学注册的小学生达到百万以上，到大学听讲座，和知名学者讨论科学问题，在儿童当中颇为流行。2002年，世界上第一所儿童大学在拥有500多年历史的德国巴登—符腾堡州图宾根大学成立。其发起者是当地《斯瓦本日报》的两名编辑以及图宾根大学的新闻发言人。他们回忆最初的动机时说，孩子经常会出其不意地向家长提出许多不好回答的问题，而满腹经纶的大学教授往往是解答这些问题的权威人士。他们最初的目的很简单，就是要把大学教授和孩子拉到一起，给无穷无尽的问题找寻一个解答者。

儿童大学面向8岁到12岁的儿童，授课教师都是图宾根大学各系的知名教授，从开学之日起，每周上一次课。教授用浅显的语言向"小大学生"讲解天文、地理、哲学等各科知识。这些孩子甚至拥有一张正儿八经的图宾根大学学生证，凭此证"小大学生"可以去大学食堂就餐。听完所有讲座，他们还会获得一份盖有图宾根大学印章的结业证书。

不一样的授课方式

儿童对这个世界充满了好奇和疑问，虽然他们的问题对大学教授来讲不是难题，可是要解答得清楚明白却不是一件轻松的事情。很多为儿童大学做过讲座的教授都反映，为孩子备课花费的时间比为大学生甚至研究生备课的时间都要长，因为要考虑到儿童的接受能力，还要准备应付他们提出的各种疑问，例如，"为什么人类不应该克隆人"，"我们为什么会做梦"，"星星为什么掉不下来"。图宾根大学的欧安德教授表示："当你熟悉儿童心理后就会发现，给孩子上课和给真正的大学生上课是如此不同，和大学生比起来，这些孩子的问题更自然、更有趣。"

如果授课的过程平凡而枯燥，大学教授也会被这些"小大学生"批评。图宾根大学的格哈德教授曾准备了一场题为"我们到底为什么要获取知识"的讲座，讲座海报一贴出来，就吸引了许多孩子报名。上课时，没有座位的孩子干脆坐在台阶上。刚开始的几分钟，大厅里鸦雀无声。但是，随着他平静的讲述和深奥的推理，孩子们先是窃窃私语，而后整个学术报告厅嗡嗡作响，最后简直是人声鼎沸。有个孩子甚至大声嚷道："这人真没劲！"教授恐怕还是第一次在课堂上听到这样直接的尖锐批评。

一样的大学课堂

虽然给孩子讲课的方式与给大学生授课的方式不一样，但是课堂的规矩却不能变。图宾根大学特别注意培养孩子对大学的亲近感，有意让他们了解大学里的一些特定文化。例如，所有的课程都和正常大学的一样从正点过后的 15 分开始。在开学的第一天，孩子们要学会德国大学的古老传统，上课结束后不是向教授鼓掌致谢，而是用手敲击桌子的方式来表示感谢。另外，儿童大学的组织者还很注重"小大学生"对授课教师的意见，在整个学期结束后，孩子们集体投票，评选出本学期的最佳教授，就如同大学生每学期要对授课教师进行评价一样。

在儿童大学的课堂上，听讲者不再是正襟危坐只知道背着手听讲的小学生，也不再是只知道玩耍嬉闹的孩童，他们变得更活泼、更主动、更积极、更具有自主意识，不但会积极回答问题，还会积极发问。每当此时，他们表情认真、态度严肃，俨然已经被科学的美丽所吸引。

选课听课全凭自愿

图宾根大学在创办第一所儿童大学时，前来登记注册听课的儿童就有 400 多名。现在，在图宾根、柏林和卡尔斯鲁厄，每堂课都有多达 1 000 名的孩子参加。当大学教授迎来一批批欢蹦乱跳的孩子时，他们经常欣喜而风趣地说："小熊普普们来上大学了！"普普是德国儿童最喜爱的玩具熊。

儿童大学也有校规，第一条就是孩子在儿童大学可以根据自己的兴趣选择所要听的讲座，家长不能干涉。儿童大学还明确表示，不允许家长强迫孩子参加儿童大学，学习应该完全凭孩子自愿。甚至有的儿童大学还规定，每次讲座结束后，家长不能就上课内容向孩子提问，更严禁给孩子出题考试。

儿童大学所授的课程都可以在其官方网站上找到，孩子可以自由选择不同领域内自己感兴趣的话题。上课时间通常安排在周末或周五下午正规小学放学之后。虽然各大学内的儿童大学授课时间不同，对学生的要求略有差异，但办学宗旨和理念是相同的，就是提高孩子对学习知识的兴趣。

儿童大学风靡欧洲

调查显示，84%的家长认为儿童大学对孩子有帮助，67%的家长反映孩子在课程结束后对在儿童大学接触过的题目依然感兴趣，44%的家长认为孩子找到了学习的乐趣，14%的家长表示看到了孩子成绩的提高，而且孩子也有相同的看法。

现在，每周一次步入神圣的大学殿堂，去听大学教授举办的学术讲座，在德国的学生和家长中已经形成了一股热潮，并且开始传到瑞士、奥地利、意大利等地。欧洲的绝大部分高等学府虽然早已打破藩篱，成为没有围墙的大学，但长期以来，著名的高等学府和重点实验室还是蒙着一层神秘的面纱，对于中小学生来说更没有直接了解高等教育的机会。2008年5月，德国、瑞士、奥地利等5个欧洲国家聚集在儿童大学的旗帜下，倡议把这种模式在欧洲乃至世界推广开来。现在，越来越多的欧洲大学开办免费的儿童大学，这种做法打破了大学的神秘门槛，让孩子从小就熟悉高等教育并从中获得一定的科学知识。目前，通过德国与中国政府共同举办的为期3年的"德中同行"友好合作活动，儿童大学已经登陆中国，在中山大学和沈阳大学开课。

（作者单位："德中同行"项目组）

美国学生"公民学校"学技能

美国初中学生在校内的时间仅占20%，在校外的时间却多达80%。长时间的教育空白为青少年犯罪和社区治安埋下了隐患。许多非营利性课外活动机构应运而生，"公民学校"便是其中之一。

长大以后想当记者、网络工程师、厨师、汽车维修技师？或者还没有决定？现在，美国7个州的44所公立初中与"公民学校"合作，让学生在课后体验不同职业领域的技能和要求。

"公民学校"（Citizen Schools）不是一所学校的名称，而是一个有着20余年历史的学生课外活动机构，主要为六至八年级的学生提供课外学习机会，在秋季和春季学期办学。它自成立之日起始终以"培养孩子、巩固社区"为自己的使命，在解决社区需要的同时，通过亲身实践的经验学习活动培养孩子的职业技能。同时，公民学校还注重学生学习技能的发展，尤其是在写作、数据分析和口语交际等领域，并将这些技能与学校的学习活动和学习标准紧密地结合在一起。

回忆办学历程，创办人埃里克·施瓦茨和奈德·瑞姆说，当时波士顿正在寻求青少年犯罪率居高不下、社区生活景象日渐衰落和公立学校发展困难等棘手问题的解决方案。身为企业家的埃里克和奈德观察发现，大多数初中生在下午一点半就放学了。学生在校内的时间仅占20%，在校外的时间却多达80%。学生在这段较长的课外时间里几乎没有什么有意义的活动，也不接受任何教育和管束，长时间的教育空白为青少年的犯罪和社区的不安定埋下了隐患。如果将课外时间好好利用起来，就可以有效地减少青少年犯罪，教育和激励青少年成为积极进取的有用之人。于是，他们决定在多彻斯特县的保罗小学开展实验，志愿教20名五年级的学生。曾经担任记者的埃里克教学生如何采写新闻；曾在读大学时组织急救小分队的奈德教学生如何进行急救。他们把自己称为公民教师，学生被称作学徒。1995年初，公民学校正式注册成为一个非营利性组织，总部在波士顿。

迄今为止，有 3 200 名公民教师志愿参与其中。

公民学校与公立初中合作，利用学生下午放学后的时间在校内实施课外教育计划，其核心是公民教师带徒授艺。公民教师大多是来自企业、社区和民间机构的志愿者，有律师、网页设计师、建筑师、厨师等各行各业的专业人士。不同的学校会安排不同领域的公民教师教授不同的职业知识与技能，学生可以根据自己的兴趣和爱好来选择学校。公民学校每周在每所伙伴学校安排 4 次活动，时间从下午 3 点到 6 点。每学期的期末，公民学校的各个伙伴学校都要举办一次展览会，由学徒向公众展示他们学习的成果。它可能是一顿丰盛的美食，一次到当地儿童医院进行的木偶剧演出，一次模拟的案件审判或一份自己编辑出版的报纸，也可能是为学校设计的网站，等等。学生的家庭成员、公民教师的朋友、社区领导、学校教育工作者以及社区内的其他年轻人都会被邀请前来参加展览会，庆祝学生取得的成功。

此外，该计划还注重发展学生的学习技能。在公民学校的创办者看来，学生的学术成就并不取决于先天的能力，而是取决于后天的努力。因此，除了由公民教师向学生传授职业技能外，还要留出部分时间由教育工作者对学生进行学习上的支持和辅导，以便巩固学生在学校的学习。公民学校根据不同年级学生的特点开发提高学习技能的课程。"学校导航"课程就是为六年级学生开设的课程，教给学生学习的技巧，帮助其提高成绩、改善在学校的表现。"成功路线"课程适用于七年级，主要目的是使学生认识到教育与人生目标的联系，鼓励学生克服逆境，处理好来自学习的和社会的压力，坚持完成学业。八年级是初中的最后一年，公民学校借用全国性的第八级学院课程，培养学生在现实世界生活的技能，为未来的教育和生活做好准备。

公民学校课外教育计划最大的特色就是创造性地从社区、企业和民间机构中招募志愿公民教师。这些人愿意成为公民教师的原因有很多，有的是出于一种公民的责任感，有的是想与他人一起分享自己所热爱的事业，有的是想与孩子有更多的接触和联系，但是他们潜在的动机是一致的，即希望对学生尤其是低收入家庭学生的教育发展轨迹产生持久而有效的影响。

公民学校视初中为学生的关键转型期，其开创的以公民教师带徒授艺为核心的课外教育计划不仅填补了学生的"教育空白期"，培养了学生的动手能力和学习习惯，而且使他们对不同职业有了初步的了解，为今后的成功树立了目标。

（作者单位：福建师范大学教育科学与技术学院）

美国的 4-H 教育

"4-H 教育"是美国提高青少年素质的一个重要教育理念和实践。4-H 分别代表"头、心、手和健康"（Head, Heart, Hand, Health）。如今，全美接受 4-H 教育的年轻人已达 650 万人。

4-H 教育的誓言是让我的头脑有更清晰的思路，让我的心怀更大的忠诚，让我的手作出更大的贡献，让我的身体健康地生存——为了我的组织、我的社区、我的祖国和我的世界。

4-H 教育最基本的实践模式是"做中学"，其教育项目主要集中在科技、健康、公民意识培养三个领域，包括 1 000 多种活动。

4－H教育项目由联邦政府、赠地学院、中小学和 4－H 俱乐部共同实施，以专题活动和夏令营等形式举办。活动的推广和实施主要依靠具有专业技术知识的志愿者。（高靓辑）

"减负"拦路虎不是学习，是功利

盼望着、盼望着，暑假来了。家长摩拳擦掌，打算让孩子学会"十八般武艺"，任何一项素质都不输在起跑线上；各种培训班更是"磨刀霍霍"，开始了培训市场的生源大战。学生说："放假比上学还累。"

"减负"的本意是留出时间让学生全面发展，但是提高素质的各种课外活动怎么就变成了学生的新负担了呢？难道没有负担的课余生活意味着孩子什么也不做吗？事实上，越是发达的国家，学生课余生活的丰富程度和普及程度就越高。接受专业的艺术熏陶、参加系统的体育训练、到大学听科学讲座、为社区老人服务或者尝试某种职业技能，孩子们也很忙，却忙得自得其乐。

好奇和求知乃儿童的天性，笔者以为，学习知识、掌握技能本身不会也不应该成为学生的负担，否则我们的个体和社会何谈发展。造成学生负担的根源是隐藏在提高素质名义下的功利心态。这种心态来自社会、来自家长，但是最终却作用在孩子身上。

试想，如果德国家长先花高价购得一张奇货可居的讲座门票，再越俎代庖地给孩子选择一门高深的科学课程，把孩子强行推进大学校门，在讲座结束后来一次考试或竞赛当作日后升学的筹码，或者和大学签个择校协议，保证孩子日后进入这所大学，那么孩子还会对大学的神圣、科学的神奇充满向往吗？如果俄罗斯学生下午6点钟放学，带上足够写两三个小时的家庭作业，连周末和暑假也不能放松，他们还有什么精力去学乐器、学舞蹈、学唱歌？如果美国的学生无数次被人提醒"考大学最重要的是分数"，那么社区服务是不是也可能流于形式，甚至弄虚作假呢？

从国外的经验看，要想让课外活动真正达到提高学生素质的目的，至少需要三个条件：其一是要让学生拥有足够的闲暇时间；其二是要提供高质量的活动；其三是收费合理。德国低年级学生每天只上 4 小时的课。英国统一规定，学生每天学习时间不得超过 6 小时。美国中小学没有统一的作息时间，但不少学校的放学时间是下午 1 点 30 分。视野所限，我们不能武断地说国外没有收费高昂的贵族培训班，但是至少能看到的情况是，无论公立、私人非营利还是面向市场的课外活动机构，都有收费不高且质量不减的低课外活动，有些还特别关注缺少机会的低收入家庭学生。

孩子们在校园的时间是有限的，而且随着学校"减负"工作的落实，必然会有更多的闲暇时间。在国外，课外生活早已被认为是提高未成年人素质、促进其全面发展的重要阵地，甚至已经提升到国家战略的高度。面对这种情况，我们是不是该做些什么呢？

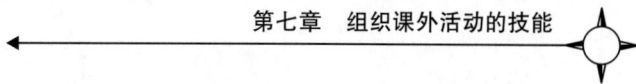

思考与训练

1. 描述你所经历的一次令人难忘的课外活动，并从课外活动的特点和意义分析令你难忘的原因。

2. 为中小学某一班级设计一个课外活动的学期计划。

3. 调查本地区中小学课外活动的开展情况，并提出你的建议。

第八章　班集体学风建设技能

学风是指学生的行为规范和思想道德的集体表现，是学生在学习过程中所表现出来的精神风貌，是学生在一定的世界观、人生观、价值观的支配下，在学习目的、学习动机、学习态度、学习方法、学习习惯、学习效果等方面的综合表现。学风是班风的重要组成部分，是班集体建设的核心。班集体是学生活动、成长的基地，而良好的班级学风能对学生产生积极而深远的影响。一个良好的班集体应具有优良的学风，包括正确的学习目的、巨大的学习动机和持久的学习兴趣；积极的学习态度；良好的学习习惯；科学的学习策略。

班主任是班集体学风建设的策划者和实施者。班主任要重视班集体学风建设，在了解学生的基础上，制定班集体学风建设的具体目标和措施，有计划、有目的地促进优良学风的形成和发展。以下将从学生的学习目的动机和兴趣、学习态度、学习习惯、学习策略等方面，阐述如何加强班集体的学风建设。

一、激发学生的学习动机和兴趣

学习动机是学生学习需要的一种重要的表现形态，它控制和调节着学生的学习行为，是达到学习目标的动因和力量。中小学生的学习动机是由比较短近的、狭隘的、具体的、不稳定的学习动机逐步向比较自觉的、富有原则性的、稳定的、远大的学习动机发展。我国的学者曾调查中小学生的学习动机，并从内容上将其分为四种：第一种是为了得到好分数，不想落于人后，或为了得到家长和教师的表扬与奖励而努力学习。这一种学习动机是直接与学习活动本身相联系的动机。第二种是为履行集体和组织交给自己的任务，或为集体和组织争光而学习。第三种是为个人前途、理想，或为升学，甚至为自己未来的幸福而学习。第四种是为祖国的前途、人民的利益而学习。小学阶段的主导学习动机是第一种和第二种，而中学阶段则是第三种和第四种，此时，远大的、与社会意义相联系的学习动机在逐步发展，而与学习活动本身相联系的学习动机仍起着很大作用。[①]

兴趣是人们对事物的一种积极的认识倾向，是动机产生的重要的主观原因。良好的学习兴趣是学生学习活动的自觉动力。中小学生学习兴趣的发展过程是：从对学习过程和学习活动本身感兴趣向对学习内容和学习结果感兴趣，从不分化到分化（对各种学科有不同的兴趣），其学习兴趣的广阔性、深刻性、稳定性在不断发展。

在当今的学校中，学生厌学的现象较为普遍。激发学生的学习兴趣是所有班主任必须面对的严峻问题。班主任可以通过调查，了解本班学生的学习动机和学习兴趣，在此

---

① 王耘，叶忠根，林崇德. 小学生心理学 [M]. 杭州：杭州教育出版社，1993.

基础上利用各种方法激发学生远大的学习动机，形成稳定、广泛的学习兴趣。

（一）利用表扬和奖励等外部学习动机，激发学生的学习兴趣

学生最初的学习动机来源于教师和家长的表扬和奖励，班主任要抓住各种机会给予每个学生适当的激励和奖励，激发每个学生的学习兴趣。

1. 善于发现学生学习和生活中的优点，及时给予激励

每个学生内心深处都希望得到别人，尤其是班主任的表扬和激励。学习优秀的学生经常能得到班主任的表扬和激励，而其他的学生，尤其是学习成绩差的学生却几乎得不到班主任的表扬和认可，甚至得到更多的是批评和指责。如果学生在学校从未得到过班主任或其他教师的赞扬或激励，那么要他保持持久的学习兴趣几乎是不可能的。这就要求班主任善于发现每个学生的兴趣和优点，并帮助学生认识自己的优点。有些学习成绩差的学生往往不知道自己还有优点，这更需要班主任的帮助。对学生表现好的一面，班主任应及时给予表扬。对学习成绩差的学生要尽量从其不好的表现中找出好的迹象，并对其给予表扬和激励。例如，如果他写字不工整，就圈出写得较好的字给予表扬；如果他很少完成作业，一旦他能完整交上作业，即使作业有很多错误，也要表扬他的积极。即要抓住他的细微进步给予表扬。当他经常感受到班主任的关怀和认可时，他的学习兴趣和积极性就会逐渐地、自觉地得到提高。

2. 设置各种评比奖励制度，使每个学生在各自不同的方面得到肯定和认可

在每学期的期中和期末，班主任一般都会对学习优秀的学生给予一定的奖励。但能得到这种奖励的学生极其有限，大部分学生都得不到任何奖励。那如何使每个学生都能得到与其付出相应的奖励呢？此时，班主任可以根据本班学生的爱好特长、个性品质设置各种奖励。当每个学生在班级中都能得到各自的奖励时，他们学习的积极性就会明显提高。因为他们在学校能得到教师和同学们的认可和赞赏，他们也有同学们可学习的一面，他们也有值得骄傲的地方。当学生喜欢上学以后，其学习的积极性也会逐渐提高，由对其他活动的兴趣转向对学习的兴趣。

【案例1】班主任论坛—任小艾讲座：评选全班之最①

每学期期末，全班学习成绩排名一结束，我们班要做的第一件事就是评选全班之最。我不让那些考得最好的学生洋洋自得，也不让考得最差的学生闷闷不乐。评选全班之最，就是让每个孩子昂起头颅，扬起自信的风帆。全班开始评出自己在全班最棒的一项。于是评出总分第一名的、单科第一名的、作业做得最工整的、最乐于助人的、英语口语表达最好的、跳舞跳得最好的、唱歌唱得最好的、拉手风琴拉得最好的、弹钢琴弹得最好的、跳高跳得最高的、跑步跑得最快的、最讲文明礼貌的、最讲卫生的等全班50最，评选之后用毛笔写在红纸上，写完贴在教室四周的墙上。紧接着就开家长会。全体家长步入教室的第一件事就是看班级50最。你的孩子考全班第一，别骄傲，有49个"之最"他还不具备，还要向别人学习；你的孩子考最末也别自卑，他拥有的一两项"之最"是全班同学的学习榜样。

---

① http：//60.191.133.87/Article_ Show.asp？ ArticleID＝41＆ArticlePage＝14.

案例分析：每个学生都有其独特的优点，关键是需要班主任的发现和激励，表扬和奖励都是必需的。任老师通过评全班之最，不仅使每个学生都得到奖励，而且使学生充分认识自己和他人，使其看到自己的优点，也看到自己的不足。每个学生都是其他学生在某一方面的学习榜样。班主任要在全班同学中营造互相学习的氛围，并使之变得浓厚，就能使学生的学习兴趣不断地稳定和深化。

案例反思：每学期都开展这样的评选是否会导致评选流于形式？每个学生都有奖，是否失去奖励的意义？

3. 适当地运用物质奖励

以上是通过对学生的精神奖励来激发学生的学习兴趣，在此基础上也可适当地运用物质奖励。适当的物质奖励与精神奖励一样，也能激发学生长久的学习兴趣。甚至有不少成功人士永久保存着学生时期那个已经不起眼的小奖品，就是这个奖品让他们回味一生，激励他们不断学习进取。物质奖励应用得好，也能发挥巨大的作用。

一般而言，班主任对物质奖励都比较谨慎，原因有三：一是班主任担心物质奖励会促使学生过分重视物质，使学生对学习的兴趣转为对物质的兴趣；二是物质奖励贵的东西奖不起，便宜的东西学生看不上；三是奖励的费用缺乏，义务教育阶段不能向学生收班费，许多学校也没有这方面的开支预算。可是现代的学生需要精神奖励，也喜欢物质奖励。而且，物质奖励应用的适当，也能激励学生的学习兴趣。具体的做法：①奖品不在于贵重，而在于对学生一种有形的、看得见的激励。奖品绝不能超过班主任的能力范围。奖品一般选择学生喜欢的各种学习用品或书籍，可以是一张奖状、一支笔、一个书签、一幅画、一个笔记本、一本书等。奖品可以小到一个贴图，甚至一个卡通印章，最贵重的奖品不要超过一本书的价格。②物质奖励要变化多样，满足学生的需要。奖品每次都应不一样。可以事先与学生约定，当他们达到某种成绩时，给他们某种奖品，奖品可由学生挑选。

【案例2】王立文：精神奖励比物质奖励更好①

在很多教师的心目中，学生已经不在乎精神奖励了。现在的学生很现实了，他们注重的是物质的奖励。奖笔记本、书籍等肯定比一张奖状的分量要重一些，学生已经不在乎奖状这样的"廉价"奖励方式了。

为了奖励学生，教师有时大伤脑筋。特别是对很优秀的学生的奖励，更要慎之又慎。我曾听过一场讲座，其中有个案例是饱受听众质疑的：一位教师为了奖励他们班上的一名各方面都很优秀的学生，用了几百元钱，做了一副以该生为封面的日历。

我想，这次学生满足了，下次该如何奖励他呢？我认为要引导学生正确地看待奖励。"奖轻，分量重"，哪怕是小小的口头奖励，也是对自己的一个肯定。重要的是奖励本身，而不是奖品。

还有一件事对我的触动很大。前段时间，我在一个班上体育课。我告诉学生："我们

① http://blog.sina.com.cn/s/blog_ 4a6a4c430100ggb4.html.

学校在十一月要举办运动会，希望大家积极报名参加。对于获奖的学生，学校会发奖，大家一定要认真准备，争取得奖。"

　　这时，我听到几个学生在下面小声地议论。我问："你们在议论什么？"有个学生说："学校就知道奖什么笔记本。"我很好奇地问："笔记本很好啊，免得你们出钱买笔记本啊。"另外一个学生说："学校怎么不发奖状啊？笔记本我多的是，奖状可以贴在家里，让别人都看到我取得的成绩。"我看这位学生成绩不理想，很少能得到奖状，唯一的长处是体育。但学校又不发奖状，所以他很不满意学校的做法。我说："我会把你们的情况给学校领导反映的，这次的运动会给你们发奖状，如何？"他们听我这么说都很高兴，说："如果发奖状，我就参加五项，得到五张奖状。然后我把这些奖状贴在家里，那该多爽啊，呵呵。"

　　我又想起了读小学时，班主任周老师为了调动我们背书的热情，对我们说："谁能第一个背完课文，我就奖他一本《雷锋日记》。"周老师的那本《雷锋日记》是我很喜欢的一本书，我当时的想法是：我要第一个背完这些课文，得到《雷锋日记》。在接下来的一周时间里，我一有时间就背课文。最终，我第一个背完了课文。周老师也遵守了承诺，将那本《雷锋日记》奖给了我，还在书的封面上签了名。班上的同学都很羡慕我。事情过去了近20年，我对那次的奖励仍然记忆犹新。

　　可见，奖励学生不一定要是"贵重"的物品，有时一张奖状、一本书比价值几十、几百元的奖品对学生的诱惑更大，给学生留下的印象更深。事实上，将精神奖励做好了，那将比物质奖励对学生的激励作用更大。

　　案例分析：案例中虽然王老师在不断强调精神奖励比物质奖励更好，可令他记忆犹新的却是20年前班主任奖给他的《雷锋日记》。这说明物质奖励只要用得恰到好处，也一样能激励学生，使学生保持持久的学习兴趣。另外，虽然学生越来越看重物质奖励，但小小的奖状也能满足学生的需要，尤其是对于那些极少受到奖励的学生。这就需要班主任巧设名目，使各种潜能的学生都能展示其才能，都有机会得到班主任的奖励。

（二）进行理想教育，培养学生远大的学习动机和持久的学习兴趣

　　理想是指一个人对未来的合理的想象和愿望，是一个人的奋斗目标和人生价值所在。崇高的理想能激发学生远大的学习动机和持久的学习兴趣。理想教育既是班主任的主要工作之一，也是班主任激发学生学习兴趣、形成班级良好学风的重要方式和手段。有崇高理想的学生往往能有意识地、主动自觉地学习有关的知识，排除外界干扰，保持积极的情绪和持久的学习兴趣。班主任可以从以下两方面对学生进行理想教育。

　　1. 设计和组织一系列的理想教育主题班会

　　每个时期学生都有各自不同的理想，但很多时候这种理想是空洞的、模糊的、不切实际的，这就需要班主任根据学生的实际设计一系列的理想教育主题，开展丰富多彩的主题活动，让学生清晰地认识自己的理想，知道从现在开始为理想而努力奋斗，为了理想从容面对挫折，形成正确的道德理想、生活理想和职业理想，树立崇高的理想。崇高的理想应是个人理想和社会理想的有机结合，是为社会作出贡献。可开设的主题班会有"将来我要做什么""我的爱好、我的理想""我的未来不是梦""放飞理想演讲赛""理

想与挫折""二十年后的我"等。活动的形式要多样，可以是座谈、讨论、演讲、表演展示等。主题班会除了要帮助学生树立崇高的理想外，还要引导学生解决理想实现过程中所遇到的各种困难，使理想不只是空想，使理想成为学生学习的持久动力。

2. 利用名人传记和名言警句激励学生

名人不是一出生就是名人，他们也是从一个普通的孩子成长而来。名人的成长故事也对普通的学生有较强的借鉴和激励作用。如果学生经常阅读各种名人传记，这种激励作用就会产生持久的影响，激励学生为理想不断地奋斗。班主任可根据学生的年龄和需要，定期推荐不同的名人传记，指导学生阅读、写读后感和讲述名人事迹；要求学生把其中最感人的语句摘抄下来，时刻激励自己。

另外，要使学生成为有理想的人，教师也应该是有理想的人。而且学生学习的热情来自教师工作的激情。教师要通过自己的言行，表现出对生活的自信和乐观；要通过自己对工作的努力，表现出对理想追求的执着，成为学生心目中的偶像。这样的理想教育才是有效的，才能使学生为了理想而努力奋斗，为了理想而保持积极向上的学习兴趣。

（三）引导学生制定个性化的学习目标，使学生获得成功的体验，形成稳定的学习兴趣

在一个班级里，名列前茅、成绩优秀的学生总是有限的。如果总是按学生的考试分数给学生排名，通过分数和排名来评价学生，那么就有大部分学生得不到肯定。当学生从来或总是得不到肯定时，他们就会失去学习的信心和兴趣。在刚入学时，每个学生都对自己、教师和学校抱有希望，希望自己学习优秀，得到老教师的肯定和赞扬。刚开始每个学生对学习都表现出极大的兴趣。可过一段时间以后，一般是半个学期后，就有部分学生（尤其是期中考试成绩不好的学生）不那么积极了。其中一个重要的原因是他得不到教师和同学的肯定，没有成功的体验。根据学生特点、水平制定个性化的目标，使学生体会成功是形成学生形成稳定学习兴趣的重要一环。

1. 引导学生制订个性化的学习目标和学习计划

班主任定期要求每个学生制订学习计划，其中包括学生个体的现状（学生个体的优势、不足、水平、学习的勤奋程度、学习方法的掌握等）、阶段（一个月、半学期）目标、为达到目标而实施的步骤、达到目标后希望得到的奖励等。如学生需要，班主任可以帮助学生共同制订。最后，每个学生的计划由班主任审查通过。计划中的奖励，可以由班主任提供选项（如一个拥抱、同学一周的微笑、向家长报喜等），学生自由选择。另外，学生自定奖励如果适合，也可给予通过。

2. 督促学生执行学习计划

通过审查的学生个性化学习计划统一装订，展示在学习园地。公开每个学生的学习计划，使每个学生既是监督者，又是被监督对象，学生之间形成互相督促、互相学习的风气。对于一些意志较薄弱的学生，班主任可请专人督促和帮助，班主任进行定期或不定期的检查。

3. 对达到各自学习目标的学生给予奖励强化，让每个学生都能体会到成功的喜悦

每个阶段的学习计划到期后，举行专门的班会，由全班同学对照每个学生各自的学习计划，审查学生是否达到学习目标，如达到目标，按其要求给予奖励。此时，每个学生都是评委，由学生表决通过。对没达到目标的学生，大家共同帮助他找出原因，提出建议，并要求他在下一个学习计划中体现出来。而且，对没有达到目标的学生，成立专门的帮扶组，帮助其达到目标。这样，每个学生都有可能达到自定的目标，每个学生都能体会到成功的喜悦。当学生经常有成功的体验时，其学习的兴趣就能长久地保持下去。

（四）开展丰富多彩的活动，培养学生广泛、稳定的学习兴趣

丰富多彩的活动是培养学生学习兴趣的最好的方法和途径。学生对于亲自参与的事情会特别关切，特别有兴趣。有些班主任认为活动会占据学生学习的时间和精力，进而影响了学习。其实不然，丰富多彩的活动能激发学生各方面的兴趣，在活动中能体现出学生各自的价值和才能，使学生充分认识自己和肯定自己。学生能在活动中培养自己的特长爱好，树立人生理想，为了理想而努力学习，保持浓厚的学习兴趣。例如，定期或不定期向学生介绍科学信息或科学家的成就，可激发学生对科学的兴趣和对科学家的向往；组织学生参观，将学生带到社会的大课堂中去，可开拓学生的视野，培养学生为参加社会建设而学习的兴趣。刚开始，学生对活动本身的趣味性、生动性感兴趣，如果经常组织活动，学生对活动的直接兴趣将转为永久的间接兴趣。

【案例3】　高高举起的小手——陈洪洲[①]

刚接现在的这个班，原任老师向我介绍班级情况时，特别提到了一个女孩——王元。"她父母离异，家境比较困难。父母在外地打工，她现在和年迈的外公外婆生活，他们辅导不了她。她的学习习惯不好，成绩比较差……"我曾经遇到过类似境况的学生，以前的经验提醒我，我们认识和了解学生的短暂过程也许就是改变学生的最好契机。于是，接下来的几周里，我对王元进行了特别的观察。

王元是一个刚刚十岁的小女孩，穿着比较单调，两个星期没见她换过外套，家中境况可想而知。孩子长得挺好，扎着马尾巴，鸭蛋形的脸上嵌着一对忽闪忽闪的大眼睛，笑起来特别美。她或许知道自己学习成绩不行，所以，她始终不敢正眼看我。我经常鼓励孩子们想发言就举手，她只是偶尔举一下手，而那手举一半缩一半，举得很不自信。我明白她害怕同学笑话，更怕新老师瞧不起她。要想改变她，首先就要让她有自信，自信了，她就会少怕甚至不怕。可这自信的突破点在哪儿呢？我还得仔细观察。又一星期下来，我终于发现她的记忆力特别强，因为有好几次遇到比较困难的题目时，全班只有那么一两位同学能回答出来，而能重复这一两位同学答案的也就那么几个人，她却是那么几个人中重复得最完整的一个。经验告诉我，她的理解力不会那么好，但她的记忆却最牢固，我真的惊诧于她的记忆力了。对！改变她，就从这里入手。

发现她的记忆力这么好之后，我就"谋划"着创造一次机会，把她的优势好好地，甚至隆重地表扬一下。不久，这一机会来了。那一次，第二天要上《九寨沟》第二课时。

---

① 王淮龙，韩金山. 教育印痕 [M]. 北京：北京大学出版社，2007.

《九寨沟》这篇课文景物描写得特别美，课文的3~5节要求背诵，可写景的文章比起叙事文的文章来少了情节性，背起来相对难一点。困难面前方显英雄本色，谁是英雄？王元！对，我要用美丽的《九寨沟》来成就王元，重塑一个有自信的王元。

下午放学后，我有意请她把本子抱到办公室，借机和她聊起来。我说："是这篇课文太难了，还是老师的记忆力下降了，这篇课文背诵部分我读了十多遍，还是记不住。你来做个测试，你读十遍看看是不是也像老师一样记不住。"她说："我也不知道，我试试看。"结果，她到外边读了十来遍，然后回来背诵，尽管背得没什么感情，但毕竟是比较顺利地背出来了。我说："你真不错，今晚再好好背背，明天给全班同学做个背诵示范，怎么样？"她腼腆地笑了，点点头说："我试试看。"

第二天，后半节课我特意安排背诵比赛。我对大家说："3~5节很美，但是要在短时间背出来真不容易。我今天想测试测试谁是我们班的背书大王，我将把昨天买的这本书奖给她。先给大家几分钟准备准备吧。"七八分钟的喧闹之后，班级复归平静，背诵比赛开始了。我先请大家心目中的好同学来背，毕竟事先没有提醒，加上课堂上准备的时间又短，那几个好同学背得结结巴巴，在众多挑剔的"评委"面前，他们纷纷落马。这时，举手的只剩下王元了，虽然她的手举得仍然不高。我看时机已到，便说："看来真的不好背，王元还想试试，那么请王元。"我说这话时，分明看到了同学们眼中的轻视。尽管还是有点胆怯，王元仍勇敢地站起来了。我微笑着鼓励她："好好背，别慌！"她开始背诵时节奏还有点不太协调，但后来越背越顺，如同行云流水一般。她一会儿就背完了，我还没有来得及反应，"哗……"挑剔的"评委们"掌声已经响成一片。个别评委激动得甚至喊起来："背书大王——王元！背书大王——王元！"我请大家安静下来，郑重地请王元上台领取"背书大王"的奖品。再看看王元，在这从没有过的荣誉面前，她脸涨得通红，激动得眼泪差一点就要落下来了。当她从我的手中接过奖品的时候，我看到了她的眼睛里写满了激动与欣喜。我知道，我的"阴谋"成功了。在同学们"哗……哗……"的掌声中，她腼腆地低着头走回座位，我相信，自信已经开始闯进了她的心里！

自从那次获奖以后，王元有点改变了，她爱读书了，她敢跟我讲话了。有一次预习课文后，她很激动地告诉我："这篇课文我读了十遍，我都差不多会背了。"以后，每次读书或背书，她敢举手了，虽然手举得仍然不够高，但毕竟是有可喜的变化呀！我想，要继续挖掘她的潜能，增强她的自信，突破口仍然是发挥她的优势。

这时正好学校组织背诵古诗文竞赛，要求全员参加。我组织班级同学进行了内部预赛。预赛要选评委，按以前惯例，班委就是当然的评委。这次，我们作了改革，规定50首古诗谁先背出来谁就当评委。我等待着王元。果然，她找我了："陈老师，我也能当评委吗？"显然，她不是对自己背古诗没有信心，而是对大家能否信任她当评委没有信心。我说："你想当评委吗？""想！""那你当然能当评委了！"于是，我请她在全班面前做了背诵表演。通过竞争，她第一个当上了评委！经过我的指导，她的评委工作做得非常出色，赢得大家的一致好评。当评委的那几天，她开心得不得了，以致她外婆还怀疑地到学校找过我："我家小孙女说她当上小干部了，老师，她是不是在骗我们啊？"我把王元的情况跟她一说，老人家惊喜得差点落泪了。

当评委锻炼了她的工作能力，她赢得了大家的喜欢和信任。当然，更重要的是，这大大地提高了她的自信。如今，在我的语文课上，再也看不到那个胆小如鼠的女孩，王元就像换了一个人似的。我想请同学做个背诵示范时，她的手举得高高的；我想请同学读书给大家听时，她的手同样举得高高的。更可喜的是，从此以后，无论遇到什么问题，只要她想好了，她都会非常自信地举起手，当然回答错误也是难免的，但不久，她的小手又会高高地举起。经过一段时间的努力，她的语文成绩也有了大幅度的提高，这下，她举手发言就更积极了，手也举得更高了。

一次课间，她跟我聊天，她说："陈老师，我最喜欢上语文课……"我陷入了沉思：我该如何引导她把自信放进每一节课，改变她偏科的现状，让她每一节课都能高高地举起小手呢？我相信我有办法。

案例分析：陈老师是个有心人，她善于发现学习成绩不好的学生——王元的优点，并有意识地创造机会，让王元展示优点，再给予鼓励和奖励。而且陈老师的奖励，既有精神的奖励——"背书大王"，也有物质的奖励——一本书，使王元双丰收，既体验到成功的喜悦，增强了信心，也得到了心仪的书本。陈老师不仅利用课堂为王元创造机会，而且根据王元的特长让她参与课外活动，使王元一次又一次地体会到成功的喜悦。陈老师通过发现优点、提供机会、鼓励与奖励、参与活动使王元从一个不自信的学生转变为自信的学生，从被动学习到主动、积极的学习，从不喜欢学习到喜欢学习，从成绩不好到语文成绩得到大幅度提高。相信通过以上方法也能提高王元其他学科的学习兴趣，使她成为学习优秀的学生。

二、端正学生的学习态度
（一）中小学生学习态度的形成与发展

态度是反映人们关于自身和事物之间的关系的一种比较稳定的心理倾向，学习态度是学生对与学习有关的事物的认识和情感。中小学生的学习态度的形成和发展表现在对教师的态度、对班集体的态度、对作业的态度和对评分的态度等四个重要方面。[①]

1. 对教师的态度

低年级小学生对教师怀有一种特殊的尊重和依恋之情，教师具有绝对权威。此时期教师对学生的态度是影响学生学习态度的主要因素，因此教师对学生要表现出亲切和关怀。从中年级开始，学生开始以选择和批评的态度来对待教师，到中学逐渐能独立、客观、全面地评价教师。那些思想作风好、教学态度好、教学方法好的教师往往受到学生的尊敬，并影响学生的学习态度。

2. 对班集体的态度

中小学生对集体的态度是从无意识发展到形成集体观念、明确意识到自己是集体中的一员，逐步把集体的要求当作自己的要求，把集体的荣誉当作自己的荣誉。到中学能自觉地把自己的学习和生活跟集体的利益联系起来，更加深刻地认识到自己的学习和集体的关系。其中班集体的形成是形成学生对学习的自觉负责态度的重要条件。因此，班

---

① 朱智贤. 儿童心理学 [M]. 4 版. 北京：人民教育出版社，2000.

主任要重视班集体的组建和发展。

3. 对作业的态度

对作业认真负责的态度是学生学习态度发展的一个重要方面。学生对作业形成正确的态度是要经历一定的发展过程的，其发展顺序是：①初入学的学生不能正确对待作业，没有把作业当作学习的重要组成部分，有时可能遗忘或受到干扰（如有趣的活动）而随意停止作业。②学会安排一定的时间来完成作业。③能按一定的顺序完成作业而不是东抓一把，西摸一下。④能按教师的指示集中精力、细心地完成作业。⑤能主动、独立、自觉地安排自己的作业，并注意作业的质量。学生对作业态度的发展有赖于教师和家长的严格要求、督促和检查。

4. 对分数的态度

分数是反映学生学习成绩的一个重要指标，学生在学校中学习，自然就会有各种评分。培养学生正确对待教师的评分对端正学生的学习态度是非常重要的。低年级的学生对分数的理解往往是不确切的，他们认为得高分才是好学生，听老师的话好好做功课就能得高分，得高分就能得到老师和父母的奖励。在教育的影响下，中年级的学生才能逐步理解分数的客观意义，开始了解分数代表学习的结果，代表完成任务的情况，逐渐了解学习是一种社会义务，把高分理解为学生对本身职责的忠诚态度并高质量地完成本身职责的客观表现，并逐步树立对分数的正确态度。到初中阶段，学生对分数的态度更加客观，不仅懂得怎样可以获得更好的分数，并且能够把取得优良成绩和社会责任感初步建立联系。学生对分数的态度，主要受教师和家长对分数态度的影响。因此，教师和家长要正确认识分数的意义，对学生获得的分数持积极的态度，要充分肯定学生的付出和所得的成绩，指出学生需要努力的方向和不足。

（二）端正学生的学习态度

学习态度影响学生对学习的定向选择。对学习持肯定态度的学生有较强的学习愿望，他们总是积极参与各种学习活动，自觉地学习，从而获得较高的学习效率；对学习持否定态度的学生则对学习没有积极性，他们不能自觉地认真学习，而总是比较被动，其学习效率自然也较低。

1. 让学生了解学习态度的重要性

态度决定一切，只有端正了学习态度，有着想学、好学的态度，才能学好。有部分学生并不重视或从不重视自己的学习态度，表现为对学习毫不在乎、敷衍了事，如上课不认真听课（随意说话、玩手机、玩各种小玩意、发呆、睡觉）、不做作业或抄袭、考试作弊等。正确的学习态度，能使学生有毅力克服自己的贪玩心，督促自己坚持不懈；不正确的学习态度往往使学生在学习时投机取巧、偷工减料、得过且过。班主任可以通过说服、案例分析、讨论等方法，让学生体会到不同的学习态度所导致的不同效果，从而让学生认识到端正的学习态度的重要性。

2. 学习正确的学习态度

当学生知道学习态度的重要性后，就要让学生了解什么是正确的学习态度和应该怎样树立正确的学习态度。①要引导学生认识学习中本来就应该有的意义，如学习是为了增长自己的知识，提高自己的思维能力，为将来适应社会提高生活质量做准备，为社会作贡献；考试是为了检查他们学习中存在的问题，锻炼自己的心理素质，提高自己的受挫能力，分数只代表自己以前学习的结果，等等。②班主任可以向学生提供学习态度端正的榜样，列举本班态度端正的学生的具体表现，如上课时聚精会神听课；积极参与课堂活动；主动完成作业；勤学好问，有不懂的问题能请教老师或同学；能有计划地复习和预习等。③要求学生对照正确的学习态度反思自己的学习态度，找出差距，提出端正态度的计划。④监督学生实施。

3. 纠正不良的学习态度

对于学习态度不良的学生，班主任要帮助其纠正不良态度。①班主任应要求学生找出自己学习态度不良的表现；②帮助学生分析原因，多从自身找原因。让学生明白学习态度是可以由自己控制的，可以通过树立学习目标或理想来端正学生对待学习的态度。③为学生树立榜样和学习竞争对手，让他们向榜样看齐，在与对手的比较中，努力端正自己的学习态度。④与家长联系沟通，让家长参与督促，及时发现问题并给予纠正，及时发现学生好的表现并给予表扬。

【案例4】班会：端正学习态度①

辅导目的

1. 了解学习态度对学习的影响

2. 了解自己的学习态度

3. 培养正确的学习态度

辅导前准备

1. 准备三个不同学习态度对学习产生不同影响的情境

2. 准备学习态度自查表，每人一份

活动地点：多功能教室

辅导步骤

一、热身：

同学们，你们都有哪些兴趣爱好啊？（学生自由发言）

让我们一起来唱一首歌吧。放音乐《上学歌》，全班学生齐唱。

二、活动：

歌中的小朋友天天上学不迟到，爱学习，有良好的学习态度。现在我们来看看下面的这几位小朋友，他们有怎样的学习态度？

（1）小杰放学回到家，丢下书包就去踢足球；吃了晚饭又要看电视，妈妈说："小杰，你不做家庭作业吗？"小杰说："一会儿再做。"他又继续看电视，直到他喜欢看的电视节目播放完，他才坐到书桌前做作业，可没做多久，遇到了不会做的题，他就不做作业了。

小杰的学习态度正确吗？为什么？那该怎么办呀？你想对他说什么呢？

（2）期中考试，小强的语文和数学都只得了65分。爸爸妈妈对他说："小强，你的

---

① 李娜. 端正学习态度［EB/OL］. http：//221.1.81.71：8004/ShowArticle. asp？ArticleID＝614.

分数这么低，后半学期要努力才行。"他回答说："我已经考及格了，这就行了，干吗还要努力？"

小强的学习态度正确吗？为什么？谁愿意帮他端正学习态度呢？

（3）星期五下午，小文放学回到家，与爸爸妈妈打个招呼，就自觉地拿出家庭作业认真地做了起来。妈妈说："小文，明天是星期六，今晚就休息了，明天再写吧。"小文说："明天我参加学校合唱团的排练，今天晚上得把作业做完。"小文到十点钟才完成作业。

小文的学习态度怎么样呢？你们想对她说什么？

同学们给他们出了很多主意，相信刚才的几位同学在今后的学习中一定会做得很好的。而对于学习态度的评价，可从以下四个方面来考虑：（播放幻灯片）

（1）是否有强烈的求知欲和努力学习的愿望。

（2）是否有主动积极的进取精神。

（3）学习是否认真。

（4）是否自觉独立地完成各科的学习任务。

以上几个问题回答"是"的越多，说明学习态度就越端正，否则就是相反的情况。

三、反思：

为了同学们能进一步了解自己的学习态度，帮助同学们认识自我，老师这儿有一张"学习态度自查表"，每个同学根据表上的题，对照自己的学习态度，选（A）得一张小卡片，选（B）得两张小卡片，选（C）得三张小卡片。（学生自查）

教师：如果得的小卡片的张数小于15张，说明你的学习态度端正，如果得的小卡片在15～25张之间，说明你的学习态度一般，要进一步完善，如果小卡片的张数在25～30张之间说明你的学习态度不够端正，要制定对策，迎头赶上。

现在请同学们根据自己刚才的选择情况来说一说：

（1）我具备了哪些好的学习态度？

（2）我的哪些学习态度需要改进？

（3）我该怎样改善那些不良的学习态度？

找一找：我们检查了自己的学习态度，那能不能也给班上的同学查一查呢？我们班学习态度好的同学有谁？他有哪些好的学习态度值得我们学习？有哪些同学学习态度不够端正？你想对他说什么呢？

教师小结：是的，消极、被动、依赖、马虎的学习态度，不利于学习效率的提高；只有积极、主动、独立、认真的学习态度，才能高效、深入地学习并掌握所学的知识。（鼓励学生在了解自己学习态度的基础上，进一步改善自我的学习表现，端正学习态度。）

四、分享：

在今后的学习中，我们应该以怎样的态度来对待学习呢？

五、总结：

最后送给同学们一句话：良好的态度决定一切。端正学习态度，关键靠我们自己的努力！

同学们，让我们一起努力吧。大家一起跟我说：让我们一起努力吧！（全班齐声说）

案例分析：班主任利用班会的形式来让学生了解学习态度的重要性和端正学生学习态度。其中班会的形式多样，内容丰富，达到了理想的效果，值得班主任效仿。

三、形成学习氛围，养成良好的学习习惯

学习习惯是学生在学习过程中经过反复练习之后形成并发展，成为一种个体需要的自动化学习的行为方式。良好的学习习惯是学生获取知识、掌握学习方法和培养思维品质的前提。中小学阶段是学生形成良好学习习惯的重要时期，良好的学习习惯可以使学生受益终身，其中小学低年级更是学习习惯形成的关键期。班主任要尤其重视学生学习习惯的养成。

（一）中小学学生应具有的良好学习习惯

1. 专心致志学习的习惯

（1）上课专心听讲的习惯。

课堂教学是学生获取知识、发展能力的主要途径，上课专心听讲的学生，其学习效率较高，学习较轻松愉快。专心听讲具体表现为：全神贯注、认真听教师讲课，神情、动作随教师以及课堂内容的变化而变化；思考并积极回答教师提出的问题；注意同学的发言，大胆发表自己不同的意见；积极参与课堂上的各种活动，如朗读、讨论、做练习、做游戏等；能控制自己，不做与课堂教学无关的事情，如发呆、开小差、玩弄东西、随意讲话、睡觉、故意捣乱等。

（2）课内外主动认真阅读的习惯。

教材、课外读物等书籍是学生获取知识的又一重要途径。培养学生良好的阅读习惯表现还有利于提高学生的自学能力，为学生的终身学习打下坚实的基础。良好的阅读习惯表现在两方面：①课堂上能在教师的指导下仔细阅读；通过认真地阅读能回答教师提出的问题，能提出自己的疑问；遇到问题时，能主动从教材中寻找答案。②课外养成主动预习和复习课本的习惯；养成每天阅读课外书籍的习惯，开阔视野；养成从书本上获取知识的习惯；养成从书本上获取乐趣的习惯。

2. 勤思好问的习惯

勤思好问能加深学生对知识的理解和记忆，有利于培养学生的批判精神和创新能力。中小学生（尤其是小学生）好奇心强、求知欲高，或多或少都有好奇、好问的表现，而且好问往往既是思考的结果，又是思考的开始。班主任要注意保护和不断激发学生的好奇和好问，多创造机会让学生表现自己，使之成为习惯。勤思好问的学习习惯主要表现为：①独立思考，对教师或同学提出的问题能主动寻找答案。②能不断地总结归纳已学的知识，形成体系。③能把课堂上和教材中的知识与现实世界相联系。④敢想敢说，认可自己的想象，并敢于表达，不怕他人耻笑。⑤敢于质疑，敢于挑战权威，对教材或教师、同学表现出的问题或错误，敢于提出，并发表自己的见解。⑥对自己不懂的知识，敢于向教师和同学请教。

3. 按时独立完成作业的习惯

完成作业是中小学生每天都要面对的学习任务。独立、有效地完成作业能使学生产

生完成学习任务后的喜悦，获得成功的体验，使学生总处于积极、主动的状态。众所周知，当学生没能按时完成作业时，会受到教师和同学的催促或惩罚，处于被动地位和消极状态。而补作业会占用学习新知识的时间，形成恶性循环。按时独立完成作业的习惯主要表现为：①做作业时能集中注意力，不要边做作业边做与之无关的事情，如吃东西、玩弄东西、听音乐、看电视、看漫画书等。②做作业时一丝不苟、有条不紊，一项一项、一科一科地做，而不是马虎了事，或这做一点，那做一点。③养成独立完成作业的习惯，不抄袭、不作假，绝不请他人代写作业、买作业等。对不会做的作业能请教教师、同学或家长，学会后再自己完成。④做作业前能准备好所需要的学习用具，做完作业后能认真检查作业，发现错误并及时修改。⑤按时完成，不拖拉。能有计划地安排做作业的时间。有些同学养成不到最后时刻（要交家庭作业的前一天晚上或当天早上）不做作业的习惯，匆忙完成的作业，不仅质量不高，还会养成做事拖拉的习惯和厌倦学习的态度，不利于学生的健康成长。

4. 有计划、主动学习的习惯

当前，有不少中小学生在学习上存在跟着教师走的现象，完全处于被动状态，主要表现为：课堂上被动地听，课后为完成作业而被动地学习；考试前临时抱佛脚，考试后唉声叹气找借口。要改变这种状态，必须培养学生制订和执行计划的习惯。当学生完成一个又一个的学习计划之时，也是他成功之时。

有计划、主动学习的习惯主要包括：①能明确自己的近期、中期、远期目标。②根据自己的近期目标和自己的实际情况制订出近期计划。③计划制订应具有较强的可操作性，安排好每天每个时段的学习任务、要求和学习内容等。④严格按计划完成当天的功课。⑤一个计划到期后，能总结经验，再制订下一阶段的计划。⑥每天主动地预习和复习当天的功课。

（二）良好学习习惯的养成

1. 提高认识，重视学习习惯的养成

许多学生都没意识到学习习惯的重要性，不注重学习习惯细节的养成（如听讲时眼睛看着老师，与老师有目光的交流等），对已形成的不良学习习惯（如做作业拖拉、边玩边学等）不在乎。这应该引起班主任的注意，要有意识地加强对学生的思想教育工作，引导学生重视学习习惯的养成。①班主任重视，并能有计划、有目的地采取有效的方法使学生养成良好的学习习惯；②让学生认识到养成良好的学习习惯的重要性，可通过名人事例、同学间的学习习惯经验交流、讨论等，让学生认识到良好的学习习惯使人终身受益，而不好的习惯将带来恶果，从而促使学生产生培养良好的学习习惯的强烈欲望。

2. 制定详细的学习规则，使学生熟知应养成的学习习惯

学习规则（纪律）的制定和实施是养成学生良好学习习惯的有效手段。一份详细的学习规则可以使学生清楚地认识到在不同的时空里应做什么和怎样做。越是详细的学习规则越能使学生清楚地知道应该养成的各种学习习惯。学习规则的细则可以按时空的转换来制定，可包括早读的纪律、课堂纪律、自习课纪律、课外作业和学习的要求、考试的纪律等。学习规则的制定有两种方式：①班主任根据要求和学生的实际情况自行制定，这相对快捷，但规则制定后需要班主任指导全班同学学习，让学生了解规则的内容和意

义，而且较难使学生吸收。②班主任与学生共同商讨，学生参与制定和讨论的过程也是学习的过程，是自我教育的过程，有利于学生更自觉地遵守规则，形成习惯。

3. 坚持不懈地进行常规训练，使学生形成良好的学习习惯

良好的习惯都是训练出来的。学生知道什么是良好的学习习惯只是学习习惯形成的前提，学习习惯的形成需要班主任对学生坚持不懈地进行训练。因为，习惯是在反复多次的训练和重复中，使得大脑皮层的兴奋和抑制区域按一定的排列顺序作出反应，并越来越精确，随着大脑皮质动力定型的形成而形成的。班主任可利用各种场合和时机训练学生的学习习惯。①利用班会课，开展有关学习习惯的主题班会，可采用情景训练、小品、比赛和游戏等方式进行。如创设一个故事情景：一个同学正认真听老师讲课，突然同桌问他一个与课堂无关的问题，他应该怎样做，请你表演出来。通过这个训练培养学生专心听讲的习惯。还可以通过智力游戏或脑筋急转弯等训练学生的独立思考的习惯等。②在课内外的学习活动中，随时提醒和指导学生养成学习习惯。如每节课留3～5分钟给学生提问，在完成作业后要求每个学生就今天的学习内容或作业提出疑问等，通过这些方式来培养学生好问的习惯。一件事做一次很容易，难的是天天这样做。学习习惯的形成也是这样，不是一日之功，必须持之以恒。只要班主任长期坚持不懈地训练，学生良好的学习习惯就能逐渐形成。

4. 加强监督和自我管理，创造浓厚的学习环境

许多学生往往知道应该怎样做，可就是坚持不下来，其中一个主要的原因是学生的自我控制能力较差，这就需要班主任和科任教师的指导和监督，对学生进行有效的管理，为学生创造一个浓厚的学习环境。浓厚的学习环境能促使学生不由自主地融入学习氛围中，并逐渐形成习惯。①坚持检查与监督。如在早读前收齐并检查学生家庭作业及其完成情况，可由班干部协助完成；课前检查学生复习和预习的情况；课中运用语言和体态语随时提醒；课后及时批改学生作业，肯定优点和指出错误，并要求学生修改订正。②做到随时宣扬良好的学习习惯和抑制坏习惯，建立起浓厚的学习环境。对有良好学习习惯的学生进行及时和定期的表扬和奖励，对有不良学习习惯的学生严格按照班规的条例给予相应的惩罚。③经常与个别有不良习惯的学生谈心，了解其坏习惯形成的原因，提供可操作的方式方法，帮助其改正。④班主任以身作则。要求学生养成的学习习惯，班主任首先也要做到，为学生提供榜样。⑤严格要求班干部，使其发挥带头作用，帮助全体同学培养学习的自觉性，以创造良好的学习环境。⑥帮助学生学会自我管理，及时纠正不良习惯。可以通过座右铭和制订学习计划等方式帮助学生学会自我管理。如一个同学经常迟到，可在他的书桌上写下座右铭"早"，以时刻提醒他不要迟到。

【案例5】从小养成学习好习惯主题班会——"学习花儿心中开"①
教育目的：

（1）通过这次活动，培养学生上课专心听，不讲话，不搞小动作；积极举手回答问题；作业认真仔细做，书写工整，按时上交不拖拉，有错主动来订正等良好的学习习惯。

① http://blog.sina.com.cn/s/blog_532339210100djxh.html.

（2）通过表扬有良好学习习惯的同学，在班内掀起人人争"学习习惯花"的热潮，进而形成一个良好的班风和学风。

活动准备：

（1）培养两位能干的学生当主持人，并配备四个小助手。

（2）请每位学生仔细观察班中哪些同学有良好的学习习惯。

（3）想一想自己还有哪些不好的学习习惯。

（4）准备一些优秀作业。

（5）准备花瓣和大小红花若干。

活动过程：

主持人甲：我们背上书包都成了一年级的学生，上学了就要专心学习，养成好的学习习惯，让我们一起唱《上学歌》开始我们今天的主题班会。

主持人乙：小朋友，你们说我身上的花儿漂亮吗？（"漂亮！"）今天呀，我要看哪些小朋友能干，就把花瓣送给他，还要给他戴上一朵大红花。怎样才能得到更多的花瓣呢？还是请老师跟我们说说吧！

老师：同学们，怎样才能得到更多的花瓣呢？那就要有一个好的学习习惯。要养成良好的学习习惯，首先要做到下面几点（拿出一张白纸，边讲边在白纸上贴花瓣）：上课专心听讲，不讲话，不搞小动作；积极举手回答问题；作业认真仔细做，书写工整，按时上交不拖拉，有错主动来订正。养成了这些好习惯，就可以开出一朵鲜艳的大红花（向学生展示自己贴好的大红花）。

主持人乙：这么多的小花瓣，到底应该送给谁呢？

主持人甲：当然是送给学习习惯好的小朋友，对不对？（"对！"）只是……

主持人乙：只是什么呀？

主持人甲：只是到底哪些小朋友有好的学习习惯呢？

主持人乙：这还不简单。我们看看他们平时的表现就知道哪些同学有好的学习习惯了。

上课认真听讲，不讲话，不搞小动作；积极举手回答问题。得小红花10朵以上的每人送一片花瓣。作业认真仔细做，书写工整，按时上交不拖拉，有错主动来订正。得小红花15朵以上的送一片花瓣。

主持人乙：下面请大家看一下自己手上有几片花瓣，请得到花瓣最多的小朋友上台。

主持人甲：你们是怎样养成这么好的学习习惯的呢？可以告诉大家吗？

（出示儿歌）

我们都是小学生，培养习惯最要紧；

上课应当专心听，积极开动小脑筋；

作业认真仔细做，按时完成交得勤；

有了错误要订正，知识才能学得清；

学习要有好习惯，我们牢牢记在心，记在心。

（边念边打节拍）

主持人甲：请全班同学仔细想一想，再讨论在我们班里还有哪些同学有这方面的好习惯，最好能举个例子，大家如果同意的话，就边拍手边说："对，对，对！我同意，他有这个好习惯。"（对主持人乙）你就拿一片花瓣送给这位同学；如果不同意，大家就不要拍手，让老师来当裁判，你们说好不好？（"好！"）

（四人小组讨论）

主持人甲：好，同学们谈得都很热烈。下面我们就开始，要介绍的小朋友请举手发言。

同学：××同学上课很认真，老师经常表扬他，而且他总是能积极地开动脑筋，举手发言。

（赞同的小朋友边拍手边说："对，对，对！我同意，他有这个好习惯。"××从主持人乙手中接过一片花瓣。）

主持人乙：刚才大家介绍得很好，原来在我们的同学中有那么多好习惯。下面我们来看一则小品。

（小品表演）

镜头一：上课时，老师在上课，同学A开始做小动作，同学E则仍认真听讲，同学E用手轻碰同学A，提醒他不要做小动作了。

镜头二：下课时，作业本发下来，学生B胡乱翻一下，有错但没订正。同学C则叫他把作业订正后再去玩。

镜头三：周末，两人一起回家，学生D说："我们去打游戏机怎么样？"同桌F则说："我要做作业。"学生D说："家庭作业嘛，随便做。"同桌F说："不管什么作业都要认真做。"

看完小品后讨论谁做得好，谁做得不好。

主持人甲：那在我们自己的身上有没有不好的学习习惯呢，有哪些呢？你以后准备怎么做，也欢迎大家帮助他出出主意。

（学生介绍自己的不好的学习习惯，并说以后的打算。其他同学帮忙建议。）

主持人乙：相信这些同学在自己的努力和大家的帮助下一定会改正坏习惯，养成好习惯。

主持人甲：希望我们全班同学都能养成好的学习习惯，让我们一起努力吧。

在一片歌声中，甲乙主持人宣布"学习花儿心中开"主题班会圆满结束。

四、帮助学生掌握学习策略

学习策略主要指学生在学习活动中，为达到一定的学习目标而学会学习的规则、方法和技巧。它是一种在学习活动中思考问题的操作过程，是认知策略在学生学习中的一种表现形式。[①] 对学生而言，只有掌握一定的学习策略，才能成为一个能够真正独立学习和会学习的人。会学习的学生才会因为对学习有发自内心的兴趣而主动学习。帮助学生掌握有效的学习策略是班主任建设班级良好学风的关键。班主任要在了解学生学习策略的形成和发展的基础上，采用各种途径和方法帮助学生掌握学习策略，使学生形成有自

---

① 林崇德. 学习动力 [M]. 武汉：湖北教育出版社，1998.

己特色的、最适合自己的学习方法。

(一) 中小学生学习策略的形成和发展

学习策略是学生在学习的过程中形成和发展起来的。对于以学习为主要任务的中小学生来说，中小学阶段是其学习策略形成和发展的关键期。

有的研究者认为，儿童学习策略的发展要经历以下三个阶段：①早期阶段。大致在学前期，儿童尚未掌握策略，即使自发地获得了某些简单的策略，但由于他们的反思认知（元认知）能力尚未发展，不知在什么时候和什么条件下适当应用这些策略。②过渡阶段。在小学时期，这时儿童已经自发地掌握了许多策略，但他们还不能有效地运用这些策略来提高学习效率。倘若成人在策略上给予他们清晰的指导，他们能利用已有的策略来改进学习。③后期阶段。在初中和高中时期，某些青少年在他们熟悉的知识领域，可以在无成人指导的条件下，自觉运用适当的策略改进自己的学习，而且能根据任务的需要来调整策略。研究表明，策略的复杂程度不同，出现的年龄也不同，越是比较复杂的策略，出现的年龄越晚。如表象加工策略比简单复述策略出现得晚。因此，通过简单提示，可以使 6～7 岁儿童利用复述策略改进学习，但不能使他们利用表象加工策略来改进学习。①

(二) 帮助学生掌握学习策略的途径和方法

1. 开设学习策略专题讲座，使学生掌握基本的学习策略

有关系统学习策略的介绍和指导在我国中小学并不多见，学生掌握的学习策略往往来自科任教师和学生自己成功的经验总结，而且往往是零散的，这使不少学生在学习过程中只是被动地跟着教师转，不能主动地学习，也不会学习。开设学习策略专题讲座对提高全班同学的学习策略是必要的，班主任必须给予重视。

讲座的主题由班主任根据学生的实际情况设置，或者根据学习策略的理论系统安排。一般而言，先给学生介绍最基本的、各学科都通用的学习策略，如注意的策略、记忆的策略、解决问题的策略、课堂学习的策略、预习的策略、复习的策略、考试的策略、阅读的策略等。讲座的主讲人可以是班主任自己，也可以是优秀的教师，也可以请校内外研究学习策略的专家。

2. 在各种学习活动中渗透学习策略教育，为学生提供运用方法的机会

班主任要经常与科任教师沟通，共同商讨如何使学生了解和掌握各科的学习方法。并建议各科教师在各科课堂上有意识地介绍一些有效的学习策略，同时把这些学习策略渗透到课堂教学中去，使学生在认识各种策略的同时，学会运用各种策略。

3. 组织学生开展学习经验交流会，帮助学生寻找适合自己的学习方法

班主任可以通过班会课、自习课、课外活动等组织学生开展学习经验交流会。在会上，让学习优秀的同学介绍各自的学习方法，其他同学讨论和借鉴其有效的学习方法；要求每个学生都反思自己的学习方法，找出自己学习方法的优缺点，结合他人的学习方法，寻找适合自己的学习方法。同时，鼓励学生经常性地、自由地交流自己在学习上的经验和存在的问题，使学生在互相交流中优化自己的学习方法，提高自身的学习能力。

---

① 蒯超英. 学习策略 [M]. 武汉：湖北教育出版社，1998.

学习经验交流会每班每学期至少开展两次。而且要利用一切可利用的时间创造和谐的气氛，通过交流、提问、指导等方式使学生掌握多种学习策略。对于学习困难的学生尤其要给予足够多的帮助和指导。

【案例6】主题班会：学习方法交流班会①

班会课目的：

（1）交流学习方法，提高学习效率

（2）让学生认识交流和合作在成长中所起的作用

班会课重点：交流学习方法，提高学习效率

班会课形式：学生自己组织，主动交流

班会课地点：高一（7）班教室

班会课时间：星期一下午第三节

班会课过程：

一、学习方法介绍：

主持人（方×）：上学期经过全班同学的努力，我们班取得了非常优异的成绩。但每个同学的情况不尽相同，有的同学付出了，得到了丰硕的回报；有的同学付出了，却事与愿违，这里就有学习方法的问题。今天针对我们班的情况，我们选取了部分同学作为代表，让他们谈谈自己的学习方法，也许这些同学的方法还不完善，但希望能起到抛砖引玉的作用。

下面先请王××同学发言，大家欢迎！

发言人（王××）：

自信是成功的基础

站在讲台前，我很紧张，因为这是我第一次站在讲台前面对全班同学发表演说。

也许这次我考得真的不错，但还没有达到我的目标，我会继续努力，我相信你们也会努力。努力当然必不可少，但我能够取得这次的成绩最主要的因素不仅是努力、刻苦，还有我的自信。因为期中考试我考得不好，但我没有因考得不好而放弃，因为我相信，我有能力考得更好，所以我不但没有放弃，而且比以前更加努力。我也相信，在座的各位都有这个能力，都能取得更好的成绩。无论这次你考得多差，只要你不放弃，充满自信，就一定能取得好成绩。也许有人不信，那么我就请大家听一个故事。

加拿大有一位长跑教练，因为在短时间内培养出几位长跑冠军而闻名。他成功的秘密是因为有一个神奇的陪练，这个陪练不是人，而是一只凶猛的狼。他养狼当陪练是有原因的。他训练的是长跑运动员，每天的第一课就是让队员从家里跑过来。有一个队员每天都是最后一个来到，而他家也不是离得最远的。教练甚至都对他说过让他改行去干别的。但突然有一天，他比其他人早到了20分钟。教练知道他离家的时间，粗估了一下，惊奇地发现，这个队员今天的速度几乎可以超过世界纪录。这个队员气喘吁吁地描述着他今天的遭遇：他在离开家不久穿过五千米的野路时遇到了一只狼。那匹野狼拼命地追

---

① http://group.hudong.com/kuaileyuwen/doc/RAwlxZQhjenUAfAOA.html.

他，他拼命地往前跑，那只野狼竟被他给甩掉了。

听到这里，也许大家已经明白了，我们当中的许多人在日常生活中都犯了这样一个致命的错误：总在诅咒我们的敌人，或总在庆幸自己没有遇到可怕的敌人，或者因为自己遇到了敌人而失魂落魄。这恰恰错了，我们应该为有一个敌人或者是强大的敌人而庆幸，为自己遇到艰难的境遇而庆幸，因为这正是你脱颖而出的机会。

挥去对挫折的担忧和焦虑，努力去发现每一种处境中积极的因素，这就是自信所起的重要作用。

其实，站在这里，我有点愧疚，因为这个位置是为优秀的学生而设的，而我，不是优秀的，我经常犯错误，经常挨批评，也许这就是所谓的困境，所以我会努力改正，努力寻找走出困境的道路，我不会放弃，我有信心搞好学习，也希望和我处境相似的同学千万不要灰心，不要放弃。

至于学习方法，每个人都有自己量身定做的学习方法，别人的不一定就比你的好，也不一定就适合你，所以你要相信按照你自己的方法，坚持不懈地努力、拼搏，就能获得成功。

主持人（方×）：学习中，补充些课外资料也很必要，但要注意"滋补度"，不能盲补，最好不要"营养过剩"。也就是说，我们不能沉浸在大量的题海战术里而忽略了书本的重要性。俗话说："万变不离其宗"，书本才是最重要的课本。下面请听杨××同学的书本之用。

发言人（杨××）：

以书本为主，资料为辅

我在上学期的学习中坚持了"以书本为主，资料为辅"的学习方法。我们不可盲目地热衷于参考资料，忽视了课本的重要性，而要把课本与资料有机结合，在明确重点、突破难点的基础上，加深对基础知识、基本技能的理解和利用，积累解题技巧，掌握各学科的不同思想方法，学会举一反三和融会贯通，还要从一点进行散发性思维。

课下工作对我们的学习也很重要，我们在课后还要对一些重点题目进行反复的再思考、再分析、再理解。要从基础知识的学习进一步到发散思维能力的延伸，然后总结规律，形成自己的知识网络，最后经过长期的知识整理，形成自己的学习方法。

主持人（方×）：兴趣是人生的第一位老师。有了兴趣就不怕做不成事。而且兴趣也是慢慢培养的，不可急于求成。希望下面一位同学的介绍能使大家有所收获。

发言人（吴××）：

惜时＋兴趣

这次能在考试中取得优异的成绩，我很荣幸。下面我向大家介绍三点学习方法：

（1）俗话说："一寸光阴一寸金，寸金难买寸光阴。"其意是让人们珍惜时间。现在的我们是应该珍惜时间，主要是学习的时间，即从上课到下课。只要在这段时间里，真正把自己的精力投入到学习之中，必将硕果累累。

（2）有的同学对有的科目不感兴趣，因此，学习效率不是很高。我希望大家看书时尽量选恰当的时间，调整好学习时间，提高学习效率。

（3）注重平时的学习。有的同学喜欢临时抱佛脚，虽然有一定的作用，但成果不大。

所以在平日里多看书，多练习，巩固知识，最终会事半功倍，从而取得好成绩。祝同学们在本学期中取得优异的成绩，谢谢！

主持人（方×）：每一门学科都有每一门学科的特点，因此每一科都有一些与众不同的学习诀窍。当然，预习与复习必不可少。那么现在让我们听一听李×同学的成功宝典中的数学绝招吧！

发言人（李×）：

抓好"课前 课堂 课后"三环节

这次我来介绍一下数学的学习方法。主要分为课前、课堂和课后三个方面：

（1）课前预习。课前预习不必太深入，只要能把基础概念和例题看懂就可以了。因为老师在课堂上还要拓展，课后还要复习，如果太深入，就是浪费时间了。

（2）课堂上。某些同学课前也准备好要仔细听，但老师一讲课，头就发蒙，这时就应该积极回答问题，即使不站起来回答，也应该在下面回答老师。当老师讲题的时候，学会做这一题是次要的，最主要的是听老师拿到这一题后如何入手，学习解这一类型题目的主要思路，以及对这一题的拓展。如果课堂上遗留下一些问题，一定要记下来，课后问老师或者是请教周围的同学。

（3）课后复习。课后复习并不一定要死做题目，对于同一类型的题目，顶多做两道就可以了，再多就是浪费时间了。

上面只是我的一些浅见，我相信，肯定还有同学有比我更好的或者是更适合同学们的学习方法，请同学们课后再好好交流吧。

主持人（方×）：著名教练米卢说过："态度决定一切"，良好的学习态度是成功的一半。诚然，抓紧课堂上40分钟的时间、必要的巩固、合理的安排也举足轻重，下面请周同学给我们交流一下他的学习方法。

发言人（周×）：

注意"课堂 课后 时间 态度"学习中的四因素

（1）课堂40分钟。想要学好各科知识，就必须以课堂40分钟为基础，认真对待每堂课，掌握知识要点，打好根基。尤其文科方面，大多都是记忆性的知识，能够在课堂上掌握其基础知识要点，那么课后的巩固也就方便多了。

（2）课后的巩固。俗话说"熟能生巧"，光有了课堂40分钟的基础还是不够的，还需要对其巩固和熟记，以后才能对这些知识记忆犹新。这不仅对文科知识很重要，对理科知识同样重要。理科知识需要做大量的题来巩固，也就是说，我们课后必须做大量的训练。

（3）合理安排学习。巩固理科知识要做大量的习题，但我们不能盲目地去做题。这样一点好处也没有，最后受了罪却没有收获。因此，做题也要善于选择。要精益求精，做过每道题后要能够举一反三，这样才会提高我们的成绩。

（4）要有好的态度。在学习过程中，大多数人可能都态度不专一、心浮气躁。比如，有时在看一道例题时，怎么也看不懂，放下来去看别的吧，但心怎么也不能平定。这就需要有好的态度。

主持人（方×）：我们每天的学习总离不开解数学题，下面就请龚××同学为我们介绍一下如何解数学题。

发言人（龚××）：

如何解数学题

课前，认真做好预习，持之以恒。上课时，对老师讲解的概念、定义、例题要深刻理解。课后，对于数学练习，做题前，首先要回顾课本上所学的相关内容，做到温故知新。做题时，要认真审题，思考解题方法。做完后，注意总结，及时纠正错误。遇到不会的题目及时请教老师。

比如说课后，对于数学基础训练册，做之前，首先要看学习要求，回顾课本上的相关内容，看自己是否已完全掌握，做完这项工作后，再做下面的习题；做题时，首先要认真审题，思考解题方法，尽量多想出一些新的方法，以扩展思维，选出最简便的方法；做完后，可归纳这类题目的解题技巧，提高解题速度；做错时及时纠正，不会的问老师，把每一道习题都弄懂。

主持人（方×）："师者，所以传道受业解惑也。"一千多年前的人都知道这么重要的学习方法。我们何不借鉴一下呢？下面请听蔡××同学给我们的一些启示。

发言人（蔡××）：

如何学习地理

今天，我很荣幸能够站在这里为同学们介绍学习方法。因为我的数理化三科成绩均不理想，又鉴于老师建议我们说些具体的东西，所以现在我向同学们说说我在学习地理方面的一些体会。

（1）对于书上的基本概念、性质之类的东西应牢记于心，脑子里应有这些东西清楚的轮廓。

（2）重在理解。老师在课堂上讲的听明白了，课后就不用去死背了，况且也不是死记就能记得住。我不赞成死记一些理解性的东西，所以我从不死记。

（3）练习中遇到不会的要去请教老师，注意听老师分析做题的思路和方法。

以上是我的个人观点，仅供大家参考，如果同学们有什么好方法，希望与我交流，共同进步！

主持人（方×）：高昂的学习劲头令人鼓舞，但良好的复习计划也很重要噢！平时的复习至关重要，不要总临时抱佛脚。因为"临阵磨枪"往往只"快"不"光"。下面请听杨×同学的复习方法。

发言人（杨×）：

考前的复习

我认为学习要有一个计划，我这次讲的是在考试前的复习。

首先，你要了解自己的学习情况，在考试前的四五周内，制订一个适合自己的复习计划并且要安排好自己每天的复习进度。

其次，认真地完成每天的复习任务，尤其是以前不明白的地方。比如数学，复习时，在前两周内，你可以把重点放在课本上，熟悉学习过的知识点、定理、公式，并把课后习题彻底搞懂。之后几周，把自己的笔记拿出来，把老师讲过的习题有重点地看一遍，并把自己以前做错的题看一遍，找出错误的原因，避免再次出错。

最后，做一做这学期的综合试题。

主持人（方×）：我们最头疼的是考试。而我们的学习生活中最频繁的也是考试。俗话说："考考考，老师的法宝。"可惜我们不能"抄抄抄"，那就让我们总结考试，爱上考试吧！下面请听王×同学的考试态度。

发言人（王×）：

对待考试的态度

人的一生中会面临许多各式各样的考试，考试也许是我们学生生活中不可或缺的部分。对待考试，我们应该有正确的心态。

（1）要重视平时的学习，积极做好预习、练习、复习。

（2）对自己兴趣不大的学科，一定要给自己压力，要努力培养兴趣，切不可偏科。

（3）考试时，要放松心情，不必太在意结果，但也不能敷衍了事。要把考试当成对自己所学知识的检验。

（4）考试后要总结经验和教训。

二、班主任（徐××）发言：

以上几位同学的发言都很实在，很切合同学们的实际。希望同学们对照自己的学习实际，找到适合自己的学习方法。在这里，我针对我们班的实际情况，在学习上提出以下三点希望：

1. 同学们心中要有明确的奋斗目标

一个人没有目标，人生必定以失败为结局；有了目标，人生就变得充满意义，一切事情都会清晰、明朗地摆在你面前，你会明白什么是应该做的、什么是不应该做的、为什么而做及应该怎样做。

这里我举个例子，德国法兰克福的汉斯·季默从小便迷上了音乐，他的心中有一个始终不变的奋斗目标——当音乐大师。尽管没有受过正规音乐教育，他却对乐器音色和合成电子乐展现出强烈兴趣。最后成为好莱坞电影音乐的主创人员。

他作曲时走火入魔，时常忘了与恋人的约会，惹得许多女孩"骂"他是"音乐白痴""神经病"。他不论走路或乘地铁，总忘不了在本子上记下即兴的乐句，当作创作新曲的素材。有时他从梦中醒来，竟打着手电筒写曲子。

汉斯·季默在第67届奥斯卡颁奖大会上，以闻名于世的《狮子王》荣获最佳音乐奖。

由上例可以看出，在他成功的背后，除去艰辛的付出外，更重要的是他心中始终有一个清晰的人生奋斗目标——当音乐大师。

2. 同学们要有锲而不舍的拼搏精神

在成功学中有"蜗牛行为"一词，它是指没有计划地行进，没有拼搏的意识，速度慢得惊人。同学们必须明白，进取的力量能把一个弱者塑造为强者，因为进取能够逼迫一个人做自己极力想做的事，并且使他浑身充满干劲。

不知道同学们是否知道鲮鱼和鲦鱼的习性？鲮鱼喜欢吃鲦鱼，鲦鱼总是躲避鲮鱼。有人曾经用这两种鱼做了一个实验：实验者用玻璃板把一个水池隔成两半，把一条鲮鱼和一条鲦鱼分别放在玻璃隔板的两侧。开始的时候，鲮鱼要吃鲦鱼，飞快地向鲦鱼游去，可一次次都撞在玻璃隔板上，游不过去。过了一会儿工夫，鲹鱼放弃了努力，不再向鲦鱼那边游去。有趣的是，当实验者将玻璃板抽出来之后，鲹鱼也不再尝试去吃鲦鱼！鲹鱼失去了吃掉鲦鱼的信心，放弃了已经可以达到目的的努力。

其实，作为万物之灵的人，有时也犯鲹鱼那样的错误。记得4分钟跑完1英里的故事吧？自古希腊以来，人们一直试图达到4分钟跑完1英里的目标（级1.6千米）。人们为了达到这个目标，曾让狮子追赶奔跑者，但是也没实现4分钟跑完1英里的目标。于是，许许多多的医生、教练员和运动员断言：要人在4分钟内跑完1英里的路程，那是绝不可能的。因为，我们的骨骼结构不对头，肺活量不够，风的阻力又太大，理由实在很多很多。

然而，有一个人首先开创了4分钟跑完1英里的记录，证明了许许多多的医生、教练员和运动员的断言错了。这个人就是罗杰·班尼斯特。更令人惊叹的是，一马当先，引来了万马奔腾。在此之后的一年，又有300名运动员在4分钟内跑完了1英里的路程。

训练技术并没有更大突破，人类的骨骼结构也没有突然改善，数十年前被认为是根本不可能的事情，为什么变成了可能的事情？是因为有人没有放弃努力，他们有坚忍不拔的毅力，有顽强拼搏的进取精神。

3. 同学们要掌握正确的思考方法

善于思考能让人避开盲目性。古希腊伟大的思想家柏拉图说："思考的危机决定了一个人一生的危机。"同样，思考的失败，也决定了一个人一生的挫败。一个不善于思考难题的人，会遇到许多取舍不定的问题；相反，正确的思考能产生巨大的作用，可以决定一个人应该采取什么样的行动。

小亚细亚的佛吉尼亚国王戈迪乌斯以非常奇妙的方法，在战车的轭上打了一串结。他预言：谁能打开这个结，谁就可以征服小亚细亚。一直到公元前334年，还没有一个人能够成功地将麻绳解开。这时，亚历山大率军侵入小亚细亚，他来到戈迪乌斯绳结前，不假思索，便拔剑砍断了绳结。后来，他果然一举占领了比希腊大50倍的波斯帝国。

又如，一个孩子在山里割草，被毒蛇咬伤了脚。孩子疼痛难忍，而医院在远处的小镇上。孩子毫不犹豫地用镰刀割断受伤的脚趾，然后，忍着剧痛艰难地走到了医院。虽然缺少了一个脚趾，但孩子以短暂的疼痛保住了自己的生命。

再如，一个下岗工人到一家餐厅应征做钟点工。老板问："在人群密集的餐厅里，如果你发现手上的托盘不稳，即将跌落，该怎么办？"许多应征者都答非所问。这位下岗工人答道："如果四周都是客人，我就要尽全力把托盘倾向自己。"最后，这位下岗工人成功了。

亚历山大果断地剑砍绳结，说明他舍弃了传统的思维方式；小孩子果断地舍弃脚趾，以短痛换取了生命；服务员果断地将即将倾倒的托盘倾向自己，才保证了顾客的利益。在某个特定的时刻，你只有敢于舍弃，才有机会获取更长远的利益。即使遭受难以避免的挫折，你也要选择最佳的失败方式。

正确思考往往蕴含于取舍之间，是由一个人的思考力决定的。不少人看似素质很高，但他们因为难以舍弃眼前的一时嗜好，而忽视了更长远的目标。成功者有时仅仅在于抓住了一两次被别人忽视了的机遇，而能否抓住机遇，关键在于你是否能够在人生的道路上进行正确的思考和果敢的取舍。

所有计划、目标和成就，都是思考的产物。你的思考能力是你唯一能完全控制的东西，你可以以聪明，或是以愚蠢的方式运用你的思想，但无论如何运用它，它都会显现出一定的力量。愿同学们不断总结正确的思考方法，为实现自己的远大理想铺平道路。

主持人（方×）："听君一席话，胜读十年书。"听了班主任的发言和同学们的学习方法介绍，我想大家一定受益匪浅吧！让我们弃其糟粕，取其精华，共同向着美好的明天冲刺吧！我相信以我们的热情，我们一定会成功！让我们齐声高唱我们的班歌《明天会更好》，祝愿我们的明天更美好！

案例分析：以上是某班进行的学习经验交流会，主要由学习优秀的学生向全班同学介绍自己的学习方法，虽然方式简单，但实用、有效，学生都能从中学习到他人学习方法的精髓。但要注意，这里的交流方式是单向的，最好是多向的、多样化的，如访问、讨论、排忧解难（交流学习中存在的问题和解决方法）、现场演示等。尤其是如果经常组织有关的学习交流会，其活动方式就更应该灵活多样。

思考与训练

1. 请为某一班级设计一个激发学生兴趣的系列活动。

2. 观察一名学生课内外学习的表现，并从学习兴趣、态度、方法、习惯等方面对其进行分析。

3. 调查某一个班的班风现状，并提出你的建议。

第九章　班主任与其他教育者的沟通协调技能

　　学生的健康发展、班集体的建设和管理是班主任、学生集体、科任教师、学校各个部门的教职员工、家长等共同教育的结果。班级管理并不是班主任个人的工作，它离不开科任教师、学生家长、学生等各方面力量的支持。而不同的教育团体或个人由于各自的教育作用、教育地位、教育内容、教育思想观点、教育方式方法和个性的不同，对学生和班集体产生的影响也不同，各自发挥着独特的教育作用。这所有的不同，就有可能导致出现相互矛盾、相互削弱的教育状况。班主任作为班集体的主要管理者和教育者，是教育者中的核心，必须整合协调各方面的教育力量，使之产生最佳的教育效果。在《中小学班主任工作规定》（2009）第十二条中提出班主任的职责之一是"经常与任课教师和其他教职员工沟通，主动与学生家长、学生所在社区联系，努力形成教育合力"。

　　班主任作为协调者，主要是协调好班主任与科任教师的关系、科任教师相互之间的关系、科任教师与学生的关系、班主任与学生家长的关系、家长与学生的关系、班主任与社会的关系等。

一、班主任与科任教师的沟通协调技能

（一）重视科任教师在班级管理中的作用

　　科任教师课堂教学的过程也是课堂管理的过程，课堂管理是班级管理的主要组成部分。现行的班主任制度容易使人产生误解，让人以为班级管理是班主任一个人的事。因此，科任教师只管自己的教学工作，而把所有的教育和管理的事情都推给班主任，如科任教师的课堂纪律混乱也向班主任投诉，要求班主任管理好班级的纪律；而班主任也认为班级管理是自己分内的事，往往忽视科任教师在班级管理中不可缺失的作用。实际上，教书育人是所有教师的职责，只靠班主任一个人的力量，不可能完成对学生的全部教育任务。管理班级和教育学生需要所有的教师共同努力，以形成教师团队。要形成班级管理的教师团队，必须各部门全员配合：①学校重视科任教师的作用，制定激励性的制度使科任教师教书育人，协助班主任，参与班级管理。如制定副班主任制度，或规定科任教师参与班级活动和对学生个别教育的次数等，并给予一定的奖励。②科任教师改变"事不关己，高高挂起"的心态，对班级管理应积极主动、热情关心，承担育人的职责。③班主任重视科任教师的作用，包括认识到每个教师都能对学生产生影响；班级中每个学生的学业成就离不开每位科任教师的努力；科任教师的协同努力，能使班级管理事半功倍。

（二）协调好班主任自己与科任教师之间的关系

　　在我国中小学中，直接领导教师教育教学工作的部门是学科组或年级组，班主任与

科任教师之间并不存在管理关系，只是一种拥有相同教育对象和教育教学目标的同事关系，没有谁领导谁的问题。班主任作为班级管理的核心人物，为了管理好班级和教育学生，就必须主动与科任教师协调好关系。良好的人际关系是班主任顺利开展工作的前提和保障。

1. 班主任对待科任教师的态度

（1）主动。作为班级管理的核心，班主任可利用各种机会，主动与科任教师沟通、交往，最好能成为相互帮助的知心朋友。班主任首先应从交朋友的角度与科任教师交往。朋友关系比同事关系少了利益冲突，多了些理解、支持和帮助。班主任主动、热情往往能感动和带动科任教师主动参与本班的管理工作，使科任教师从被动到主动，成为班级管理的一员。如班主任及时主动地征求科任教师对班级工作的意见和建议，并尽可能采纳实施，使科任教师体会到自己也能为班级管理出谋划策。

（2）尊重。①尊重科任教师教育教学风格。每个教师都有自己独特的教育教学方式，当班主任对其不满时，就要尽量看到科任教师的优点，并诚心诚意地提出自己的看法和建议，以商量的口吻与科任教师沟通，使科任教师感到你的善意和帮助。千万别在学生和其他科任教师面前批评、指责和嘲笑科任教师，这只会恶化双方的关系，增加班主任工作的难度。而对于科任教师的建议和不满，班主任要虚心听取，做到"有则改之，无则加勉"，充分体现出对科任教师的尊重。②尊重科任教师的劳动成果。当班级取得进步时，要看到科任教师的功劳；当班级成绩不理想时，要安慰科任教师，并帮助其分析原因，寻求解决方案。③尊重科任教师的人格、生活方式。不要有侮辱科任教师人格的言行举止；对于科任教师的生活方式，应属个人隐私，只要不对学生产生不良影响，都不应该干涉。

2. 班主任与科任教师沟通的内容

（1）本班学生的基本情况和特点。①班主任对本班学生的情况有较全面的了解，应主动向科任教师介绍本班学生的基本情况（年龄、男女生比例、思想动态、学习现状、家庭背景等）和发展特点（思维方式、性格、爱好），以便科任教师更有针对性地对本班学生实施教学活动。②班主任向科任教师了解学生本学科的学习情况和课堂教学情况。包括学生本学科的成绩、作业完成情况、课堂纪律、课堂气氛、学生思维特点和存在的问题等。

（2）班级管理与班集体建设的情况。班主任主动向科任教师介绍本班的奋斗目标、班级组织机构及其成员（其中科任教师的科代表要征求其意见，最好由科任教师确定）、班级的规章制度、班级的活动安排、班风等；并征求科任教师对本班级管理的要求和建议，以统一对学生的教育要求，减少教育过程中的内耗，加深相互的配合。

（3）个别教育。每个班级都有一些特别的学生，如学习困难的学生，心理有障碍的学生，特殊家庭的学生（单亲家庭、离异家庭、留守儿童、孤儿等）等，他们更需要教师团队的特别关爱和指导。班主任要协同科任教师共同研究教育这些学生，以促进他们的健康发展。

（4）教师的教学特点和作业的布置。每个教师的教学都有相对的独立性和自主性，一般而言，班主任不予干涉。了解各科任教师的教学特点，是为了协助学生更有针对性地学好本学科。了解教师所布置的作业，有利于协助教师督促学生完成作业。

3. 班主任与科任教师沟通协调的方式方法

（1）座谈会。由班主任定期组织本班所有的科任教师召开班级管理的座谈会，一般每个月一次或学期初、期中、期末复习考试前各一次。座谈会的频率不宜太频繁，以不加重科任教师的负担为原则。不同时期的座谈会侧重点可以根据需要有所不同，如学期初的座谈会，可由班主任介绍本班学生的基本情况、班级目标、班级活动安排等。期末的座谈会安排在复习考试前，有利于针对本班学生各学科的学习情况和存在的问题进行统筹安排和解决学生学习存在的困难。如有可能，学校形成座谈会制度，激发科任教师参与班级管理的积极性。

（2）听课。班主任听科任教师的课，其目的不在于评价科任教师的教学质量，而是了解教师的教学风格、学生在课堂中的表现、教师与学生的关系，从中发现本班学生学习的特点，帮助学生和教师相互适应和相互配合，以提高学生的学习效率。但应注意听课之前征求科任教师的同意，听课时做好听课笔记，听课后与科任教师交流看法，找出学生和教师在课堂教学中各自的优、缺点，并针对学生在课堂上存在的问题，共同研究、商讨解决方案。如科任教师的课堂管理存在问题，要委婉提出建设性的意见，让科任教师容易接受。

（3）日常工作中的随机交流。同一年级的教师一般都在同一个办公室，这给班主任提供了大量的时间和空间与科任教师接触，有利于教师们的相互交流。班主任可利用课余空闲时间，有意识地与科任教师沟通，既达到协调管理班级的目的，又能促进双方的感情。

（4）帮助。班主任要尽自己能力给予科任教师教育教学和生活上的帮助。①教学上的帮助。一般而言科任教师的教学任务较重，要同时教多个班级，班主任可安排班干部、科代表协助科任教师完成教学任务。如课堂上，班干部协助科任教师维持课堂纪律；课后，督促和帮助同学顺利完成作业；每天自动收齐作业并按时交给科任教师；根据教师的需要要求班干部帮助其检查作业。如果某学科的成绩不理想，班主任可以专门组织一次主题班会讨论"如何学好……"，帮助学生和科任教师寻找原因和学习方法，并经常督促学生学习。另外，如果科任教师是缺乏经验的年轻教师，根据他们的需要也可以提供一些教育教学上的方法、技巧，帮助他们尽快成熟。②开展学科课外活动，激发学生学习学科的兴趣。如在晨会上开展讲故事比赛、英语情景对话游戏、趣味数学、历史剧表演等。③生活上的帮助。如科任教师生病或家里有事，可尽量帮助他们调课（征得领导同意后）或代课（主要是自习课和早读课）。班主任与科任教师的互相关心、互相帮助，能加深同事间的感情，从而形成团结的教师团体，既能对学生产生良好的榜样作用，又能使科任教师与班主任步调一致，共同承担管理班级的责任。

（三）协调好科任教师之间的关系

科任教师之间的矛盾主要源于有限的教育教学资源，如教学设备、教学时间和空间等。如某科任教师布置的作业特别多就影响学生完成其他学科的作业。

1. 加强各科任教师之间的交流与沟通

由于所教的科目不同，各科任教师很少有教学上的沟通协调。而且由于所教学科、年龄、经验、个性等的不同，往往对学生的要求也不尽相同。为了使科任教师对本班学生的教育影响协调统一，为了班级的共同的奋斗目标，班主任要发挥其核心作用，把科任教师组织起来，进行有效的沟通协调。举行前文所讲到的座谈会是教师之间沟通协调的最好机会。另外，班主任可组织科任教师开展教师间的活动（如聚会等），也可邀请科任教师参与班级活动、家长会，或通过其他形式提供科任教师交流的机会。一个和谐团结的教师团队是教育好学生和管理好班级的基础。

2. 协调科任教师给学生布置的课业负担

我国中小学生课业负担重的主要表现是课外作业多，有不少学生经常做作业到深夜。在我国，中小学语文、数学、英语三门主科，是教师每天都必会布置作业的学科。假设每科布置作业半小时，那学生要完成作业就需要一个半小时。而在中学还有其他六科（物理、化学、生物、政治、历史、地理）也是在课后必有作业的，假设每天都有其中的2~3科也布置作业，学生的作业总量就要2~3小时才能完成。这还是正常速度，如果学生遇到不会做的作业，或某些学生养成拖拉的、不专心的学习习惯，其完成作业的时间就可能会延长许多。有不少科任教师布置作业时，只是考虑本学科的情况，很少考虑到学生的所有作业负担。要解决这个问题，需要学校和班主任统一协调，或形成制度。如学校形成作业布置量限制制度，规定每科的课外作业不得超过某个时间（不同的年级要有所不同，如小学低年级10~15分钟、中年级20分钟，高年级和中学不超过30分钟）。班主任可以在教室设置专门的作业小黑板，由科任教师或科代表把作业和完成作业需要的时间写在小黑板上。其作用有三：①让科任教师了解学生今天的课业负担，使科任教师对布置的作业进行相应的调整；②班主任可以根据作业量进行协调；③提醒学生今天要完成的作业。同时，学生如果认为作业多可反映给学习委员，再由学习委员提出建议，直接或由班主任与科任教师协调。这样，班主任通过作业小黑板，就可了解学生当天的作业和学生的承受力，根据需要与科任教师协调。

3. 协调各科任教师的教学时间

可能有人会说教学时间不是由课程表安排好的吗，还要协调？教师都清楚地知道，课程表的某段时间是可以由学生自主安排时间，是没有安排教师的，如自习课、课外活动课、早读、午读、午休的时间、放学后的那段时间。其中早读和午读虽然在课程表上没有体现具体的教学内容，可在许多学校早已被安排出去，如周一、三是语文，周二、四是英语，周五是数学。

那么如何协调科任教师对这些时间的安排呢？①学校要明文规定教师不能用这些时间来上新课，如果教师认为有需要，只能用来课外辅导，以免增加学生的负担。②为了避免科任教师因抢占时间而发生纠纷，学校可形成申请使用制度。如果科任教师认为需要，可以书面或口头形式提前向班主任申请使用某段时间，由班主任统筹安排。班主任再把这段时间的安排通知学生，让学生有心理准备。原则上，学校应要求教师在各自的课时内完成教学任务，让学生有更多的时间自主支配。几乎所有的学生都不喜欢教师占用自己自主学习的时间，尤其是课外活动的时间。学校和所有的教师应让学生自由支配这段时间，让他们自主组织参加各项感兴趣的文体活动。

【案例1】 毕业班的教师们怎么了[①]

又是一个冬天的早晨，五点半，闹铃又清脆地响了。在毕业班任教的班主任张老师艰难地睁开双眼，打开台灯，起床了，整理房间、准备早餐……然后带着上小学一年级的女儿上班，七点十分之前赶到了学校。到办公室放下皮包，便直奔教室，检查收作业、早自习等方面的情况，再回办公室，插上电水壶烧水，然后坐在办公桌前，打开课本、教案，仔细看了起来。

这时，语文老师走到她前面，说："张老师，你把昨天的自习课又抢去上数学课，这节课总不能也给你吧。我们商量一下，怎么划分吧。嗯，一共是两节自习课，一人一节。"张老师神情尴尬地说："主要是这届学生的基础差，上课的进度老完不成，作业也一塌糊涂，我实在没有办法。既然你认为这样做比较合适，那么就这样定了。"

午饭后，12：40分，张老师拿着作业本、课本、备课笔记走进教室。教室里，有的同学正埋头看书、做作业，有的正在谈天、说笑，有的正在吃水果……看到张老师来了，顿时有的同学又叫道："啊，又上课了！"张老师很无奈地掂了掂手中的作业本："这次作业错的人太多了，不讲评，今天的家庭作业你们将仍然很难做好。"于是，大家安静下来，张老师开始讲评作业了。

当张老师从教室回到办公室刚坐下，语文老师紧跟着到了。她涨红脸说："张老师，你怎么连中午都上课呢？现在正实施素质教育，要减轻学生的学习负担。更何况下午的第一节是语文课，学生给你搞得这么疲劳，下午还怎样上课呢？"张老师睁大着眼睛："学生作业太差，我实在找不出另外的时间了。"语文老师继续大声说："难道他们只考数学不考语文吗？"这时，旁边的化学老师也开了口："是呀，你们年轻力壮，能加班加课，我们是即将退休的人了，上不动了。你这样抢时间上数学课，同学们哪有精力钻研化学呢？连看化学书的时间都没有了，这化学还怎么考呢？"政治老师又接着道："你们'第二世界'都没时间看了，那我们的'第三世界'更无法生存了。"

一时间，科任教师的叫苦声此起彼伏。语文老师气呼呼地转身走出办公室。张老师含着泪花深深地埋下了头："我这是为什么呢？累得头发都白了，还里外不讨好！"

案例分析：可以说案例中的张老师是负责任的可怜的教师。由于张老师利用班主任的优势独占有限的教学时间，引起整个班级科任教师的不满。张老师作为协调者，应主动与各科任教师商量，合理分配有限的教学时间。另请思考：教师们为什么会抢着上课呢？你有什么好的建议协调各科任教师之间的矛盾？

（四）协调好科任教师与学生间的关系

1. 利用各种机会，让学生与科任教师相互沟通和理解

（1）让科任教师参与班级管理和班级活动。

班级的重要决策和主要活动都可以事先听取科任教师的意见，采纳他们积极的建议。如班规的制定，班级活动的安排，班干部（尤其是科代表）的选拔，"三好学生""优秀学生"等的评选，学生的操行鉴定，学困生的教育辅导等都可以争取科任教师的意见，

---

① 麦志强，潘海燕. 班主任工作培训读本［M］. 北京：中国轻工业出版社，2007.

使科任教师在参与班级管理中主动地关注和了解学生，感受到自己也是班级的一员，把班级看成"我们班"，而不是"你们班"。

邀请科任教师参与班级活动。共同的活动是增加师生感情的最佳途径。班主任可邀请科任教师参与晨会，主题班会，各种文体活动（联欢会、庆祝活动、游园活动、体育比赛等）、家长会等。在活动中，科任教师能充分了解学生，看到学生不同于课堂学习的另外一面，了解学生的兴趣、爱好、特长，对学生有更多的肯定。在活动中，师生的自由沟通和教师个性能力的展示，也让学生感受到科任教师的用心、付出、情感等人格的魅力和广博的知识，增加对教师的尊重。另外，邀请科任教师参与班级活动，以自愿和不增加教师负担为原则，也不是所有的班级活动都邀请科任教师，但一些特色活动（如才艺展示、主题班会等）和有利于增进师生感情的活动（如春游）应尽量让各科任教师都参加。

（2）树立科任教师的威信。

正面宣传和赞美科任教师，树立科任教师的良好形象。班主任的宣传和赞美远比科任教师的自夸要让学生信服。班主任可利用各种时机在班级里宣传和赞美科任教师。①当教师第一次教本班课程时，有意识地赞美科任教师的特长。如某班主任是这样介绍他们班的科任教师的："教语文的李老师，他的学问像他的眼镜片那么厚，别看他眼神不好，可是他的耳朵却灵着哪！不信，你们试试。教历史的许老师，他知道的那些历史故事，如滔滔江水，连绵不绝，想听历史故事吗？好好上历史课！你们知道数学老师有个什么外号吗？他叫'华一笔'，华老师不用圆规，一笔能画一个圆，神吧！物理老师的绝活特别多，他有一双神奇的手，怎样神奇？上物理课你们就知道了。如果能把老师的绝活学到手，那你们就太有长进了！地理老师的外号叫'活地图'，不信，你们考考他，看能把他考倒吗？"① 这样的赞美既使学生较快地认识和了解了科任教师，又使学生对科任教师充满期待和佩服。在赞美科任教师前，班主任要对他们有一定的了解，使赞美名副其实，否则将适得其反。②当科任教师获得成绩和奖项时，要特意在班里夸夸科任教师，让全班同学都由衷地佩服和敬重他们。如某教师发表论文或文章了，某教师获得"优秀教师"的称号了，某教师是"教坛新秀"等。③肯定科任教师对本班所作的贡献。当班级的成绩有进步时，不忘在班上感谢各科任教师；当班里某学生在某科的比赛中获奖，不忘提醒学生要记得科任教师的功劳。④不在学生面前贬低科任教师，要维护科任教师的威信。当班主任对某科任教师不满时，千万不要在学生面前表现出来，否则将给学生造成不良的影响，如导致学生也表现出不喜欢某科任教师，进而影响对该学科的学习和科任教师与班级学生的人际关系等。当科任教师在教学中偶尔出现失误时，要在班里帮助教师做正面解释，教学生学会理解和宽容教师。千万不要挖苦和讽刺科任教师，谁又能保证自己一辈子不会出错呢？

（3）教育学生学会尊敬和关爱科任教师。

尊敬教师是学生的道德行为规范。班主任可利用各种机会教育学生要热爱、尊重教师。同时，班主任要教会学生尊敬教师的方式，例如，见到教师要问好；上课认真听课、

---

① 王宁. 今天，我们怎样做班主任：中学卷［M］. 上海：华东师范大学出版社，2006.

积极配合教师的教学，尊重教师的劳动；帮助教师收发作业、拿教具，为教师课前准备一杯水；看望生病的教师；教师节时提醒学生用各种方式（如一张自制贺卡、一声问候、一枝花等）感谢教师的教导和关爱，等等。

2. 妥善处理科任教师与学生的矛盾

师生矛盾在每个班级中或多或少总有发生，我们要以积极的心态灵活处理和协调两者间的关系。科任教师与学生的矛盾主要有两种情况：一种是由于学生犯错引起的冲突，另一种是由于教师自身素质引起学生的不满。不同的起因，解决的方式方法也不同。但是，很多时候是多种因素综合引起的冲突，这就要具体情况具体分析，多方面协调，和谐师生关系，而且应该认识到矛盾双方都有不恰当的地方，只要其中有一方能理解、宽容和合情合理地处理，就不会有矛盾。宽容和理解是教师应有的品德。

（1）由于学生的错误引起的矛盾。

学生最常犯的错误是上课违纪（迟到、随意说话、玩小玩意、睡觉、看或听与课堂学习无关的东西、不服从教师的指令、故意捣乱、随意走动、同学间的争吵和打架等），学习上不做作业，抄袭作业，成绩不理想（这不完全是学生的错，只是成绩往往也是教师与学生冲突的主要原因）等。当学生犯错误时，教师是有责任和权力管理和教育学生的。可当教师方法不当时，就会引起矛盾冲突，只是这种冲突起因于学生。对于这类冲突的处理应是：①向科任教师和学生多方面了解事情的缘由和学生犯错的原因；②晓之以理，动之以情，使学生认识到自己的错误；③要求学生向教师道歉，也感化教师。最好的结果是教师也认识到自己的不当，学会合理对待和处理学生的错误，使师生关系日趋和谐。

【案例2】巧解师生对立情绪①

某天上午第四节课时，我正在办公室批改作业，班上李英同学泪流满面地跑到办公室，她的肩头在剧烈地颤动着，她心里一定有难忍的痛苦而又在极力地控制着，这倒愈发感染了我。瞬时，我也感到一种漠然的伤痛，尽管我还不知道到底发生了什么事情！

拧一把湿毛巾递给她，让她坐下，待她慢慢平静下来。我一言不发，而是用询问、鼓励的目光开启她的话匣。

"老师，今天，我平生第一次被罚站，而且站在讲台上。那么多的眼睛一起盯着我的脊背，我太丢人现眼了！也不知道怎么想的，没等下课，我就冲出了教室。您说，我以后哪有脸再见同学？"她再也坚持不住了，嘤嘤的啜泣凝固了周围的空气。

我的胸口觉得好闷，似乎压了一块石头。一个初三的女孩子，正处于花季，她怎能承受这样的羞辱？即使她犯了不小的错误——不会的！在我的印象中，她是那么的勤奋刻苦，自强不息！

许久，我终于了解了事情的来龙去脉：

上周三下午第一节课，英语老师请她在黑板上默写新教的单词，由于没有做好准备，她脑子里一团糟，没有写出来。下讲台时，心里一急，把粉笔扔重了点，结果引起了误

---

① 杨洪芳. 巧解师生对立情绪 [M]. 班主任之友，2003（4）：25.

会，老师以为她傲慢无礼，所以被当场批评。她只得强忍泪水，始终没有为自己辩解一句。

刚才课上，英语老师又叫她到黑板上默写单词，她做好了充分准备，按理说不会出差错，可不知怎的，一到讲台上脑子里一片混乱，耳鸣得厉害，连老师说的内容都听不清楚，结果出师不利，狼狈不堪，于是也就有了罚站的事件。

"老师，我不想上英语课了，免得再受窝囊气！"声音不高，却带着一股犟劲，还夹杂着一股浓浓的火药味。

我有些进退维谷。设身处地地想一下，她确实受到了很大的委屈。英语老师的做法有点苛刻。可是大家都是年轻老师，即便是长者或领导，也得讲究批评艺术！更何况她初出茅庐，走上讲台还不到一年，有些失误也在所难免，工作八年来，我自己不也是这样摸爬滚打过来的吗？

"李英，这一次事情是老师的错，不能怪你！"我的话直截了当，掷地有声。看得出，她有些意外，大概没想到班主任会如此直率，站到自己一边。

"不过，你也有个小小的错……"我的话锋一转，引而不发。

"那一次误会之后，我该向老师解释一下，请求她的原谅！"李英湿润的眼睛里面掠过一丝被理解和理解别人的幸福。

我点了点头："英语老师对工作负责，她很年轻，比你也大不了多少，你就原谅她吧！"

"老师，那我怎么做才好？"她缓缓地站起来，一脸的真诚和信任。

"依我看，退一步海阔天空，你给她写一封信，诚恳地表示歉意，由我交给她。我想，她看了这封信，一定会很感动的，反过来也会向你道歉，你相信吗？"

我把自己的意思和盘托出："再说，严于律己，宽以待人也是一种美德！"

"老师，我听您的，其实，我并不希望和老师过不去，而且我也一直想把英语搞上去！"她如释重负，高高兴兴地跑了出去。下午，她把信给了我，字里行间蕴含了一份敬重和虔诚，而好几处显然被泪水沾湿，有些模糊……

事情的结局一如我的预料。稍不同的是，英语老师后来还当着全班同学的面声泪俱下地读了这封信，信中有几句这样感人的话语：只有师生心灵真诚一致的时候，才是教与学的最佳效果，让我们师生携起手来，互相理解，互相信任，互相合作吧！

英语老师严格地检讨了自己，并请大家帮助她改正缺点，教室里响起了经久不息的掌声。

从此，英语老师不再板着脸，她那甜甜的微笑使课堂气氛变得十分融洽、愉快。不久，期中考试，我班英语成绩很好，李英的英语成绩十分突出。初中毕业时她以优异的成绩被省重点高中录取。

案例分析：案例给我们的启示是：对于科任教师与学生的矛盾，班主任解决问题的最佳方法不是直接介入，而是通过教育学生，让学生认识到自己的错误，并教给学生解决问题的方法，使师生矛盾得以化解。

（2）由于科任教师自身素质引起的矛盾。

容易引起师生矛盾的科任教师自身素质主要有教学失误、教学方式方法不当、教育教学理念落后、个性问题、师德问题等。由教师引起的矛盾，处理起来就比较棘手。班主任能做到的是：①教会学生体谅科任教师，特别是对科任教师的偶尔失误要宽容。可以通过组织学生观察和调查"教师的一天"等活动，让学生认识到教师工作的艰辛和教师们的敬业精神。②教育学生学会适应教师的教学风格。③教育学生可以不喜欢科任教师，但不能由此不喜欢其所教的学科，不要与知识过不去。④让学生通过某些方式（如写信、座谈会）把对科任教师的意见直接反映给他们，让科任教师知道自己的不足和学生的要求。科任教师能逐步改变则最好；如果科任教师征求班主任的建议，班主任就要诚恳地给予帮助。⑤与学生、科任教师共同商讨学生学习本学科存在的问题和学习方法。

对于教师教学的问题，最好由学校组织专门人员给予教师适当的帮助，以改进教师的教学水平和提高教学质量。

【案例3】

去年，我班的刺头和英语老师起了冲突，竟然要大打出手，被老师和同学们及时制止了。那天我出去开会，第二天上班我还被蒙在鼓里（学生怕我生气没敢告诉我）。上完语文课，有学生通过写纸条的形式告诉我发生了什么，我一看，当时便感到了事态的严重性，于是找到了了解此事的老师，弄清了事情的来龙去脉。其实，他们的矛盾已经不是一天两天了，很多孩子都对英语老师有意见，由原来的几个人不听讲，到现在半个班甚至一个班不听讲，已经到了很严重的程度。这些，我都是知道的。但是，我一直没有把它当作严重的事情来看待，有时候还会为学生开脱，像极了一个不愿他人说自己孩子不好的母亲。后来，我找那个孩子好好地谈了谈，我感受到了他内心的不满和憎恶。谈话在我自认为良好的情况下结束，再后来的每一节英语课他上得也不是很好，而我那个时候也将责任归咎于英语老师的教学方法，并没有从自身出发去做点什么。期中考试，我们班英语平均分只有62分。

面对这一切，我开始真正地反思自己，自己在这个过程中扮演的是什么角色，我和科任教师沟通了吗？真正地去解决问题了吗？

想来想去还是自己在推卸责任，没有将班主任与科任教师的教育合力充分发挥出来，这就是我的失职，而我还在那一个劲地要求别人怎样怎样。自此，我终于静下心来思考下面的工作。

首先，必须建立规范、适用的班级管理制度。俗话说得好，"绳以规矩，始成方圆。"对一个班级的管理来说，没有一个行之有效的制度是很难想象的。针对英语课的学习问题，我专门开了讨论会，将学生的想法集中归类，找到问题的所在。由学生讨论制定相关的奖惩制度，促进学生的自我约束，将大多数学生稳定下来，逐渐转变个别现象。

其次，与英语老师及所有科任教师取得联系，进行沟通。在学生中间树立和维护科任教师的威信，也将学生的意见反馈给科任教师，以便他们也改变其教学方法。我给英语老师的建议是多开展活动性学习，将学生的积极性调动起来，而不是单单的传授知识。

再次，跟踪上课，实施监控。这一举措半个学期下来效果明显。一开始，我跟着上了一周四节英语课，在课上我和学生一起背单词、学句子，让学生们从内心认识到我对此事的认真程度，以严来扶正。一周下来，带领学生总结学习收获，很多学生都认真上好每一节课，学习效果显著，学会了很多平时看似很难的单词，重拾自信。坚持一个月后，课堂氛围好转了很多，而我则逐渐脱离课堂，转为"地下工作"，关注个别现象，转变个别问题。

最后，让学生找到学习英语的信心。很多学生都是由于学不懂才不爱学的，如果让他们认识到学习英语就像学习语文一样容易的话，那么兴趣自然就找回来了。每天的晨读时间我不再让学生读语文课文，而是改为读英语课文，大声地朗读那些平时不敢念的句子。下午进行单词过关，每天三个单词过关，谁全对了就可以回家了。虽然，没有了那么多学习语文的时间，但是学生的英语成绩在短时间内提高很快，很多学生都由原来会不了几个单词，到后来单词竞赛考满分。当笑容与自信重现在孩子脸上的时候，我才舒了口气。

在这个学期期末考试中，全班英语平均分提高了20分，优秀率达到了40%以上。当我把这个好消息告诉学生的时候，教室里响起了持久的掌声。看着他们那高兴劲儿，我也会心地笑了。①

案例分析：本案例中，引起矛盾的因素是多方面的，班主任首先从学生的身上寻找问题并找到了解决问题的方法，这是值得所有班主任学习的。因为学生才是教育对象，而班主任没有责任和义务教育科任教师。其中应注意，给科任教师的建议，即使他能接受，但也不容易改正，特别是老教师。同时，"跟踪上课"方法的实施必须征得科任教师的同意。请思考：你还有哪些方法协调师生关系？

二、班主任与学生家长的沟通协调技能

班主任与学生家长沟通的目的是交流各方面的信息，沟通感情，为学生创造有利于其发展的家校合作条件。班主任与学生家长的沟通方式主要有面对面沟通和其他信息沟通，其中面对面沟通有家访或校访、家长会等形式；其他信息沟通是利用传统或现代的信息技术来传递信息的一种沟通手段，主要有家校联系手册、书信与便条、电话、短信、家校通、QQ群、博客等。

（一）家访

家访是指为了协调学校与家庭的教育步调，统一学校教育与家庭教育对学生的要求，促进学生全面发展，班主任代表学校对学生家庭进行的具有教育性质的访问。家访是班主任与学生、家长建立联系的一种重要途径。

1. 新时期家访的意义

随着信息技术的发展和广泛运用，家访已逐渐被班主任和家长淡忘。确实，与现代通信手段相比，家访的缺点也是一目了然的，不但费时、费力、触及他人隐私，而且班主任的精力时间有限、家长的时间不定、学生的跨区上学等也给家访增加了难度。班主任们以电话、短信、电子邮件、QQ等联系形式来代替传统的家访，一定程度上使教育交

①　http：//blog.hbte.com.cn/user1/1620/archives/2007/6746.html.

流的渠道更为丰富和通畅，也减轻了教师的工作强度。那么，现在的家校联系真的就不需要家访了吗？我们发现，近几年，不少学校或教育局出台了要求班主任和科任教师家访的硬性措施。如2007年春，成都市教育局发出通知，要求各中小学班主任每年要对本班不少于1/3的学生进行家访（入户式家访），3年内走完整个班上所有的学生家庭；哈尔滨市教育局下发了文件将学期教师家访量列为教师师德评比的标准。这在一定程度上说明，家访具有其他方法所不可替代的作用。

（1）有利于全面、深入地了解学生及其家庭。

班主任走进学生的家，才能全面了解学生的各个方面，尤其是学生在家的真实表现和影响学生的真实家庭环境，而这些是难以从学生的交谈和与家长的通话中获悉的。通过家访可以了解到通过其他方面较难了解的信息有：①学生在校难以展示的特长、爱好。例如，水果削得特别好、会做家务、有一定的烹饪技术，熟知且喜欢养某种动物或植物，动手能力强，会修理小家电、自行车，等等。家访能让班主任了解到学生的另一面，即生活的一面。②家庭的突然变故（父母下岗、生病、去世或离婚）。学生生活的变故会直接影响到学生的生活和学习。这往往也是学生和家长难以启齿的事情。如某班主任就碰到一个平时成绩很好的学生，可是有一段时间成绩突然下滑，问她也不肯多说，家访后才知道，她父母亲吵着要离婚，她很担心，没心思念书。后来该班主任和学生、家长进行了沟通，学生的成绩也就赶上来了。③学生生活和学习的环境。如某学生学习成绩总是上不去，通过家访才发现，原来学生做作业的桌子几乎挨着麻将桌。又如某学生家庭作业总是写得很潦草，班主任家访后才知道学生的家庭作业是在家长所开发廊的阁楼上写的。④学生在家中的表现，尤其在家学习和娱乐生活的情况。如完成作业的时间、自觉性和质量，娱乐的时间和内容等。

（2）拉近班主任与学生、家长的感情。

班主任的来访，能使学生和家长深切地感受到教师的关心，拉近班主任与学生和家长的感情。因为面对面的、一对一的交流更具真情实感，在私人的空间中，更能体现双方关系的平等和自由，使交往更加融洽。学生和家长不喜欢班主任家访是因为他们害怕班主任告状。如果班主任家访的目的不是告状而是为了学生的更好发展，表示对学生的关爱，学生和家长就会盼望着班主任来家访。

（3）可以全面地了解家长的教育观念、方式方法，纠正家庭教育中存在的不合理教育现象。

我国家长受教育水平参差不齐，素质还有待提高，家庭教育过程中存在不少问题，如教育的随意性大，过分关注孩子的学习成绩，手段方法不科学，甚至体罚、辱骂等侵犯孩子人权的现象也时有发生。这些问题危害着学生的健康成长，必须及时加以纠正。这也是班主任最头疼的事情。众所周知，教育家长远远比教育学生要难得多，而家长错误的观念、方法不改变就很难教育好学生。所以，班主任往往会尽自己所能地帮助家长，以达到家校协调共同发挥作用。其中家访是最有针对性的途径，只有通过家访才可能面对面地就教育过程中存在的具体问题进行认真研究并加以解决。

班主任还要适当协调学生与家长的矛盾。经常会听到家长抱怨孩子不听话，或孩子对家长不满。这时候班主任就是亲子关系的协调者。通过家访，班主任可运用自己所掌握的有关儿童身心发展等理论和实践，帮助家长理解和尊重自己的孩子，为家长提供与孩子沟通的机会和方法。班主任应做好学生的工作，让学生体会到父母的艰辛和对自己无私的爱。

【案例4】家访不是告状——姜敏①

"老师，成成的家庭作业没有做。""成成的课堂作业也没有做完，他还破坏了纪律。"面对科代表的告状，我心存疑虑：成成怎么了？为什么经常不完成作业？我决定去家访一次。

下午放学，我来到成成家，刚刚介绍完我是成成的班主任，成成的父亲就大骂自己的儿子："没出息，又在学校惹祸，让老师找上门。"见此情景我非常尴尬，真不知说什么好。呀，真是，这家长还没问明白老师的来由，就大骂儿子，把我的家访当成是来告状。我不禁想起，成成平日在学校犯错，老师找家长，一向倔强的他就怕得要命，甚至会苦苦哀求。面对这种情况，我没敢说孩子没有完成作业，却撒谎说是来给孩子补课的，并且告诉家长，孩子在学校表现挺好，能尊敬老师，乐于助人，积极劳动，最近学习也在进步，只是知识基础不太扎实，所以我来给他补补课。听了我的这番表扬，这位粗暴的父亲转怒为喜，不好意思地说，自己没文化，又没有固定的工作，回家既要当爹又要当妈，所以脾气不好，教育孩子更多的就是简单的打骂。我的心猛地一颤，难怪成成平日迟到，不完成作业，随心所欲，原来是受家庭的影响。我如果早些了解这一切那该多好！这孩子不仅需要传授知识的老师，更需要老师慈母般的爱呀！我暗暗自责起来，自己是班主任，有责任、有义务帮助教育孩子。于是，我把孩子拉到跟前，语重心长地告诉他，要好好听爸爸的话，多帮助爸爸干些力所能及的家务活，同时还要认真学习，及时完成作业，并且还劝他爸爸不要经常打骂孩子，要多看到他的长处，多关心孩子。最后，我为成成补了课，家长和孩子都很感激。

案例分析：在家访中，姜老师找到了成成问题的根本原因，了解了成成的家庭背景和对他的不良影响，发现了家长不良的教育方式。这是通过其他途径很难搜集到的信息。通过家访，姜老师对成成的教育更有针对性了；通过家访，增进了姜老师和成成及其家长的感情；通过家访，姜老师既教育了学生，更教育了家长。请思考：学生出现问题时，家访的目的是什么，是告状吗？应如何更有效地实施家访呢？

2. 家访的计划和准备

（1）制订家访计划。

每学期开学之前，根据学校和班级工作计划制订本学期家访计划。制订家访计划的意义在于可以使家访工作成为班主任工作的一项常规性工作，可以使学生正常看待班主任的家访，而不是害怕，还可以使家长积极配合班主任的工作。计划的主要内容包括本学期家访的目的、要求、任务（人次）、家访阶段、家访步骤和家访方法。对于新接的班级，建议班主任采取普遍性家访。普遍性家访还有利于班主任和家长双方互相认识了解、

① 周达章，金莹. 21世纪班主任工作案例精粹：小学版 [M]. 宁波：宁波出版社，2005.

沟通教育信息，为以后班级各项工作的开展以及取得家长的支持打好基础。对于班额较大的中小学班主任来说，普遍性家访的工作量大，需要班主任统筹计划，合理安排。另外，也需要学校给予精神和物质支持，如设立家访专项资金、家访绩效工资和奖励制度等。对于老班级的家访，多采用重点性家访，以有针对性地帮助学生健康成长。同时，可以要求学生和家长根据自己的需要邀请班主任家访，给学生和家长一定的自主权，并将其纳入计划中。家访计划的制订过程可征求学生和家长的意见，如果学生和家长都不愿意班主任去家访，要尊重他们的意见，运用其他方式方法与家长沟通。

制订好的计划可在全班公示以预先告知学生，并向全班同学宣传班主任家访的意义和目的。这有利于使全班学生对班主任的家访习以为常，把班主任的家访看成是对自己的关爱，消除学生和家长对家访的恐惧心理，并使他们积极配合。

（2）确定好每次家访的目标和内容。

每次家访，要明确家访的具体目标和内容。可以根据学校的教育情况、学生在校的表现和想了解的家庭情况制拟目标和谈话内容提纲。要带着目标去，而不是随意地走访。如果目的不明，则家访易陷入盲目性；而内容不清，则会导致谈话无主题，东拉西扯闲聊一通，不着边际，既不解决什么问题，也没有什么意义，浪费双方的时间和精力。在普遍性家访中，家访内容有四个方面：①与学生家长相关的内容：学生家庭情况、学生家长的文化水平、对待子女的教育态度和方法、亲子关系、家长为子女提供的家庭教育条件。②有关学生的信息，如学生在家的学习情况、学生的课余生活、个性特征；并向学生家长介绍学生在校的基本表现、学生所在班级的基本情况。③与学校教育有关的内容，班主任和科任教师的教育教学情况；本学校教育特色和要求等。④共商存在的问题和解决措施。而对于重点性家访，就要根据学生的具体问题，确定家访的目标和内容。如某学生总是在课堂上睡觉，家访的目标就是寻找原因，与家长、学生共同商讨解决方案。

家访的内容可以征求学生和家长的意见。如学生希望班主任帮助他父母改变总是打骂自己的教养方式，父母要求班主任帮助学生改变某种不良的习惯等。在家访前，班主任可通过信件、家校联系卡、通知、便条等方式征集学生和家长对家访内容等方面的要求和建议。这样的家访就更有针对性，从而满足学生和家长的需要。

（3）了解学生和家长的基本情况，为家访做好充分准备。

了解学生。家访的一个重要内容是让家长了解学生在学校的表现。在家访前，要了解学生在校的具体表现如学生的思想动态，学习态度，学习成绩，课堂的学习状态，与同学、教师的关系，在学校中表现出来的爱好、兴趣、个性、品行等。然后，总结学生的优点、存在的问题和需要解决的问题，希望家长在哪些方面的配合等。对学生的了解可以通过观察、与学生和科任教师的谈话、学生的书面资料（作业、作品）等方法来实现。

了解家长。为了增加家访的成效，家访前要对学生家长或家庭有一定的了解。主要了解学生家长或家庭在家长的职业，文化程度，家庭收入水平，家庭结构（核心家庭、单亲家庭、主干家庭、联合家庭、留守家庭），家庭关系，家长对子女的期望等方面的情况。这些信息资料可以在学生入学或每学期开学时，通过问卷调查的方式收集，并作为学生的档案保存。家访前，要根据家长以上各方面的差异，确定不同的家访内容和谈话方式方法。同时，根据所掌握的信息确定本次家访需要了解家长的哪些情况，如家长的教育观念、教养方式、亲子关系、家庭教育中存在的问题等。

（4）确定家访时机，预约家访时间。

班主任往往会在学生出现问题时去家访，这从班主任的角度看是一个好的时机，可学生这时候是最不欢迎班主任家访的，因为这时的家访往往成了"告状"，学生会非常害怕，甚至恐惧，而且家长也不喜欢班主任的告状，因为几乎所有的家长在内心深处都认为或希望自己的孩子是最好的。学生有问题就"告家长"这是最没办法的办法。关于家访的最佳时机的选择，我国优秀班主任武兴元老师把它归纳为十个方面：①学期初、学期中和学期末；②学生生病不能到校的时候；③学生生日那天；④"差等生"获得较好成绩的时候；⑤学生被评为优秀队员、优秀干部或三好学生的时候；⑥优秀学生考试成绩突然下降的时候；⑦学生精神不振、学习情绪低落的时候；⑧学生犯错误屡教不改的时候；⑨学生进入青春期初恋的时候；⑩学生突然旷课的时候。①

家访的具体时间应该由班主任和家长共同商定或预约，应该选择双方都有空的时间。一般而言，家访的时间选择周末或寒暑假较为合适，而且许多学校也规定班主任在寒暑假要家访的人次。寒暑假一般适合普遍性家访，而对于重点性家访或问题解决式家访的时间选择在周末或晚上就较合适。家访前可通过电话、短信、便条等与家长预约，共同确定家访的时间和内容。不要在家长不在家时或很忙时去家访，否则将影响家访的效果。

3. 家访注意事项

（1）班主任要态度诚恳，尊重学生和家长。

态度诚恳。到学生家拜访，除了要注意一般性的礼节外，班主任的态度尤其重要，对任何类型的家长都要态度诚恳，做到有礼有节。对于有钱、有地位的高高在上的家长，不要懦弱求人，要不卑不亢、有条有理、就事论事，从孩子的发展角度与家长沟通；对于家境贫困的家长，不要盛气凌人，要多体谅家长，为学生提供具体可行的帮助；对于蛮横无理和冷漠的家长，可通过关心学生的言行来感化他们。如果感化不了家长也不要放弃，只要诚恳地传达了自己的想法和建议即可，尽力而为，家长怎样做是他的自由和权利。不是所有的家长都能接受学校或班主任的良好建议的。

尊重学生及家庭的隐私。家是一个私人的空间，从现代人的理念看，家访尤其是不经过同意的家访或多或少侵犯了学生和家长的私人空间，所以要学会保密，保护在家访过程中所了解到的学生和家长的隐私。尤其是涉及学生和家长的一些不良信息，不要拿来与他人讨论或闲聊，更不要在公共场合提起，如某某家长爱说脏话、不讲卫生、有不良爱好，某某同学的父母离婚了，某某同学家境贫穷，某某同学的家长有外遇，某某同学还尿床等。

<hr>

① http：//yangkunhome. bokee. com/viewdiary. 16289980. html.

【案例5】 一次家访访出的隐私事件①

哈尔滨市某中学的李老师在家访中看到学生家卧室里挂有人体艺术画,并在课堂上不小心将此事公之于众,没想到给孩子及家长带来了心灵的创伤。12日,63岁的哈尔滨市道里区安升街居民孙耀军大爷讲述了事情的经过。

"现在这孩子还不肯回家住呢!自从班主任在班级上说了他家里挂有人体艺术画的事,他就不回家了,见到父母也不说话。"孙大爷说,他孙子今年13岁,是哈尔滨市一所中学的初中一年级学生。今年9月末的一天晚上,老师打电话给其父母,说"十一"期间要来家访,并强调家访是学校对班主任工作的考核内容之一,没什么特别的事,只是来看看。

于是按约定10月5日18时左右,孩子的父母将班主任接到了家中,开始班主任是在客厅里向家长介绍孩子的情况,因为孩子在学校的表现一直很好,后来班主任也没什么说的了,便将话题引到房子的装修上,热情的孩子不由分说地做起了向导,带着班主任一个房间一个房间地"参观"和解说。最终,孩子把班主任引进了其父母的卧室。"卧室里怎么这么多人体画呀?"班主任的即兴提问把孩子难住了,而家长在边上也感觉很尴尬。本来是遵从设计师的意思,在卧室里安装艺术画作为装饰,现在不经意间被班主任突然"抖开",全家人都很难堪。

本以为事情已经过去了,但没想到"十一"假之后,班主任在课堂上叮嘱不让学生上网、不让看黄色网站时,不经意间说出了家访中"卧室里挂了人体艺术画"的事。从此,原来挺活泼的孩子在班上变得沉默寡言了,不跟同学一起玩耍,回家也不愿意说话。随后,其父母就此问题去找班主任,但她表示,当时是开玩笑,只想告诉学生"正常的人体艺术画"是值得欣赏的,为了说得更明确她就举了他家的例子。

孙大爷说:"自己家里摆什么是自己的事,尤其在卧室里挂人体艺术画是家里的私密,不希望外人知道,但班主任在班级里公开介绍,将家里的隐私大白于天下,让全家人难堪,尤其是孩子年龄小,还理解不上去,心里留下了阴影,也不知道以后会不会影响孩子的成长。"

案例分析:《未成年人保护法》明确规定:"任何组织或者个人不得披露未成年人的个人隐私。"班主任要以此为戒,言行举止要以尊重学生和家长为原则,否则将会带来严重后果。现在的学生和家长,维权意识较高,由于某些班主任法制意识不强,往往一不小心就冒犯学生和家长,甚至触犯法律。家访是最容易获悉学生和家长隐私的途径,班主任要有意识地保护学生及家长的隐私,使学生健康成长。请反思:案例中的班主任应做何补救措施?

(2)承担责任,为学生和家长提供帮助。

学生的健康成长,教师、家长和学生自己都有责任。学生出了问题也不是单方面的因素,班主任和家长都不应该推卸责任。每当学生出现问题时,班主任往往希望通过家长来解决,最简单的方式是"告家长";而家长认为孩子在学校出现的问题或学习上的问

---

① http://news.sina.com.cn/c/2004-10-24/10024019882s.shtml.

题是教师的责任。班主任和家长应协调一致，共同承担教育学生的责任。因此，家访时，班主任不能推卸责任。应以对学生负责的态度，用理论和事实说服家长承担起他们作为家长应负的教育责任。对于问题解决式家访，要事先设计好解决问题的方案或措施和希望家长配合的事项。然后，将方案拿出来与学生、家长共同商讨，在协商中确定解决问题的措施，为学生和家长提供他们所需要的帮助。

（3）灵活应变，减少双方的矛盾冲突。

一般而言，班主任、学生和家长没什么利益冲突，矛盾往往是缺乏沟通或沟通不畅引起的。矛盾的来源无非是学生的教育问题，大家的出发点是好的，都是为了学生的发展。只要有良好的沟通，问题总有解决的途径和方法的。这就需要班主任的灵活应变，用不同的方式与学生、家长沟通协调。当发现家长有不满的情绪时，要及时调整谈话的语气、谈话的内容，从另一个角度谈论问题，从家长的角度思考问题，以家长能够接受的方式进行交流。虽然具体问题要具体分析，但要坚持有诚恳的态度，教育好学生的理念。

（4）做好家访记录和反思。

家访记录有利于班主任与家长保持更好的联系，有利于对家访的实效进行反思，对学生的教育进行追踪。家访记录的内容包括家访对象、家访目的、家访时间、家访谈话的内容、家访的效果分析或反思等。前四项内容可以在家访前先写好，作为家访的活动方案，或所有的记录在家访后及时完成。但家访记录不要在家访中进行，这会增加学生和家长的压力，不利于得到真实的信息，也不利于家访的顺利进行。以下是某班主任的家访记录，仅供参考。

【资料1】　家访记录①

家访目的：该学生自进校以来学习成绩一直不是很理想，虽然进行过多次辅导教育，但是效果仍不明显，致使班级总体成绩落后于同级其他班级，而且该生性格内向，不愿同老师进行交流，沉默寡言，课堂上从未发过言。问原因，也不愿和老师作深层次的交流，只是一言不发，而且只要一批评她，就会掉眼泪。所以，为了找出问题的症结，避免她的成绩再下降，形成不良的学习习惯，我决定进行家访。

家访情况：到学生家中，家里只有父亲一人在家，家长反应较为冷淡。家长表示，知道小孩很早就有这个毛病，却无从下手，就是一个劲儿说她也没有办法。但值得庆幸的是，经过耐心的交流，说明家访的来意后，家长终于放下思想包袱与我进行了交谈。从家长口中得知，原因可能有几方面。孩子很内向，虽然是女孩子，但是也很喜欢玩，而且具有一定的惰性。孩子回到家后就沉醉在电视中，对其中的情节津津乐道，但是对学习却基本只字不提，可能这也是孩子行为反常的原因之一，而且学科中有她并不是很乐意学的科目。比如说数学，学习起来较为吃力，她可能产生了畏难情绪。加上家长工作比较忙，没有时间辅导孩子学习，在刚刚上学时就没有养成良好的学习习惯。最后家长答应我，会积极配合老师对孩子进行心理疏导，主动和孩子多交流，使孩子尽快融入

---

①　http://hi.baidu.com/411179462/blog/item/948213a66c5204fc9152ee23.html.

正常的学习生活环境中去。

家访体会：随着社会竞争的激烈，学习压力的增大，许多孩子在生理和心理上都存在着一些不可回避的问题，而且这一社会现状在短期内是无法改变的。

作为老师，不能对孩子的这些问题一味地批评指责或放任不管，而是应该运用理论知识和实际的经验来解决这些问题。简而言之，就是要以爱心关怀学生，以细心观察学生，以耐心教育学生，及时发现学生的问题，尽量帮助其解决问题。我们不能放弃她，而是要在各方面多给她鼓励，多给她爱，让她能体会到我的良苦用心，把我当成可以交心的朋友，并愿意让我帮助她走出心理阴影，拥有正常孩子的美好童年。

（二）校访

校访是家长到学校来与教师进行交流和沟通学生教育情况的访问。校访有两种情况：一是班主任邀请家长来校访问；二是家长主动来校访问，这也体现了现代家长对子女教育的重视。

1. 班主任邀请家长的校访

班主任邀请家长的校访主要有两种情况：

（1）根据学校的校访制度开展的家长开放日（周）和家长接待日（周）。

家长开放日（周）是学校开展的一项面向学生家长的活动，邀请学生家长走进学校，深入课堂与孩子一起听课并参与主题班会等教育活动，以了解学生在学校的表现和学校及其教师的教育教学水平。家长开放日（周）活动使家长真正走近了学校，对孩子在学校中的生活、学习有了更进一步的了解，缩短了家校之间的距离，使家长和学校共同关注孩子的成长，正确地引导孩子健康、快乐地成长。家长开放（周）根据家长的时间和班级的具体情况分阶段安排家长来校观摩教育活动。家长开放日（周）的顺利开展需要班主任做以下工作：①发邀请函，统计家长来校的时间，做好准备；②安排学生接待，提供本日教育活动安排及其方案的相关资料；③收集家长意见和建议，可以表格的方式要求家长边参观活动边给予评价和提出建议；④对于家长的建议作出回应。

家长接待日（周）是指学校专门安排一个固定的时间接待家长来访。家长接待日的时间可以固定为每周（月）一天的某个单位时间，如每周三下午16：00—18：00，或某一周内每天的某个单位时间，地点一般是班主任办公室，然后通知家长可以在这段时间内根据自己的需要来校，并可向班主任和科任教师了解学生在校的活动、生活情况，谈论教育孩子问题，提出自己的要求和建议。班主任应尽力解答家长的问题，听取家长提出的建议，帮助家长解决实际问题，共同商讨教育学生的办法和措施。

（2）班主任请个别家长来校商讨学生的教育问题。

在学生犯错误时，班主任经常会使出"杀手锏"——"请家长"。班主任"请家长"的初衷往往是让家长全面了解孩子，要求家长与自己共同教育好学生。但是"请家长"往往是在学生出现问题时，家长和学生都不愿意被请。因为家长怕班主任的训斥和推卸其教育责任，而不是平等的商讨；学生怕被家长打骂，而且如果班主任动不动就"请家长"，容易使学生产生逆反心理和对立情绪；学生也会认为老师"无能"，只会"告状"，无形中加深了师生之间的隔阂。"请家长"往往是班主任没办法的办法，应尽量少用或不用。

【资料2】班主任请家长的秘诀①

小飞是我班一个特殊的学生：父亲是建筑商，常年在外跑生意，和孩子接触少；母亲是农家妇女，对孩子只是万般疼爱，不懂教育方法。从小，小飞就在"非常自由"的空间里形成"自由"的性格，上了初中，仍然调皮得让老师不知所措。

星期二，教研组的老师来我班听王老师的英语示范课。课堂上，王老师要求学生们依据录音内容完成习题。一按放音键，录音机里却传出"妹妹你坐船头，哥哥我岸上走……"的响亮歌声，弄得王老师尴尬不已。事后才得知，小飞在课前将英语磁带"调了包"。

星期四，下午的体育课上，青青有点流鼻血。小飞连忙请求让他去弄点蒿枝来止血，老师见他如此热心就答应了。不一会儿，他弄来了一团揉碎的蒿枝，往青青的鼻孔里一塞。不料，青青一连打了几个喷嚏，鼻血流得更厉害了……原来，他在蒿枝上洒了辣椒水儿。

听班长讲完这些事，我气不打一处来。基本上没有犹豫，就给他的父亲打了一个电话，请他迅速到学校来一趟。

和小飞在办公室等他父亲时，我暗想："请家长"这招挺灵的，上次有位学生那么调皮，请他家长来学校一趟，回去被父亲"修理"以后，现在乖多了嘛。

小飞的父亲来办公室后，跟我打了招呼，就静静地坐着听我滔滔不绝地讲他儿子的"恶作剧"。好不容易说完，我想，家长你应该有所悟、有所"做"吧。空气凝重，过了好一会儿，他说："老师，孩子在学校发生了这些事，把我请来，是想我打他一顿、骂他一通，还是想叫我把他弄回去教育好了再送来？我对学校的教育真的感到失望……"这番话出乎我的意料，让我吃惊不小。

之后，我多次思考这位家长的话，也重新审视了所谓"请家长"的"秘诀"。

（1）动辄"请家长"，实施体罚式的家庭教育，无疑人为地淡化和削弱了学校教育的功能。本来家长也是教育者，班主任在管理学生的时候要发挥家庭教育的重要作用，要取得家长的支持和配合，但绝不能单纯地依赖家庭教育，一味推卸学校教育的责任。

（2）家长可以请，应该请，便于多联系。但不要出了事才请，不出事就不请。"请家长"要考虑请来家长后该怎么说、怎样做。班主任应该把学生的在校表现、取得的进步、尚需努力的方面，以及家长应该怎么配合学校搞好什么工作等，及时反馈给家长。要以鼓励为主，从发展的角度看待学生的问题，突出学生的进步。这样做，容易获得家长的认同，使班主任和家长更好地沟通。

（3）我们不能一味指责家长的教育如何不成功。如果当面数落孩子的不对，不正隐含了指责家庭教育不成功的意思吗？况且，把学生在校发生问题的责任推卸给家长，也容易使家长把怒气发泄到学生身上，甚至打骂孩子。学生受到打骂后，即使有少部分人日后听从教师的管理，心中也是不服的，效果是不能持续的。而大多数学生容易因此对教师产生敌对乃至仇恨情绪，从而破坏师生感情，对学校教育造成不良影响，同时，家长也会对学校教育的方法和内容感到怀疑和失望。

---

① 杨铸. 班主任请家长的秘诀［J］. 班主任之友，2004（12）：19.

2. 家长主动的校访

家长主动来校访，说明家长非常重视孩子的教育，班主任要妥善接待。家长的主动校访有两种情况：①一般性来访，主要是家长来校了解孩子的在校情况和希望班主任给予教育孩子的方法或建议。如果有家长接待日（周），可要求家长在那时来校访，或班主任自己每周确定一个固定的时间接待家长来访，以免影响正常的教育教学秩序。②质疑性来访，即家长对学校、教师的工作有不满，或认为孩子受到不公正待遇的来访。第二种情况比较复杂和麻烦，班主任要虚心听取意见和要求，并根据需要给家长作出合理的解释。

另外，应该拒绝家长到班主任家拜访。这种拜访带有很多的功利性，不利于班主任开展工作，甚至有损班主任良好的职业道德形象。

（三）家长会

家长会是学校发起的，由班主任、科任教师和全体家长参与，共同探讨学生教育问题的会议。开家长会的目的是：班主任向家长宣传学校的教育方针与政策、教育教学改革、教育目标与计划、教育教学内容和方式方法、学生在校的表现；班主任向家长了解学生在家的表现和家长的教育观念、方式方法；双方通过沟通、共同商讨与解决教育学生的各种问题。家长会是家校沟通、协调一致的重要手段。

有不少班主任和学生、家长都怕开家长会。班主任怕家长会是因为组织家长会不易，而且事情琐碎而重复；家长怕家长会是因为怕被教师点名批评，而且只能枯坐着听教师们轮番说孩子的学习或成绩，及其要求家长的配合，且对自己的孩子针对性不强；学生怕家长会是怕会上成绩的排名、班主任"告状"、家长会后的打骂，而且每次家长会的内容和形式都大同小异。那么，如何开个成功的家长会，使大家能进行有效的沟通，让家长、学生都满意，以有利于学生的发展呢？

1. 家长会的形式和内容

（1）展示班风班貌和学生成果及其表现，让家长看。

家长来到自己孩子学习的主要场所——本班教室，往往希望能感受和体验孩子的学习环境和情境，班主任可有意识地布置和展现给家长看。可以让家长看的有：①体现班风班貌的教室的布置：如明亮的教室，整洁的课桌椅，写着热情洋溢的欢迎词的黑板，张贴班级学生奖状、名言警句和书画的墙壁，学生自己编辑的黑板报，开阔学生视野的图书角等，都会让家长感到亲切，为孩子能在这样的环境中学习感到自豪。②每个学生的学习成果和作品：在每个学生的桌子上都整齐地摆放着各自的各科作业，让家长全面了解自己的孩子。③学生作业或优秀作品：展示在教室后面或走廊中，让家长感受到本班学生各方面的才能和特长。④把平时拍摄到学生的教育教学活动制作编辑，通过多媒体再现，让家长看到孩子在校的具体表现。⑤班主任或学生写给家长的一封信，尤其是让学生写下自己的心声、最想跟家长说的话、对父母的感恩等。这是最能感动家长的事情。⑥学生的表演。如以展示学生多才多艺为主题的家长会，将主题定为"爸爸妈妈，我们都很棒"。这么多可看的内容，一定会使家长有所收获和感动。

（2）师生的汇报或专家的讲座，让家长听。

听教师的汇报。主要有：①科任教师介绍全班学生在教学活动中的情况，包括学生的课堂表现、作业完成情况、学业成绩、学习中的优点和存在的问题、希望家长配合的事项等。②班主任介绍学校的教育方针政策、教育要求和班级所开展的教育活动、学生的思想动态等班级各方面的情况。

听学生的说和讲。班级情况的介绍除了由班主任汇报外，也可以由班干部来做，以充分发挥学生主人翁的作用。如果是全班学生都参与的家长会，可以让学生作简短的发言，发言的内容可以是自己在校的表现、取得的成绩和努力的方向，或想对父母说的话等，如以"爸爸妈妈，我想对你说"为主题的家长会。另外，学生的说和讲可以汇报表演的方式呈现，如朗诵诗歌、讲故事、演讲等，让家长了解孩子多才多艺的一面。

听专家（或领导、优秀教师）的专题讲座。这一形式往往与家长学校结合，通过系统的教育理论和经典案例的分析，使家长领会正确的家庭教育思想理念、规律、原则和方法。其具体的主题可以根据家长的需要和班级家庭教育存在的问题等具体情况确定，如"独生子女的教育""孩子良好学习习惯的形成""孩子课外时间的安排""青春期教育""理解和尊重孩子""培养孩子的爱心（责任感、承受能力等个性品质特征）"等。

（3）经验交流，让家长说。

家长会的主角是家长。在看和听中，家长往往处于被动状态，为了激发家长的主动性，家长会中要为家长提供说和做的机会。家长说的主要有家长之间、家长与班主任之间交流教育子女的经验及家长与学生之间思想、意见的交流。交流的形式主要有个别家长经验推介式和问题讨论式。①个别家长经验推介式。需要班主任选择合适的家长，并共同商定具体的主题。尽量做到使个别家长教育子女的经验对其他家长有参考和推广价值。②问题讨论式。需要班主任征集家长在家庭教育中存在的问题，从而选定大部分家长关注的问题作为讨论的主题，使每个家长都有话可说。可以根据选定的讨论主题，特别通知在这些方面有经验的家长做发言的准备，而且班主任要收集相关的理论知识做总结发言或提供一些建议。

（4）设计丰富多彩的活动，让家长做。

家长会中让家长做的活动有：①在会前让家长提出对这次家长会的建议和讨论的问题，或写下想对孩子说的话和期望。②让家长与班主任根据孩子的特点和特长，共同设计个性化的奖项，并在会上给自己的孩子颁奖，促使家长多从正面认识和鼓励孩子。③设计一些亲子活动，让家长与孩子共同参加，以增加亲子间的感情和沟通。④进行教育知识问答比赛，加深家长对教育知识的理解和运用能力。⑤评选优秀家长，增加家长教育孩子的责任感和成就感。⑥填选让家长满意的教师。家长会上的活动可以根据家长的特长和职业而有机地、灵活地设计，其目的是增进家长、学生、班主任之间的沟通和协调，以便更有效地教育学生。让家长做的活动要以家长自愿与不增加其负担为原则。

以上形式多样的家长会不可能在一次家长会上全都体现，而是要求班主任灵活组合，使每次家长会都能激发家长参与的积极性和主动性，取得良好效果。

【资料3】 别开生面的家长会①

每个学校都要开家长会，但富乐实验中学的家长会却开得不一样。

镜头一：舞台上，学生们正在表演文艺节目，歌舞、相声、快板、诗朗诵、舞台剧等节目，精彩纷呈。操场边，学生美术、书法、电子作品、优质作业展也令人目不暇接，这是学校正在进行的教育成果展示活动，也是家长会的重要内容。

镜头二：咦，这不是初二（4）班吗？家长会怎么在操场上开？孩子们又是唱歌，又是跳舞，又是做操，又是演讲……原来，这是班主任韩静老师在带领同学们向家长展示各自的特长。看着孩子们的成长，家长们满面春风。

镜头三：初二（12）班的教室里，班主任魏朝明老师如数家珍，正在细说孩子们的特长和进步。每个家长手里都拿着一本资料，是成绩单吗？不是。那是魏老师为家长们撰写的7000余字的家庭教育文章。

镜头四："家长的孩子，老师的学生，共同的希望"，初一（2）班的教室黑板上，几个大大的美术字点明了本次家长会的主题。家长代表发言，交流了教育孩子的经验，感谢学校和老师对孩子的教育。学生代表发言："我们选择了富乐实验中学，我们的选择是正确的。有爱严结合的老师教育我们，有管理员叔叔阿姨精心呵护我们，我们在富乐实验中学的摇篮中愉快地学习，健康地成长。"班主任谢明秀老师推行赏识教育，努力发现学生的闪光点，班上每位学生都受到了老师的表扬。

镜头五：初一（4）班的教室黑板上，一个大大的心形图案，两只大手紧紧地握在一起，寓意"老师和家长手牵手，心连心，共筑孩子成长之路"，这是班主任陈国清老师的创意。家长会上，孩子们以"夸夸咱们班"为题进行了演讲，又以"颂父母"为主题进行了诗朗诵。

为改革家长会，创新家长会的形式，富乐实验中学首先在时间安排上进行改革，过去都是安排在考试之后，而现在则是在考试之前。考试后开家长会容易开成成绩报告会、分析会，对后进生的成长尤为不利，而考试前开，家长不再只看着分数，可以让家长全面看待自己的孩子，以发现孩子身上的闪光点。其次，改革家长会的内容。家长会不再是成绩报告会、批评会、指责会，而是学生特长的全面展示会，是学生向家长感恩、老师和家长赞赏学生的最好舞台。再次，改革家长会的形式。不再是教师的一言堂，而是学生、家长、教师共同参与的多向互动的崭新平台。

2. 家长会的准备与实施

（1）确定开家长会的时间和内容。

召开家长会的时间一般由学校统一安排，多安排在学期初、学期中和学期末。班主任也可以根据本班的特殊需要单独安排时间召开家长会。每学期召开家长会的次数通常是1~3次。在不同时期召开的家长会目的和内容应有所不同。学期初的家长会，主要向家长介绍本班学生和科任教师的基本情况、本学期班级工作计划（如班级奋斗目标、班级主要活动安排等）、教育教学方面的改革与设想、要求家长的配合建议等，增强教师、家长和学生的感情和沟通，共同做好本学期的工作。学期中家长会的重点是班级工作计划开展的情况、学生在各方面的表现、学业成绩、存在的问题等，多以与家长共同商讨

---

① 周文全. 别开生面的家长会［N］. 中国教育报，2007-03-27.

的形式开展。学期末的家长会的内容与学期中不同的是，增加了有关假期中家长对子女的管理与教育问题，配合学校使学生度过一个丰富多彩的、愉快的、有意义的假期。

如果学校对召开家长会的时间没有具体规定，则可以根据本班家长的具体情况，灵活地确定时间。甚至可以根据学生和家长的不同情况确定不同的时间，如设定两三个会议时间让家长自由选择；或根据学生的具体情况，分别给不同的家长开会，这可以使家长会更有针对性。不过这也给班主任增加了工作量。

（2）印发会议邀请函。

召开家长会应发给家长正式的邀请函，以显示校方对家长的尊重和对会议的重视。邀请函的用语要恭敬，态度要真诚，格式要规范，制作要美观大方。邀请函的内容包括会议的目的、时间、地点、会议议程、家长的建议等。"家长的建议"放于最后的"回执"部分，以虚线隔开，要求家长填好后剪下，由学生带回给班主任。班主任可以根据大部分家长的建议修改议程。如果不能参与会议，应请家长在"回执"中请假并说明原因。邀请函可由学生带给家长，也可邮寄。在发放邀请函后，还可以通过手机短信方式通知家长，以提醒家长检查是否收到邀请函。邀请函至少提前一周印发，以确保通知到每位家长，使家长、班主任有充分的时间做好准备。

（3）设计家长会方案，做好会前准备。

设计并撰写家长会方案。方案的内容包括会议目标、形式、准备、主持人、议程、效果分析等。议程中除了设计会议的各项内容和活动的流程外，还要确定好发言人并事先通知其准备发言稿。要与会议上发言人（主要有科任教师、家长、学生）商定发言的内容提纲、发言的顺序和时间。

收集和整理有关资料，布置教室。主要是整理和摆放好供家长看和听的有关学生的资料和作品，如学生的个人资料要求学生自己整理并摆放好；优秀作品、奖状等由指定的班干部统一收集和摆放；制作和编辑好要给家长看的视频；设计好家长会的版头，并在会前绘画在黑板上。这部分的工作主要是在班主任的指导下由班主任与学生共同完成。

安排接待工作。接待工作主要由本班学生完成。班主任要指定好接待的学生，并对他们的具体工作和流程给予指导。对于高年级或中学的学生，则完全可以放手让他们自己去组织计划。如笔者曾经参加的一个家长会（以家长身份参与，初一年级），那天我刚到班级门口，就受到学生的热情问候，同时一支康乃馨出现在眼前，还没反应过来，又一声祝贺"母亲节快乐"（那天刚好是母亲节），接着我被送到指定的座位，而且座位上竟然放着孩子的礼物和贺卡。我感到简直是被捧了起来，还没受到过这样高规格的待遇呢。后来，笔者了解到，这些都是学生自己策划的。当然，这也体现出班主任良好的教育效果。

（4）热情对待和尊重每一位家长。

会前，班主任应与学生一起热情接待每一位家长，切忌对某些家长过分热情，而对另一些家长过分冷淡，要让家长有宾至如归的感觉。会上，班主任的发言要真诚，不能有伤害任何一位学生和家长的言论，切忌训斥家长或学生。对于家长的发言，要耐心和认真倾听，并做好记录，切忌打断家长的发言，并要给予其肯定和感谢，使家长感受到班主任的尊重。另外，要控制好会议的时间，切忌漫无边际地重复或发牢骚，浪费家长宝贵的时间。会议应尽量控制在 2 小时以内。

（5）做好家长会记录和会后反思。

家长会记录包括会议时间、地点、议程内容，记录下每位发言人的发言内容，尤其是家长反映的情况和集体的建议或意见。会后，要整理和补充会议记录，撰写会议反思。反思家长会的感受、家长的反映、会议开展的效果和存在的问题，为下一次家长会提供参考和借鉴。

【资料4】春雨催万物　竹拔一节高——记"面对面　心连心"家长会①

目的：每次开家长会都是向家长通报学生的学习情况、纪律情况，如果班里出现了大的纪律问题，还要向家长通报。家长会上，老师苦口婆心说了一大通，但效果往往不显著。我经过长期观察与思考，发现家长会效果不显著的一个主要原因，就是家长会没有学生的参与。为了提高家长会的效果，我设计了有学生参与的"面对面，心连心"家长会。我的目的是想通过这次家长会，给家长和孩子搭建一个沟通的平台，让学生把平时想说又没有机会说的话讲给家长听。同时也让孩子听一听父母的心声，从而达到相互沟通、相互理解的目的。

准备：每位学生想一句最想和家长说的心里话，写在事先为家长制作的一张心意卡上，这些准备工作事先不要让家长知道。

让每位来参加家长会的家长也想好一句最想和孩子说的话。

班主任老师为每位学生选一张颜色漂亮的心意卡纸，为每位家长准备一个纸杯，在家长会进行过程中，让孩子给家长沏茶、献茶。我还选了《同一首歌》为这次班会的主题曲，在家长会结束时，老师、学生和家长同唱这首歌。我把这次家长会的主题"面对面、心连心"用幻灯片做好，开会时打在黑板前的银幕上；让班里的板报组出板报"面对面，心连心，我爱你——爸爸、妈妈"。

过程：家长会之前，让每位学生从食堂搬一个圆凳到班里，开家长会时自己坐，把有靠背的椅子留给自己的家长坐。家长会宣布开始，录音机放音乐，学生沏一杯茶水，放在父母面前的桌上，然后向父母鞠躬。接下来班主任向全体家长汇报班里的情况，语文老师、数学老师、英语老师分别介绍各科的教学情况。这一切结束后，开始班会的重头戏——学生向父母献真情，每位学生拿出自己精心制作的心意卡，读给家长听。然后，每位家长读自己写的心里话。接着，家长自由发言。开始，家长还有些拘谨，后来被家长会真诚的气氛所感染，逐渐融入了这个临时组成的集体之中，畅所欲言，真情感人。最后，学生和家长一起合唱《同一首歌》，在歌声中，我们结束了这次愉快而有意义的家长会。

效果：会后，许多家长向我反映，这次家长会对自己的触动很大。通过孩子向自己说的心里话，更加了解了孩子心里的真实想法，也体会到这么小的孩子也有自己的烦恼，从而检讨自己在教育方面的失误。孩子们也体会到了家长的良苦用心，由此拉近了学生和家长的心理距离。家长与孩子的交流不再仅仅是停留在学习上，而是深入到孩子们的内心世界。家长理解、体谅自己的孩子；同时孩子也理解家长的辛苦，真正做到了心心

---

① 潘璐. 春雨催万物　竹拔一节高：记"面对面　心连心"家长会 [J]. 班主任，2005（7）：28－29.

相连!

感受: 在整个家长会的过程中, 看着孩子们和家长进行的亲切而热烈的交流, 我万分感动! 这次家长会开得很成功! 学生、家长、老师之间, 就是要相互理解。当《同一首歌》在教室里响起的时候, 我的眼圈红了! 我感谢这些纯真的孩子、这些善良的家长, 感谢他们带给我的这份感动!

附家长感言: "六一" 儿童节前夕, 北京景山学校小学部二年级组织召开了一次主题为 "面对面, 心连心" 的家长会。家长会前女儿反复叮嘱我一定要去开家长会, 所以我已经预感到了这次家长会的重要性。

家长会后, 班主任向我征询参加家长会的感想, 我更加体会到了这次家长会与以往的不同。回想那次家长会, 仍然触动颇深。

开会那天, "面对面, 心连心" 几个大字赫然打在黑板前的银幕上。大部分家长已经来了, 坐在孩子们的小椅子上, 孩子们则搬好小圆凳紧挨着自己的家长坐下。女儿见我进来, 高兴地扶我坐下。那天天气很闷热, 我端起杯子想让坐在身旁的女儿喝口水, 她抿着小嘴笑着摇了摇头, "是给您喝的!" 我的心里甜甜的, 知道这是老师精心安排的。老师讲过期末考试的安排后, 会议进入 "面对面, 心连心" 的主题, 老师请学生和家长进行一句话的交流, 首先请家长认真倾听孩子们的心声。孩子们做了精心准备, 每人一句话, 说出自己的烦恼和希望。乍一听, 想笑——每个孩子都像小大人似的, 话说得挺有意思。后来笑不出来了。全班 47 名学生不约而同地讲出了烦恼和希望。有的孩子说 "希望爸爸、妈妈忙里偷闲, 抽时间陪陪我"; 有的孩子说 "考试成绩不好, 请爸爸、妈妈不要责怪我"。听着孩子们的心里话, 我开始反省自己。这时, 老师请家长针对孩子的心里话真心地讲一句话。起初, 家长们有些拘谨, 可孩子们的纯真、热情感染了家长, 家长才开始热烈发言。当时的场面太感人了。

说来惭愧, 我虽然关注孩子的健康成长, 但由于平时工作太忙, 在孩子的教育上有时缺乏足够的耐心。"面对面, 心连心" 家长会触动了我, 在女儿期待的目光下我站起来, 面对全班家长由衷地说了一句话: "孩子们长大了, 我们应该理解他们, 和他们心对心地去交流。我一直拿我女儿当小孩子对待, 一句话反复几遍, 总怕说不清, 有时自己还不耐烦, 态度很糟糕。其实孩子们心里有是非标准, 只是有时自觉性有点差, 把握不住自己罢了, 需要我们耐心对待。"

这次家长会沟通了我与孩子之间的联系, 我明白了一个道理: 孩子健康成长需要家长健康正确的教育。

二年级(3)班 王雨婷家长

(四) 其他现代信息沟通方式

1. 电话和短信

电话和短信是现代最简捷和方便的沟通方式, 也逐渐被运用于家校联系中, 并且有取代家访和家长会的趋势, 被称为 "电访"。家访真实、亲切、全面, 电访快捷、方便、省时省力, 两者各有优缺点。但是, 现今家访逐渐被电访所代替, 由此电访正饱受争议。其实两者结合起来, 灵活运用更能发挥作用。采用家访还是电访, 班主任可以根据教育的需要和家长的具体情况来决定。由于现代快捷的生活、忙碌的工作和保护隐私意识的增强，现在有不少年轻的家长们更愿意班主任通过电访的方式沟通，班主任又何必勉强进行家访呢？而对于喜欢面对面沟通的家长则进行家访更为适宜。另外，在节假日和寒暑假可多进行家访，平时多采用电访。电访与家访的实施和要求没有本质的区别，班主任可定期地通过电访向家长汇报学生的情况，并征求家长的意见。

2. 互联网

现今通过互联网的家校联系方式有校讯通、班级网页或博客、QQ群等。

（1）校讯通。

校讯通又称"家校通"，是为实现学校、家庭和老师之间快捷、实时沟通而研发的先进教育网络互动平台，是集计算机技术、互联网技术、无线通信技术和考勤信息化技术于一体的现代信息化管理系统。利用这一平台，家校双方能够及时方便地传递信息，有效解决家校之间沟通难的矛盾与问题，使学生在成长过程中得到随时随地的关爱，给学校、班主任老师提供方便、快捷、高效率的沟通渠道，使他们交流起来无拘无束，畅所欲言，充分实现了社会、学校、家庭和谐共育的教育格局。通过校讯通，班主任可将每个学生的在校学习和生活情况等定时或不定时集中或单独发送至家长的手机，让家长在百忙之中轻松掌握孩子的基本情况；同时，家长也可以通过该系统向学校和班主任发表自己孩子在家中的表现和自己对学校教育的看法与建议；学生则可通过刷考勤卡向家长告知自己到校和离校的时间，如果因某种事情需要延迟离校，也可以通过刷卡告知家长，以免家长担心。

校讯通在家校联系中确实发挥着重要的作用，但在使用中也存在一些问题：①学校发布的内容单一，不能满足家长的需要。家长每天都能收到班主任发来的当天家庭作业信息，间或有学生各科单元考试的成绩和排名，还有就是学校的各种通知。有关家庭作业的短信方便家长检查学生的作业完成情况，但也养成学生不记作业的习惯和依赖心理。而家长更希望收到有关孩子在校表现的信息。②信息多是以群发的方式发送，班主任可以同时向全班的家长发布同一个信息，减轻了班主任的工作量，但导致与家长的沟通缺乏针对性。家长都希望能收到"个性化"的短信，如"今天，你的孩子第一次在讲台上讲故事，那么生动、形象，把全班同学都吸引住了，请好好表扬他"。③家长很少利用这个系统平台，使班主任较难收到家长的建议和了解到学生在家的表现。校讯通作用的发挥还需要学校和班主任的努力及家长的配合。

（2）班级网页或班级博客。

随着网络技术的普及，不少学校都有了自己的校园网，班主任也正利用这个平台建立了自己的班级网页，或者开通了班级博客。在班级网页（博客）中，家长可以全面地了解自己孩子所在班级的特色、风气、所开展的活动、所有科任教师的教育教学风格、师生和家长的个性化留言和随笔等。班级网页的建设和完善是班主任、科任教师、学生、家长共同参与和努力的成果，不仅展示学生和教师的风采，家长也可以自由进入并发表自己的建议和家庭教育经验。班级网页使班主任、家长和学生三者之间的沟通更加充分、及时，实现真正意义上的家校互动。班级网页的建设在我国还是新兴事物，需要班主任、学生和家长的共同努力。班主任可以让有这方面特长的家长和学生充分发挥作用，请他们协助建设和维护班级网页。

（3）班级（家长）QQ群。

QQ是网络即时通信工具，现在的孩子和年轻的家长都有自己的QQ账号（有的甚至有几个账号），通过QQ与他人交流已经成为现代人的主要沟通方式。如今几乎有互联网的地方，就有学生的班级QQ群。班级QQ群一般是指班级同学之间的，班主任和家长很少加入，不过班主任和家长可以通过进入学生的QQ群了解学生的思想动态和身心发展特点。班主任也可以建立班级的家长QQ群，为家校联系开辟一个新的沟通渠道。通过QQ群，家长和班主任的沟通将突破面对面的尴尬，从而更加自由、流畅，也能加深家长和班主任的感情，使家校沟通更加通畅无阻。

3. 家校联系手册（卡、本）

家校联系手册（卡、本）是班主任为了方便家校日常联系而给每个学生建立的档案，是家校沟通的传统方式方法。手册的内容是由班主任、学生和家长共同来完成的。由学生完成的内容包括记录当天的作业、想对家长或教师说的话；由班主任填写的内容包括学生课内外的行为表现、作业完成情况、各科成绩、给学生的评语、给家长的留言或配合要求等；家长要完成的内容是：检查学生的作业并签名、学生在家中的表现（如学习习惯，生活习惯，与家人、朋友的关系，从事的家务劳动等）、家长想对孩子说的心里话、对学校或班主任的建议等。手册通过学生每天（或每周）在班主任和家长之间传送，建立起家校日常沟通的桥梁。如东湖中学初二年级语文教师沈中卫就有一套自己的"法宝"，他给班上的每一名学生配备了一本120页左右的笔记本作为家校联系本，每天对学生的作业完成情况、学生到家时间、单元测试等级评定等进行详细记录，每个记录都附上教师或家长的签字。沈老师说，从2000年起他就这样尝试，现在这成了学生、家长、教师每天必做的"功课"。①

4. 书信

书信是班主任与家长沟通的传统方式。随着班级网页和QQ群的出现和普及，传统纸质书信会变成电子书信。班主任给家长的信件，多是给全班家长的一封信，已经很少有给个别家长的书信了。书信内容主要包括以下五种类型：①学校或班级的各种通知，主要是告知家长即将开展的各类教育教学活动和对家长配合的要求，如"观看电影的通知""中小学生参与社会实践活动的通知""召开家长会的通知"等。②对本班教育教学情况、学生各方面表现的汇报和对家长的希望或要求。③给家长提供一些有关家庭教育理论与实践的文章，希望家长阅读并从中得到教育孩子的启示。④在节假日和寒暑假前，给家长的一封信，希望家长在假期对学生进行监督和管理等。⑤给个别家长的书信。班主任给家长的书信应注意：要用尊称，语气要诚恳，表达清晰有条理、简洁、有感情。班主任通过书信，用心与家长沟通，而不是通知式的沟通，也能收到意想不到的效果。优秀班主任薛瑞萍老师在短短的一学期内给一年级的学生家长写了21封信，收到了良好的效果，给其他班主任带来不小的震撼和借鉴。以下节选一封供大家参考。

① 姚玲燕，吴燕. 信息时代，家访还有优势吗［EB/OL］. http：//www. cnjxol. com/oldepaper/jxrb/content/2007 - 04/05/content_371111. htm.

【资料5】薛瑞萍给家长的21封信之一：请跟我来（一）①

呼唤

家长：

您好！很高兴因为孩子，我们走到了一起。

伟大的教育家苏霍姆林斯基在《给教师的建议》里指出，"家庭要有高度的教育学素养"，"如果没有整个社会首先是家庭的高度的教育学素养，那么不管教师做出多么大的努力，都收不到完满的效果"，"家庭智力生活背景，即书籍在家庭生活中所占的分量——于学龄前，便在很大程度上决定了儿童智力生活的状况"。在苏霍姆林斯基的学校里，家长会的主要内容是读书汇报，而朗诵，是其中必备的节目。所以，如果希望孩子好，那就先成为读书型的父母，那就从今晚做起——和孩子一道，安静地看书。如果您不能在书桌前坐半个钟头，又如何要求孩子每天从早到晚坚持五六个小时的艰苦学习呢？大师还告诉我们："所有那些有教养、好求知、品行端正、值得信赖的年轻人，他们大多出自对书籍有着热忱的爱心的家庭。"当然，您也可以举出文盲父母"培养出"优秀子女的例子来反驳我。但您不要忘记，物以稀为贵，之所以文盲之家的才俊可以名噪一时，恰是因为那样的情况太少啊。书香门第出学者，谁会为此而惊讶呢？今后，关于孩子的读书，关于家长的读书，以及教学教育中的其他课题，我们会根据具体情况向您提出建议，仅仅是建议。如果您愿意，如果您真的很爱您的孩子，请跟我来。

谢谢您细读、保留此信并予以反馈。

今日建议：

（1）在孩子的书包里装一本轻便的课外书，他作业完成后可以看。

（2）语文《基础训练》每篇都有注音儿歌，请您当天教孩子会读会背。教师次日检查。

（3）给孩子买《365夜儿歌》。我们在汉语拼音课结束之后，要将它列入课外阅读书目。一定要是正版。不着急，两三个星期内买到都行。

（4）每次给孩子买书的时候，您也给自己买一本。

一年级教师

9月3日

思考与训练

1. 举例说明班主任应如何协调科任教师与学生之间的矛盾。

2. 作为班主任你倾向于家访还是电访？为什么？

3. 设计一个家长会的活动方案。

4. 给一年级学生的家长们写一封信，使他们放心地把孩子交给学校和你的班级，并提出你对家长们的要求。

---

① 薛瑞萍. 心平气和的一年级［M］. 长春：长春出版社，2005.

第十章　个性化教育技能

目前，全世界对个性化教育的定义众说纷纭，有"因材施教"说、"个性教育"说、"一对一教育"说、"合理匹配"说等。2008 年国际个性化教育协会第一次理事会议正式给个性化教育下了一个定义：所谓个性化教育（Personalized Education 或 Customized Education），就是指通过对被教育对象（包括个人和企业）进行综合调查、研究、分析、测试、考核和诊断，根据社会环境变化或未来社会发展趋势、被教育对象的潜质特征和自我价值倾向以及被教育对象的利益人（个人的家长或监护人，企业的投资人或经营者）的目标与要求，量身定制教育目标、教育计划、辅导方案和执行管理系统，并组织相关专业人员通过量身定制的教育培训方法、学习管理和知识管理技术以及整合有效的教育资源，从潜能开发、素养教育、学科教育、阅历教育、职业教育、创业教育等多个方面，对被教育对象的心态、观念、信念、思维能力、学习力、创新力、知识、技能、经验等展开咨询、策划、教育和培训，从而帮助被教育对象形成完整独立的人格并优化自身独特个性，释放生命潜能，突破生存限制，实现量身定制的自我成长、自我实现和自我超越的教育和培训系统。①

从这个意义上来说，班主任的个性化教育的主要目的在于了解、研究学生，创建学生个性化成长记录袋，协助学生设计与实施个性化的发展方案，以挖掘学生的潜能，使其实现个性化的发展。

一、了解、研究每一位学生，建立学生成长记录袋

了解、研究学生不仅是班主任对学生进行个性化教育的前提，更是班主任做好工作的基础。通过多种方法途径全面、客观地了解学生是班主任工作的重要内容。

（一）了解、研究学生的内容

1. 学生的基本情况

学生的基本情况主要是有关学生的客观信息，包括：①学生的姓名（曾用名）、性别、年龄等。记住学生的姓名往往是班主任了解学生的第一步。②家庭情况，如家庭地址、家长职业和文化程度、家庭结构（核心家庭、主干家庭、单亲家庭等）、学生在家庭中的排行（是否为独生子女）和地位、家长对子女的期望值、家庭的经济和物质条件等。了解学生的家庭情况是因为家庭带给学生的影响是不可忽视的，了解学生的家庭情况能更全面地了解学生，并使学生的家庭教育与学校教育协调一致。③学生的成长经历，包括学生婴幼儿期、幼儿园、小学、中学不同阶段的成长经历，尤其是对学生产生重要影

---

① http：//baike. baidu. com/view/525687. htm? fr＝ala0＿1.

响的事件或人物，从而帮助学生找出促进其健康成长的有利因素。④学生的生活习惯，如作息时间、自我服务情况、在家劳动情况、消费情况等，从生活细节了解学生。

2. 学生德、智、体等各方面的发展情况

了解学生各方面的发展情况要全面，不能只看到学生各科的学习成绩，而且这些情况只反映学生的过去和现在，不代表将来，因为学生的发展是动态的，是有发展潜能的。学生各方面的发展情况主要包括：①思想品德和行为表现。对国家大事的兴趣和认识，对祖国、共产党、社会主义及家乡的情感和态度；对劳动、社会活动和社会工作的热心程度；对人的态度（尊重、礼貌、诚实等），与教师、家长、同学朋友的人际交往情况（如最尊重的教师、最好的朋友和同学）；集体观念和遵守纪律情况；在公共场所的文明行为；奖励和处分情况等。②学习情况和思维特点。各科的学习情况，如哪门学科最感兴趣或最头痛；学习态度、学习时间的安排，学习方法、学习习惯及其智力发展状况；独立提出、分析和解决问题的能力和习惯；思维的特点，包括思维品质、思维的过程、思维的基本特征等。③健康状况。身体发育，包括体形、心跳血压、肺活量等内脏机能情况和性发育情况；体质和健康水平；疾病状况；视力和听力状况；个人生活卫生情况等。④体育锻炼和爱好。对体育锻炼的态度和习惯；对各项体育运动的爱好和特长。

3. 学生的个性特征

了解学生的个性特征，可以对学生的个性发展进行有针对性的引导，促进学生个性的优质发展，这是班主任对学生个性化教育的前提。学生的个性包括学生的需要、兴趣爱好、特长、理想、信念、气质类型、性格特征、能力发展水平等。如学生喜欢看哪类书刊、影视节目，喜欢参加什么活动，课余喜欢干什么，气质类型状况如何，趋向何种性格类型等。

（二）了解、研究学生的方法

1. 书面资料分析法

书面资料分析法是指班主任通过对有关学生的各种书面资料进行分析、比较、综合，从而了解学生思想、学习、爱好、个性等各方面的发展历史、现状和发展变化规律的一种方法。这是初步了解学生基本情况的最简易的办法。班主任在接到一个新班时，首先就是通过查阅学生的资料来了解学生。这种方法使班主任在还没接触学生时就能初步认识、了解学生，使班主任与学生第一次见面就能叫出学生的名字，能给学生留下良好的第一印象，甚至因此佩服班主任。

（1）学生的书面资料。

①学生个人档案资料。主要有学生入学登记表，学籍卡（学生的基本信息和简历），学生手册或学生综合评价手册（包括学生每学期各方面的操行评定、班主任评语、各科的学业成绩、有关奖惩记载、参加活动的记录等）和学生的体格检查表等，这主要是他人写的资料，从中能了解学生的基本情况。

②学生个人写的材料。主要有学生的各种作业、试卷、日记或周记、课内外学习笔记等，从中可了解学生的学习态度、兴趣、学习方法、学习习惯、学习中存在的问题、能力、行为习惯、学生的心理世界等。

③班级资料。班主任工作计划和总结、班级日志、班级活动记录或实施方案等，在

这部分资料中往往有涉及学生个人信息的某些记载，从中可了解学生在班集体中的作用、地位、参与活动的积极性、各方面的能力表现或特长。

（2）运用书面资料分析法的要求。

①要客观、理性地看待学生的资料。资料只能说明学生的过去和现在，不能因为学生的过去而带上主观的偏见，以学生的过去来判断学生的未来，因为学生是发展变化的。而且有部分资料往往带有他人的主观色彩，并不一定真实准确，甚至以偏概全，不能全面地反映学生的全部情况。所以不能只凭书面资料来评判学生。

②对于客观的、比较稳定的学生资料，可以作为班主任工作的依据。如前文提到的有关学生基本情况的资料，或根据学生的家庭情况而设计家访方案等。

③要通过对学生资料的分析，帮助学生找出其各自的发展规律，分析影响其健康成长的主要因素，从中寻找解决问题的方法。

④要不断地收集学生现今的新资料，补充和丰富学生的书面资料，使之更为全面和有价值。

⑤要把书面资料分析法与其他方法结合起来，以使获得的信息更加全面、客观。

2. 观察分析法

观察分析法是班主任在课内外活动和日常生活等自然情况下，有目的、有计划地对学生及与其有关的人和事进行直接感知，以收集学生有关信息，并进行分析与综合的一种了解、研究学生的方法。观察分析法是班主任了解、研究学生最基本的方法。正如苏霍姆林斯基所说，"对儿童的认识首先是由观察构成的"，教师要善于"在游戏、参观、课外休息时间内观察儿童，以及怎样把观察的结果转变或体现为对儿童施加个别影响的方式和方法"。① 观察分析法可以直接、真实、具体地了解学生的外部行为表现，并通过对观察材料的分析综合初步了解学生的个性特征和心理活动。

（1）观察分析法的途径与内容。

①课堂观察。班主任通过上课和听课来观察学生，了解学生在课堂上的表现，包括遵守纪律的情况；听课的专心程度；各学科学习的兴趣；参与课堂活动的积极性，如是否积极回答问题，参与课堂讨论、各种操作活动、教学游戏等；独立完成作业的情况；与同学交流合作的情况；各学科学习的能力和水平等。

②活动观察。通过班级活动和课外活动观察学生，了解以下内容：参与活动的积极性和态度；兴趣、爱好、特长；能力，尤其是组织能力、策划能力、表演能力、操作能力、口头表达能力等；与班级和同学的关系；德、智、体等各方面的发展情况等。

③日常观察。日常生活中的学生更真实自然，日常观察更能了解学生的真实个性、情感和行为习惯。如通过观察学生课间休息中选择的活动、交往的同学，了解学生的兴趣爱好、情绪情感和人际交往情况；通过观察学生进餐活动，了解学生的文明行为和卫生习惯；通过观察学生的衣着打扮，了解学生的审美品位和个性。

---

① ［苏］瓦·阿·苏霍姆林斯基. 给教师的建议［M］. 杜殿坤，编译. 北京：教育科学出版社，1984.

（2）观察分析法的运用要求。

①做好观察计划，使每个学生都成为被观察对象。在自然状态中，优秀、特殊的学生总会最先走进班主任的视野，成为班主任的感知对象。班主任可以先观察这些学生，然后再计划观察其他学生。要设计好每天观察的对象、目的、时间和地点。每天要有计划地观察 2~3 个学生。班主任新接到一个班级时，尽量在最短的时间内（一个月以内）对每个学生进行观察，然后再根据具体的情况进行有针对性的观察，从多个角度观察学生，使观察更加全面。

②做好观察记录，不断丰富观察学生的材料。在新接到一个班级时，班主任可以制作一个专门的观察记录本和表格，把每个学生的基本情况填好，并留一定的空白（1~10 页纸）做观察记录，包括记录时间、地点、具体内容和事实。观察记录要客观，不应带任何成见和主观推测。观察记录一般是在事后补充记录，以免引起学生的怀疑，使收集的信息更加真实、全面。

③对观察的资料进行分析综合，找出规律。把对同一个学生的多次观察记录联系在一起，通过整理、分析、去伪存真，就可以了解学生的个性特点、各方面的发展状况和规律、存在的问题和原因，并从中寻找解决问题的方法。

④观察分析法的有效运用需要班主任具有很强的洞察力和良好的师生关系。班主任要善于察言观色，能从学生的言行举止中洞察到学生的细微变化（如一个眼神、声音语调的变化、不同于以往的行为等），对其进行客观记录并追寻原因，寻找答案。要使通过观察收集到的资料真实，还需要班主任与学生建立深厚的感情。当学生愿意接受和亲近班主任时，班主任所观察到的学生的言行才是最自然的，否则有班主任在场时，学生往往会把自己掩饰起来，会故意表现得很好或很差，以表示讨好或反抗。所以要了解学生的真实情况，首先要爱学生，以关心学生的态度与学生接近。

⑤观察分析法也存在一定的缺陷，不能只通过观察来判断和评价学生，要与其他方法相结合。观察收集到的信息材料多是学生的外部行为表现，带有一定的情境性，不能确定学生的动机、原因和本质。而且一次观察到的现象不一定有代表性，所以需要进行多次观察。另外，观察收集的信息往往受班主任的兴趣、愿望、情绪情感、知识和能力水平的影响，带有一定的主观色彩。所以对学生进行评判时，要通过多种方法收集资料，综合分析后再给学生合理的评价。

【资料1】班主任日记之四（节选）①

我一直留心观察夏小雨的变化。

他是从竞技体校过来的，带来了一身的臭毛病。上课时虽然也装出听课的样子，书也打开着，眼睛也看着老师，但心思却早就飞到九霄云外去了。如果让他站起来回答问题，他总是一副刚刚惊醒的模样，茫然不知所措。做作业就抄同学的，违反纪律的事却从不落下。还时不时地带着他们队的那几个调皮鬼上上网吧。跟其他班主任聊起来，一提起摔跤队的学生，大家都摇头，看来他们队的队风存在一定问题。

---

① http://zishang111.blog.sohu.com/136953753.html.

不过，自从上次我跟他谈过话，大大吹捧了他一番，并委以纪律委员的重任之后，我发现他有了很大的变化，在教室里不那么折腾了，有时上课铃响了班里还没安静下来，他就会大声来上一嗓子："上课了！别说话！"而且做坏事也知道给自己找点遮羞布挡挡了。比如有一天晚上，我在家，他给我打电话，说他们队里的蒋新生病了，他要送他去医院，我没多想，就一口答应了（新班主任经验就是不足）。结果第二天上课前，我在班里正跟学生说话，突然听见有个走读的女同学神秘兮兮地小声对夏小雨说："你昨晚上哪了？我看见你了，别以为我不知道！"夏小雨赶紧阻止她往下说："别胡说，我哪也没去！"我暗自一惊，他怎么不说他去医院呢？他慌乱的神态和语气只能说明他去了一个地方——网吧。国家明令禁止未成年人进网吧，学校管理那么严格，他竟然敢顶风而上！但我不能动声色，因为昨晚是我准给他的假，况且我并没有证据证明他真的去了网吧，只要他不承认，我就没办法，而且会让他产生老师对他无能为力的印象，看来这次只能装作没听见，以后多留个心眼，不能再轻易上当了。

班会时，我在班上讲了未成年人进网吧的危害，让学生加强自律。但我知道，这话从教练到老师不知讲了多少次，肯定不管用。果然，几个星期后的一个晚上，夏小雨又给我发信息："老师，今天下午训练我把脚弄伤了，让蒋新陪我去医院看看吧。"看来这小子又在故技重施了，但我又不能把他点破，于是我给他回了个信息："可以，去附属医院吧，那里比较正规，不过回来要把病历带给我看。"过了好久，他回了个信息："好的。"

第二天，我留心观察了夏小雨的脚，没有看出任何受伤的痕迹，走起路来也很正常，看来他昨晚真是撒了谎。我把他叫过来："夏小雨，你的脚怎么样了？把病历拿来我看看，医生怎么说？"他连忙说："老师，昨晚我感觉不是那么疼了，就没去医院，一直在教室上课呢。"我查看了班长的点名册，果然他们两人都没出去。我心里暗笑，这个回合我胜利了！

…………

不过从这件事情上，我却发现了他的闪光点，他很自尊也很要强，办事也很认真。本来嘛，看他每天衣服穿得干干净净，把自己收拾得利利落落，就能看出他是个很要脸面的孩子，我要从这一点上寻找突破口……

这几天上语文课时，我惊喜地发现夏小雨开始正儿八经地学习了，他把以前落下的生字生词从第一课开始补起，一课一课认认真真地写到书上，我真为他高兴，每次走到他身边，总是拍拍他的肩膀，鼓励他几句，看得出，他也是蛮高兴的。但愿这次不是五分钟热度，能够坚持得长久一点。但不管怎样，有个良好的开端就比啥都强！

3. 调查法

调查法是班主任通过对学生及与其有关的人员进行问卷、访问、座谈会等方式手段，有计划地广泛收集直接或间接资料，并在此基础上进行分析综合的一种了解、研究学生的方法。由于被调查的对象广泛，包括学生本人、家长、亲戚朋友、现在和曾经的同学、现任和曾经的科任教师、原班主任等，这使班主任可以从不同角度听取各种意见，收集的资料会较为全面，是班主任了解、研究学生较为普遍和快捷有效的方法。

（1）问卷。

问卷是班主任根据调查的目的和内容，把所要调查的项目编制成问题或表格，发给学生或相关人员回答，然后回收进行整理、统计和研究的一种书面调查方式。问卷调查的优点是可以帮助班主任突破活动空间上的限制，进行大范围、远距离、多方面的调查以了解、研究学生。其省时、省力，简单、易行，使班主任能在最短的时间内了解全班学生的各方面发展和个性特征。甚至在班主任与学生的第一次见面会上，班主任就可以向全班学生发放问卷，以最快的速度了解学生。问卷调查的不足是被调查者往往会猜测调查者的意图，或担心真实的回答会产生不良的后果，从而根据他所认为的正确答案来回答问题，使回收的问卷调查结果不真实。此外，有时发给家长的问卷回收率较低，所取得的材料缺乏可信度。

问卷调查的重点和难点是设计问卷。设计问卷的要求是：①把所要了解学生的情况转化为问题的形式，设计好题目，并根据需要把问题设计为封闭式和开放式两种，一是为了方便学生作答，二是为了能收集到学生的真实材料。②问题的表述要清楚，简明扼要，易于回答；要客观，没有引导所期望反应的暗示，不会引起异议和涉及隐私。③整份问卷要尽可能简短，只要足以获得重要的资料即可。所花的时间不要太长，一般不要超过30分钟，否则可能引起被调查者的厌烦而导致所获得的信息不真实。④问卷一般可采取不署名和署名的方式作答。不署名可以使收集的资料更真实，但如果是要了解班级每个学生的情况，就要求以署名的形式进行，但应注意做好保密工作。本章后面附某班主任设计的一份较全面的了解学生的问卷调查，供大家参考。

（2）访谈。

访谈是班主任对与学生有关的人员（家长、教师、同学、朋友）进行个别访问和谈话而获得学生资料的间接调查方法。访谈的优点有二：①能从熟悉学生的不同类型的人员中了解学生，使收集到的学生资料更加全面。从与学生家长的访谈中可以了解学生的家庭背景、生活习惯和成长经历、个性特征等；从与科任教师的访谈中可以了解学生的学习情况和特长；从与原班主任的访谈中可以了解学生各方面的发展情况和各种特殊经历和事件；从与学生同学、朋友的访谈中可了解学生的行为习惯、爱好、个性特征、人际交往情况等。②访谈能较深入地了解学生的本质，能透过学生的表象寻找内在根源和学生发展规律。访谈的缺点是：①访谈较费时费力，尤其是家访。②访谈所获得的信息带有班主任和被访谈者的主观色彩。③访谈带有情境性，易受环境的影响，从而干扰谈话的效果。

访谈调查的运用要求：①确定访谈内容，根据访谈所需要了解的学生情况设计访谈问题提纲，问题要简洁，措辞要准确。②确定访谈对象，访谈对象必须是熟悉学生的人员，如与学生一起生活的家庭成员、学生的知心朋友与同学、关注和了解学生的教师等。而且要根据所需要了解的情况选择访谈对象，如有可能就尽量多访问不同类型的人员。③访谈时，态度要诚恳，言行举止要热情、谦虚、有礼貌。而且可先用非正式谈话与被访谈者沟通感情，使访谈亲切自然，减少被访谈者的紧张或对抗等不良情绪。④对访谈所收集到的资料要进行归类整理、比较分析，综合结果，对于有疑问的材料要进一步向不同的人员进行核实验证，找出问题的实质。

（3）座谈会。

座谈会是班主任召集熟悉学生的家长、教师、同学集聚在一起，根据事先准备好的调查提纲共同交谈和讨论，以获取学生各方面信息的一种间接调查方法。座谈会与访谈不同的是，座谈会一次性就能收集不同人员所了解的信息，更加方便快捷；而且可以互相启发和核实，所获得的信息比较可靠；但容易造成互相干扰。

座谈会调查的运用要求：①拟定调查提纲。②确定座谈会人员，主要是了解学生的知情人员，人数5~10人为宜。③信任和尊重到会人员，营造一个畅所欲言的谈话氛围，班主任尽量不发表自己的看法和建议。④会议时间不宜过长，控制在1小时以内。⑤做好会议记录和整理工作。

4. 谈话法

谈话法是班主任有目的、有计划地与个别学生进行面对面的直接交流，以深入了解学生内心思想并教育学生的一种方法。与观察分析法相比较，观察分析法了解的是学生的外部行为表现；谈话法主要了解的是学生的内在思想动态和心理活动。谈话法往往是在观察的基础上进行的，善于与学生沟通和交流的班主任往往也是善于察言观色的。两种方法的结合使用，更有利于全面地掌握学生的具体情况。谈话法不仅是了解学生的方法，也是教育学生的有效方法，班主任经常在与学生的沟通交流中了解学生，在了解学生的同时教育学生。班主任在新接手一个班级后，要有计划、有目的地对每个学生进行普遍性的谈话。

（1）谈话法的方式。

我国有的研究者根据谈话对象的不同，把与学生谈话的方式总结为以下七种：[1]

①商讨式谈话。班主任以尊重、平等的态度及商讨问题的方式，与学生进行个别谈话。这种谈话方式适用于自尊心强且有逆反心理、性格倔强、脾气暴躁、感情容易冲动的学生。用这种方式谈话，可以消除他们对班主任的成见，排除师生间传递信息的障碍，为进一步加深谈话内容创造条件。

②点拨式谈话。班主任用暗示手段或借他人他事旁敲侧击，或用名言警句、格言、成语等简明语言加以提示，帮助学生明白某些道理。这种谈话方式适用于自我意识强、独立感受力强、心理敏感的学生。

③触动式谈话。班主任以严肃的态度、激烈的语调、尖锐的语言给学生以较大的触动，促其思考和改变。此种方式适用于具有惰性心理、依赖心理和试探心理的学生。但要注意适度，不宜火药味太浓，不能伤害学生。

④谈心式谈话。班主任以诚恳的态度、亲切的语言与学生在良好的气氛中交流内心的真实思想。这种谈话方式很普遍，课后随时随地都可以采用。但班主任要讲究谈话艺术，巧妙而自然地加以引导。

⑤突击式谈话。这是班主任因时、因事、因地进行个别谈话的方式，主要用于自我防卫心理强的学生。这样的学生一般不肯轻易认错，事后矢口否认，或搪塞掩盖，或转嫁他人。班主任利用刚发生或正在发生的事件和冲突的时机，突破其心理防线，往往可

---

① 甘霖. 班主任工作技能训练［M］. 上海：华东师范大学出版社，1995.

以取得较好的效果。

⑥渐进式谈话。这是班主任有目的、有步骤、有层次地安排谈话的方式。这种方式适用于性格内向、孤僻、有自卑心理的学生。班主任同这些学生谈话，语言稍有不慎，他们就会以沉默相持，甚至寻死觅活。因此，谈话时要适可而止，分步将个别教育的信息全部输出，逐步将话题引向其心灵深处，取得水到渠成之效。

⑦循异式谈话。这是班主任根据谈话的对象、事件性质、影响程度采取不同的时间、地点、态度的方式。对明显的问题及时谈；对隐性问题伺机谈；对褒扬性、一般性的问题公开谈；对贬损性、隐私性的问题背后谈。对性质轻微或初犯的学生要态度温和，柔中有刚；对性质严重或屡教不改的学生要态度严肃，以刚为主，刚柔相济。

（2）谈话法运用的要求。

①做好定期普遍性谈话（与全班学生逐个的谈话）和不定期个别谈话的计划。班主任与个别学生的谈话不一定要写谈话计划或方案，但要做好一学期中与学生谈话的整体规划。有不少学生怕班主任找自己谈话，因为往往是学生出现问题时才会被班主任找去谈话，如果班主任与学生的谈话是普遍性的，是为了与学生增强沟通、联络感情，关心帮助学生，就能消除学生的恐惧心理。普遍性谈话一般可在学期初、学期中和学期末进行，每学期1～2次，使学生习惯于与班主任谈话。不定期的谈话根据学生的具体情况和需要进行，以有利于学生的个性化教育为原则。

②根据了解和教育学生的需要设计好谈话的目的、内容和方式。谈话前要对学生有一定的了解，并根据所了解的情况确定谈话的内容。班主任可以事先思考以下问题：希望进一步了解学生什么？怎样设计"开场白"？怎样提问？提哪些问题？要解决什么问题？谈话的方式要考虑学生的个性特点。

③选好谈话的时间和地点。谈话的时间以不影响学生的学习为原则，多在课间休息、学生自由活动时间、放学后等进行。如果需要较长的时间，则可以选择在放学后或节假日。谈话的地点应该在只有班主任和学生两个人的单独空间，如走廊的一端、校园的某一角落、单独的办公室或没有其他教师的办公室。如果是较严肃的话题可选在办公室；而轻松的沟通交流在走廊或校园较合适。另外，学生怕被班主任找去谈话还有一个原因是谈话经常在办公室中当着所有教师的面进行，没有一点隐私可言。所以，一定要选好谈话的地点，才能使学生畅所欲言，以收到预期的效果。

④谈话的态度要诚恳。不管是与哪种类型的学生谈话，也不管是何种方式的谈话，班主任的态度必须诚恳，即要有诚意。首先，以平等的态度和口吻与学生交流，使学生愿意说出真话、表达真情。相反，以挖苦、讽刺、教训、审问的态度与学生谈话，会使学生感到紧张和反抗，易导致不欢而散，谈话往往以失败告终。其次，在学生回答问题、表述自己见解和思想时，要认真倾听，少插话，多启发；不急躁，不急于求成，多尊重和信任学生，从学生的角度考虑问题。这样学生才会把班主任看作自己的知心朋友，使班主任所了解的学生情况更为真实和具体。

⑤掌握谈话技巧，善于捕捉学生的非言语信息。班主任与学生谈话时，要保持好与学生的适当距离。与不同性别、不同类型、不同年龄的学生的谈话距离可以有所差异。如与低年级、同性别的学生谈话，特别是谈心式谈话，可以是零距离，班主任与学生身

体某部分的接触能使学生直接感受到班主任的关爱。但对于要求独立的中学生,可能就适得其反,学生会认为班主任是要管制他。另外,班主任与学生谈话要面对面,班主任关切的目光要始终落在学生的身上,使学生感受到班主任的关注和真心。同时,面对面的谈话,使班主任更容易捕捉到学生在谈话中所表现出来的非言语信息。学生在谈话中的表情、眼神、手势都传递着某种信息,班主任要善于捕捉这些信息,从这些信息中进一步理解和证明学生的话语与其内心世界。

【案例1】 发现之旅——周瑾①

小轩是我们班里一个思想活跃、好奇心强、爱钻牛角尖的孩子。在不少老师眼里他是个"问题"学生,课堂上不时地提一些怪异的问题让老师难堪;你说做这他偏做那,经常惹得老师生气;课间被老师带到办公室,更是家常便饭了。老师们总说我护着他,可我也时常犯难。就拿上次英语课来说吧,成心出怪音,气得老师还没下课就把他"请"出了教室。经我一问才得知,原来他是想回答问题,跟同学们一起举手老师却总叫不着他,于是出此下策,真让人哭笑不得!

这回,下课铃声刚响过,办公室门就被推开了,我转身一看,又是小轩被带进来。从音乐课李老师阴云密布的表情来看,事情惹得还不小。我忙上前询问,李老师生气地说:"这孩子太不像话了!上着课他要去厕所,我便允许了,可好长时间过去也不见他回来,我就赶忙让同学给他送纸,你猜怎么着?他根本就没去厕所,躲在操场大树底下玩蚂蚁呢!这孩子太有主意了,变着法儿地想出去玩儿,周老师,你可得好好管管他了!"

听李老师这么一说,我的心"咯噔"一下,上课时间撒谎、跑出去玩儿,这太出格了!我赶紧让他先向李老师承认错误,以求得原谅。待李老师走后,还没等我开口,就见他弓着腰,捂着肚子对我说:"周老师,我真想去厕所,现在我真憋不住了!"我也只好让他去了。可此时,我心中的疑团更多了:上厕所?玩儿蚂蚁?等他回来一定问个究竟!

我在办公室里等啊等,终于听到"报告"声,便赶忙让他进来,还没等我发问,小轩却先开口了:"周老师,'蚂蚁是怎么知道要下雨的'这个问题你有答案了吗?"这一问,使我想起前天的语文课,我讲"要下雨了"一课时,他提出了这个所有人都回答不出的问题,当时我告诉他,课下再解决。可下课后,因忙于其他事务,我却给忘了,现在又被他提起,真有些愧疚。他眨着眼睛望着我,眼神里闪现着像哥伦布发现新大陆、牛顿发现地心引力般的光芒!我忙问:"你知道原因啦?"

听我这么一问,刚才还低头认错的样子,全然不见了。他眉飞色舞、连比画带表演地说:"我查《十万个为什么》了,书上说蚂蚁的触角上长着密密的长毛。要下雨时,空气中的水蒸气浓度就加大了,蚂蚁的触角就会灵敏地感觉到,所以也会像燕子和小鱼一样,预知未来的天气了。"说完后他满脸的自豪,一个7岁大的孩子,让我在30岁时才知道了有关蚂蚁身上的秘密,我从心里欣赏这种得意的神情。我马上想到了音乐课上的事,感觉肯定事出有因,于是问:"音乐课上你真的要去厕所?"他点点头,"那你为什么

---

① 杨连山,魏永田. 施教先施爱:名师讲述班主任的核心教导力 [M]. 重庆:西南师范大学出版社,2008.

又去玩蚂蚁呢?"

他睁大眼睛,忙解释道:"我一出门,看到天上乌云密布,想起早上气象预报说今天有雨,我突然想去看看小蚂蚁是不是真的在搬运食物。周老师,您猜怎么样?我找到蚂蚁洞,果然看到许多蚂蚁成群结队正在忙着搬运呢!"他脸上充满兴奋,可声调又立即转低:"看他们忙不过来,我也帮它们搬,去厕所的事就忘了……"

哦,原来如此!充满好奇、善于发现,而且稚嫩纯真的心,这应该重点呵护和支持啊!我没有批评他,只是让他换位想想自己的行为,体会老师对他的关心。他认识了自己的错误,并保证从此不再犯。

三天过去了,一个星期过去了,半个月过去了,我都没有听到老师们对他的批评。我正感到欣慰的时候,美术课张老师拿着一大摞作业来找我,一进门就说:"周老师,我发现你们班的小轩就是特别,他的画总是跟别人不一样。"当我听到又是他的名字时,顿时心里凉了半截,猜测着:他是不是又惹祸了?

张老师说:"今天,我让大家画汽车。其他学生都按我讲的去画,只有他,画了一辆……你瞧!"

我听张老师的口气并不都是指责,心里平静了许多,忙凑上前去看:别的孩子画中的汽车与现实中的没什么两样,唯独他在汽车的尾部安了两个火箭装置,而且正喷着火焰;再看车厢,里面坐的不是人,而是几只小蚂蚁……真没想到,他居然把那小蚂蚁画进了画中,我不禁笑出声来。接着,我把前一阵发生的事告诉了张老师。

张老师笑着说:"我正物色全国创新绘画大赛的人选呢!我有意让他参加。""好啊,我同意!"我终于长出了一口气,一下子兴奋起来,恨不得马上找到小轩,告诉他这个好消息。

果然不出我所料,眼前的他,像只快乐的小鸟,不停地在我周围跳来跳去,那双明亮的大眼睛,闪动着发现与创造的灵光。他高兴得一连说:"同意!同意!同意!"

可转天,我眼前的他却成了个撒了气的皮球,眼睛失去了光彩,噘着嘴,满脸颓丧。他低声说道:"周老师,我不想参加比赛了。"

"为什么?你父母不同意?"我充满疑惑地问。

"周老师,不是这样的,我爸妈想让我参加,可现在妈妈生病了,爸爸又压下一堆货,要等有买主才能换回钱,所以我不……"说完竟呜呜地哭起来。

看着眼前这个将要与机会失之交臂的孩子,想到他昨天那充满渴望的神情、快乐无比的身影,我从内心告诉自己:要帮他!我摸着他的头说:"别哭,参赛费,老师帮你出!"他抬头望望我,眼里滚下了连串的泪珠……

从那时起,小轩再不是办公室里的常客了。相反,听到老师对他的表扬多了,有的说他热情友好,有的说他有见解、有创意,这些都和我看到的一样,我们共同感受着他的进步,关注着他的成长。

两个月后,我在校报上看到一则惊人的消息:小轩的《蚂蚁的地下城堡》一画荣获全国创新绘画大赛一等奖。我打心里笑了。

灯下,我激动地在教育日志上写道:对孩子啊,可千万不能光看表面,还要关注内里;不能只看他的调皮、淘气、贪玩,更应发现其中蕴含的价值。每一个孩子,其实都是值得我们用心去发掘、去雕琢的璞玉。那么，就从现在起，继续我们的发现之旅吧！

案例分析：案例中，周老师就是通过与小轩的谈话，了解了小轩真实的内心世界。如果周老师也像音乐老师那样，只是根据学生的外在行为表现来认识、了解和评价小轩，那小轩恐怕永远只能是"问题"学生。在第一次谈话中，周老师表现出了极大的耐心和对小轩的尊重，并能从小轩这个阶段的儿童心理特征来理解他，保护了小轩的好奇心和求知欲。做到这点是难能可贵的。在第二次谈话中，周老师也给了小轩表达的机会，在了解到小轩的家庭背景时，给予其精神的抚慰和物质的帮助。周老师只是通过与小轩的两次谈话，就既了解了其真实的情况，又帮助和教育了小轩。可以说，只要关心学生，给学生诉说的机会，班主任就一定能真实、全面地了解学生。谈话法普遍、合理的运用就是给学生提供一个诉说的机会和平台。

（三）创建学生个性化成长记录袋

成长记录袋是新课程改革所提倡的一种重要的质性评价方法，在我国正处于研究和实验探索阶段。成长记录袋（Portfolio）又称成长档案袋，主要是指收集、记录学生自己、教师或同伴作出评价的有关材料，以及学生的作品、反思，还有其他相关的证据与材料等，以此来评价学生学习和进步的状况。成长记录袋可以说是记录了学生在某一时期一系列的成长"故事"，是评价学生进步过程、努力程度、反省能力及其最终发展水平的理想方式。① 从班主任及其班级管理的角度来看，创建和管理成长记录袋是班级管理的一个主要内容。成长记录袋既是班主任了解学生的重要资料，也是对学生进行个性化教育的重要途径；同时通过成长记录袋也能促使学生正确地认识自我和超越自我。

1. 学生成长记录袋的优势和局限性

（1）成长记录袋的优势。

①成长记录袋记录了学生各方面学习和发展的具体信息，为班主任提供了了解学生的真实、全面的书面资料。成长记录袋以学生的作品为主，这些作品不仅是学生学习和生活成果或发展过程的有形体现，还被教师和同学所认可，所以其真实、可靠，是班主任了解学生的最好资料。

②成长记录袋有助于班主任发现学生的个体差异，以提供适合每一个学生特点与水平的个性化教育。每一个学生的成长记录袋里的内容都是不一样的，如要求学生收集自己最优秀的作品，有的同学是一张水彩画，有的是手工作品、有的是一篇作文、有的是植物标本、有的是数学作业本、有的是自己拍摄的相片等。班主任能很容易地从中了解学生不同的兴趣、爱好和发展特点，有利于根据学生特点研究适合于他们的个性化教育。

③成长记录袋能使学生更准确、全面地认识自我和超越自我。学生在收集、整理、展示自己的成长记录袋时，能充分地认识自我、正确地评价自我，看到自己的优点和不足，学会自我反思，培养自我负责的能力和态度，并在这个过程中不断地完善自我、超越自我。如一名高一学生所说："过去我对自身认识模模糊糊。做了档案后，我从各方面将自己点点滴滴的情况记录下来，这里有我的个性、爱好和喜怒哀乐，更有成长的轨迹，

---

① 教育部基础教育司. 走进新课程：与课程实施者对话 [M]．北京：北京师范大学出版社，2002.

而且认识随自我进步而深化。"①

④成长记录袋里的内容是学生自己认为最满意、最喜爱或最重要的作品，这让每个学生都看到自己的进步和努力，体验到成功的快乐。如常州前黄实验学校自主开发的"成长记录袋"投入使用一年后，一位学困生在作文中写道："以往，我最怕过年。一张成绩单，就能让我精心设计的寒假计划泡汤。我的数学和英语总考不上去。不过，今年我盼望过年。每次家长会之后，爸爸就会表扬我。这都是'成长记录袋'的功劳。我爱好体育，长跑是强项，每年运动会上，我都会给班级争光。我的人际关系也很棒，同学给我的评价都是'优'。今年寒假，爸爸要带我去旅游。"一位班主任在博客上写道："使用学生成长记录袋之后，我惊讶地发现，班上少了很多'差生'。学生在记录成长的点滴过程中认识自我、欣赏自我、反思自我，体验到了成功的喜悦，谁也不愿意留下'黑色'的一笔。看似烦琐的记录过程，孩子们每天都兴趣盎然，在记录袋的'催促'下，他们的学习也更认真了，人际关系也处理得更好了。"②

（2）成长记录袋的局限性。

①成长记录袋需要班主任付出额外的时间和精力。首先，班主任自己要花时间学习和掌握成长记录袋的性质和管理使用，否则班主任也不会使用或使用效果不理想；其次，要花时间教会学生收集、整理、保存成长记录袋；最后，还要经常与学生一起对成长记录袋中的学生作品进行回顾与反省、展示与评价，使学生学会反思和自我评价，否则就容易造成学生为收集而收集，流于形式。

②成长记录袋的标准化程度较低，难以操作和评价。对成长记录袋内容的收集和评价强调个性化，没有统一的标准，难于操作。但为了方便操作而统一要求、按一个标准评价，又会失去成长记录袋的本性。

由于以上的原因，虽然从理论上讲，成长记录袋有许多优点，但在教育实践中，成长记录袋仍未被广泛使用或使用的效果仍不理想。这就需要教育行政部门和学校的重视和投入，增加对教师和班主任在这方面的培训和指导。同时，把成长记录袋的工作量计入教师和班主任的工作量中，并通过评奖对学生和班主任进行奖励。对于如何发挥成长记录袋的优势，还需要我们在实践中不断地探索和创新。

2. 学生成长记录袋的创建和管理

（1）创建初，对成长记录袋主人——学生的动员和指导。

学生是创建和管理成长记录袋的主体，从记录袋的制作和包装，到对作品的收集、评价和保管，学生都有自己的决策权，而且整个过程必须由学生自己来完成。作为新鲜事物，要发挥其优势，必须给予一定的指导，才能体现学生的主体性。在学生刚接触成长记录袋时，主要做好以下工作：①对记录袋进行专门的介绍或讲座，使学生对记录袋有正确的认识。了解其优势以激发学生参与的积极性；了解创建成长记录袋的目的和内容，使学生知道怎样收集自己的作品、评价自己、对自己的作品进行反思；等等。②收

① 苏军. 一个记者的教育视野［M］. 上海：上海教育出版社，2003.

② 储建国，吴涛. 袋装成长轨迹，笔绘多彩人生：记常州前黄实验学校学生成长记录袋的开发与实践［J］. 基础教育课程，2010（1）：89.

集和展示成功的或获奖的成长记录袋，让学生感知、欣赏和模仿，激发学生创建自己成长记录袋的欲望。③当学生了解和掌握了成长记录袋的运用时，应给学生更多的自主权，让学生自主、自由地通过成长记录袋认识自己，展示自己的个性特长，体会到成功的喜悦。④在每次装成长记录袋时，帮助学生评价和选择恰当的作品，逐步使学生学会正确地评价自己，学会自己收集资料。⑤要求学生爱护、珍惜和保管好自己的成长记录袋。

（2）成长记录袋的制作。

成长记录袋的"袋"有的是学校统一购买，有的是由班主任和学生共同制作。制作记录袋的过程也是学生学习的过程。成长记录袋的制作包括以下四部分：①制作"袋"，要求是只要能装一定容量的东西即可，也可以是"盒子"。材料多用牛皮纸或布，可由班主任统一准备，高年级的也可由学生自己准备。"袋"的形状和颜色由学生自己设计，体现学生的个性爱好。可利用班会课或自习课的时间完成，也可作为家庭作业布置给学生在家中完成。②设计封面，封面可以写上自己的姓名、给记录袋取的名字（如"成长足迹"），贴上自己的相片或画上自画像，写上自己的理想或鼓励自己的话语等。③简介自己，在封面背后或用一张纸卡片简单介绍自己，包括年龄、生日、爱好、特长、个性、品质等。④请班主任、科任教师、家长或同学给自己写寄语。

以下是某班主任对制作成长记录袋的感受，与大家共同体会其成功的经验："开学初，我引导学生自己制作成长记录袋。不到几天，学生带来了各种各样的记录袋，长方形的、方形的、半圆形的都有。上面还有自己精心设计的图案、花纹、出生年月、属相、爱好，还写上了自己喜欢的话。有个别学生不会做，我便利用自习课帮他们设计样式，和学生一起动手制作。有位学生高兴地说：'老师，您给我设计了这么美的图形，有了这么漂亮的记录袋，我一定不会叫它空着。'有些学生制作的成长记录袋虽然不太美观，但学生从制作中尝到了成功的快乐。"①

（3）确定成长记录袋的目标、内容。

成长记录袋收集的内容材料是依据不同的目标而定的。根据成长记录袋的功能目标的不同，可分为以下三种类型：①"展示型"。目标是展示学生的成就或特长，其收集的主要内容是学生最优秀、最满意、最重要的作品。②"描述型"。目标是描述学生在某个时期内学习和发展的过程，发现其优势和不足，其收集的主要内容是学生的过程性作品和结果性作品（如一篇作文的草稿、修改稿和定稿），或教师、家长、同学对其作品形成过程的文字描述。③"评价型"。目标是评估学生学习与发展的水平，其收集的主要内容是用一定的标准评估学生学习和发展水平的记录资料，如教师、同学对其平时作业、活动的评分和评语等。成长记录袋的目标和内容又是根据本阶段的教育教学目标而不断变化的。

成长记录袋收集的内容主题主要包括学生的自我介绍、本学期的成长目标与计划、各种作品（目标不同作品的类型不同）、教师和同学的各种类型的评价和奖励（如课堂上科任教师的表扬或奖励的小奖品等）、参与的各种课外活动及获奖情况、各学科的学习情况和成绩、担任过的职务、自我评价、阶段性的自我小结、小组与教师的评价或评语、

---

① 马彦平. 新课程四大困惑的探索［M］. 北京：中国轻工业出版社，2005.

对自己作品或道德行为的反思、个人感悟或内心独白等。

（4）班主任的检查与反馈。

在成长记录袋收集的整个学期中，班主任要定期或不定期地检查记录袋中的内容和数量，与学生一起交流和评价作品，帮助学生觉察自己的进步和不足，同时提出改进的建议和措施。这个环节中，应注意：①定期检查每个月一次，可集中在班会课、自习课时；不定期检查，在班主任下到班级的任何分散的时间中，进行随机检查和有重点对象的检查，如评价能力较差的、约束能力不强的学生。②检查的内容包括：学生收集的作品是否符合目标和主题；资料是否真实；数量是否过多而杂乱无章，或过少而反映不出学生的成长过程；学生的自我评价是否合情合理；能否进行自我反思。③检查后要给予及时反馈，与学生一起交流自己的看法和建议，根据记录袋反映出来的学生的优、缺点，肯定其成绩，提出努力方向和具体措施。同时要求学生把班主任的反馈和自己的感悟写下来，由班主任签字后放进记录袋，以不断地激励和督促学生。

（5）成长记录袋的展示和分享。

展示和分享是实施成长记录袋的必要环节。在这个过程中，学生把各自的成长记录袋一一展开，展示自己这个阶段的收获，教师、家长和同学们相互看一看、说一说、评一评，共同体验成长的快乐和成功的喜悦，获得满足。

成长记录袋的展示分为班级定期集中展示和不定期分散展示。定期集中展示每学期1~2次，一般在学期中和学期末，也可以结合家长会一起开展，让家长也一起参与欣赏和评价。不定期分散展示可以与班主任的检查反馈一起进行。一是班主任把好的或特别的作品和反思展示给学生，让学生们欣赏和学习；二是班主任检查时，小组内的学生也一起欣赏和评价；三是在收集作品时，小组内的学生互相评价和欣赏，让学生们在欣赏和交流中互相学习，取长补短，共同进步。另外，可结合学校的成长记录袋评比，班主任带着获奖学生的成长记录袋，让学生更多地学习其他同学的优点，认识自己的不足。

应注意，成长记录袋的展示也会存在一定的问题，如各方面表现都不好的学生，其成长记录袋里的内容或作品往往也不如他人，展示中同学们的看看比比，容易使这些学生产生自卑心理，或因看不到自己努力的成果而自暴自弃。所以在展示前，班主任要提醒学生评价同学要多看其优点和进步的方面。

二、协助学生设计与实施个性化的发展方案

学生个性化发展方案的设计和实施需要一定的专业知识和能力，是个性化教育的重要组成部分，对班主任来说是一个新的挑战。学生是方案设计与实施的主体，班主任只是指导者和协助者。方案设计和实施的前提条件是班主任对学生有充分的了解和学生对自己有正确而全面的认识。一个完整方案的设计和实施过程一般以一个学期为单位，个别特殊的学生如学困生为了减轻其难度，也可以一个月为单位。对于方案的设计，班主任可以利用专门的班会，让全班同学共同进行，有需要特别帮助的学生可以在事先或事后给予一定的帮助。以下是设计和实施个性化发展方案的步骤：

（一）帮助学生树立个性化的人生目标和理想

人生目标和理想是学生前进的动力和发展的方向。中小学生的认识目标和理想往往

是变化的、冲动的、盲目的，如何使它逐渐稳定和个性化呢？人生目标的确立、理想的树立和实现过程是对自己的认识过程，尤其是对自己性格、能力、爱好兴趣的认识、认可和塑造。或者说，学生对自己个性的认识是树立自己个性化人生目标和理想的前提和方法。班主任可以提供的帮助是：

1. 为学生提供各种心理测试

班主任可以协同学校的心理健康教师或本地区的心理专家对全班学生进行心理测试。主要的心理测试有智力测量、气质类型测量、性格类型测量、职业性向测试等。通过测试，可使学生更科学、准确地认识自己的思维方式、个性和适合自身的职业类型，从中确定适合自己个性特征的人生目标和理想。

2. 与学生分享对其的了解

所谓"旁观者清"，而且学生认识自己也是从他人对自己的评价开始，所以班主任把对学生的分析评议与学生共享是对学生最大的帮助。班主任了解学生的同时也应该让学生了解自己，把通过各种方法综合概括的结果与学生交流。一方面可以进一步验证结果，另一方面也可以在这个过程中使学生对自己有全面的认识。然后在此基础上与学生谈理想、谈目标，使学生不断地认识自己的目标和理想。

3. 制定人生目标和本阶段目标

当学生对自己及其人生目标、理想有一定认识后，就要求学生制定出为实现人生目标和理想的各阶段的目标，其中主要的是本阶段和本学期的目标，如列出自己本阶段和本学期在德、智、体、美、劳各方面要到达的目标，再由班主任把关，检查学生的目标是否过高或过低，帮助其调整到合适为止。本阶段目标的制定还要考虑学生的现状。

（二）帮助学生"诊断"，寻找原因——认识自我

1. 师生一起"诊断"

"诊断"是指出学生优、缺点的过程，尤其是分析存在问题的过程。这个过程由师生一起完成，而且是一个动态的过程。学生是发展变化的，其优、缺点也在不断地变化着。对学生的诊断不能只停留在以前的诊断中，要以发展的眼光看待学生的优、缺点。而且对不同学生的优、缺点应区别对待。一般而言，优秀的学生其优点是明显的，但其缺点则不易被班主任或学生自己觉察，不过熟悉他的同学往往有体会，所以同学间的互评，往往能找出优生的不足。寻找优生的不足，不是对优生的挑剔，而是为了优生的潜力得到更充分的激发和展现，使之成为社会上的精英。相反，问题学生的缺点明显而且多，优点少而不明显，这就需要班主任有一双慧眼，善于发现问题学生的闪光点。中等生的优、缺点都不明显，这也需要班主任做个有心人，发动同学和教师一起发现。所以"诊断"过程是师生一起寻找和发现的过程。在这个过程中，学生得以进一步认识自己。

2. 寻根问底，分析问题的原因

分析问题的原因需要透过现象找本质，往往需要班主任的协助。有条件的话，最好是班主任与学生本人一对一地进行分析，而且有时还涉及学生的隐私，不宜公开进行，要做好保密工作。如某学生记忆力差的原因是小时候曾经摔伤大脑，智商较低。如果其他同学知道了，可能会认为这位同学有智力障碍，从而对他产生伤害。同时应注意，问题存在的原因不应该成为班主任推卸教育责任的借口，也不应该成为学生不学习的理由。

(三) 商谈解决问题的方法，制定具体措施

找出问题，分析问题都是为了"对症下药"，解决问题。解决问题的方法需要师生共同商讨解决，有必要时还需要同学和家长的帮助。可以由学生事先设计好解决问题的具体措施，然后班主任给予指导。具体的措施主要包括：①学生本人应该做些什么、怎么做和做的具体时间。详细的还应包括每天的具体安排。②班主任、科任教师、同学和家长的帮助和监督。制订方案的过程最好有这些人员的参与，这更有利于帮助学生个性化发展。另外应注意，如果造成学生问题的原因与科任教师有关，就应该有科任教师的配合。科任教师、家长、同学的配套措施，不一定要写进学生个性化发展方案，但班主任要做到心中有数，并与这些人员进行协调沟通，使他们能积极地配合。

(四) 监督与检查学生个性化发展方案的实施

1. 设置监督人

中小学生时常会设计自己的发展方案或计划，但往往虎头蛇尾，最后不了了之，没有收到应有的教育效果。因为，中小学生的控制能力不强、意志力较薄弱，再加上如果目标的动力不强，学生往往不能坚持，这就需要他人的监督和检查。对每个学生方案的监督检查工作不一定都由班主任亲力亲为，可以让每个学生自定一个监督人，监督人最好是了解学生的人，并且要让他熟知学生的方案，这个监督人最好是同学，家长有时间的话也可以给予配合。

2. 不定期和定期检查

班主任可以不定期地进行抽查或有针对性地检查某些特别的学生，也可利用班会或自习课定期进行集体反思、互查。学生本人反思自己方案实施的情况，存在的问题和如何克服；同学间互相检查与评价；对于方案实施不理想的学生，班主任给予指导，寻找原因或修改方案。

以下是某班主任协助学生设计和实施个性化发展方案的过程，供大家参考。

【资料2】 沈某，活泼、勤奋、急躁，学习一直中等，观察、分析后，发现其问题出在未及时复习和巩固上。抓住了他在一次竞赛中的优异表现，进行集群化的表扬后，直接提出来要求其在学习流程的最后阶段加了一个及时复习的环节，并规定时间、内容、效果要求、督促手段等，强令其执行，并时时提醒与督促，半年之后，他的学习成绩就有了质的飞跃，并稳定在班组前列。[①]

三、挖掘每一位学生的潜能，使其得以个性化发展

每个学生都有自己的潜能，关键是班主任要善于发现，为其提供发挥潜能的个性化教育。正如苏霍姆林斯基所说，"要在每个人的身上发现他那独一无二的创造性劳动的源泉，帮助每个人打开眼界看到自己，使他看到、理解和感觉到自己身上的人类自豪感的火花"，"和谐的教育——这就是发现深藏在每一个人内心的财富，就在于使每一个人在

---

① 陆继华. 说你行，你果然行：中等生挖潜策略漫谈 [EB/OL] . http：// blog. xzxd. com/user1/lujihua/ 1662. html.

他的天赋所及的一切领域中最充分地表现自己"①。

（一）善于发现学生的优点

1. 班主任要善于运用一分为二的辩证思想和用发展的眼光看待学生的优、缺点

在深入地了解某个学生之后，班主任经常惊讶地发现这个学生的优点也是他的缺点，相反他的缺点有时候又成了优点。如某学生思维敏捷，这是他的优点，但由于反应快，上课常常插话，教师或同学一句话还没说完，就被他打断了，教师和同学都不喜欢他。作为班主任既要看到他占优势的一面，也要看到他不足的一面，扬善救失。所以班主任要学会辩证地看待学生的优、缺点。

用辩证的观点，我们就不难发现学生的优点，就是问题学生也能找出不少优点。我们可以学习优秀班主任丁有宽：丁老师有个学生小黄，在亲人和许多老师眼里，小黄是个不可救药的孩子。他从小远离父母，在外寄读，被坏人引诱，陷入胡作非为的泥潭，不但无心学习、破坏纪律，还在外行窃。经过全面调查，丁老师是这样分析的：小黄从韩江岸上跃入江中，到船上偷东西，偷东西是不好的，但从这件事可以看出他有勇敢的一面，有良好的游泳本领。他偷东西的手段有一百多种，说明他思维敏捷，学习能力强。他偷了东西常分给一些有困难的孩子，说明他有善良的一面。丁老师对改变他充满信心。②

2. 开展找优点活动

在全班学生中开展找优点活动是挖掘学生潜能的好方法。一是班主任可以更全面、更便捷地了解学生；二是学生自找优点，促进学生进一步认识自己和自我反思；三是学生间互找优点，可使学生体会到被他人认可的喜悦，同时对比他人的优点，督促自己不断地进步和发展。

【案例2】在一次班会上，张老师说："今天，同学们写写自身的闪光点，看看自己有哪些长处，学会自己赞赏自己。"过了很久，张老师发现班上学习成绩最差的小海焦急得抓耳挠腮，只字未写。学习上的劣势使他饱尝了失败的痛苦，让他失去了自信。小海感觉到自己处处不如别人，连发言时都低声细语，不敢抬头。此刻，鼓励他树立自信的机会来了，于是，张老师让全班同学帮他找优点。有的说："他热爱班集体，主动出钱买表演道具，我们班的文艺表演一等奖还有他的一份功劳呢！"有的说："他经常与劳动委员一起检查班上清洁区的卫生。"还有的说："他悄悄地帮助同学修理课桌椅。"听到同学们热情的赞扬，看到老师赞许的目光，小海不好意思地低下了头，他第一次沉浸在受人尊重的气氛中，体会到受人赞赏的喜悦。从那以后，小海变得自信了。③

案例分析：从案例中我们可以得到一些启发：①可以利用班会课开展找优点活动。②学生自找优点和同学帮助找优点结合起来，效果更好。③最好每学期都开展找优点活

① ［苏］瓦·阿·苏霍姆林斯基. 给教师的建议［M］. 杜殿坤，编译. 北京：教育科学出版社，1984.
② 陈宇光. 小学班主任工作艺术［M］. 南京：南京师范大学出版社，1999.
③ 王宁. 今天，我们怎样做班主任：中学卷［M］. 上海：华东师范大学出版社，2006.

动。④当找优点活动成为班级有特色的固定活动时，每个学生就会在班上尽力地展示自己，充分发挥自己的潜能，那时，找优点的活动就真正达到目的了。其中应注意的是，让学生互找优点，需要学生对其他学生有一定的观察和接触，要预先布置任务。对于有的问题学生，班主任应特别找他的好友或邻近的同学留心他好的表现，否则，可能同学也找不出他的优点，就失去了活动的意义。

（二）为每个学生创造发展其潜能的特殊机会

发现学生的优点，就是为了有目的地创造显示其优势与潜能的机会，使其得以个性化发展。在当今的学校教育中，学习优秀的、性格活泼开朗的、兴趣爱好广泛的学生往往有很多机会展示自我，也往往身兼多职，受到教师和同学的青睐；而问题学生和性格内向的学生却受到挤压、排斥或忽视，他们几乎没有机会展示自己的潜能，甚至被抛弃，任其自生自灭。学校、班主任、科任教师和同学应给予他们更多的机会，使他们的潜能得以发挥和发展。那么怎样为他们创造机会呢？

1. 专门组织展示其潜能的活动

有一部分学生，尤其是问题学生，在学校所设置的课程和开展的有限活动中没办法展示自己的潜能，甚至学生自己也不知道自己有哪方面的天赋才能。这类学生往往被认为是无用之才甚至是害群之马，但事实却不完全是这样。苏霍姆林斯基有过这样的描述："我们过去的一个学生尼柯拉，在大学毕业后已经当了 13 年农学家，工作很出色。可他在小时候的学习是多么艰难啊！而使他精神振作起来的，竟是他在劳动中取得了一点很不显眼的、有些奇怪的成就：他在五年级的时候，学会了把一种果树的幼芽嫁接在野生砧木上，结果培育成了匀称而漂亮的一种果树苗。"① 假使，学校、班主任和科任教师没有开展这类劳动，学生自己和班主任就很难发现他在农学上的天赋潜能。苏霍姆林斯基在他书上有不少针对问题学生的教育，值得大家参考学习。所以要挖掘和发展这些学生的潜能必须开展各种类型的活动，甚至有些活动就针对某个学生的潜能来开展。笔者也经常听闻，如某学生无心向学、学习成绩很差，家长和教师已无可奈何，可该学生有个爱好——喜欢乌龟，家里养了不少乌龟，经常上网收集有关乌龟和养龟的信息。设想，如果学校和班主任组织开展有关动物饲养的劳动实践活动，他就会有机会展示自己，说不定以后会成为动物学家或乌龟饲养专业户。如果新课程改革中的社会实践活动课程能在所有的学校广泛开展，那么各类学生的潜能就有机会得以开发和充分发展。

2. 设置发挥其优点的专门岗位

根据学生的优点设置专门的岗位，最常见的是各种兴趣小组组长、某物管理员、某活动的组织者。如前文中喜欢养龟的学生，可以让他担任班级的生物兴趣小组组长或班级饲养员；如某学生性格内向、各方面表现一般，可以让他担任某物的管理员，如图书管理员等，让同学认识到他也有优势的一面，拥有细心、认真负责的良好品质等；如某同学绘画能力强，可让他组织策划班级的黑板报工作。

同时也应注意，问题学生会有许多不足和不良的习惯，班主任要有极大的耐心，给

---

① ［苏］瓦·阿·苏霍姆林斯基. 给教师的建议［M］. 杜殿坤，编译. 北京：教育科学出版社，1984.

予一定的帮助，并联系相关的科任教师给予指导。兴趣、某方面的天赋，再加上这方面的知识的不断积累深入和相关的实践活动，学生的潜能将得到充分的发展。

3. 在公共场合突出和赞扬其优点

当学生有机会参与某些自己喜欢的活动或担任自己能胜任的工作时，往往会努力展示自己，使全部同学和教师能重新认识自己。班主任要当有心人，当学生相对平时有好的变化时，要及时给予表扬，甚至有意地选择适合的公共场合展示其才能并公开表扬。如那位喜欢养龟的学生，可以利用课前或班会课时间，让他当"小老师"或"讲解员"，给同学介绍有关龟的知识和趣闻。在这个过程中，他既得到了同学和班主任的认可和称赞，又获得了极大的满足，他有了展示自己的机会，有了成功的体验和喜悦。

思考与训练

1. 作为班主任，应如何看待和运用书面资料分析法？

2. 作为新班主任，设计一份调查问卷，以了解学生的基本情况。

3. 请列出本班某一学生 10 个以上的优点。

4. 你认为设计和实施学生个性化发展方案的难点在哪里，你有何建议？

5. 请举例说明某班主任转化问题学生的教育案例。

附：一份了解学生的调查问卷①

班级_____ 姓名_____

亲爱的同学，新的学期又开始了，为了相同的理想，我们从不同的班级走到了一起，这是我们的缘分，相信每一位同学都非常珍惜这青春的邂逅。还有不到两年的时间，我们就将走向高考，我们对未来都充满了期待。本着了解同学需求，更好地服务于同学，从而建设一个有活力、有激情的班集体的目的，老师特意设计了一份调查问卷，希望你能在此畅所欲言，尽抒己见，你的意见对自己、对老师、对这个班级都将是非常宝贵的。感谢你对老师工作的大力支持！

一、选择题。请认真阅读题干与选项，选择你认为最符合你想法的那一项，如果没有特别注明，每道题只能选择一项答案。如果你觉得选项中没有答案，请把你自己的答案写在最后一项的横线上。

（一）家庭亲情篇

1. 你的家庭属于（   ）

　　A. 工薪阶层　　　　　B. 农民阶层　　　　　C. 个体户

　　D. 其他_____

2. 你在家中是（   ）

　　A. 独生子女　　　　　B. 还有一个兄（弟、姐、妹）

　　C. 还有两个或两个以上兄（弟、姐、妹）

3. 如果你是独生子女，你是否曾感到由此带来的孤独？（   ）

---

① 龚序金. http://www.teachercn.com/Zxyw/Zwsb/2006 - 1/8/20060108165524125.html.

A. 经常　　　　　　　B. 偶尔　　　　　　　C. 无所谓，也感觉不到

4. 你的父母是否经常在一起交流？（　　　）

A. 经常　　　　　　　B. 偶尔　　　　　　　C. 不清楚

5. 你的父母是否会因家庭琐事而争吵？（　　　）

A. 经常　　　　　　　B. 感情和睦，很少争吵

C. 不清楚

6. 你认为你的父母关心你吗？（　　　）

A. 非常关心　　　　　B. 一般　　　　　　　C. 不清楚

7. 你怎样评价你父母的关心？（　　　）

A. 非常全面，我非常感激，将来会尽力报答

B. 对学习和生活关心比较多，其他方面关心较少

C. 关心学习成绩，其他不管

D. 不清楚

8. 你会与父母经常交流吗？（　　　）

A. 会，不过更偏向于与父（或母）亲交流

B. 不太会，因为他们很忙

C. 偶尔会，但现在长大了，有很多事情不便与他们说

D. 不清楚

9. 如果要你评价你的父母，你会选择（　　　）

A. 他们平凡而伟大，我非常尊敬他们

B. 他们为生活而辛勤劳动，我非常感激他们

C. 我没什么感觉，一切似乎都很正常

D. 不清楚

10. 你认为你的家庭（　　　）

A. 非常幸福，我很满意

B. 收入不太好，但家庭亲情融融

C. 收入不高，所以家庭总有些愁苦

D. 不太好说

（二）网络电视篇（如果你从没有上过网，13～17题你可以放弃回答）

11. 你上过网吗？（　　　）

A. 经常上　　　　　　B. 偶然上　　　　　　C. 从未上过

12. 你家里有电脑吗？（　　　）

A. 有，而且已经联网

B. 有，但没联网

C. 父母还没想购买

13. 如果你上过网，你在网上会玩游戏吗？（　　　）

A. 玩　　　　　　　　B. 不玩

14. 你主要是在以下哪些场所上网的？（　　　）

A. 家中　　　　　　B. 网吧　　　　　　C. 其他地方 ＿＿＿＿＿＿＿

15. 请问你最初是在何种情形下开始上网的？（　　）

    A. 自己很有兴趣，开始慢慢摸索

    B. 同学、朋友拉着一起玩

    C. 在网吧看见别人在玩，也想试试

    D. 其他情形＿＿＿＿＿＿＿

16. 你平均每周上网的频率如何？（　　）

    A. 几乎每天都上　　　　　　　　B. 每周3~4次

    C. 每周1~2次　　　　　　　　　D. 偶尔上上，不一定

17. 你上网一般是做什么？（　　）（可多选）

    A. 玩游戏　　　　B. 聊聊天　　　　C. 看看新闻

    D. 查资料　　　　E. 其他＿＿＿＿＿＿

18. 你对未成年人上网有什么看法？（　　）

    A. 未成年人可以在家上网，但最好勿进网吧，因为缺乏控制力

    B. 未成年人应该禁止上网，无论是在什么地方，因为缺乏控制力

    C. 网络是个缤纷的世界，上不上网完全是个人的事情，成年人不该干涉

    D. 不太好说

19. 你接触最多的是以下的哪种媒体形式？（　　）

    A. 网络　　　　　B. 电视　　　　　C. 报纸　　　　　D. 杂志

    E. 电台　　　　　F. 其他＿＿＿＿＿＿

20. 你主要看哪类电视节目？（　　）

    A. 新闻类　　　　B. 文艺类　　　　C. 电视剧　　　　D. 体育类

    E. 随便看，不固定　F. 其他＿＿＿＿＿＿

21. 你对于当前电视节目的看法是（　　）

    A. 各电视台大显神通，电视节目多姿多彩

    B. 电视节目虽然极多，但精品极少

    C. 电视节目参差不齐，但还是有些精品

    D. 根本没什么好看的电视节目

    E. 以上都不是，我的看法是＿＿＿＿＿＿

22. 以下哪句话最能代表你本人对看电视的态度？（　　）

    A. 我经常看电视，一有时间我就看

    B. 因为住校不能看，所以回家后我也无所谓看不看

    C. 不论是否住校，我基本不看电视

    D. 我根本不看电视

    E. 会看但谈不上爱看，也没固定时间与爱好

（三）理想学习篇

23. 在这之前你有过明确的理想吗？（　　）

    A. 有　　　　　　　　　　　　　B. 好像有但比较模糊

C. 根本没想过　　　　　　　　D. 不知道

24. 我们暑假开始了补课，你感觉到了升学的压力吗？（　　）
    A. 感觉到了，有点紧张　　　　B. 感觉到了，但我能适应
    C. 有压力，但我认为这是一种动力　　D. 没什么感觉

25. 从现在开始，你会把考上一所理想大学当成今后两年努力的目标吗？（　　）
    A. 当然，我早就下决心要考上大学了
    B. 会，因为父母老师开始施加压力
    C. 以前没感觉，现在有压力了
    D. 还早着呢，高三再努力也不迟

26. 你现在靠自己的努力进了重点班，你认为在两年后的高考中，你能考上（　　）
    A. 重点大学　　　　　　　　　B. 普通大学
    C. 考不上大学　　　　　　　　D. 两年后的事情还很难说

27. 你认为如愿考上理想的大学对一个人的意义是（　　）
    A. 考上大学如同插上了飞翔的翅膀，我的人生立刻海阔天空
    B. 考上大学不过是有了提高自己的最好的机遇，而并不意味着人生就此大功告成
    C. 如果考不上大学我的一切都完了，人生还有什么指望呢
    D. 如果考不上大学可能会使我遭受更多的挫折，但也可能给我带来更多的辉煌
    E. 这个问题我还没想过呢

28. 你认为在日常学习中，课堂的45分钟（　　）
    A. 非常重要，应该珍惜，否则就会损失惨重
    B. 重要，但失去了还是可以弥补的
    C. 不重要，课后也可以弥补
    D. 没有明确的认识

29. 你认为同一班级的同学之间的智力有高低的差别吗？（　　）
    A. 有，但中间状态的占绝大多数
    B. 有，但应该差别不大
    C. 有，但这不是取得优异成绩的决定因素
    D. 应该没有吧

30. 关于智力、方法与勤奋三者之间的关系，你认为（　　）
    A. 智力是决定因素，否则一切免谈
    B. 智力固然重要，但方法才是最关键的因素
    C. 智力和方法固然不可少，但勤能补拙
    D. 三者应该尽可能是一个团结的整体，这样才会最大限度地发挥自己的潜力，从而取得优异成绩
    E. 以上都不对，我认为是_____

31. 你认为从小到现在你的学习成绩（　　）
    A. 一直很优秀，父母非常满意

  B. 不是很优秀，但也不差

  C. 起起伏伏，有过辉煌也有失落，很不稳定

  D. 一直马马虎虎

32. 你对你现在取得的学习成绩满意吗？（　　）

  A. 很满意   B. 还满意

  C. 不太满意   D. 很不满意

33. 你认为自己拥有优势的学科是（　　）（限选两项）

  A. 语文   B. 数学   C. 英语   D. 物理

  E. 化学   F. 不知道，各科都较均衡

34. 你认为自己比较薄弱的学科是（　　）（限选两项）

  A. 语文   B. 数学   C. 英语   D. 物理

  E. 化学   F. 不知道，各科都比较均衡

35. 下列五科中，你最喜欢的学科是（　　）（限选两项）

  A. 语文   B. 数学   C. 英语   D. 物理

  E. 化学

36. 下列五科中，你最头疼的学科是（　　）（限选两项）

  A. 语文   B. 数学   C. 英语   D. 物理

  E. 化学

（四）道德纪律篇

37. 纪律是学习的保证，你认为这句话（　　）

  A. 完全正确 B. 有点道理 C. 不一定 D. 太绝对了

38. 在你眼中，纪律是怎样理解？（　　）

  A. 纪律就是父母老师严严实实的管教，除了学习什么也别做

  B. 纪律就是是非分明，有内在的学习需求，该干吗干吗

  C. 纪律就是条条框框，是扼杀学生积极性的凶手

  D. 以上都不是

39. 纪律与课外娱乐活动的关系，你认为最恰当的表述是（　　）

  A. 有纪律就不该有什么娱乐活动

  B. 中学阶段没有娱乐活动是不可想象的，玩是孩子们的天性啊

  C. 严明的纪律与适当的活动可以完美结合在一起，并且产生巨大的学习动力

  D. 以上均不是

40. 你认为以下哪些课外活动是最应该反对的？（　　）（限选两项）

  A. 玩乒乓球、篮球等体育活动 B. 听音乐

  C. 阅读内容健康的小说 D. 适当上上网、玩玩游戏等

  E. 以上都不应该反对

41. 如果老师禁止一切娱乐活动，你会有什么看法？（　　）

  A. 坚决反对老师这种独断专行的做法

  B. 学生自制力差，就应该禁止

C. 听老师的吧，老师总有道理

D. 不知该怎么说

42. 如果老师针对违纪学生采取惩罚措施，你会怎么看？（　　）

A. 学生违纪是难免的，老师可以采取宽容的态度，而不能以任何方式惩罚学生

B. 学生违纪是难免的，老师的惩罚也是难免的

C. 中学生自我约束力不强，老师的惩罚措施是必要的，但应以教育为主，不能为处罚而处罚

D. 老师做事总是为了学生，惩罚就惩罚吧

E. 如果学生能主动承认错误，老师最好别再处罚学生，以免伤害学生的自尊心

F. 我不知道怎么表达

43. 如果老师针对违纪学生采取惩罚措施，你认为下列哪些是可以接受的？（　　）

A. 根据情节不同程度地批评　　　　　B. 必要时向家长汇报

C. 适当地罚扫地　　　　　　　　　　D. 抄写课本

E. 全不接受　　　　　　　　　　　　G. 以上都不是，我认为应该_____

44. 对于迟到这种现象，你是怎么看待的？（　　）

A. 偶尔迟到是难免的，但经常迟到就是散漫了

B. 迟到就是一种违纪，不管次数的多少

C. 对迟到是否实施处罚，要看迟到的原因

D. 这只是一件小事，何必大惊小怪

E. 以上都不是，但不知道如何表达

45. 对于入校必须挂牌这条纪律，你是怎么看待的？（　　）（限选两项）

A. 这是保证学校正常的教学秩序免受外来人员影响的重要条件

B. 挂牌不挂牌对学校管理影响不大，应该取消

C. 挂牌应该是必须的吧，但我实在不好意思挂，有时又忘记了

D. 这是学校管理的重要内容，只是在设计、方法、管理等操作过程中出了些问题，所以执行得并不顺利

E. 我不太爱理这种小事，随便吧

46. 在学生餐厅，浪费粮食现象比较严重，你有什么想法？（　　）（限选两项）

A. 浪费粮食是对长辈劳动的不尊重，应该受到道德谴责

B. 如果我不想吃，或吃不完，或太难吃了，不倒掉又能怎么样呢

C. 这反映了现在的学生缺乏吃苦耐劳的精神，应该多加强这方面的教育

D. 这反映了食堂的服务质量太低，学校应该多加强这方面的管理

E. 浪费不浪费是学生个人的事，浪费一点又有什么值得大惊小怪呢

47. 受社会不良风气的影响，学校存在男女同学交往过于亲密（或称恋爱）的现象，你怎么看待？（　　）（限选两项）

A. 高中学生正处于知识增长的黄金时期，过早地涉及情感得不偿失

B. 高中学生正处于生理、心理成熟时期，对异性产生好感是正常的，所以恋爱也可以理解

C. 男女同学之间的正常交往无可厚非，但恋爱则对自己、对家庭、对学校都有不良影响，应严格禁止

D. 恋不恋爱是个人的事，只要不影响别人，就让它去吧

E. 我没恋爱过，也不懂这是怎么回事

48. 班级管理需要班干部的大力支持，你认为老师应采取什么方式组成班委？（　　）

A. 老师通过观察直接任命

B. 学生推荐后，由老师选拔任命

C. 学生自我推荐，发表竞选演说，同学们投票选举

D. 老师看着办吧

49. 学校上学期要求每个班级都必须制定班级管理制度，你认为这对班级管理有作用吗？（　　）

A. 对同学们具有约束力，应该继续实行

B. 制度再好也只是制度，有没有约束力还得看班主任和班干部对班级的管理

C. 没有作用，形同虚设

D. 我不知道有没有作用

50. 如果要制定班级管理制度，你认为采取哪种方法较好？（　　）

A. 同学们先发表意见，班委和老师进行综合补充

B. 班委自行制定

C. 老师制定

D. 我不知道

二、问答题。请认真思索每个问题，写下你心里最真实的答案。

51. 你最崇拜（尊敬）的人是：

52. 你最喜欢的一部小说（中国）是：

53. 你最喜欢的一部小说（外国）是：

54. 最触动你心灵的一句话（可以是名言）是：

55. 请填写下列名句中空缺的部分：无可奈何花落去，＿＿＿＿＿＿＿＿＿。小园香径独徘徊。（晏殊《浣溪沙》）

56. 中国历史上第一个统一的封建国家是秦朝，秦朝君主的姓名是＿＿＿＿＿＿＿，他生活在公元前＿＿＿＿＿＿世纪。

57. 一位20岁的大学生因与父亲争吵而负气出走，下落不明。父母寻找四天未果之后，母亲向派出所报案，声称自己的孩子失踪，请问：派出所会不会判定确属"失踪"而受理此案？请简要说明理由。

58. 请在6、7、8、9四个数字之间填上适当的数学符号，使结果等于24。（四个数字的位置不固定）

59. 请用英语翻译"不劳而获"。

60. 请用200字以内的一段话表达你对于这次问卷调查的看法。

第十一章　偶发事件的处理技能

偶发事件又称突发事件，是指在班级管理工作中突然发生的不良事件，它扰乱正常的教育教学秩序、危害班集体利益和学生的健康，需要班主任灵活妥善地处理。一个由几十个各具特色的学生组成的班集体，总会发生一些意料之外的事件，班主任必须有充分的心理准备，对偶发事件的特性、处理技能技巧有熟练的把握，以做到防患于未然和机智灵活的处理。

一、偶发事件的特性

（一）成因的复杂性

偶发事件的成因往往是复杂的，可能是内在的因素——人（学生、教师）自身的影响，还可能是受外在环境的影响，也可能是多种因素同时或连锁发生影响。引起偶发事件的原因是很难预料和确定的，这就需要班主任透过现象了解本质，妥善处理偶发事件。

1. 人的因素

（1）学生自身的因素。

中小学生身心正处于急剧发展变化的阶段，而且情绪冲动多变，容易制造事端。再加上一个班级是由身体状况、个性特征、行为习惯各异的学生组成的，发生偶发事件也是偶然中的必然了。可以引起偶发事件的学生因素主要有：①身体疾病，即由于身体疾病引起的呕吐、抽筋、出血（鼻出血）、昏厥等现象。②心理问题，现在中小学生的心理问题主要有学习焦虑、学习疲劳、厌学症、学习困难和考试焦虑、人际交往问题（如嫉妒、猜忌别人、拉帮结伙、攻击他人、不善于与人沟通等）、性格异常、感情障碍、网络成瘾等，由于这些心理问题可能引起的偶发事件有自杀、逃学、厌学、离家出走、偷窃、辱骂、打架斗殴、破坏公物、恶作剧、早恋、无助、被动等。③不良的道德行为，如各种违纪现象、自私、说谎、欺骗、赌博、侵犯他人等。很多时候这些因素混合在一起便易引起偶发事件。

（2）教师的因素。

教师引起的偶发事件与教师的素质有关，主要有：①身体素质，如疾病导致昏厥等，精力不佳引起的教育教学的错漏等。②个性心理素质，具有以下个性特征的教师一般不易引发学生的不良行为，如真诚、友善、快乐、情绪稳定、自信、冷静、主动等；相反就容易造成师生的冲突，引起偶发事件。另外，现在教师的压力大使部分教师也存在不少心理问题，如神经衰弱、抑郁、偏执、焦虑、人际关系敏感、敌对、强迫症、恐惧等，这些问题都容易引发师生间冲突。③知识能力素质，表现为知识水平低，经常出现知识上的错误；教育教学方法呆板、枯燥乏味；教育教学能力低，尤其是组织能力低、表达能力差等，这些容易引起学生的反抗。

2. 环境的因素

（1）自然因素：①自然现象和外界事物的干扰，如刮风、闪电、打雷、下雨（雪）；自然界某动物的突然闯入，如一只蝉飞进教室叫个不停等。②天灾，如台风、洪水、下冰雹、地震、海啸、山泥倾泻等。

（2）家庭因素：①学生家庭的变故，如家庭成员生病、离世，父母的离异、下岗等，这些都可能导致学生产生不良的行为表现，由此引起偶发事件。②父母的教育方式方法不当引起亲子冲突或学生的反抗。

（3）社会环境因素：①社会不良文化、思想对学生的不良影响。②社会不良人员对学生的影响，尤其是社会犯罪分子对学生的教唆、威胁、恐吓等。③发生重大社会事件对师生的干扰，如汶川地震。④校园周边的噪音干扰。⑤中毒、烫烧伤、摔伤等意外伤亡事件。

（二）类型的多样性

偶发事件的类型从不同的角度分，有各式各样的偶发事件，班主任很难给予充分的预料，需要全员（班主任、教职员工、学生、家长）全时段地做好心理准备。从性质分，有良性偶发事件和恶性偶发事件，一般良性的不需要处理；从成因分，有学生引起的偶发事件、教师引起的偶发事件和环境引起的偶发事件；从偶发事件的动机分，有有意的偶发事件和无意的偶发事件；从偶发事件的对象分，有学生间的冲突、师生间的冲突、亲子间的冲突、学生与社会环境的冲突；从发生的地点分，有教室偶发事件、校园偶发事件、校外偶发事件；从时间分，有课堂偶发事件、课间偶发事件、课外偶发事件；从涉及的人数分，有个体偶发事件和班集体偶发事件。

（三）发生的突然性

偶发事件的发生发展过程往往没有明显的预兆，具有较大的隐蔽性。由于偶发事件成因的复杂性，谁可能引发事件，什么时候、什么场合、发生什么性质的事件，表现为不可预料性和突然性。有时候往往是巧合，如某性格内向的同学 A 正为家庭的变故默默悲伤，正好同学 B 不小心碰了他一下，A 竟然大打出手，连 B 在内的所有同学和班主任都感到出乎意料，因为 A 从不打骂同学。

（四）处理的紧急性

偶发事件一旦发生，班主任必须马上处理，否则将危害学生的身心或产生不良的教育影响。这要求班主任在发生偶发事件的瞬间，在最短的时间内，运用高度的教育智慧，迅速作出判断，采取果断的措施，及时制止事件的扩大，把危害和不良影响降到最小。偶发事件处理的紧急性需要班主任的冷静、沉着，控制好情绪情感，特别是学生的恶作剧。

（五）后果的危害性

偶发事件如不给予紧急妥善处理，将引起一系列的不良后果，产生以下危害：①对学生产生身心的危害，如学生生病或意外受伤，必须及时送校医务室或医院，并且通知家长。如师生矛盾不及时稳妥处理，会引起学生的厌学、焦虑、抑郁或者报复等不良心理。②造成人际关系紧张，偶发事件多发生在学生之间和师生之间，如处理不好，将导致师生关系对立、同学关系紧张，影响班集体的和谐与团结。③不利于班级工作的开展。偶发事件的处理需要班主任的高度智慧，如处理不善将严重影响班主任的形象和威信，不利于其工作的顺利开展。

二、偶发事件的处理步骤

（一）快速作出判断，沉着果断应对

这是处理偶发事件的第一步，其目的是及时平息事件，防止事态的进一步蔓延。

偶发事件一旦发生，首先，必须迅速准确地判断事件的性质和态势。通过敏锐的观察，对事件的性质作出判断：是良性的还是恶性的？是个体的还是集体的？是有意的还是无意的？可能产生什么不良后果和影响？其次，根据偶发事件的性质和发展事态作出迅速反应，果断采取措施。不同的偶发事件，现场处理的方式方法不同，需要班主任及时采取措施，灵活处理，使事态平息下来，防止其进一步扩大或恶化。最后，在这个过程中需要班主任控制好自己的情绪，做到沉着、冷静和果断。偶发事件的危害性往往使班主任着急而气愤，很难控制自己的情绪。如果带着这样的情绪，班主任往往会采取强制、高压、粗暴的方式处理事情，使偶发事件进一步恶化。

为了不影响正常的教育教学秩序，偶发事件的产生和现场处理往往只有短短的几分钟，甚至几秒钟就完毕。对于简单的、涉及个别学生的偶发事件，灵活机智的现场处理，也能在短时间内解决问题。而对于复杂、涉及集体或多方面人员的偶发事件，则或多或少会有一些遗留问题，或者现场处理只是暂时解决表面问题，这就需要班主任事后进行深入调查研究，做好善后工作。

（二）深入调查研究，了解事件缘由

这是处理偶发事件的第二步，其目的是了解事件发生的原因和真相，为有针对性的善后工作做准备。

偶发事件由于事发突然，其产生的根源和发展的过程往往不被班主任所了解，因此，要解决好偶发事件的善后问题，必须进行调查研究，了解事件产生的缘由，把握事件的真相，以做到对症下药。班主任可以做以下工作：①调查当事人，了解事件发生的原因和过程，弄清楚当事人当时的思想动机。最直接的方法是与当事人谈话，涉及多个当事人的，根据事件的性质可采取——个别谈话或集体谈话的方式。②调查偶发事件产生和整个发展过程的见证者，目的是从所有的见证者中寻找事件的真相。③调查与当事人关系密切的人，包括同学、朋友和家长，从中了解当事人当时的心态和事件发生的缘由。④对以上的调查结果进行整体分析，去伪存真，清晰把握整个事件的内在原因和因果关系，从而有针对性地开展善后工作。

（三）以教育为主，做好善后工作

这一步的目的是处理遗留问题，即教育学生，引起反思，预防同类偶发事件的再次发生。

善后工作应以教育学生为主，宽容对待学生。不同原因引起的偶发事件其遗留问题的善后工作各有不同：①由个别学生导致的偶发事件，一般小范围解决。事后了解原因，进行说服、教育，帮助学生认识错误，打开心结，吸取教训；宽容对待学生的错误，给

予其改正的机会；根据情节的严重程度给予相应的惩罚。②由多个学生或班集体引起的偶发事件，应考虑班风问题，要组织多种集体活动，开展思想教育。③由班主任或教师引起的偶发事件，要求班主任或教师放下架子，主动认错，取得学生的原谅。④由外界环境因素引起的偶发事件，事后要培养学生抗干扰的能力。

每次偶发事件处理解决后，班主任要进行反思：①从偶发事件的起因、过程和后果，总结偶发事件的可能规律。经常性的反思，使班主任能从事件的一丝苗头中预料并终止即将发生的偶发事件，以预防偶发事件的发生。②反思自己处理事件的方式方法，如采取了什么方法、有无过激言行、学生是否口服心服、教育的效果如何等，为下一次偶发事件的处理提供借鉴。

（四）几种特殊偶发事件的处理步骤

1. 打架事件的处理

打架事件的性质有轻重之分，情节较轻的是由于玩闹引发的两个同学间的打架，情节较重的则是积怨很深的两个小群体或团伙之间的打群架事件。后者涉及面广、原因复杂，处理会相对困难，需要班主任做细致的调查和调解，并协同学校或社会有关部门做好善后工作。打架事件处理的一般步骤是：①马上制止打架。如果凭班主任的能力无法制止时，要及时报告学校或请求身强力壮的男教师帮忙。如果是有社会上的人员参加的打群架事件，除了报告学校外还要马上报警。②给予一定的时间让双方冷静下来。打架的双方往往情绪激动，需要给双方冷静下来的时间和空间。③调查原因，并让打架的双方写说明书或申辩材料。④帮助学生分析根源和危害，促使他们认识错误，并保证不再犯。⑤根据情节的轻重、班规和学校的规章制度给予相应的处罚。在整个事件的处理中，应以教育为主，处罚为辅。

【案例1】

开学第一天，学生就打架了。我把打架的两位同学"请"到办公室，一位李世国同学是出色的运动员，跑、跳、投成绩在全市是最突出的，在同学中威信高，在同年组男同学中说一不二。另一位梁强同学则膀大腰圆，为人坦率、直爽，学习成绩不好，为了进我班，设法跳级办了学籍。

开始我很生气，想狠狠批评他们一顿，但看他们站在我面前那憨厚、直率而又害怕的样子，我想，生气和过火的批评只能使他们紧张，而这样的局面是不容易攻破、不容易改变的。

我暗自嘱咐自己要心平气和，要挑动他们内心深处产生矛盾冲突，学会自己批斗自己。

我便先出乎意料地说："你们别紧张，听说你们打架了，重点打的哪几个部位呀？现在还疼不疼呀？需不需要上医院看看？"

这么一说，他们原来紧张的身体松弛下来了，准备挨训、准备对抗的戒备心理解除了。听我说要不要看病，立刻觉得不好意思了，连说："不用，不用，没事，没事。"

我放心地说："没大事就好了，大家就都轻松了，你心里是不是也感觉轻松？倘若打伤了、打残了，打胜的和打败的是不是都有无穷的苦？""那自然。"他们不好意思地对视了一下。

"我知道你们本来不想打。"一听我说这话，他们顿时来了精神，感觉老师理解他们，便争先恐后地说："老师，我们真不想打架。"

我问："为什么不想打架？"他俩抢着你一句我一句地说。

"打架的时候提心吊胆，怕别人打伤了自己，又怕打别人打到要害处，把祸闯大了。"

"打得轻了，还怕吓唬不住对方。"

"打败了，被同年级的同学看不起，丢面子。"

"赢了呢，也害怕，走在路上，或半夜走黑道提心吊胆的，总怕对方再勾结别人突然报复、袭击。"

"打轻了不解决问题，打重了，打得伤了、残了，对人家、对自己都不好。"

"打完架有时还不敢回家，怕爸爸打，在学校还怕老师批评，怕学校处分。"

对此，我给予充分的肯定："这确实是你们的心里话，但这只是你们自我的一个好的方面，如果脑子里是这个'好我'当家的话，你们的架能打起来吗？"

"我们要总这么想就打不起来了。"

"这说明，你们脑子里还有一个坏的自我，想打的自我，是吧？坏的自我是怎样想的呢？"

李世国说："外校的同学过去和梁强不和，他说梁强背后说我的坏话，还说我不敢打梁强，我想逞能，下午就找梁强的麻烦。"

梁强说："他找我的麻烦，我想自己也不是好惹的，绝不能让着他，头脑一热，什么纪律不纪律的，全顾不上了。"

他们又谈了自己内心深处一些不好的想法。

我请他们写一份心理活动说明书，题目便是"两个自我"。

李世国写"两个李世国"，即内心深处在打架这个问题上，好李世国与坏李世国各自怎样想、怎样辩论；今后，采取什么具体办法，使好李世国强大起来，压住自己不好的那一面。

这以后，直至毕业，这两位同学相处得很好，并且都为班级做了大量的好事。①

案例分析：本案例的处理主要突出第二、三步。这也是处理打架事件最难的工作。魏老师的善后工作主要是通过谈话来完成的。学生打架后，魏老师给学生的是人文的关怀和宽容。在这种宽容气氛中，学生主动地分析了打架的危害、原因和打架时的心理活动，这时魏老师的工作就是倾听和启发。魏老师给打架学生的处罚是写心理活动说明书"两个自我"，这是魏老师常用的方式，值得我们借鉴。写说明书可以使学生进一步认识到自己所犯的错误及其危害，加强改正的决心，明确今后努力的方向和措施。

2. 偷窃事件的处理

偷窃事件的发生和处理是班主任极为头疼的事情，必须小心谨慎，否则将产生不少负面影响。表现为：①很难找到偷窃的证据，找不出偷窃者，容易使班集体陷入互相猜

① 魏书生. 魏书生班主任工作艺术［M］.南京：河海大学出版社，2005.

疑和人心惶惶的局面；②即使能查出偷窃者，并公之于众，又将严重伤害偷窃者。一方面班集体会一致排斥偷窃者，从此偷窃者将被贴上"小偷"的标签，难以翻身，变得自卑古怪；另一方面偷窃者会破罐子破摔，继续向坏的方向发展，甚至堕落为犯罪分子，危害社会。所以，从学生健康成长的角度出发，不少班主任形成"不抓小偷，只求追回财物"，以教育为主的观念。其具体的做法是：

第一步，向当事人和知情人了解所丢失的财物情况和事件的发生过程，并安抚当事人，稳定其情绪，以免影响学习。有必要时主动告知家长，并要求家长不要过多责备孩子。

第二步，感化，一般可用言语感化和故事感化。如优秀班主任万玮老师提到，丢了东西之后，可以在班里作这样的一番发言："同学们，今天，某某同学的东西丢了，而拿东西的人就在我们当中。在老师的眼中，我们班的每一个孩子都是最纯洁可爱的。我不相信有人会故意做这样的事情。我想，一定是有人觉得某某同学的东西好玩，就借去玩了，但是后来却忘了还。现在，他自己心里也一定很懊悔呢。当某某同学在到处找他的东西时，我想，这位同学的心里一定会觉得像有了包袱一样沉甸甸的吧。老师也希望他及早卸下这个包袱，也愿意帮他卸下这个包袱……"① 感化就是用感人的言语或名人知错能改的故事表达班主任对偷窃者的宽容和原谅。

第三步，为偷窃者改错提供方法和一定的时间、空间。即为偷窃者提供返还财物的方式方法，如给学生一定的期限（一般1~2天内），要求其把东西悄悄放回原处或教室明显角落或班主任办公室；或者班主任准备一个箱子或袋子放在教室里，全班同学在教室外排队，每个学生轮流进入教室一次，让偷窃者以最方便的方式返还财物。

第四步，如果财物仍然没返还，重复第二、三步，但感化的言语或故事要有所变化，返还的方式要更人性化。同时，在实施以上几个步骤时，班主任要对学生进行观察和调查，发现在这个过程中有细微变化的学生，可假设嫌疑对象，但一定要做到没有证据绝不冤枉一个学生。如果还没有结果，就分别与嫌疑对象谈话，以攻心为主，设法让他主动交代，认识错误。了解其偷窃的原因，让他明白偷窃行为的危害，给其改过的机会或某种惩罚。另外，要做好保密工作，以免伤害偷窃者。

第五步，教育学生保管好自己的财物，贵重的东西不要带来学校。班主任要利用专门的时间如班会课进行教育。如因为学习的需要带贵重物品来校，不要向同学炫耀，并交给班主任保管。

【案例2】好易通回来了——殷涛②

3月29日上午，我上完第三节课准备走出教室时，彬神色慌张地跑到我跟前，急促地说："殷老师，我的好易通不见了。"话还没说完就哭了起来。我先稳住她的情绪，从她断断续续的叙说中，我知道了事情的经过。原来她在第二节课下课后没有把好易通交给老师保管，为了早点到教室外面去跳橡皮筋，就随手把好易通塞进自己的抽屉里，上

---

① 万玮. 班主任兵法 [M]. 上海：华东师范大学出版社，2004.
② 周达章，金莹. 21世纪班主任工作案例精粹：小学版 [M]. 宁波：宁波出版社，2005.

课后才发现好易通不见了。那是她爸爸为了让她学好英语，昨天下午花六百多元钱买的。

中午，我在班上讲了丢失好易通的事，希望那位"不小心"拿了好易通的学生自觉送回来。我满以为到下午就会找到的，没想到直到晚自习以后，好易通仍然没有下落。这下，我有点着急了，不得不特意留心几个"嫌疑对象"的面部表情，可惜一点蛛丝马迹也没有。他们好像都很坦然，有两个学生甚至还主动请彬亲自检查，结果还是一无所有。我曾经想到过直接找那几个重点对象谈心，又觉得不妥，他们是曾经"拿"过别人的东西，可那都是一些尺子、橡皮之类的"小东西"，并且经过教育后，再也没有再犯。转眼3天过去了，还是毫无进展。难道是好易通长了翅膀飞走了？到底是怎么回事呢？

某天下午的班会课上，我向学生们讲了两个故事。

第一个故事的主人公是一位名叫杰瑞·哈伯特的美国人。故事大概内容是：主人公43年前是一个12岁的送报童。一次送报时，不小心把一个老夫人家的窗户玻璃打碎了，当时因为害怕而逃跑了。后来每当想起这件事，他就觉得有一种深深的犯罪感，于是他花了3个星期去帮别人送报纸，挣了7美元，还写下了一张纸条解释了事情的来龙去脉，亲自送给了老夫人。老夫人也回赠了他一包饼干，饼干袋里还有一个信封，信封里是7美元和一张写着"我为你骄傲"的便条。

第二个故事是一位老师在上课时发现一个学生经常低着头画画，有一天他走过去拿起学生的画一看，画中的人物正是龇牙咧嘴的自己。这位老师并没有发火，只是憨憨地笑着，还要学生课后再进行深加工。从此，那位学生上课时再也没有画画，各门功课都学得不错，后来他成为很有造诣的画家。

讲完这两个故事后，我认真地说："我相信大家明白这两个故事的意思，也欢迎那个同学以秘密的方式委婉地告诉我，我保证不向任何人泄密。"上晚自习前，一个女生主动找到我说："老师，假如那个拿了好易通的人把东西放在了别处，现在不方便拿出来，怎么办？"我一听，知道有戏，忙说："那就请你转告他，叫他方便的时候拿出来就行了。"星期一，同学们回到学校，有一个男生匆匆忙忙地对我说："老师，我看见彬的好易通了，就在我们寝室的鞋柜里，我拿来了。"我非常高兴地表扬了他。上课时，当我把好易通还给彬时，有几个学生追问究竟是谁拿的，是男生还是女生？我轻轻一笑，说："我现在已经不想追究是谁做的。但我相信，那位同学这几天肯定不开心，好在她已经认识到了自己的错误，今天能够拿出来说明她还是了不起的！"这时，我发现那个女生的脸红了，我冲她微微一笑，她羞涩地低下头。

学生们欢呼起来："好易通终于回来了！"看到学生们那一张张可爱的笑脸，我在想，仅仅是好易通回来了吗？

案例分析：殷老师通过两个故事告诉学生做错事能主动改正就是好孩子，老师会原谅做错事的学生的。同时老师向所有的学生保证会保密。偷窃的学生明确知道自己不会受到不良影响和惩罚后，往往会主动交还财物。但这有个前提，即班主任是可信赖的，师生关系是和谐的；在班主任的心目中所有学生都应该是向上和向善的。反思：有没有可能不管怎样做工作，学生都不交出东西呢？那时怎么办呢？

3. 逃学事件的处理

逃学是指学生没有请假而不到学校或私自离校、旷课的现象。逃学事件在中小学时常发生，其原因复杂多样（主要有学生厌学、学习困难、贪玩、学校学习生活适应不佳；与教师、家长、同学关系恶化；社会"读书无用论"等思想的影响等），需要班主任协调各种教育力量，共同实施教育。如果学生经常性逃学，容易成为社会与学校的边缘人，进而出现犯罪行为。班主任要极其重视并妥善解决。当逃学事件发生时，班主任应做到：

①及时发现。要做到及时发现，就必须制定合理的考勤制度，并指派专门的学生负责考勤工作，当出现缺勤现象时，要求马上报告班主任。

②了解学生逃学的情况，并第一时间以最快捷的方式通知家长和学校相关部门。

③向同学、科任教师和家长了解学生最近的表现、经常出入的场所，寻找其逃学的原因。

④根据了解的具体情况，协助家长或有关部门积极寻找学生。

⑤找回逃学的学生后，要有针对性地对其进行说服、教育与帮助。可以与学生谈心，了解学生逃学的原因及其所遇到的问题和困难，帮助学生解决问题。这一步最难做，需要学校、家长、同学、科任教师的积极配合和参与。如果没有帮助学生解决引起逃学的问题，学生还会再次或多次逃学。

4. 生病或意外受伤事件的处理

学生生病或意外受伤事件在学校也时常发生，班主任要尽量做好预防措施，经常性地对学生进行安全教育和健康教育。当学生生病或意外受伤时，应做以下措施：①及时得知事件。在开学初班主任就应告知学生，当发现同学生病或意外受伤时，必须迅速报告班主任或教师。②护送学生到校医室，或请校医到现场（特别是摔伤的）救治，班主任不要擅作主张。③病情或伤情严重的及时送医院，应由班主任和校医护送，并迅速通知家长。④安抚学生及其家长。了解学生生病或意外受伤的原因和过程，向家长说明情况，取得家长的谅解和协助。

三、偶发事件的处理方法

（一）幽默化解法

幽默往往能体现班主任的大度、开朗乐观和智慧，是化解冲突的有效方法。运用幽默处理偶发事件，可以在欢笑中化解紧张的气氛和冲突，在欢笑中沟通感情，在欢笑中传播思想和启迪智慧。幽默化解法常用于学生在教育教学中恶作剧和违反纪律的行为。如一个班发生过这样的事：班上需要面粉打浆糊，要求每人带点面粉。有人喊道："我家揭不开锅了。"教室里哄堂大笑之后一片宁静，等着挨训吧！班主任对那个学生说："放学后你不要回家——"大家紧张地等待下文，教师却微笑着说："反正你家揭不开锅了，到我家去吃饭，饿坏了你，我们可心疼呀！"听了这话大家如释重负，欢笑起来。笑声是对班主任宽宏大量的赞美，也是对他成功运用幽默教育艺术的肯定。①

---

① http：//lw. 3edu. net/br/lw_ 127818. html.

【案例3】学生送我一个花圈①

1994 年的时候我在农村教学，学校很乱，学生成分也很杂，当时我教的班是有名的差班。班里有什么"四大金刚""八大罗汉"之类的学生。我很不愿意接这个班，但也没办法，于是去上第一堂课。

一进教室，就看到学生怪怪地看着我，倒是没有像往常那样吵作一团，这使我很纳闷。黑板上有两幅图在等着我，左边是一幅画像，简单的很大很丑的人头像，旁边写着：郑云峰。我简单地扫了一眼，笑着说："如果要画，就一定画好，作者的水平一般，希望以后画我的像的时候先征求我的意见，然后再发表。"

说实在的，这时我真的没有生气，我早有准备，这些孩子，干点这样的事情在我的意料之中。但当我看到右边的图画的时候，我差一点就忍耐不住了，右边是一幅画得很逼真的一个小花圈，垂着两个画出来的长条，左边空着，右边写着：郑云峰千古。我看大部分学生在坏坏地笑，他们显然是在等我生气，是想看看我这个新任的班主任兼英语老师有几两水呢。

我刚接手班主任，又是第一节课，绝不可以把关系搞僵了，心里这样想，仍有一股火直窜脑门，但我还是压住了。于是他们看到，我不仅没生气，竟然还笑了。我说："谢谢同学们，能做到千古，实在是不容易，只有大好人、大伟人才能做到千古啊，这个评价实在是太高了，我都有点承受不起，不就是给咱们二班当个班主任吗，只是这花圈送得稍微早了一点，等我跟同学们一块，把咱们班治理好了，再送给我，好吗？"

同学们哄堂大笑，笑得非常投入，非常开心，脸上那种坏坏的表情没有了。我借题发挥："再说送花圈，也不能送这样的，我这人很挑剔，我要一个不锈钢的，可以留作长期纪念（那时，不锈钢的东西还很珍贵呢）。""哗……"，同学们开始鼓掌，我们的友谊就这样开始了。

事后，有同学跟我谈起来说："老师，当时真为你捏了一把汗啊。"

案例分析：案例中学生所做的一切就是为了使班主任生气和试探班主任的能力智慧。如果班主任生气了，甚至大发雷霆，那正中学生下怀，而且他们会瞧不起班主任；如果班主任以牙还牙严厉惩罚学生，则严重伤害师生感情，以后在班上更难开展工作。面对学生的恶作剧，班主任要的是沉着冷静，而不是生气，就是生气也不能表露出来，生气是无能的一种表现。可能有的班主任认为自己没有幽默细胞，那就从学生所作所为中发掘他们好的一面，如赞扬画画的水平高、会关心班主任的未来、以特别的方式迎接班主任等，这样能显示班主任的大度与对学生的认可和理解，其或多或少已具有幽默的成分了。

（二）因势利导法

因势利导法是班主任抓住偶发事件中的积极因素或难得的教育契机，化不利为有利，对其加以利用，使之成为教育学生的内容和良好时机。这多用于外在环境的干扰或学生的违纪事件。如在教育教学活动中，突然雷声大作，风雨交加，一下子吸引住了学生的

① http：//space.k12.com.cn/? action/viewspace/itemid/61909.html.

注意力，要让学生重新集中注意力于原定的教育教学内容较难，那教师可以马上更改教育内容，让学生进行观察活动，并写观察日记或讨论气候变化对人的影响等。班主任可以根据当时正组织的教育内容，灵活利用。因势利导法的运用关键是班主任要善于发现和捕捉偶发事件中的积极因素和教育契机。因势利导法的不足之处在于要改变原来的教育教学计划，可能会导致教育教学目标和内容没办法按时完成，需要班主任或教师利用其他时间来完成。

【案例4】 小狗闯进了课堂①

星期三上午第一节课是我的语文课。

离教室还很远，我就听到了教室里的喧哗——尖叫声、怪叫声、大笑声，简直要闹翻天了。顿时，一股无名火窜上心头，我大踏步朝教室走去。

到教室门口一看，更让人恼火了：3个男同学把一条小狗捉上讲台，正逗得有趣呢，居然叫它："起立，上课！"其中，一个男同学怪模怪样地学狗叫："汪，汪汪！"教室里突然安静下来，3个家伙发觉气氛有些不对头，一扭头看见站在教室门口的我，吓得连小狗也不顾，吐着舌头，溜回到座位上。

那条小狗呢，在高高的讲台上茫然四顾，欲跃下地，又不敢，转了一圈，只好"呜呜"地向我哀叫。同学们窃窃地笑起来。

我灵机一动，火气一下子没了。我走到讲台前，拿起粉笔，转身在黑板上写下几个大字：作文——关于小狗。我说："今天这节课改上作文，就写和这条小狗有关的内容。注意，想怎么写，就怎么写，但是，不能脱离这条小狗，题目自拟。"同学们先是一愣，接着拍手叫好，一些动作快的同学已拿出纸和笔，开始动手写了。

事情的结果非常令人满意：这次作文不少同学写得很精彩，甚至一些平时怕写作文的学生也写出了趣味；那个带小狗进教室的学生不但在课后把小狗送走，而且还真诚地向我承认了错误。可以想象，如果我当时抑制不住怒气，其结果只能是和学生关系僵化。可见，在日常教育教学过程中，随机应变和善于因势利导是多么重要。

案例分析：案例中偶发事件的积极因素是学生喜欢小狗，小狗给学生带来了欢乐；其教育契机是正好有只可爱的小狗在教室里，这可是难得的教具，是难得的教育机会。该老师正是抓住了这两点，因势利导，既达到了良好的教学效果，又成功地教育了"肇事者"。存在的问题是：小狗可能伤人；小狗在陌生的环境——教室里会乱窜和叫唤，影响学生的观察和写作。

【案例5】 眼保健操时的猫叫

有一次，在语文课结束后做眼保健操时，学生们都在认真地做，一个平时比较顽皮的学生学了一声猫叫，引起其他的同学笑了起来，纷纷扭头看是哪个。这时整个课堂秩序比较乱，我没有严厉地批评那个学生，也没有把他拉出教室罚站，我是怎样做的呢？

---

① 陈火. 小狗闯进了课堂 [J]. 人民教育，2001（12）：28.

我先让学生们都停止做眼保健操，然后说："你们在做眼保健操时想到了什么？"学生们都说没有想什么，我接着说："我们中有一个同学，在做眼保健操时还展开想象，他想到了猫，并且还学了一声猫叫，叫得很像，将来我们班开个口技表演会，专门请他学猫叫。但是你们知道猫为什么能在晚上捉老鼠吗？"学生们又摇头说不知道，我告诉学生："那是因为猫的眼睛特别亮。而要想有一双明亮的眼睛就得非常注意保护自己的视力，你们要想具有小猫那样明亮的眼睛，就必须认真地做眼保健操，可不能马马虎虎。"这时我发现刚才那个学生低下了头。我又说："现在那位同学已经认识到了自己的错误，他很不安，其实，能认识到自己的错误也是个好学生。"学生们都微笑地表示赞同。

于是我让学生继续做眼保健操，事情就这么过去了。

事后，那位学生主动来找我认错，我又一次鼓励了他，几周后，我发现他各方面都提高了，得到了科任教师的好评。[1]

案例分析：在案例中，班主任难能可贵的是发现了偶发事件中"肇事者"的优点——想象力强、有一定的口技才能，同时马上给予表扬肯定。同时抓住"猫的眼睛"这个教育契机，教育学生要保护自己的视力，做好眼保健操。在处理事件的整个过程中，该班主任对"肇事者"不是批评而是肯定和理解，使"肇事者"心服口服。

（三）转移注意法

转移注意法是运用心理学中注意力转移的方法，引导学生抑制由于受到某种外界刺激而产生的不良影响的一种方法。班主任可以根据学生注意力容易转移的特点，利用偶发事件中学生表现出来的积极因素或优点，巧妙地把偶发事件的处理转移到另外一件有趣的事情上，如把学生恶作剧的形式转化为教育的形式，使学生忘了偶发事件所带来的不愉快或不良影响。

【案例6】"鲍鱼"风波——有胸襟，才能有应变（鲍桂华）[2]

"同学们，从今天起，由我担任你们的班主任，我们将一起度过初中生活的最后一年，我想成为你们的朋友，请大家给我这个机会。下面我做一下自我介绍，我姓鲍，叫……"我的话音还没落地，邵帅（我接班前就对他有详细的了解，但没想到他会如此猖狂）就怪声怪气地大声地吼"鲍鱼、鲍鱼"，全班同学哈哈大笑，有几个学生还吹起了刺耳的口哨、拍起了巴掌，甚至拍起了桌子。教室里全是打逗声、说笑声，乱作了一团。

我一下子蒙了，脑子里一片空白，原先设计好的"就职演说"突然间忘得一干二净。气恼和愤怒的我，不自觉地绷紧了面孔，用冰冷的目光看着他们。学生们从我异常严肃的态度里感到了事态的严重，慢慢地，教室里安静了，但空气中充斥着一触即发的火药味。几十双眼睛看着我，我看到了一双双纯真和充满信赖的眼睛，也发现了那些嘲弄、狡黠、幸灾乐祸的目光，像是在等待着观看老师盛怒之下的难堪表现。我的心里一振，这不是我要的效果，我告诫自己要冷静。此时，大脑紧张地思考着对策，我稍微停顿了

---

① http://www.dlteacher.com/blog/user1/2061/archives/2008/68274.html.
② 杨连山，魏永田. 名师讲述班主任的核心教导力［M］. 重庆：西南师范大学出版社，2008.

几秒，放松了一下表情，微笑着说："同学们，我要表扬刚才那位同学……"我停顿了几秒看着他们脸上的反应，大家仿佛不相信自己的耳朵，个个充满着疑惑的目光。我接着说："为什么呢？因为他认识这个字，我最不喜欢别人把我的姓搞错，可总有人叫我'包'老师。"我回身把"鲍"字写在黑板上，接着说："经过这位同学的一喊，大家都认识了这个字，读'抱'而不读'包'。但是我也要纠正这位同学的一个错误，我姓鲍叫鲍桂华，而不叫'鲍鱼'，你们应该称呼我鲍老师。"

教室里安静极了，几秒钟过后，突然爆发出了一阵热烈的掌声。邵帅的脸腾地红了，连那些跟着起哄的同学都不好意思地低下了头。我又趁热打铁："同学们，我再给大家出个谜语吧，谜面是'最年轻的指挥官'，谜底是我们班一个同学的姓名，谁知道谁举手！"邵帅噌地把手举起来了："老师我知道，是邵帅。"他颇为自豪地回答。我问他："你知道家长为什么给你起这个名字吗？那是希望你能干大事，成为将帅之才。"于是，我从家长的希望讲起，讲到国家的未来、人生的理想，讲到班风学风，教室时而鸦雀无声，时而爆发出一阵愉快的笑声。

不知不觉下课了，同学们一下子围住了我："老师您讲得真好！"

事后很多同学在周记中都谈到了"鲍鱼"这件事，他们对我处理这件事的方式，表示了由衷的赞赏和佩服。邵帅同学这样写道："每位新老师接我们班，我都设法制造一点小麻烦，搞一个恶作剧，给老师来个下马威，看看他们怎么处理。今天，我原以为老师会大发雷霆，没想到老师不但没批评我，反而表扬了我，这让我很惭愧，我真正认识到了自己的错误和无聊，老师的宽容和谅解让我很感动。老师讲的道理也鼓舞了我，今后我一定好好学习，不辜负老师和家长的期望，做个尊敬老师的好孩子，同时我要真诚地对老师说一句'对不起'。"

从此以后，邵帅变了，他变得懂事了，原先的那些不好的习惯慢慢地改了，各方面都有了明显的进步，而且，还当上了生活班长，之后还被评为区级"三好学生"。

案例分析：在案例中鲍老师能控制自己的情绪，从不利于自己的环境中把握主动权，既肯定了邵帅在恶作剧中对的一面，又严肃地指出其错误的另一面；既让邵帅在鲍老师的宽容中自觉地认识到错误，又教育了学生对班主任应有的尊重。而且鲍老师把这个过程处理成一个识字的教学过程，成功地转移了学生的注意力。紧接着又把学生的注意力转移到猜谜语中，利用邵帅的姓名教他和学生。这就是教育智慧，需要班主任对学生的宽容、理解和高超的智慧。

（四）延缓处理法（或冷处理法）

延缓处理法（或冷处理法）是把偶发事件暂时"搁置"一下，或稍作处理，留给学生冷静和思考的时间，使班主任调查后能从容处理事件的一种方法。这种方法多用于学生的违纪事件和恶作剧。当发生偶发事件时，学生多半头脑发热、情绪激动，很难心平气和地接受班主任的教育，而此时班主任也往往被激怒，需要时间调整自己的情绪。这时，只要事件没有进一步恶化，班主任可以不处理或稍作处理，对事件的处理作一个简单的"交代"，使学生在这段时间里反思自己的行为，给学生自我教育的机会。事后，班主任进行冷静思考，多方面调查事件产生的原因和过程，设计好处理方式方法，然后找个恰当的时机处理事件和教育学生。

【案例7】 遇事冷处理①

一天,学生一入校门便开始了自己的工作——交作业、打扫卫生。我站在走廊上正与一名学生谈话。无意之中看见班上的一名学生丢掉扫帚,急匆匆地跑向厕所。开始我没有在意,可过了许久,他并没有从里面出来,我一肚子的疑惑,看着他打扫一半的卫生,决定去看一看,怕有什么事情发生。到了那里一看,我大吃一惊:他正趴在厕所的台子上抄写作业。我一肚子的火骤然升起,正要发脾气,却看到他缩着脖子,一副紧张的样子。于是我压了压火,走开了。在回教室的路上,我一直在思索如何有效地处理这件事:是在全班上公开处理、大肆批评?是单独找他谈心、私下里解决?是叫来家长双方沟通、共同解决?种种处理方式在我的头脑中闪现,同时种种处理方式的结果,我也在不断预料。想起这个男孩紧张的神情,我把所有的想法都推翻了,决定另辟蹊径——晾一晾。

所谓"晾一晾",就是遇事冷处理。不公开,不叫家长,也不主动找他,放一放再说。就这样,我像平常一样上课,轻松自如,只不过是课堂上的他似乎紧张了许多。就这样,一天的课结束了,我没有叫他,他随着放学的队伍回家了。

第二天,他的作业按时交上来了,不但完成的质量不错,更值得高兴的是,字写得比以前工整了许多。在作业的结尾处,还有一小行话:曹老师,对不起,我保证以后绝不会再出现这样的事。你相信我吗?另外还画了一张带着紧张表情的小脸。

看后,我思忖片刻,画下了一张灿烂的笑脸。

上面这个案例,给了我很大的启示。我不得不承认,我在很多次处理学生的问题时,总是火气很大,甚至觉得嗓门不大就很不过瘾,就起不到教育的作用,总是觉得只有这样的批评教育,才能使学生认识到自己的错误,才能敦促学生改掉自己的坏毛病,才能使学生引以为戒,过而改之。其实,效果远远不在我的预料之中,甚至是截然相反。学生的抵触情绪很大,尤其是一些比较有个性的学生,对老师的严厉批评,根本就不放在眼里,所以就达不到教育的效果。而通过上面的案例介绍,我们不难看出,当我们教师在辅导学生的过程中遇到一些突发的事件时,不要一下子火气就上来了,要采取冷处理,放一放,让当事人——学生和教师都冷静一下,仔细地分析一下事情的经过,回放一下事情的来龙去脉,摆一摆各自的关系,设想一下各种处理办法的结果会产生什么样的效果,也许这样,我们的辅导效果会更好一些!

案例分析:当班主任发现学生的违纪事件时,他采取的是冷处理,假装不知道,留给学生充分的自我反思的时间。存在的问题:如果学生第二天没改正错误,也不在作业本上认错,那班主任应怎样处理?甚至学生认为班主任不在意,继续犯错,又如何处理?笔者认为当班主任发现学生在厕所抄作业时,应走近他说:"在厕所做作业太辛苦了,回教室做吧。"然后走开。让学生带着内疚和感激好好反思,可能效果更佳。你有什么建议

---

① http://blog.sina.com.cn/s/blog_ 4b281d9d0100fmua.html.

或好的想法呢？

（五）自我解嘲法

自我解嘲法是当班主任发现自己处于尴尬的处境时，通过自我嘲笑、自责或大胆指出自己缺点和错误的方式，以缓解偶发事件所带来的矛盾冲突的一种方法。常用于由于班主任的失误引发的偶发事件或学生的恶作剧、违纪现象引起的师生冲突。特别是当师生处于一种相持不下的尴尬状态时，班主任应缓解气氛，主动为自己寻找退路。当班主任自我解嘲时，也为学生自我反思和自我教育创造了良好的情景。

【案例8】自找台阶，全身而退

那天下午第二节课是班会课，我夹着刚改完的试卷向教室走去。

刚走到教室门口，就听见里面乱哄哄的。推门一看，只见学生们有的站在座位上，有的趴在桌面上，他们脸上似乎还带着没来得及退去的笑容，没有一个人按我平时要求的那样做好准备，安静地等待老师来上课。显然，刚才教室里一定发生了什么事情。

我"啪"的一声把试卷扣在讲台上："是谁？给我站起来！"

看到我愤怒的表情，大家都呆住了……过了好一会儿，班长站了起来，小心翼翼地说："是石磊……"

"是你这个调皮鬼啊！"没等班长讲完，我猛地吼一声，"你看看你这次考出了什么成绩，还有心情在班上捣乱？啊？给我站后面去！"

这次考试全班都考得不理想，本来我就一肚子的火，想在班会课上好好批评他们，这调皮鬼正撞在枪口上了。可是，对于我的命令，石磊竟然像没听见似的，一动也不动，脸上露出既委屈又绝不屈服的神情。

这还了得？我噌地一下就过去了，一把抓住石磊的手臂，要把他拉起来，可他使劲地往后缩，不但没把他拉起来，我自己倒过去了。

看到他的样子，我好气又好笑，偷偷看去，全班学生的眼睛都盯在我身上，特别是班长，一副想说话又不敢说的样子。

怎么办？拉他起来，恐怕我的力气难以完成这个艰巨的任务；不拉他起来，我的面子又下不来。这时，我真的有些后悔了，本来罚学生站的做法就不对，何况他到底犯了什么错我还不清楚。唉！都怪我刚才气糊涂了。

突然，我想到一个办法。我笑了笑，挤眉弄眼地对大家说："唉！今天早上我没吃早饭，吃的是火药。你们看，我的火气这么大，一下子就火冒三丈，你们可千万别吃火药啊！早饭没吃好，弄得一点力气也没有，连这个小鬼头都拉不起来，好了，既然你不起来，就坐着吧！"

学生们哄堂大笑起来，石磊使劲地抿着嘴，终于没忍住，也哈哈大笑起来……

一场危机就这样化解了。事后，班长告诉我，石磊并没犯什么错，只是为了让学习紧张的同学们放松一下，在课间讲了一个笑话而已。听了班长的话，我偷偷地捏了把汗，笑了！

自找台阶，全身而退是最好的选择。一段自我解嘲的幽默话语，缓解了紧张的气氛，化解了尴尬与矛盾，使事情的发展峰回路转，得到了圆满的解决。[①]

案例分析：徐老师为我们提供了一个很好的典范，值得我们借鉴和思考。在处理偶发事件时，控制住了情绪，也就控制了局面；有时候我们往往把偶发事件的发生发展归咎于学生，可曾想班主任也可能引发偶发事件，或偶发事件的不当处理将导致事件的进一步恶化。班主任在处理所有的偶发事件时，都应该沉着冷静，保持理智。

偶发事件是"偶然"的，但又存在"必然"的因素，掌握偶发事件可能产生的原因、各种处理方法和步骤，可以使班主任或科任教师在偶发事件发生时游刃有余，沉着应战，机智处理，甚至变偶发事件为有利的教育契机。

思考与训练

1. 举例说明偶发事件的特性。
2. 列举一个班主任成功处理偶发事件的案例，分析其处理的步骤和方法。
3. 采访一名优秀班主任，总结其处理偶发事件的方法。
4. 写一篇教育叙事，即你所经历的偶发事件及班主任的处理过程，并进行分析评价。

---

① 徐卫. 班主任"忍者"三式 [J]. 班主任之友，2006（9）：24－26.

第十二章 班主任工作的一天和一学期

班主任每天的工作紧张而繁忙，从学生的入校到放学除了科任教师的教学活动外，其他的各种活动都离不开班主任的组织、策划和管理，这就需要做好规划和安排。班主任应有目的、有计划地安排好自己的每一天、每一周和每一学期，做一个专家型的幸福班主任。

一、班主任工作的一天

（一）晨间工作

1. 一日工作计划

班主任工作繁忙是众所周知的事情，如何使班主任每天的工作忙而有序、忙而有效、忙而充实、忙而快乐，其中重要的一条是班主任要养成每天制订计划的习惯。

（1）制订一日工作计划的时间。

制订一日工作计划的时间一般在前一天的晚上或每天清晨学生上学前，花5～10分钟的时间把一天的工作安排梳理清晰并简单写下。如有偶发事件或学校的临时工作，必须调整计划，并在下午上课前花几分钟对计划进行重新梳理，调整下午的工作计划。每天放学后把一天实际的或调整后的工作补充在计划后面，为第二天的工作计划提供参考。

（2）一日工作计划的内容。

根据本日本班的课程表和班主任的课程表安排一日工作内容。一般把一日的工作内容分为三方面：①必须完成的工作，如对所担任课程的备课、上课、改作业，班会课、晨会、学生考勤、班级事务的处理，学校要求完成的各种任务，与学生交流的时间，某些遗留问题的处理，与家长的联系等。②不一定当天必须完成的工作，即近期必须完成的工作，如有时间就完成。③可能发生的或偶发性工作，可能发生的事情如对某学生迟到了或没完成作业的处理等；偶发事件不可预料，也不可避免，计划中应留必要时间处理此类事件。每项工作要简单注出注意事项，以提醒自己。

（3）注意事项。

①为了养成制订计划的习惯，班主任可以专门准备一个工作本，根据自己的习惯和需要设计简易的表格，填写一天的工作计划。

②根据本班学期计划和周计划制订一日计划。

③一日工作计划的内容安排可以按学校的作息时间和班主任课程表来安排工作。班主任自己的课堂教学时间和学生的上课时间一般不要变动，除非发生重大事件。班主任可以把班级日常事务管理工作安排在晨会、班会、课间时间或放学后，班主任自己的相关教学工作（如备课、批改作业、教研活动等）和学校的任务安排在班主任没课的时间

段。一般必须完成的工作优先安排，较难处理的工作安排的时间应充分，而且不要安排在课间，以免影响学生上课。

④工作计划时间的安排要留有余地，除处理偶发事件的时间外，班主任还应有自由支配的时间，用以学习或交流。另外也可以避免工作的忙乱。

⑤可以由学生完成的工作，班主任要放手，为自己节约出宝贵的时间。

以下是优秀班主任王老师的一日工作计划，他按照学校的作息时间表详细地列出一天的工作内容和注意事项，他把工作内容分为不可不做的事情、有可能发生的事情、可做可不做的事情，把时间安排得紧凑而留有余地，值得大家参考。

【资料1】 我的日程安排①

时间：2008 年 4 月 30 日　　星期三

时间段划分	主要应完成的任务	任务分解及注意事项
7：20—7：35	梳理当天的工作任务，设计一天的日程	不可不做的事情：两节语文课、备课（尤其是细化明天的教学设计）、改作业、准备今晚召开的家长会的讲解内容、上报优秀生名单、开晨会、给裴梦婷和薛永华调位、有16位家长提出家长会前后单独交流、"五一"放假事宜安排、起草《兰山区第四届优秀教育科研成果评选的材料报送说明》 有可能发生的事情：学校职能部门突然下发一些通知，并需要当天完成；政教处提出的关于今晚召开的家长会的新要求，并需要在下午放学前完成；一些突发性事件；不少家长可能会打电话询问自己孩子的成长情况 可做可不做的事情：给《中小学管理》的约稿，至交稿日期还有三天；学生王政、邹振宇想和我当面闲聊，但不知什么事情；昨天下午下班时王敏老师想让我帮她修改论文，但她明年才能晋升一级职称，今天不一定给她修改

---

① 王立华. 间周规划＋昨日细化＋晨曦日程＋黄昏思辨：平衡班主任工作和授课关系的一点尝试. 班主任之友（中学版），2010（5）：4－6.

（续上表）

时间段划分	主要应完成的任务	任务分解及注意事项
7：36—7：40	询问纪律委员杨珺本班学生到校情况；核实几个一日量表的公示内容	和班长郝思嘉一起核实"一日学习情况汇总""一日卫生情况保持公布""一日纪律保持情况公布"，并签字；让宣传委员陈保汀把这几个表格张贴到"班级信息栏"中 如果时间允许，再和卫生委员管方舟一起检查几个卫生死角；如果时间不允许，听管方舟汇报
7：41—7：50	晨会	晨会结束，提示学生把晨会讲稿交给杜爽
7：51—7：57	给裴梦婷和薛永华调位	如果时间不够用，在第二节语文课后的课间十分钟休息时继续调位。裴梦婷要求和学习成绩优异的薛永华同桌，薛永华也同意。薛永华的眼睛有点近视，不能太靠后。坐在第四排的廖宁单独一桌，可把裴梦婷的现同桌视力很好的张红红调到和廖宁坐一起，只是不知道张红红愿意不愿意。如果张红红不愿意调位，就得让裴梦婷和薛永华的现同桌王俊博调换，王俊博的身高等因素都适合去裴梦婷现在的位置
7：58—8：00	在学生课前两分钟中离开	赶紧回办公室，准备备课
8：00—8：45	备课。《伟大的悲剧》第一课时（今天的授课任务）、第二课时（明天的授课任务）	如果有老师来访，先询问事情的轻重缓急，然后在五分钟之内结束交流；如果事情很麻烦，请这位老师写成文字稿，发到我的邮箱，我看后再处理；关闭手机，专心备课
8：46—8：50	去教室，准备上课	课前询问科代表本班昨天练字的收、交情况和初步检查意见
8：50—9：30	上第一节语文课	
9：31—9：40	选出优秀学生名单	特优生1名（杜爽有绝对优势，直接确定），优秀生10名、进步生5名需要核对成绩单。名单确定好后课间操跟操时带到操场，请班长郝思嘉交到政教处
9：41—9：58	到操场跟操	课间操开始前和王政聊几句（如果聊的深度不够，请王政写在"成长日记"中，我和他明天在日记上进行书面交流）；学生退场回教室，有4分钟的时间，可以根据上一节课的上课情况调整讲课思路
9：58—10：00	去另一个班的教室，准备上课	课前询问科代表本班昨天日记的收、交情况和初步检查意见

（续上表）

时间段划分	主要应完成的任务	任务分解及注意事项
10：00—10：40	上第二节语文课	
10：41—10：48	回本班教室，明确家长会的召开时间	如果给裴梦婷和薛永华调位的事情已经解决，可以趁机和邹振宇聊几句（如果聊的深度不够，请邹振宇写在"成长日记"中，我和他明天在日记上进行书面交流）；如果没有解决，继续调位
10：50—11：05	起草《兰山区第四届优秀教育科研成果评选的材料报送说明》	必须在11：20前到打印室打印出来，否则没有时间发纸质通知给各教研组。不要忘记将其张贴到学校的通知栏里，保证下午教师签到时能看到通知。还要把说明上传到学校的网页上，便于老师们下载
11：06—11：20	去阅览室快速翻阅当天的书报	有价值的文章拿到文印室复印，并回办公室仔细阅读。在文印室同时打印起草的《兰山区第四届优秀教育科研成果评选的材料报送说明》，回办公室前顺便到一楼的通知栏里张贴这一事宜说明
11：21—11：40	机动时间	
11：40—14：30	到教室送学生回家、午饭、午休	学生们5分钟内离校回家；我也回家吃午饭，并午休；送学生时再次强调家长会的召开时间，请家长们提前做准备
14：20—14：38	签到后到办公室简单调整下午的日程安排、检查学生到校情况	把上午未完成的必要任务重新设置
14：40—15：40	改作业	一个小时的时间改作业，时间肯定充足；剩余的时间用来修改今天的语文备课的教案，尤其是写教学反思；如果时间充裕，可以备课，准备第二天要讲的内容
15：41—16：10	准备家长会的讲解内容	分析期中诊断考试的成绩情况和半个学期来的各种常规管理表格、班级建设的重大举措，准备家长会的讲解内容；家长会19：00开始，20：30结束，准备一个小时的讲解内容，留半个小时和个别家长交流
16：11—16：40	到操场跟操	了解裴梦婷和薛永华调位后的感受；把书写的"五一"放假的关键事宜给团支部书记朱珠；可以趁机和邹振宇聊几句
16：41—17：10	继续准备家长会的内容	关闭手机，防止被外界干扰

（续上表）

时间段划分	主要应完成的任务	任务分解及注意事项
17：11—17：40	机动时间	
17：41—17：49	记录"工作日志"	
17：50—18：00	去教室安排家长会前的事宜	询问班长家长会郝思嘉要准备的几件事情是否准备完毕；询问卫生委员管方舟的卫生检查情况；询问学习委员杜爽每位同学期中考试的成绩分析表是否准备完毕
18：00—19：00	晚饭、准备家长会	18：30 前到教室，可以约请 5 ~ 6 个要求单独交流的家长在教室外单独交流；每个家长交流的时间控制在三分钟左右，如果有要详细了解的内容，抽时间继续交谈
19：00—20：00	开家长会	着重介绍本学期学生的特点、班级建设的几项措施、期中考试的情况分析
20：00—20：30	和要求单独交流的家长沟通	每个家长交流的时间控制在三分钟左右，如果有要详细了解的内容，抽时间继续交谈

2. 考勤与迟到

（1）制定请假制度，并通过"班务日记"了解学生的出勤情况。

班级必须制定请假制度，学生不来学校或不上课必须向班主任请假。班主任根据具体情况与学生共同制定请假细则，如什么情况才可以请假、请假的程序等。对学生的请假情况班主任要及时与其家长沟通，尤其是走读的学生，小学生必须由家长代替请假，以保证学生的安全。对没有请假又没有来校的学生，班主任要及时联系家长，调查原因，共同应对。

"班务日记"是专门记录本班同学当天的出勤情况和各项教育教学活动情况的。"班务日记"由专门的学生干部（值日班长、副班长或班务日记管理员）管理、填写和记录，班主任每天定期查看。每天早读或晨会时了解学生到校情况，放学后了解学生一天的活动情况，以洞察班级的一天概况。如有早退、旷课、逃学等违纪现象，要求负责本工作的学生干部及时报告班主任，以妥善处理。

（2）处理迟到、早退与旷课现象。

对于迟到、早退、旷课等违纪现象可以制定专门的班规（如请假制度、奖惩制度），使处理制度化，体现管理的平等、民主。同时，为了体现管理的人性化和教育性，所制定的班规要合情合理，具有可操作性。同时对不同性质的迟到、早退需要班主任进行不同的处理。如果迟到、早退只是个别学生偶尔的现象，由专门的学生干部按班规处理即可（班主任可通过班务日记了解）。如果是班级的普遍现象，就要研究原因，寻找对策，并在班会上进行专门的教育活动。如果只是个别同学的经常现象，要调查分析其迟到、早退的原因，进行有针对性的个别教育和处罚。

【案例1】 处理学生迟到的思考——黄阿卿①

学生迟到是司空见惯的事，特别是在农村基层学校，作为班主任有时一天要处理好几起。虽是小事，却蕴含着很高的教育艺术。有的班主任对待迟到的学生是"狂风骤雨"式的噼里啪啦吼一通；有的是"和风细雨"式的轻声细语询问一下；有的是"清风潇洒"式的问都没问；有的是"秋后算账"式的放学后找你算账……而学生迟到的理由又五花八门，有正当理由的，如帮家里干活做家务迟到了；有的是理由牵强一点的，但可原谅如看一个什么开幕式太晚睡，睡过头迟到；有的是没理由的，上学路上玩得忘了到学校了；有的甚至是荒谬的，如陪同学上厕所迟到了……

我最得意的一次处理我们班同学迟到的案例是最近的一次：

我第一节课已上了近20分钟了，这时才有一位外来生满头大汗地站在教室门口喊"报告"。我正想点头招呼他进来，这时班里有一位同学举手"举报"，说那位迟到的同学常到山上抓"四脚蛇"（蜥蜴），还言之凿凿说有一次还看到他把抓到的"四脚蛇"卖给他邻居。完了还补充说，他的书包鼓鼓的一定是抓到了藏在书包里。我走过去一看，书包真的圆滚滚的，打开一看，里面一个罐子，有三条蜥蜴在里面了。这时那位迟到的同学在"人证""物证"面前满脸通红，头低低的，看着自己的脚尖，呆呆地站在那，等待老师电闪雷鸣的一顿骂。这时我也有点生气，但转念一想，也许这个同学对小动物有兴趣，老师轻率的批评有可能挫伤了学生的爱好。我轻轻拍拍他的肩，让他先到自己的位子坐下，放学后在班里等我。

放学了，我到教室里找到了这位同学，问了他为什么抓蜥蜴。他告诉我是从电视上看到有人养蜥蜴当宠物，一时兴起也抓了一只来养。后来他租的房子的房东拿了两块钱把他那只买走了。他觉得抓蜥蜴好玩又可以赚钱，就经常在假日到山上抓。知道了事情的来龙去脉后，我没责怪他，也没告诉他家人。我只是让他知道自己跑到山上去很危险，万一被蛇咬了或发生了什么意外怎么办。他也承认了错误，保证以后不再犯了。然后我给他布置了几项课外作业：一是查清楚他抓的这种动物学名叫什么，我们本地人叫它什么，为什么这样叫？二是介绍这种动物的生活习性。让他把这些作业完成了就"放过他"。

这位学生认真地四处查找资料，问邻居、到同学家借电脑上网查这种蜥蜴的相关信息。三天后兴冲冲地跑来告诉我，作业完成了。于是，我让他在班上做介绍。他得意地说我们这里的人叫这种动物"四脚蛇"，因为它头像蛇，又有脚，学名叫蜥蜴，喜欢生活在潮湿的山沟草丛里，以小昆虫为食，中午时常跑出洞外觅食，是一种对人类有益的保护类动物。他承认了抓这种动物是不对的。

对这次学生迟到的处理，既没有伤害学生的兴趣，又能让学生获得有关蜥蜴的知识，还认识到自己抓蜥蜴是错误的，一举多得。所以是我最得意的一次处理学生迟到的案例。

而另一起我现在回想起来还心有余悸，记忆犹新。那是我当四年级班主任时的事。上语文课时，有一位学生迟到了，这位学生学习成绩不错，就是调皮了点。他喊"报告"时，我正上课没立即让他进教室。我有意让他多站一会。过不久没想到一些学生看着他

---

① http：//bzr. teacherclub. com. cn/dts/brief/brief! view. action? id=59783.

哄堂大笑，我瞄了他一眼，发现他站在那龇牙咧嘴扮鬼脸。我想这样会影响其他同学上课，就让他回到自己座位。过不久又有同学朝着他笑，他又在自己座位上扭屁股。我气不打一处来：上课迟到已经不对了，没让你多站一会儿算是网开一面了，你还在位子上"要宝"。我指着他大声地要他站起来。只见他一手捂着肚子，弓着腰一脸痛苦地站了起来。我压住火气责问他，怎么了。他声音细细地说："我肚子痛。"看他那表情不是装的，我忙请另一位学生陪着他送他回家。放学后，我去家访，他妈妈才告诉了我事情的缘由：原来这学生早上吃饭时喉咙被鱼刺卡住了，弄了老半天都没能把鱼刺弄出来。没办法他妈妈让他喝口醋，他却误把他爸爸用的机油当醋喝了。他怕迟到了，没处理就跑来上学。一到学校肚子就疼得很厉害。在教室里并不是扮鬼脸、扭屁股，而是痛得受不了。听了之后，我难过了好几天。这学生要忍受多大的痛，还要被我批评。更让人后怕的是：假如这学生喝的是毒性强一点的东西，我又没能及时询问、发现问题，要是延误了就医而危及生命，那后果将不堪设想。

通过这次案例我明白教师不能情绪化，更不能凭学生的平时表现主观臆断。学生迟到一定都有原因，不管情况如何，都应在了解情况后，再依据具体情况针对问题及时处理，以免留下遗憾。

案例分析：当学生违纪时，班主任不能只看到表象，而要寻根问底，这是了解和教育学生的根本方法。黄老师处理两件迟到事件的过程和方法就是很好的证明。反思：迟到事件是否按班规处理就行了？如果是，为什么不少班主任处理时都因人而异、因事而异呢？如果不是，那制定的班规就形同虚设了吗？你有何建议？

3. 晨会（升旗）和早读

晨会（包括升旗活动）和早读在不少学校是只选其一，少数学校两项活动都设置。在我国，早读一般由各科任教师分担，一天一科，早读的内容由科任教师决定。班主任在开学初事先与科任教师协调统筹，安排好各科早读的固定时间（有的是由学校统一安排），并指派专门的班干（如学习委员）带领学生们读书。早读的内容由科任教师或学生干部提前写在黑板上，使学生一到校就能自觉学习。

班主任在早读时间应注意，如是本课程的早读时间，就与学生一起早读。同时了解学生到校情况及其当天的精神面貌、晨间值日卫生情况，检查作业的完成和收齐情况，对个别学生进行偶发事件处理、个别教育等。午读与早读相似。

晨会活动的组织详见第六章。

（二）三操活动

三操包括早操、课间操和眼保健操。早操是在早晨或早读以前进行的体育锻炼，又叫早锻炼，多在寄宿制学校或寄宿的学生中开展。课间操是在第二到第三节课之间进行的体育锻炼，以做广播体操为主。对于三操班主任要做的工作是：

（1）每个学校对三操都有各自的具体规定或要求，班主任首先要了解和遵守学校的要求，同时让本班学生熟知学校的要求和三操的重要作用，也可以根据学校的要求制定相关的班规。

（2）协助体育教师教会学生掌握和熟悉三操，要求准确、到位，并指派体育委员协助体育教师做好工作。

（3）由体育委员组织、领导、监督全部同学做好三操，并做好考勤和出操情况记录。

（4）三操时间，班主任无特殊情况必须到场与学生一起锻炼。目的：①监督学生；②有更多时间与学生一起沟通交流，甚至可以利用间隙进行个别教育；③起模范作用，班主任认真地、精神抖擞地带着学生一起做操，效果好；④班主任也要锻炼身体。

（三）课间活动

课间十分钟是学生最期盼的、最快乐的十分钟，因为这段时间是学生自由、轻松活动的时间；这也是让班主任最担心的十分钟，因为这段时间是安全事故频发的时间。那班主任应怎样引导学生合理地安排好课间十分钟的活动呢？

1. 课间活动的指导

（1）让学生了解课间十分钟的作用。课间十分钟的作用是消除学生学习的疲劳，让大脑得到休息，活跃学生身心，为下节课做准备。所以要求学生下课后首先为下节课做准备，准备好下节课的课本和学习用品，做好身体的准备，如上厕所，不要剧烈运动（剧烈运动如奔跑会导致心跳、呼吸加快，影响下节课上课）等。班主任在每次下课后要提醒学生，直到学生养成习惯。

（2）培养学生的安全意识，远离有安全隐患的活动。通过案例和视频让学生知道什么样的活动、在什么场所的活动容易出现危险事故，如在楼梯上、水池旁、课桌椅上玩容易造成的伤害，如互相追逐造成的伤害等。通过各种教育活动让学生知道哪些活动可能出现哪些安全隐患，提高学生的安全意识。另外，学校或班主任最好给各班各组学生安排好活动的区域，以减少摩擦和碰撞。

（3）开展适宜的、有益的课间活动。为了安全而禁止学生的课间活动，也是没必要的，要组织学生开展一些安全的、有益的活动。这类活动有传统体育游戏（踢毽子、丢沙包、跳皮筋、跳绳、跳房子、丢手绢、玩陀螺等），益智游戏（下棋、玩扑克、脑筋急转弯、猜谜语、接龙游戏、讲故事），同学间的聊天以及交流感情等。

2. 不占用学生课间活动的时间

课间是学生休息娱乐、调节身心的时间，班主任和科任教师尽量不要占用，即不要拖堂或提前上课，不要处理集体的班级事务，除非情况非常紧急。但可以处理偶发事件或进行个别教育。

3. 关注与沟通

课间时间，班主任如没有特殊情况应与学生在一起，而且多以"朋友"的身份出现，关注学生，了解学生。课间与学生在一起时，班主任可以借此机会做以下工作：①和学生一起玩，指导学生开展有益的课间活动；②观察学生，了解学生，及时发现学生的变化或异样情况；③与个别学生交流沟通，做好个别教育工作；④及时制止可能导致事故的活动或学生的不良言行举止，处理偶发事件。另外应注意，只要学生的课间活动是有益的、安全的，就不要强加干涉，班主任此时更多的应是旁观者或参与者。

（四）值勤工作

1. 让全班学生了解本班值勤工作的具体要求

开学第一天，就把本班本学期的值勤工作内容和要求告知全班同学，并以文本的形式张贴在教室里，也可以由全班学生商定后再公布。值勤工作的具体内容各个班级有所不同，在有的班级值勤工作就是卫生清洁工作，有的班级值日生还是值日班长，有的班级值日生还要主持和组织当天的晨会等。班主任可以根据本班的具体情况和需要制定值勤工作的内容和要求。对于刚入校的一年级学生，班主任还要教会他们如何做，如怎样扫地、擦窗等。

2. 值勤工作的安排和分工

值勤工作一般在全部学生中以小组为单位轮流进行。在开学初，班主任把全部学生按本班的值勤工作量分为若干值勤小组，每组指定一名小组长负责当天小组值勤工作的组织和管理。由小组长分派本组成员的具体工作，低年级的学生由班主任协助小组长进行分工，也可以小组成员协商决定。分工一旦确定，一般本学期不再变动，如需变动则由小组内部成员自己协调并需小组长同意。如卫生清洁工作可细分为黑板的清洁、课桌椅和讲台的清洁、窗户的清洁、地板卫生的清洁、学校公区的清洁等。

3. 监督和检查

对于低年级学生的值勤工作，班主任有必要到现场指导或监督，给学生某些帮助。而对于高年级和中学生就放手由小组长和劳动委员监督和检查。有问题时，要求小组长或劳动委员及时报告。班主任只需下班时，有意识地检查教室的卫生情况。

（五）自习与晚自习

自习课是学生自主学习的时间，但由于学生的自控能力较差，往往需要班主任的指导和监控。具体的工作是：

（1）端正学生对自习课的态度和认识，让其学会自学。在开学的第一次自习课时，了解学生对自习课的认识，端正学生对自习课的态度。通过实例教育学生重视和合理利用自习课；通过专题讲座，如怎样进行科学的预习和复习、如何制订自习课学习计划等，教会学生掌握自我学习的方法，学会学习。

（2）制定自习课规则，指派专门的班干部管理自习课，或形成学生监督小组，帮助学生提高自我控制能力。与学生一起制定自习课的班规，能提高学生遵守班规的自觉性，使全班同学养成自觉学习的习惯，以形成良好的学风。

（3）班主任经常到班检查情况。许多学校都要求班主任在自习课时必须跟班。如需跟班，班主任不应只是监督者和检查者，还应该是学生的学习榜样。即班主任在班上与学生一起学习、读书和备课，提高自己的能力和理论知识。班主任孜孜不倦的学习精神本身就是学生最好的榜样。

（六）班会课与课外活动（详见第六、七章）

（七）放学

1. 完成遗留工作

遗留工作是当天必须完成的而又没有完成的工作，大致可以分为三种：①与全班或大部分学生有关的工作，如某些紧急通知、班务工作、没完成的教育教学工作等；②与个别学生有关的工作，如与个别学生的谈话与教育、课外辅导、偶发事件的处理等；③班主任自己就可完成的工作，如学校要求上交的各种资料的准备、作业的批改等。前两者涉及学生，完成工作需要留下学生，会推迟学生放学的时间，班主任应尽量把时间控制在半小时以内，如果推迟时间超过半小时必须通知家长。

2. 组织学生离校

学校为了安全起见，要求班主任放学后组织本班学生排队离开学校，尤其是小学。所以放学后班主任要到班级组织学生排队，带领学生离开学校。另外，还会有部分学生留在学校做值勤等工作，此时应要求小组长负责关闭电灯和多媒体设备、锁好教室门窗，管理好班级财产。然后，班主任可以回办公室做自己的工作。等所有学生离校后，班主任再到教室检查后离开学校。

3. 一天工作反思

一天工作结束后，班主任利用短暂的时间进行反思，有利于工作的开展和提高自身素质。反思的内容有：①对照一天的工作计划，检查工作完成的情况和质量，补充计划中没提到而做了的工作和偶发事件；②反思一天工作中存在的问题，寻找原因和补救措施。如有时间应制订第二天的工作计划。

另外，有些学校还为学生提供早餐、午餐、午睡等，这往往也需要班主任进行协调和管理。以下是某中学的班主任一日常规，从中可以很详细地了解班主任一日的具体工作，供大家参考。

【资料2】 上海市吴泾中学班主任一日常规

一、早上到班

（1）教师一般在学校规定学生到校之前10分钟到校，或比规定的上班时间提前10分钟到校。班主任到校后，进班巡视班级学生状况，安排学生卫生保洁，然后吃早饭，饭后到班检查学生卫生保洁状况，及时指导，对已完成保洁的学生提醒自习，或根据安排组织学生进行晨练。其间检查学生仪容仪表。

（2）检查学生发型、衣着、首饰以及佩戴校牌、红领巾、团徽的情况，对不符合学校规定的发型和衣着的学生立即进行批评、教育，限定时间整改。

（3）指导、检查班级及保洁区卫生情况，确保教室地面和走廊干净、桌椅整洁、卫生工具排放整齐。对没打扫的值日生及时督促整改。及时纠正乱丢废弃物、桌面刻画、墙面污迹等现象。

（4）督促学生认真读书，协助科任教师抓好课堂纪律，提高早读效率。

二、两操：点人数、看动作、严要求

（1）课间操必须到场组织、督促学生排好队，认真做好课间操。

（2）指定专人负责眼保健操的秩序，做好督促、检查工作。教育学生要懂得爱护眼睛，坚持认真做操。

（3）广播体操组织学生排队集合，确保队伍安静、安全、守纪，队伍整齐、精神抖擞。随学生队伍到操场，站在本班最前方（进场时教师在后，到场后教师在前）配合体育老师认真纠正学生做操动作，老师不随意交谈，言行起到示范作用。

（4）调整队列并观看做操情况，要求集合整队快、静、齐，动作规范整齐。

（5）做操后统一集合、整队，依次有序排队回教室，讲评、结束。

三、上课：抓预备、常巡视、促效率

（1）指导、督促学生做好课前准备。要求预备铃一响就归位，准备课本和文具，安静等待老师上课。

（2）教育学生遵守课堂纪律，提高听课效率，认真做好笔记；要求学生要养成安静上好自习课的好习惯，指导学生合理利用时间。

（3）关注薄弱学科的课堂纪律，多巡视，多与任课教师联系，多找学生谈话，掌握班级纪律动态，发现问题及时处理。

（4）安排值周干部负责每节课课前值日，提醒同学准备好每节课的学习用品，督促同学准备好每节课的学习用品并静心等待老师来上课。课后班主任及时了解信息。

（5）课堂出勤和纪律情况由值日班长做好记录。班主任一天点评一次。

四、课间：查作业、督安全、倡文明

（1）要求科代表在课间操之前将作业交到科任教师的办公室，并把每次缺交作业的学生名单报科任教师和班主任。要经常与科任教师联系，了解学生完成作业情况（是否按时、按质、按量完成），对不交作业的学生要及时联系家长进行教育。发现抄袭作业的或补做作业的要了解原因，妥善处理。

（2）经常巡视班级学生课间休息情况，制止追逐打闹现象以及在教学区进行体育活动现象，杜绝危险动作的发生，确保学生的安全，发现违纪行为要及时处理。

（3）教育学生养成文明行为，举止文明有礼，遵守公共秩序和社会公德，提醒学生见面打招呼、上下楼梯靠右行，不拥挤、注意安全。

五、午餐及午休

（1）带领学生排队在指定区域就餐。

（2）中午用餐后班级、学生餐具的归还整理，教室清洁的打扫。

（3）安排学生在教室内看电视、听广播或进行作业辅导等活动。

六、放学：多沟通、明状况、常引导

（1）及时查阅"班务日记"，了解检查学生日常行为规范情况，及时纠正学生违纪行为；及时了解学校各项评比结果，采取措施，进一步整改。经常找问题生、学困生谈话，了解和掌握情况，采取有效方法，做好转化工作。严禁体罚和变相体罚学生。

（2）离开班级应指定专人负责关闭电灯和多媒体设备、锁好教室门窗，管理好班级财产，并做好督促检查工作。

七、其他

（1）积极组织学生参加学校各项活动，配合完成相关训练。

（2）完成学校临时布置的其他工作。

（3）协调班级各方面的关系，做好沟通交流工作，及时处理好班级事务。

（4）班级重要事务及时处理，并在"班主任手册"上做好记录。

（5）与家长密切联系，及时向家长汇报学生在校情况，客观、全面、发展地看待每一位学生。文明有礼地接待来访家长，和谐沟通，有效交流。

（6）学生不在本班教室上课时，应做到人走灯灭，并锁好教室门窗。

（7）周一升旗仪式前，班主任按时组织本班学生排队到操场集合并认真参加升旗仪式，出现问题及时解决。

（8）学生生病应及时与卫生老师联系或送往医院，急症应在第一时间进行处理并向学校行政部门及时报告，并配合前往医院诊治，及时通知家长共同处理。

（9）重视学生生理、心理发展，重视与学生的情感交流，善于发现学生情绪波动，主动沟通，从心理健康角度关注学生的身心发展。

（10）积极与科任教师沟通，搞好班级管理工作。若班主任有外出学习任务或请假，提前向年级组长、值日行政请假，并作好安排，做好交接工作。

二、班主任工作的一学期

（一）开学前的工作

1. 报名注册工作

报名注册工作的一般步骤：①要了解本学校在学生报名注册工作中对班主任的要求，因为班主任应负责哪些具体工作，每个学校都会有所区别。②做好报名注册准备，包括准备好需要填写的表格，在黑板上写好欢迎词和注册程序或开学前要求学生做好的准备工作，如有需要可通知某些班干部协助班主任工作；张贴本学期的课程表等。③迎接每位学生及其家长的来临，完成所需的登记注册工作和收齐所应交的相关资料，并做简短的交流，了解学生家庭、假期生活、作业完成的情况，提醒新学期开学注意事项等。④统计学生的注册情况，电话询问未注册学生的情况。⑤完成工作，上报学校相关部门。⑥翻阅学生的档案和资料，了解和熟悉学生，记住学生的姓名。

2. 学籍管理

熟悉学校的学籍管理要求，协助学校做好学籍管理工作，主要包括通知和督促学生按时上交有关的资料，核对学生资料，为学生填写成绩和评语，帮助学生办理有关转学、借读、休学、复学、退学（义务教育阶段不允许退学）等相关手续。

3. 教室的清洁与布置

（1）开学前做好教室的清洁工作。在注册前后或正式开学前，一定要做好教室的清洁工作，以明亮、整洁的教室迎接学生的到来。作为一年级新生的班主任，教室的清洁工作只能自己独自承担；如是初一或高一的班主任，可以组织学生在军训后集体搞好教室的清洁卫生，让每一位新同学都能为自己新的班级贡献力量；同时一起劳动也是互相了解的过程，班主任不能缺席。其他年级开学前，班主任可事先通知和组织学生大扫除，班主任可以与学生一边干活一边聊天，了解学生的假期生活逸事、学习活动开展情况（如所参加的兴趣活动等）。开学前的第一次劳动也是增进师生关系的好机会。

（2）开学前或开学初与学生一起重新布置教室，使学生在新环境中开始新学期的学习和生活。教室是学生学习和生活的主要场所，是能对学生产生潜移默化影响作用的物质文化环境。班主任要带领学生一起创设一个具有育人功能的教室。教室的布置包括以下内容：①让每面墙壁都会说话，即张贴具有教育意义的名人、名言警句或标语；②发挥黑板报的宣传教育作用；③充分利用教室的空间，开辟图书角、动植物角、学生作品展览角等。教室的布置要充分体现学生的特点，发挥学生的想象力、创造力和动手能力。

4. 开学的第一次师生见面会或班主任新学期的讲话

新生开学的师生见面会一般安排在注册后的入学教育活动中或开学的第一天。为了给学生留下良好的第一印象，班主任要做好充分的准备，设计好见面会上的每个环节。一般见面会上包括两个主要环节：①师生互相自我介绍，班主任用简单的语言介绍自己的姓名、个性、兴趣爱好、所教科目和职务等，然后是学生的一一自我介绍（如时间允许）。②班主任对班集体建设的设想和对学生的希望和要求，班主任自己的努力等。

班主任新学期的第一次讲话，一般在开学第一天的晨会上。班主任的讲话内容可包括对上一学期学生所获得的成绩的肯定、本学期班集体的发展目标和规划，引导学生个体心态的调整（从假期放松的生活进入紧张充实的学习中），制订好新学期个人学习目标和计划等。

（二）班主任工作计划的制订与实施

班主任工作计划是班主任对某一段时期内班级工作的目标、任务和措施等的设想和工作安排。班主任工作计划的制订是班主任有条不紊地科学管理班级的重要起始环节，可使班主任的工作更具方向性、目的性和主动性。班主任工作计划从时间上可分为周计划、月计划、学期计划、学段计划；从内容上可分为班集体建设计划、家校联系计划、学生个性化教育计划等单项计划。其中学期计划是每学期初制订的综合计划，是整个学期班主任工作的总安排，是其他计划制订的总纲和依据，而且较为详细的学期计划中也应包括月计划和周计划。

1. 班主任工作计划的结构及其内容

（1）指导思想。

这是班主任工作计划的第一项内容，属于序言部分。指导思想主要是指制订计划的依据，包括：①现阶段我国教育理念，如素质教育、生本教育、终身教育、个性化教育、创新教育、合作教育等。②党和国家的教育方针、政策、法规和教育行政部门的指示和要求。要领会国家颁布的各种教育法规（如青少年保护法），并将其运用于教育学生的实践活动中。③本校本阶段的工作计划和要求是班主任工作计划的主要指导思想。在制订计划前必须对以上内容尤其是本校的工作计划有整体的了解和把握。如本校本学期的工作重点是"育人和谐校园文化建设"，那本班级的学期计划也应围绕该工作重点而开展。

（2）班级基本情况分析。

班级基本情况分析包括：①班级自然客观的情况：男女生人数、年龄、独生子女比例、少先队员或团员人数、学生来源、家庭背景。②班级各方面发展现状或历史：学生上学期期末（或入学考试）各科成绩以及优、中、差的比例；学习的态度、习惯和方法等学习情况；思想品德状况；学生体质与健康状况；班风、人际关系现状；班干部的能力素质；学生主要兴趣类型、特长，等等。③班级中存在的有利因素和不利因素及存在的主要问题。

（3）本阶段班级奋斗目标。

班级奋斗目标是班集体中每个成员共同努力的方向，是班集体形成的重要标志。奋斗目标可以分为长期目标（是整个学段的目标）、中期目标（学期目标）、短期目标（月目标或周目标）。在班集体刚建立时，班主任可以根据总的教育目的、本校的教育任务和要求、本班的具体情况制订本学期班级的奋斗目标。当班集体相对稳定时，就与学生共同商定本班的奋斗目标，这有利于激励学生为之努力。学期目标可以包括：①德、智、体等各方面发展目标，如学习成绩消灭不及格等。②班集体建设目标，如成为优秀班集体等。

（4）具体措施。

具体措施是为了实现奋斗目标而采取的方法途径，是计划中最重要的组成部分，是计划得以落实的基础和关键。其包括所要开展的教育活动和目标及时间的安排、组织的人员与分工、实施的方法步骤、注意事项、检查方法等。这部分的内容有两种撰写方式：①横向的方式，根据各方面的发展目标来写，即德、智、体工作的安排；班集体建设的工作安排，包括班规的制定、班干部的选拔与培养、健康集体舆论的形成、班级活动尤其是主题班会的开展、家校联系工作（如家访计划、家长会的召开）、后进生的转化教育等。②纵向的方式，即按时间的顺序安排各种具体的教育活动内容和时间等。如具体列出每周的活动安排。

2. 制订班主任工作计划的注意事项

（1）制订计划前的充分准备。包括了解本校本学期的工作计划和教育要求，研究本班学生集体和个人，了解学生家长的要求和家庭教育状况、科任教师的安排及他们各自的教学风格和特长。班主任工作计划是一项复杂的、受多方面因素影响的工作，需要班主任对所有的因素都考虑齐全，计划才能指导班主任和全班学生开展工作，发挥其效力。

（2）制订计划过程中要集思广益，让学生参与。在每学期开学前（利用寒暑假）或开学初，让每个学生写下本学期学生的个人计划和班集体计划，这既能广泛征求学生的意见，使计划更加实际和合理，又能教育学生学会自我规划、自我管理；同时又为班集体出谋划策，体现学生的主人翁意识。也可以在开学初的班会上进行小组讨论，收集学生对班级奋斗目标和教育活动的建议等。另外，要听取科任教师和学生家长的意见。对于家长的意见可以通过便条的方式收集。

（3）计划要求合理、具有灵活性。合理具体是指所制定的奋斗目标经过全班同学的努力是可以实现的；所计划的教育活动根据本校、本班的条件是能顺利开展的，保证实施的可行性。灵活性是指班主任工作复杂多变，计划要留有余地，使班主任能根据具体情况灵活调整。如计划中不要把每周的班会都排满，要使班主任有时间处理偶发事件和完成上级部门或学校的临时工作。

3. 计划的实施

计划的制订是为了使工作有目标、有序和有效，计划是班主任工作实施的指导性文件，不能实施的计划形同一纸空文。如何有效地实施计划呢？

（1）公示。计划的实施不是班主任一个人的工作，需要全班学生的参与和科任教师的协助。所以，班主任可利用专门的时间向全班学生和科任教师宣读学习计划，使学生形成班集体建设人人有责的思想。同时，把计划张贴于教室和班主任办公室，师生随时可以翻阅，形成学生主动执行计划的意识。

（2）经常检查。养成经常性检查和督促的习惯。一是自我检查；二是检查应由学生完成的工作，经常提醒，根据学生的需要给予其帮助和教育，协助学生完成。如按时完成作业等。

（3）定期评价。评价可以每周或每月举行一次。包括：①对班主任工作的评价，班主任要虚心听取学生和科任教师的评价，这有助于班主任及时发现工作中的错误并改正。同时班主任要定期地进行自我反思，提高工作能力。②对计划中学生应完成的工作进行评价，由学生自评、科任教师评价和班主任评价完成。评价的目的是促进师生更主动地完成计划中的工作，实现奋斗目标。

班主任工作计划的制订和实施是班主任每学期的重要工作，其他的工作几乎都能容纳其中，需要班主任的重视和能力智慧的发挥。以下是某班主任的某一学期的工作计划，仅供大家参考。

【资料3】初三第一学期班主任工作计划①

一、情况分析

本学期新接了初三（1）班，根据从原班主任和科任教师那儿了解的情况，进行以下分析：

班中学生47人，学生平时较为散漫，课上都有无组织、无纪律的现象，没有良好的学习风气，学习习惯较差，有时甚至出现乱课现象。部分学生厌学、迷恋电脑游戏。班级的学习状况处于年级的末位。在新学年中要不断努力，争取不断前进，树立良好的班风。

依据学校德育实施计划，坚持以"自主与责任"为主题，加强行为规范教育，深化爱国主义教育。以"四比四赛"为载体，做好德育工作的渗透和迁移，以及学习型家庭的研讨。

二、指导思想

以区局"依法办校，以德立校"为指导，依据学校工作计划和市、区教育工作会议精神，加强学习，坚持以德育为核心，以教学为中心。坚持以"内渗透"为主题，"课外延伸"为增长点。以迎十六大为契机，坚持热爱共产党，深入开展爱国主义、集体主义和社会主义教育。提倡洵阳道德规范：爱校守法，明理诚信，友善团结，勤俭自强，敬业奉献。切实帮助学生做到"以德育人，德智并举，探究发展，学会生存，学会做人"。加强培养学生树立正确的人生观、世界观和价值观，全面扎实推进素质教育。

三、具体工作内容、措施

（一）德育以"自主与责任"为主题，不断深入开展爱国主义教育

（1）规范升旗仪式，发挥学生的自主管理，增强学生的爱国主义责任感，熟悉"国旗知识"的教育内容，加强歌颂中国共产党领导的教育。

（2）开展以"自主与责任"为主题的教育，以学生发展为本，培养学生认真负责的态度和情感以及把事情做好的行为和能力，并努力依据校计划，从五个途径（认识自我、对自己负责、对小事负责、自我评价、自我教育）加强"自主与责任"教育。

（3）结合教师节、国庆节、敬老节，不断开展尊师敬师、爱生重教、尊老爱老、团结友爱的传统教育，并在学生中评选积极分子，宣传先进事迹。

（4）开展以"迎十六大召开，跟共产党走"为主题的思想教育，围绕新中国成立五

---

① http：//www. bzrzy. cn/bbs/a/a. asp？ID＝43901.

十三周年，以江泽民同志"三个代表"为指导思想，以此为中心，确定主题班会内容。作为班主任应加强指导。

（5）以"五爱教育"为基本内容，以"五心"教育为重点，从认识自我做起：认识自我存在的价值、认识自强的意义、认识现在的自我；从对小事负责做起；牢记"不会做小事的人，也做不了大事"。让学生愿意做小事，学会做小事，在实践中增强责任感。继续开展"洵阳光荣我光荣，我为洵阳添光荣"主题活动。深入开展"四比四赛"活动，继续开展"一帮一，结对子"活动，树立良好的班风与学风。

（6）坚持每周三中午播放时政广播，从对学生加强自我教育做起，加强公民道德教育。结合"迎十六大"，认真组织好一次关于祖国建设和"迎十六大"内容的报纸剪辑工作。

（二）继续加强行为规范教育

以帮助学生"学会做人、学会生存"为方向，以培养学生善良、文明、守纪、自律、自主、友爱、理想为目标，以日常行为规范养成为抓手，以校园文化建设为载体，通过"五爱""五心""四会""四个面向""六个文明""中学生行为规范""文明礼仪"等系列教育，全面提高学生的综合素质。本学期重点抓以下工作：

（1）以中学生行为规范要求每位学生，加强洵阳道德规范宣传教育，努力做到"爱校守法，明理诚信、友善团结，勤俭自强，敬业奉献"。重点是"六个文明""一日常规""一日行为规范养成教育"，创设良好班风，树学风、校风。

①认真学习宣传"六个文明""一日常规"。各班应根据本班特点，有目标、有措施地创设自己的特色班。

根据我班以往的表现，我班决定成立体育特色班，在学校的各项文体活动中争取好成绩。以体育为基础增强学生的自信心，在学习上同样奋勇向前，争取取得较大的进步。

②由于我班以前的行为规范较差，在行为规范教育中前五周重点抓文明休息、文明交往，并同时对文明上课的两分钟预备铃进行检查。

③从小事做起、从自我教育做起，大家行动，树立良好班风。好人好事坚持天天记。

（2）加强基础道德教育。

基础道德教育是指教会学生做人的基本准则，是行为规范教育的重要内容。从对自己负责做起，从自我评价做起。坚持以德育人，运用责任感的有关知识，对自己做事的态度、能力、完成情况进行判断。坚持十分钟队会（中午），并认真做好记录，提高自我评价的自觉性和能力。结合教师节、国庆节、敬老节等活动，开展"爱他人、爱集体、爱学习、爱劳动、爱护公共财物，增强自主与责任，树班风、创学风、有理想、会创新"活动，培养学生做一个遵纪守法的好公民。

（3）以学生为主体，以学生发展为本，以提高学生创新能力为大方向，以"自主与责任"为主题，加强纪律、卫生、财产、广播操等各项检查活动，努力争创文明班、示范班。

①以创建"绿色学校"为载体，推进研究性课程。学会生存，注意生存环境，改善生存环境质量，人人爱护环境，保绿保洁美化环境。增强学生"爱美光荣，破坏可耻"观念，增强其创新意识，人人动手，变废为宝，走近自然，亲近自然。

②爱护公共财物，每个学生必须从保护和管理好自己的课桌椅做起，严禁在课桌上乱涂、乱刻、乱画。

③培养学生良好的卫生习惯，坚持每天晨扫和午扫。校内禁用餐巾纸，禁吃口香糖，严禁乱扔纸屑杂物。

④加强学生广播操进出场纪律的检查和指导。积极参加学校秋季运动会，培养学生集体主义观念。

⑤加强两课、两操、两活动。眼保健操工作要进一步做正确、做到位，坚持每周的健康教育。

⑥认真做好"十月歌会"工作，歌颂中国共产党，歌颂社会主义祖国。

（三）德育工作的渗透工作

坚持以德育为核心，以教学为中心的工作。继续开展"四比四赛"活动，组织"一帮一，结对子"活动，创良好班风、学风。及时做好早期预防和行为偏差学生的转化工作，控制案发率，杜绝犯罪，及时做好流生工作。认真做好学生的青春期教育和心理健康教育工作，对行为偏差及个别心理偏差的学生要充分利用心理咨询室，加强对其咨询、指导、纠正工作。

作为班主任必须加强对学生的家访工作。学生无故缺席半日，班主任应及时家访或与监护人联系。旷课半日以上以及有逃课现象的，班主任必须及时向政教处汇报，并做好家访记录。学生入校后不得随意离校，如确实需回去，必须由班主任开具出门条方可离校。

（三）座位的安排

开学初，座位的安排和调整是班主任工作必须面临的小难题。其难在于如何让座位的安排既使学生和家长都满意，体现公平合理原则，又能有效地利用有限的资源，提高学生学习的积极性。座位的安排将考验班主任的教育思想和管理智慧。

1. 形成"座位无优劣"的思想

在不少学生、家长和教师心目中，教室的座位是有优劣、好坏之分的，如中间区域的座位更受教师的关注，学生会更积极。要使学生愿意坐在任何一个座位，班主任可以做的是：

（1）班主任和所有科任教师要消除"正则优、偏则劣、近则好、远则差"的思想，在所有教师的心目中所有的座位无优劣之分。表现在教育行为上是：在课堂教学中尽量关注每个座位上的学生；每个座位上的学生都应有参与教学活动的机会和表现自己的可能；不以座位调整来惩罚同学，即把犯错误的同学调到某个"隔离区"；不根据学生的成绩来安排座位，如把学习成绩差、调皮捣蛋的学生安排在教室的最后排或窗户旁。

（2）教育学生"坐任何座位都一样能学习好"。其实只要班主任和教师对坐任何座位的学生都能一视同仁，学生和家长也就不再看重所谓的好座位了。另外，可以通过案例、说服、讨论让学生形成"座位无优劣"的思想，让学生明白学习靠的是自己的自觉性和主动性，不能过分依赖外界的环境。以下是金老师通过案例和讨论处理座位安排的方法，值得大家借鉴。

【资料4】 后排的座位抢着坐①

家长公开课一结束，学生小莉的妈妈就走过来对我说："金老师，小莉的位置能否调到前面一点，她坐的最后一排好像是被遗忘的角落。""可是，你家小莉实在太高了。"我面有难色。"可我总感觉小莉坐在后面听课的效果不太好，举手发言很不积极，还望老师多费心了。"小莉的妈妈再三要求。

其实我知道小莉是个很好的女孩，各门学科的成绩也都不错，上课举手发言少是因为她的性格比较内向。但家长的心情不一样，他们总感到还是坐在前面会受到老师更多的关注，因此每次开学排座位，总有一部分家长提出要求，希望自己孩子的座位靠前一点。还有一部分学生，因视力问题，确实需要照顾。可教室的座位有前有后，有人坐前面，就得有人坐后面。于是，这排位置的问题也就成了开学时班主任常常面临的一大难题。就像现在，小莉的位置是换还是不换呢？如换又把谁调到最后去呢？反复思索之后，我决定采取以下的办法。

班会课上，我先给学生们讲了一个自己的真实故事："读初中时，我个子比较矮，坐在第一排。有一天，我们班个子最高的女生不肯来上学了。班主任老师约我们几个班干部一起去家访时，才知道她的耳朵有点聋，如果上学，就要坐到第一排。当时，看着面有难色的班主任，我马上说：'老师，我可以和她换。''可你个子不高，坐最后一排会不会……''没事，给我换个高凳子吧。'就这样，从初二到初三，我一直坐在后面几排，但这丝毫没有影响我的学习成绩。"讲到这儿，聪明的学生就说："老师，你是说只要专心听讲，认真学习，坐在教室的哪个位置都是一样，对不对？""对！坐在后面几排的同学中，不是有那么多成绩优秀、发言积极的同学吗？而坐在前面几排思想却不集中的同学也有不少啊。今后，老师决定把那些能让老师放心的学生请到后面去坐；把成绩优秀的学生请到后面去坐。并且，我们还可以经常调换这个位置，谁的自控能力强了，谁才有资格坐到教室的后面几排。当然，个子特别矮小或视力不好的同学特殊对待。"

接着，同学们自我推荐，再经小组讨论，推选出了第一批最有资格坐在后面几排的学生。这些学生特别骄傲，他们在其他同学"带有敬意"的目光中坐到了后面，而且上课时，这些学生比以前坐得更端正，发言也更加积极，好像坐在那儿真的是一种莫大的光荣。

后面的座位再也没有人推了，同学们都争着去坐。课上的纪律明显地好转了，大家学习的积极性也提高了，而我这个做班主任的当然更是不亦乐乎！

2. 定出座位安排的原则，由学生自主组合

许多优秀的班主任安排座位时都遵循一定的原则，主要包括先矮后高、照顾视力、性别搭配、优差搭配、性格互补搭配、干群搭配等。在新生开学的第一天，班主任就按前两个原则安排好座位，并保持一个月不变，固定好座位有助于教师和学生、学生和学生之间互相认识和熟悉。然后再根据具体情况调整，如学生的个性、成绩、爱好等。每学期初，班主任可以利用晨会和班会时间，与全班学生共同讨论座位安排的原则，低年

---

① 金丽芳. 后排的座位抢着坐 [J]. 班主任，2004 (8)：46.

级的直接说出班主任的要求，只要合理和公平即可。然后让学生根据原则自由组合。当出现几个学生抢一个座位时，先由学生自己协商，然后再寻求班主任帮助，如果仍然协调不了，就一个座位几个学生轮流坐。当学生要求换座位时必须有正当的理由和一定的条件，经班主任同意后才能换。

【案例2】学生座位自愿组合①

2000年以来，我们班学生的座位，刚入学时，先按个子高低排列，以后随着大家相互了解的加深，可以自愿组合。

组合有两个条件：①有利于学习；②要"四厢情愿"。

我常跟学生说，人和人的组合是一门大学问，不要说万物之灵的人，就是简单的物体，再简单一些，构成物体的原子，其组合方式也是一门大学问。

同样是碳原子，呈链状结构排列组合时，便构成了世界上比较软的物质——石墨。而当碳原子呈金字塔状结构排列时，便构成了世界上最硬的物质——金刚石。

咱们再谈人，两个人和两个人合到一起，不一定就是四个人的力量。比如，一个书记加一个厂长，倘两个人配合默契，情同手足，患难与共，相辅相成，那么加在一起就完全可能等于三个人、四个人甚至更多人的力量。遗憾的是，这样的例子太少了。另一种情况呢？其中一个人老实厚道，谦谦君子，心甘情愿当配角，这样一加一便还是一个人的力量。也有的两个合不来，你定的我不同意，我定的你不同意，或一好一坏，一个创业，一个败家，一个挣钱，一个挥霍，一加一等于零。还有的两个人为了个人权力，在堡垒里拼命战斗，打得不可开交，置党和人民的事业于不顾，结果企业亏损，一加一等于负一，甚至负二、负三。

同学之间组合、交友也是如此，有的懒同学交了个勤奋的朋友，不久也变得勤奋起来；有的好计较、好生气的同学总和憨厚开朗的同学在一起，渐渐变得不爱计较、不爱生气了；也有的同学本来衣着朴素，不乱花钱，就因为总和社会上几个讲吃讲穿的失学学生在一起，也变得花枝招展、零食不离口了。

一届又一届的学生我都一次又一次地叮咛，要研究和谁接近，和谁疏远。

疏远了谁，不意味着断交，不意味着不是朋友，而是少在一起的朋友，是多鼓励对方，为对方祝福，暗暗地为对方加上进之力的朋友。

对后进同学，也不是让大家都疏远他，而是让后进同学相互疏远，安排先进同学接近他们。这样大家才能共同进步。

七年前，有三个好朋友找到我，要求我给他们做分离手术。我问："为什么分开呢？"

"老师您没发现吗？我们三个人都有懒病，凑在一起，相互传染，相互鼓舞，每个人的懒病都成三倍，成立方地增长了。"

"怎么做分离手术呢？"

"您以后再发现我们在一起，就让我们写一千字的说明书；请您再跟全班同学说，号召全班同学帮帮我们的忙，监督我们。无论在家、外面还是在学校，只要发现我们三个

---

① 魏书生. 魏书生班主任工作艺术 [M]. 南京：河海大学出版社，2005.

在一起，就检举，我们保证感谢，保证有一次就写一次说明书。"三位懒学生争先恐后地说。

"但愿你们今后也能记得今天的话，别等以后反悔了，同学们检举，你们恩将仇报，反倒恨人家。"

"那哪能呢？"

"你们要这样想，虽然不在一起，还是好同学，还是好朋友，还要互相在心里鼓舞。为了对得起朋友，为了让朋友勤奋起来，就得暂时和朋友隔离。"

他们三人说话算话，好长时间不在一起，每人都找了勤奋的人作伴，后来都变得比较勤奋了。

我们班四大闹将之一，一天晚间跟我商量："老师，您让我到第二组第四桌去坐吧，我保证能改好说闲话的毛病。"

"为什么这个座位能治你的毛病呢？"

"那座的左邻是咱们班的学习尖子，右邻是最不爱说话的女同学，前面是张××，我和他合不来，平时基本见面不说话，后面是咱班的生活委员，我特别佩服他，他也能管住我，坐在那里，您说我和谁说话去。"

"那我得问问，左邻右舍同意不同意你去？"一商量，再加上我的劝说，他们同意了，这位闹将乐得蹦起来，过了两个多月，便基本改掉了自己好说闲话的毛病。

后进同学要换座，有时我帮着做工作，一般同学要换座，则要具备第二个条件："四厢情愿"。假设原来甲乙两同学一桌，丙丁两同学一桌，甲同学要换到丁同学的位置去，必须征得其他三个人的同意，必须乙同学同意甲离开自己和丁到自己座位来，丙同意丁离自己而去并愿意接受甲，丁则愿意离开丙又愿去和乙同桌。"四厢情愿"，跟我说一声，立即就可以换，有一个人不情愿都不行。愿意换的同学就去做其他人的工作，什么时候做通工作什么时候换，做不通就不换。学生换座"四厢情愿"就可以换，但必须要跟我说一声，我把四个人找来一问，大家都同意了，立即换。这个权力我没有下放给班干部，我总觉得，这件事比较复杂，涉及一些微妙的关系。学生找我之前一般考虑比较全面了才来，换得有道理的时候居多数。换得没道理，换完之后对学生发展不利时，我能及时发现，给予建议，得到及时纠正。我几次想把这个权力也下放给班干部，但一直没有下这么大的决心。

引导学生从科学的角度研究人与人的组合，研究坐的位置，有利于使学生变得更理智，视野更开阔。

案例分析：魏老师在让学生自愿组合座位前，先给学生定好原则和教育学生怎样选择自己的同桌和朋友，使学生更加理性地选择。而对于要求换座位的同学必须有合理的理由和"四厢情愿"，经过老师的同意后才能换。而且魏老师特别照顾后进生，这也是值得我们学习的。

3. 定期轮换座位

从公平和考虑学生视力等因素考虑，轮换座位是最好的方式。轮换的方式一般有两种：一种是小轮换，即小组之间的轮换，一般每一列为一小组，这样学生从左到右，由里到外轮换着坐。另一种是大轮换，不仅小组之间轮换，而且小组内的座位也轮换（保持小组成员不变），即从前到后地轮换，这样学生就有机会坐教室里的任何一个座位。虽然有些烦琐，但了解轮换的规律了，操作起来也不难。轮换的时间一般是一周一次到一月一次，由班主任根据本班情况决定。

（四）班干的选拔和班规的制定（详见第四、五章）

（五）黑板报（或班报）的创办

黑板报（或班报）是班级文化环境建设和舆论宣传的主要阵地，具有美化班级环境、陶冶学生情操、培养学生能力、增长学生知识等重要作用。那应如何发挥其教育作用，而使它不仅仅变成摆设呢？

1. 组织全班学生参与

为了确保黑板报的质量和能在学校中获奖，班主任往往会让班干部和具有特长（画画好、写字漂亮）的学生来参与黑板报的编辑与制作。但我们经常看到由几个学生精心创办的黑板报却无人问津。要促使全班学生都关心和关注黑板报，一个最好的办法就是让每个学生都参与，发挥所有学生的潜能。具体的做法是：①选择一个综合能力较强的学生担任总编辑，一般由宣传委员兼任。负责每一期黑板报的组织、分工与协调、把关等工作。②把全班学生按能力平均分为若干小组，每组6～10人，选出小组长，并按学生的能力和特长分工为：美术、编辑、排版与设计、资料收集、内容撰写等工作。也可以按班级已有的小组为单位。③每个小组长轮流办报，至少每学期每个小组办一期黑板报。根据本校的要求和本班学生的能力和水平可以办周报、隔周刊或月刊。④要参加学校评比的黑板报，就由全班学生参与出谋划策，或每个小组派出本组的精英参加，以确保黑板报的质量和提高获奖的机会。这有助于提高学生的集体荣誉感。

2. 指导学生学会创办黑板报

既然全班学生都是黑板报的创办者，就要利用班会课开展"黑板报的编辑和制作"的专题讲座，对全班学生进行集体指导。向学生介绍黑板报制作的程序和要求，如主题的确定、报头与版面的设计、栏目的设置、内容的撰写与选择等。班主任可以购买有关黑板报的书籍供学生参考，或教会学生自己收集有关的资料（如样本、图文资料、版头设计等）。所收集的资料和书籍统一由宣传委员保管。对于低年级学生的指导可以从简单的模仿开始，收集一些适合其水平和能力的样本让学生学习和模仿。而且对低年级的黑板报制作要求要低一些，让学生以学习为主。

3. 从帮助到放手让学生自主创办

刚开始时，由班主任与学生一起办黑板报，当学生特别是总编辑或宣传委员有几次办报的经验后，就放手让宣传委员来组织，班主任只需对班报的主题、内容进行审核，对版头、版面、排版给予意见，以激发学生创新意识为主。

在每学期初，班主任可以设计一系列黑板报的主题（如根据节假日设计的主题有教师节、国庆节、中秋节、圣诞节、元旦节、春节、元宵节、清明节、劳动节、端午节等；与学生生活有关的主题有安全、健康、零食、挑食、零花钱的使用、休闲时间的娱乐等；还有与学生学习有关的主题），让每组根据具体时间、不同情况的需要选择一个主题。同时班主任与学生一起商量，为黑板报设计相对固定的栏目，如班级快讯（包括好人好事、班级重大事件）、每周一星、学习心得、每周一书、一天一问、脑筋急转弯、猜谜语、本周名人、名言警句、科技博览等。并激励每个学生根据当期的内容自己撰写稿件，从中择优定为当期板报内容，或者只由本组成员撰稿。

每周一期的黑板报，要求每周一下午做完。每期的主题至少提前一周确定，或者班主任在学期初就把本学期每期黑板报的主题定好，使每组的成员有充分的时间做准备。

4. 管理与评比

在下一期黑板报出来之前，当期的班报由本组成员负责保管或维护，使其保持完整和清晰。为了激发学生参与黑板报制作的热情和培养学生的能力，全班同学参与每一期黑板报的评比活动。班主任设计好评分标准，全班学生给每期的黑板报打分，所得的平均分就是当期黑板报的最后得分，由宣传委员记录保存，然后每学期（或每一轮）评选出"黑板报优秀小组"前三名，并给予一定的奖励。

（六）家校联系（详见第九章）

（七）期末学生综合素质评价

学生综合素质评价是根据一定的教育价值观和客观标准对学生各方面的发展过程和状况进行价值判断的活动，是对学生个体在某一阶段的综合素质的教育评价。综合素质评价是新课程改革推出的评价方案，是班主任工作的一项重要内容。评价的内容主要包括道德品质、公民素养、学习能力、交流与合作能力、运动与健康、审美与表现等几方面，其重点不在于考试成绩，而在于学生的态度、情感、能力与个性的发展。促进学生发展是评价的根本目的。

1. 作用

（1）有利于学生正确全面地认识自我、发展自我，发挥督促和激励作用。

通过综合素质评价，学生可以更清楚地认识自我，如了解自己的优点和潜能，认识自己的不足，进一步明确自己努力的方向。在自评中，学生对照相关的评价指标，一一回顾自己在过去一学期中各方面的表现，学会了自我反思、自我评价和自我约束；在与同学的互评中，学会了辩证地看问题，学会了从他人的优点中看到自己的不足，从他人的不足中肯定自己的优点，进一步认识自己、认识他人，激励自我不断努力。学生自评和互评的过程就是自我学习、自我教育的过程。班主任的评价是站在教育者的角度进行的，其视野更广阔、内容更全面，更具导向性、激励性。班主任的评价进一步肯定学生、激励学生，增强了学生的自信心和斗志。班主任的评价不仅使学生看到自己的不足，也激励学生克服缺点、发扬优势。

（2）引导家长关心子女的成长，了解子女在学校的表现，发挥协调作用。

在学生综合素质评价中，家长也是评价的主体。让家长参与评价能促使家长承担起教育子女的责任、关心孩子成长，尽到做家长的责任。希望学校和班主任能真正让家长参与评价，发挥家长的作用。同时家长的评价也能使班主任全面了解学生，有利于个别教育。另外，班主任要把所有的评价结果反馈给家长，让家长了解学生在校的表现和成绩，全面了解学生的优、缺点。这有利于学校、班主任和家长相互沟通、协调，发挥教育合力的作用，共同教育学生。

（3）有利于班主任全面了解学生及其班集体，发挥管理和教育作用。

一方面，班主任在学生的自评和互评中进一步了解学生；另一方面，班主任评价学生的过程既是对学生一学期表现的回顾，也是对自己工作的回顾，所以班主任评价学生的过程，也是反思和总结班主任工作的过程，这有利于提高班主任的教育能力和管理水平。当班主任评价完每个学生时，班主任对全班学生就有了整体的把握，能比较清晰地掌握本班的优势和不足，为下一阶段的教育和管理工作提供借鉴和参考。

2. 实施程序

学生综合素质评价一学期评价一次，一般在期末组织开展，而在整个学期中，班主任和学生要注意资料的收集和积累。期末学生综合素质评价的程序如下：

（1）评价前的准备和动员。

评价前班主任要准备好有关的评价表格与工具。各个学校有各自统一的表格，或者以学生综合素质评价手册里的评价指标为评价内容。

对学生进行动员，向学生说明评价的意义、内容、方法和原则。了解意义使学生积极主动参与评价，做好评价的心理准备；明确内容和方法使学生掌握怎样评价，学会自我评价和评价他人。对于低年级的学生，要求班主任对每一项评价指标一一说明，使学生接受、理解评价内容和标准，并学会对照指标学习自我评价。学生评价时应做到实事求是、客观、公正、公平。

（2）学生自评。

学生自评包含以下内容：①学生根据评价的各项指标和自己平时的表现，实事求是地给自己评分。评分一般以等级为主，分为A、B、C、D或优、良、中、差或三星、二星、一星几个等级。对应不同的等级其评价指标有不同程度的描述，学生根据相应的描述选择对应的评价等级。如评价指标"遵纪守法"中，A等为"自觉遵守国家各项法律法规，模范地遵守学校的各项规章制度，主动维护公共秩序，勇于和不良行为作斗争"；B等为"自己能遵守法纪，但不能和不良行为作斗争"；C等为"不能自觉遵纪守法，表现散漫，时常有小的违纪行为发生，有时甚至出现严重违纪行为"；D等为"受到学校的行政处分"。②写自我鉴定，即学生根据自己的表现给自己写评语。评语中要求学生写出自己一学期的努力、所取得的成绩、存在的不足和努力方向。③学生的自评可以向全班同学或在小组内陈述，这有利于学生更加客观、公正地评价自己。④学生整理好成长记录袋，连同自评一起交给班主任。

（3）他评：学生互评、家长评、教师评。

学生互评中，一般互评的标准、指标与学生自评的一致。学生互评一般以小组为单位，由小组长记录本组每个成员之间的等级评分和评语。如有可能，也可以每个学生都参与对全班每个同学的评价。一般学生自评和互评可以集中利用一个班会课的时间完成。同时，根据学校的要求和本班的规定进行评优活动。

有不少学校也制作了完整的家长评价表和教师评价表，班主任在组织学生自评和互评的同时也要组织家长和教师进行评价。家长评价表由学生带回或寄给家长，也可以在期末家长会上让家长直接填好交上。另外，要利用本学期各阶段的家长会向家长宣传参与评价的意义、让他们学习评价标准，并用标准引导和教育学生。

（4）班主任总评。

班主任根据学生自评、他评和自己对学生的了解对学生作出总评。一是给每个学生定出各项评价指标等级。二是写出操行评语。

（5）整理与存档。

班主任收集整理每个学生的所有资料，填好学生手册上所有的内容。其中有些内容可以由学生参与整理和填写，但班主任的评语必须由班主任亲自手写，以表示重视和对学生的尊重。然后根据学校的要求上交存档和反馈给学生及其家长。

3. 学生操行评语的撰写

（1）做好充分的准备。

①细心观察，积累资料。优秀的评语难写，其中最大的障碍是不了解每个学生的具体表现，尤其是"内向型"的中等生。许多班主任写评语都是先写处于两头的学生，因为优生和问题学生印象深刻，可写的内容有许多，而对了解不深的中等生的评语却很难下笔。所以，平时要注意观察每位学生，做好观察记录，掌握学生的第一手感性资料。这是写好评语的前提条件。

②翻阅学生成长记录袋，参考学生自评和他评。多方面收集资料，可以从不同的角度了解学生，可以了解自己所不了解的或不知情的事情，这有助于班主任发现学生的闪光点。学生的成长记录袋是学生的第一手资料，可以使班主任了解学生的具体情况。学生自己的评语和他人的评语可以作为班主任评语的参考。而且班主任还可以把评语的草稿发给学生自己修改、补充。这充分体现了学生是教育的主体，体现了班主任对学生的尊重和信任，只是有些麻烦。

（2）撰写评语的要求。

①有感情。传统的评语往往千篇一律，过于模式化看不出班主任的一丝感情，几乎都是干巴巴的诸如"该生热爱祖国，尊敬师长，热爱集体，团结同学，礼貌待人……但上课听讲尚欠专心……希望今后改正缺点，更上一层楼"的模式。这种模式语气冷漠，让人难以接受，显得班主任高高在上，让人无法接近。这导致了学生对班主任的评语看都不看，根本没有激励作用和教育意义。我们的班主任都是满腔热情地投入教育事业，对学生充满了爱，可爱需要表达，学生才会接受和信任你。班主任的评语就是一个很好的机会。怎样使评语有感情呢？

首先，改"该生"为"你"或直呼姓名。"你"拉近了师生间的距离，犹如与学生促膝谈心，使学生体会到班主任的关爱和尊重。其次，在言语之间表达班主任的感情。如王老师给几个学生写的评语："你是全校少有的一位能将自己的一份水果带回家给长辈的小孩，品质多好"；"多少个星期天的下午，我都见你独自乘车来校，怜爱之情油然而生"；"想不到文质彬彬的你还有一手高超的球技，令大家佩服不已"；"妈妈住院了，很长时间里你不再无忧无虑，老师也就增加了一份对你的关怀"。[1] 这样的评语能使学生感受到班主任时时处处在关注他、爱护他，在感动之余，会在言行举止上更自觉地严格要求自己。最后，评语应该由班主任亲自手写。因为打印出来的评语总给人冷冰冰的感觉，

① 王卫红. 评语中的人文色彩 [J]. 班主任, 2005 (8)：20-21.

而且容易使学生产生怀疑，认为这不是班主任写的评语，也就不重视了。手写的评语让学生感觉亲切，使人信服。

②真实中肯，以鼓励为主。评语要实事求是地反映学生各方面的真实状况，不夸大成绩，也不能都是缺点，而且要以鼓励为主。通过评语学生肯定自己的优点和所获得的成绩，又看到自己的缺点和不足，明确自己今后努力的方向。鼓励的言语应能使学生感受到班主任的关爱和被重视，增强其自信心和战胜困难的勇气。这点需要班主任掌握一定的技巧，对不同类型的学生评语的侧重点不同，表现为：对待优生在肯定其优点的同时，着重点明其缺点和不足，激励其不断完善自我；对待其他学生，尤其是差生却要淡化其缺点，发现其闪光点，鼓励其扬长避短，表现班主任对其有信心。

以下是刘老师为某学生写评语的过程和体会：某女生性格内向，学生成绩比较差，被同学看不起，她也觉得自己一无是处，情绪消沉。对此，刘老师努力找出她身上的优点，写下了这样的评语："老师发现，在学校板报评比中，你负责排版的那期板报最出色，因为你是用心在做；在学校运动会上，你又为班级争取了宝贵的1分，因为你勇于拼搏。我想，凡事只要你用心去做，就一定能够成功。"没有刻意去放大这个学生的优点，也无歪曲事实，而是通过细致地观察找到了她本人尚未认识到的闪光点。仅仅靠一条评语，就激起这个平日总遭人白眼的学生的自信。从此，她的笑容多了，学习劲头足了。毕业时，她在送给老师的贺卡上真诚地写道："老师，您对我的评语使我学会了如何去欣赏别人，如何去做一个真正的人。以后的人生中，我会用心去做每一件事。"①

③个性化。每个学生都是独特的个体，班主任的评语也应体现学生的个性特点。评语的个性化是评语撰写的瓶颈。班主任写评语习惯的做法是把学生思想品德、学习态度与习惯、集体活动、纪律、体育卫生、劳动等方面的情况进行一一评价。这样的评语内容相当单一，千人一面，体现不了每个学生的个性差异。这就要求班主任在撰写评语时，对不同的学生要有不同的侧重点，不必面面俱到或每个方面都平均地写上几句，而是应突出学生的个性特点。这需要班主任细心观察每个学生，善于发现每个学生的独特之处。

个性化的评语需要班主任花更多的心思和精力，但其效果却是显著的。李镇西老师给学生的评语就值得大家学习，如李老师对一位名叫文娜的学生的评语是："威风凛凛，嘻嘻哈哈，风风火火，叽叽喳喳。工作认真负责——课前几声呵斥，当年班长余威犹存；性格开朗大方——台上一席讲演，未来豪杰初露锋芒。严于律己稍逊，常挨老师'骂'；宽以待人渐佳，时被同学夸。爱抒鸿鹄志，不乏真诚感；乐作深沉文，偶有通假字。有副热心肠，有张厉害嘴；是个急性子，是位马大哈。善良应保持，胸襟需拓宽。几番努力，成绩已经有所进步；来日方长，学习应更一丝不苟。取得荣誉之时，须诵'非淡泊无以明志'；遇到挫折之际，犹记'非宁静无以致远'。老老实实，真真实实，踏踏实实，朴朴实实！"②这样的评语，相信全班同学不用看姓名，也知道写的是谁，这就是个性化。

④发展性和连贯性。经常可以看到这样的现象，就是同一个班主任给同一个学生每学期的评价几乎是一致的，要不就是毫无关联的，这是不符合学生发展规律和教育规律

① 刘小华. 撰写评语六原则 [J]. 班主任，2006（20）：14-15.
② 李镇西. 做最好的老师 [M]. 桂林：漓江出版社，2006.

的。学生是发展变化的，每学期都应该有不同的进步和发展（否则教育就失去其功能），而且每学期的发展又是在前一阶段的基础上发展的，体现发展的连贯性。这就要求每学期的评语要做到前后连贯和呼应，既要避免完全一致，又要有一定的对应，每一次评语都包括对上一次评语的反观和评价。如上一次评语中学生的不足经过这一学期改正了，那在这学期的评语中就应该给予肯定和赞赏。这样的评语可以激发学生不断地发展，一步步地完善自我。

以下是曹老师在这方面的尝试：该班一位小朋友思维活跃，课堂上总爱插嘴，第一学期老师给她的评语是："你有很好的口才，讲故事、念儿歌、背古诗、说绕口令有声有色，娓娓动听，没人比得过你；你有敏捷的思维，课堂上你迫不及待地'插嘴'回答问题充分证明了这一点。你急切地想回答问题的心情老师完全能理解，可这样时常打扰了其他小朋友听讲，很高兴看到聪明的你已经在开始努力要改掉这个坏毛病了！"第二学期小家伙努力改掉了"插嘴"的坏习惯，期中过后还被大家推选当上了班级的中队长，但工作经常偷懒，做事爱拖拉。期末老师给她写了如下评语："老师很高兴地发现，这学期的你，已经能够灵活地使用你的大嗓门了。独自回答问题时，声音响亮；别人回答时，你很少插嘴抢话。但在工作上，老师希望你能与耐心、细心、负责、奉献成为好朋友，做一名更出色的中队长。"读这样的评语，孩子的心里肯定是美滋滋的，同时也会给自己确立新的奋斗目标。①

（3）撰写评语的方式。

①画像式，就是运用形象而富有情趣的语言刻画学生的外貌形象、言行举止、个性特征，从而引出学生优、缺点和努力方向的一种写评语的方法。如李镇西老师给某学生的评语："面目五官清清秀秀，言谈举止斯斯文文，头发梳得'光光生生'，衣服穿得干干净净——又是一个标准的书生！心地善良，脾气温柔，接物待人春风扑面。热爱集体到了'死心塌地'的地步，虽是'一介小民'，却'处江湖之远，则忧其君'（这个'君'嘛，嘿嘿！当然就是我李某人啦！）——非常愿意为我做点儿事情，如见我要发本子之类的事，你白白净净的手儿便如一面旗帜在空中不停地舞动！曾任小组长，'政绩'不菲。学习上从未挨过老师的批评，这似乎令人高兴；但也很少博得老师夸奖，这可令人遗憾——说明你的成绩还未达到与实验班的学习成绩相称的境界。②"这样的评语使学生过目难忘，印象深刻，达到激励学生上进的评价目的。

②对话式，就是采用谈话的、劝说的方式，真情实意地肯定学生的成绩、指出不足之处的撰写评语的方法。对话式犹如与学生面对面地促膝谈心，拉近了师生间的心理距离。如以下评语："你会皱起眉头，是想不出问题吗？你会默不作声，是不知道怎么回答吗？你会在老师不注意时做小动作、讲话，是想引起老师的关注吗？你会控制不住地贪玩、拖拉作业……告诉老师，好吗？其实，老师时刻都在关注着你，你一点儿也不比别人差，你同样是老师最聪明的学生！对自己要有信心！敞开你的心，让老师和同学一起

---

① 曹连文. 警惕美丽的陷阱 [J]. 班主任，2005（9）：14-15.
② 李镇西. 做最好的老师 [M]. 桂林：漓江出版社，2006.

进入。付出努力，一定会有收获。让我们一起努力，好吗?"① 这样的评语使学生直接感受到班主任的关注、宽容和理解，可以激励学生努力改正自己的缺点。

③散文式，是指运用优美的语言、充满感情的话语，围绕学生的个性、突出表现等进行评价的一种撰写评语方法。如有位学生聪明伶俐、有才气，家庭背景又优越，难免造成了他的骄纵自大。班主任曾老师给他的评语是："你是一块质地高贵但需锻造的有棱有角的顽石。聪明活跃，才华横溢，接受能力强，记忆力超群。课堂发言有独到见解，作文有奇思妙想，各项竞赛榜上有名。假如你为人再谦逊一点，假如你纪律再遵守一点，假如你学习再踏实一点，假如你劳动再积极一点，那么同学们看到的将是一块精雕细琢的玉石。"② 评语中形象的比喻中有含蓄的批评，一连串的排比隐含着班主任诚挚的规劝，学生读到这样的评语一定能感受到班主任的爱护和殷切的期望，从而努力改善自己。

④叙事式，是指通过对发生在学生身上的事情的描述和分析评价来撰写学生评语的一种方法。这种方法需要班主任深入了解学生，掌握学生学习和生活中有代表性的、能反映学生个性和优、缺点的事件。

史峰老师运用叙事式语言给每个学生写评语就收到了良好的效果，如他对孙小华的评语："小华，记得你刚刚升入初中的时候，我第一次见到你，你知道你给我的印象是什么吗? 我发现你身上有一股'侠气'。当时，我想应该让你这样的孩子当班长。正当我准备宣布这样的决定时，你却闯下了一件'祸事'——在英语课上听课不认真，不服从英语老师的批评，还与英语老师吵架。或许你觉得自己并没有犯什么错误，我也能理解你需要发泄自己不满的情绪。但是作为一名班长，还需要有超强的自制力、忍耐力。虽然你没有当上班长，但你却凭借自己的优势，在学校运动会上为我们班赢得了两项冠军，让班级的体育水平'名声大振'。于是，你当上了班里的体育委员。本来，你应该在这个位置上好好努力，发挥自己的优势，最终成为班集体的'灵魂人物'之一。想不到，你却又犯了一个错误，在第二次运动会上，你求功心切，在报名表上动了手脚，结果被裁判组发现作弊。作为惩罚，班级被取消了多项成绩。发生了这样的事，老师感到很惋惜，只好将你从体育委员的职位上'拿'下来。你觉得很委屈是吗? 不要委屈，因为一位优秀的运动员不仅要有良好的身体素质，而且还要有优良的品质。小华，在老师眼里，你是一个人才，是一块宝石。但你身上的那几处缺点却常常会掩盖你的光芒。所以，老师很着急——老师想让你尽快认识自己，发扬你的那些优点，改掉你的那些缺点。这样，你会变成'无价之宝'!"③ 这样的评语给学生带来感动之余还会让学生积极进取和不断地努力。

⑤名言警句式，就是在评语中引用名人名言、警句、格言等富有哲理性的、教育性的句子来感染、启迪、激励学生的一种撰写评语的方式。如对学习松懈、懒惰的学生可用"逆水行舟用力撑，一篙松劲退千寻""人贵有志、天道酬勤""学如逆水行舟，不进则退"等;对缺乏吃苦精神的学生可用"宝剑锋从磨砺出，梅花香自苦寒来";对有自卑

---

① http：//www.banzhuren.com/Article.asp? id = 10179.

② 曾凡跃. 我把学生评语当散文诗写［EB/OL］. http：//kjxb. hnol. net/article/200512/200512783013631602. html.

③ 史峰. "叙事评语"写出师生真情［N］. 现代教育报，2010 - 01 - 10.

感的学生可用"天生我才必有用""功夫不负有心人"等。有针对性地利用名言警句能增强学生的自信心，促使其克服缺点，激励其不断进步。

（八）班主任工作总结

1. 班主任工作总结的含义和类型

班主任工作总结是班主任对其某一阶段（学年或学期）内各项工作的梳理、分析、归纳和评价，其目的是探讨班级管理和教育学生的规律，以提高工作质量，是班级管理过程中的终结环节。总结既是对以往工作的检查和评价，又是为下一阶段的工作计划提供依据，起着承上启下的作用。

班主任工作总结的类型包括：①全面工作总结，根据班主任工作计划对过去一段时间内的所有工作的总结，包括全班学生德、智、体等各方面整体与个别的发展、班级集体建设等。其标题是"××学期×班班主任工作总结"。全面工作总结能把握工作的全貌，但不够深入，容易造成对所做工作的罗列。②专题工作总结，是对某一项有显著成绩和突出问题的工作进行的总结。如"后进生的转化和教育""组织开展家长会的艺术""学生的养成教育""学风建设""主题班会的组织"等。专题工作总结能对某项工作或某个问题进行深入的剖析，分析问题的原因、寻找对策、总结规律，但从中不能了解本阶段班主任工作的全貌。

2. 班主任工作总结的内容

（1）整理工作情况。对照班主任工作计划整理出本阶段的工作情况：做了哪些工作？工作的程度、主要人员、方法、途径是什么？工作的效果如何？哪些工作应该做而又没有做，为什么？临时增加的工作有哪些，原因何在？

（2）肯定成绩。工作成绩以数据或学生、班级前后的变化和事例说明。如可以用数据说明的有本阶段本班及其成员（包括学生和班主任）所获得的奖项、出勤率、合格率、优秀率，各科成绩的平均分等。

（3）认识问题。①工作中存在的问题，如实施方法的问题、人员安排的问题等。②学生、班级仍然存在的问题，如学生间纠纷不断的人际关系问题、个别学生作弊问题、学生抄作业问题等。

（4）总结规律。根据以上三点，分析所获成绩和存在问题的原因，进一步研究本班学生的发展特点和精神面貌，归纳总结适宜本班学生的教育、管理工作方法，并联系理论总结出规律。总结规律要求班主任能从事物或事情的表面现象挖掘其本质，分析其个别性或整体规律性，如从学生的逃学现象寻找普遍的原因，做好全班学生的预防工作。这是工作总结的重要内容，有利于促使班主任在总结中学习，在总结中提高。

（5）对下一阶段工作的设想。本阶段存在的问题就是下一阶段要解决的问题和工作的重点。通过总结明确下一阶段工作努力的方向和设想。

3. 班主任工作总结的基本要求

（1）以班主任工作计划为总结的基准。计划是班级管理过程的起始环节，是实施总结的方向和准则；总结是终结环节，是对计划完成情况的检查和反思。总结要以计划中的奋斗目标为基准，对照计划及其落实情况进行逐一检查。以计划为基准的总结，可以使总结有理有据，具有说服力。如果偏离计划做总结，容易偏离班级奋斗目标，使总结就事论事，即做的事情有许多，但有针对性的、产生实效的模糊不清。

（2）实事求是、辩证地看待工作中的成绩与问题。在总结工作及其成果时，既要肯定其获得成就的一面，也要看到不足的一面和所存在的问题；在问题面前，不要弄虚作假，夸大成绩；在取得成绩时，也不要骄傲自大，忽视问题。同时，总结中的数据要真实可靠，不能随意估计和假想，否则就没有说服力。实事求是的总结更能使师生、领导接受，更能促进班主任的提高和学生的进步。

（3）突出重点事例和典型形象。班主任一学期的工作有许多，要总结的也很多，不可能把所有的事情和学生都一一总结，这就需要班主任把握重点、突出重点。班主任可以根据工作计划和实施中的目标和工作重点，找出有显著成果或存在问题的工作进行详细论述。同时为了使总结更加形象生动、具有说服力，可以对重点工作中的典型事例进行描述、分析和评价。

（4）让学生参与总结。班主任工作总结不仅是班主任一个人的工作，更应该发挥学生主体的积极作用，让学生参与班主任工作总结。其实在前文提到的学生自评和互评的过程也是班主任工作总结的一个组成部分。从学生的评价中班主任可以总结本阶段的成绩和问题。另外，在完成总结后，班主任可以利用每学期的最后一次会议——散学典礼，对全班学生做总结报告。总结报告可以使学生清楚地了解本班集体和每位同学（包括自己）所付出的努力和收获的成绩，及所存在的问题和努力的方向。同时可以要求学生利用假期进行巩固和补救，并为下学期做好设想和计划。

【资料5】三年级第一学期班主任工作总结[①]

班主任是班级管理的核心，是组织和协调校内外各种教育力量、发挥整体教育的关键。本学期，我担任三年级（2）班的班主任，我结合学校提出的要求和本班的实际情况，开展班级工作，努力提高学生的素质，使学生能得到全面的发展。我主要做了以下的工作：

一、从规范入手，端正学生的学习态度

我发现班中存在一批纪律、生活散漫，不爱学习，集体观念差的学生，买零食的现象也相当严重，造成教室内不清洁。我利用班会课组织学生学习《小学生管理制度》《小学生日常行为规范》，结合贯彻学校的各项常规教育，分析本班的特点，制定本班在学习、纪律、卫生等行为方面的规范要求。结合规范开展文明学生评比，利用一切机会表扬遵守纪律、勤学、关心集体、乐于助人的文明学生，为全班学生树立积极的榜样对象。如每周把评比的结果进行公布，对连续几次做得好的学生给予表扬。这样做可促使学生养成良好的行为习惯。加强课前、课外纪律，发现问题立即指出，耐心诱导。

二、让学生参与班级管理，充分发挥班干部的主动性

班主任是班级的组织者，要圆满完成班级的各项任务，必须领导学生，信任学生，调动全体学生的积极性，让他们参与班级事务的管理。为了使挑选出来的班干部成熟起来，班主任应充分发挥他们的主动性，让他们带好和管理好班集体，使他们真正成为班

---

① http：//www. banzhuren. com/article. asp？ id＝10190.

主任的得力助手。

（1）树立威信，热情帮助。班干部威信高低是一个班级各方面好坏的量度，在同学心中有较高的威信，除了班干部的自身努力外，还需要班主任的热情帮助。这样其他同学才会乐意接受和改正。

（2）对班干部要放手，让他们大胆地开展工作，去发挥他们的才能。当班干部在某个方面出现错误或遇到困难时，班主任要做他们的后盾，为他们排忧解难。如果班干部工作主动，敢于指出班中不良作风，则能使我更彻底地了解班级的情况，顺利地开展工作。

（3）召开会议。定期召开班干会议，让他们说出班中存在的问题，商量、讨论解决的方法，许多学生都能大胆地提议，而我对他们的优点给予肯定，指出他们的缺点，并给予指导，帮助他们克服。

（4）努力转变后进生。

①首先积极了解学生，摸透学生的特点，从学生身上挖掘闪光点，并给予正确的引导。在课堂上，要关注后进生，尊重后进生。学生在学校里的主要活动场所是课堂，应用好这个阵地。上课时，多向学生提问，建立"一帮一"的帮教小组，请班中成绩好的学生做他们的小老师，在学习上关心、帮助他们，让他们体会到班集体的温暖。

②多与家长联系，做好家访工作。许多家长对后进生恨铁不成钢，给予孩子的是批评、指责。为了让家长了解他们的学习情况，要通过家访，加强与家长的沟通，以争取家长的支持和配合。

③及时疏导，细致说理。有些学生在课堂上违反了纪律，被老师点名批评时，表面上装出接受批评的样子，实际上心里暗暗责骂老师，甚至做出对抗行为。我先跟他分析对抗行为的弊端，及时疏导，诊治心病，让学生消除抵触情绪，放下偏见，认真学习。

三、加强对学生学习行为习惯的培养

本学期加强对学生学习习惯的培养。主要有：①对人有礼貌，主动同别人打招呼，尊敬师长，团结同学，诚实勇敢。②站有站样，坐有坐样，孩子起立时要有神气、有自信，挺胸抬头，手放身后，双眼注视老师。坐时挺胸抬头，胸离课桌一拳，双眼注视老师，脚平放在地上。③大胆举手回答问题，先举手后发言，声音要响亮，并大胆发表自己的独特见解。④做事有始有终，独立完成作业，主动做力所能及的事情，乐于帮助他人，养成吃苦耐劳的好习惯。⑤有良好的作息习惯，定时上学，按时完成作业，正确处理学习与玩耍的关系，先学后玩，多学少玩。通过经常性的要求、培养，学生的学习习惯已经有较大的改善。

四、抓好平时各项比赛活动的训练，做好各项考评工作

本学期比赛活动较多，工作、学习的任务较重，为了让学生充分发挥其各项技能，增强班级凝聚力，我重视培养学生的各项素质，发掘其潜能，让学生勇敢地团结在一起面对考验，争取好成绩。经常性地检查学生的个人卫生，及时发现问题。搞好黑板报，并定期更新内容，增长学生见闻。

五、充分发挥班主任职责，协调各方力量

（1）协调学校—家庭—社会之间的关系。

（2）协调各科任教师之间的关系，及时交流班中情况。

（3）积极及时地做好家访工作。

老师是沟通学校与家庭的桥梁，家访便充分体现出桥梁的作用。学生虽然大部分时间在学校，但孩子的家庭背景对于孩子的成长有重大的影响，所谓"近朱者赤，近墨者黑"，通常家长对子女学习的重视程度和子女的学习成绩成正比。有相当部分文化水平较低的家长，对子女的成绩片面追求高分，却忽视了对孩子平时的培养。为此，我会耐心地同家长分析问题并共同协作去解决问题，从"一切为了孩子"的角度出发去改变一些家长的态度，加强他们平时对孩子的培养，共同教育好下一代。

一个学期以来，虽然大局上都向好的方面发展，但也存在相当多的问题。如学生分辨是非能力低、学习懒散、缺乏竞争性，有个别同学屡次违反纪律，有些同学屡次教育还不能改正，希望在今后工作中，逐步摸索出切实可行的方法，引导他们，使他们能专心学习。

思考与训练

1. 观察记录某班主任的一天，分析评价其所做的工作。

2. 为你所在的班级制订本学期班主任工作计划。

3. 在新学期初，作为班主任的你将怎样安排学生的座位？当家长要求给他的孩子换座位时，你会怎样做？

4. 班主任应如何组织指导低年级的学生办黑板报？

5. 请根据撰写评语的要求改写以下评语："上课不专心，下课玩泥巴，学习上不去，不思进取。"

后 记

在新课程改革的背景下，教育部颁发了《教育部关于进一步加强中小学班主任工作的意见》《全国中小学班主任培训计划》《中小学班主任工作规定》等一系列法规，班主任工作得到了普遍的重视。同时"班级管理与班主任工作技能"也成为师范生的必修课程。

近几年来有关班级管理与班主任工作的研究成果比较多。本书的特点有三：一是以素质教育和新课程改革的教育理念统领全书，突出"以生为本"的思想；二是力求囊括班级管理与班主任工作的完整内容，本书涉及的内容有班主任的理念更新、班主任岗位职责、班主任专业化、班主任的法制意识与以法制班、学生自治班干部的选拔培养、班会课与课外活动的组织、与其他教育者的协调沟通、个性化教育、偶发事件的处理、班主任工作的一天和一学期等；三是突出理论性与实践性的结合。在论述每一个理论知识之后，都选取了相对应的来自一线优秀班主任的工作案例，并简单进行案例分析，使读者知其然，也能知其所以然。

本书得以出版，特别感谢丛书主编李方教授，他帮助拟定本书提纲，并不断给予鼓励和有建设性的指导，常常关心书稿的进展，使本书得以顺利完成。真诚地感谢湛江师范学院教科院领导和同仁的大力支持和帮助，本书的编写感谢暨南大学出版社的大力支持和编辑们的辛勤劳动，有了他们的付出本书才得以出版。也感谢许多优秀班主任的成功案例给予编者的启示。

由于编者知识水平有限，书中难免存在疏漏和不足之处，希望专家学者和广大的读者给予批评和指正。

邱淑慧

2010 年 12 月于湛江